U0018488

以慈悲的十二大願，
助眾生消災延壽、隨心滿願

圖解藥師經

張宏實 著

目次

PART 2
藥師法門：前行儀軌、經咒、後續儀軌

PART 3
啟動藥師經的 24 股智慧能量　349

PART 4
藥師專論 ₄₁₃

※ 附錄：典籍中的藥師十二神將分析

修習《藥師經》、親近藥師如來的最佳讀本

　　這本書進行的時間長達十二年，最初出版社規劃成四本書，而後重新編排整理，分成兩本發行。其中一本是針對理工學院背景的讀者，已經於 2022 年出版，書名是《誦經與量子力學：從藥師經儀軌了解意識能量轉化的奧祕》。其餘三本在總編輯于芝峰先生的大力協助之下，集合成本書，單獨成冊。

　　2014 年，筆者分兩次完成京都十二藥師寺的探尋，由東京學術界的黃經理先生鼎力協助日文解說。在此特別感謝他完成了「京都十二藥師寺吟詠歌」的翻譯，也收錄於本書之中。在完成十二藥師寺探尋之後，接下來五年，我繼續進行京都與奈良藥師如來的研究，總共參拜的寺院超過兩百處，也都逐一建立成電腦檔案。其中包含「聯合國教科文組織」（UNESCO）選定為「世界文化遺產」的二十七座寺社，都在京都與奈良，相關藥師如來的概念與分析也融入於本書。然而，在更早之前，筆者於 2010 年已經開始進行《藥師經》的逐字解譯，在臺北與編輯群、中醫師朋友進行《藥師經》的共同學習。2016 年完成第一本藥師書籍的初稿之後，在臺中定期與學長、學姊一起進入藥師法門的共修。兩者的模式都接近讀書會，當時討論的問題也收入本書中。

　　至於《龍藏經》的藥師七佛分析，這要謝謝胡進杉老師，他是前國立故宮博物院圖書文獻處副處長。目前已經退休的胡老師，當年負責《龍藏經》工程浩大的多語解譯（梵、漢、藏、滿），也是《龍藏經：圖像之部》的執筆者。胡老師送給筆者這部龐大厚重的著作，同時提供他的大作〈藥師佛與千手觀音的願望〉，該文刊載於《故宮文物月刊》313 期。筆者依據胡進杉老師極具參考價值的資料，陸續建立成電腦檔案，將分析結果收入本書。**無論是《龍藏經：圖像之部》或是〈藥師佛與千手觀音的願**

望〉，建議想進一步研究的讀者不妨到圖書館查閱（註：應該無法外借）。

之後，又由劉國威老師提供他指導的學生噶瑪施無畏的碩士論文，主題是研究分析《龍藏經》的十二神將。劉國威老師與筆者曾經共同進行文化部委託案兩年，內容是博物館佛教藝術的評鑑。此外，值得一提的是，學識涵養豐富的劉老師於 2020 年負責故宮「呼畢勒罕——清代活佛文物大展」的策展工作，也多次於故宮網站進行文物解說，主要是藏傳佛教藝術與文獻古籍。其中一次也包含《龍藏經》的介紹，**讀者可以在 youtube 閱覽劉老師的影片，講述內容條理清晰、明白易懂，筆者反覆閱讀數次，獲益頗多。**

筆者長年進行《藥師經》的剖析寫作，前後完成多達四十八個 excel 表格。這次在編輯洪禎璐小姐的細心整理下，所有表格融入本書的內文，或是以圖解方式呈現，還包含最後的附錄。讓筆者最為讚歎的是她重新編排原先的表格，組合成「藥師法門流程總覽」與「十二神將比較一覽表」，這是一件必須耗費時間與細心比對的工作，**更重要的是其中的「藥師法門流程總覽」非常實用，可融入實修，內容詳見隨後的導讀。**

由於《藥師經》內容豐富，若要完整念誦，即使很熟練也需時三十分鐘，比《金剛經》更久。如果再加上「前行儀軌」與「後續儀軌」，時間更長。以現代生活節奏而言，若要完全不被打擾，每天進入如此專注的境態，肯定必須刻意安排才能辦到。於是，**本書整理出十二個精選學習，每個單元都可獨立閱讀，也可以分段誦經，請不妨參考，應該可以更有效率地學習藥師法門。**期望以這樣的方式能讓讀者更容易親近《藥師琉璃光如來本願功德經》。

張宏實 2024/1/1

導讀

　　「經」是人類可以看懂的智慧文字,「咒」是佛菩薩的神聖語言,對人類而言是無法理解其義的。本書透過《藥師琉璃光如來本願功德經》,由釋迦牟尼佛(又稱釋尊)指導我們如何接收宇宙能量,主要方法包含「經」與「咒」兩種模式。這部經典的指導老師是釋尊,祂為眾生開啟了一系列藥師講堂,大致上可以拆解成三個主要結構。在釋迦牟尼佛的慈悲協助下,修行者探索《藥師經》的智慧,瞭解其中人、物的關聯性,也認識祂所描述的純淨琉璃世界,這是一場又一場優雅的智慧對話。在經文中,修行者在諸佛菩薩(釋迦牟尼佛、文殊菩薩、救脫菩薩)、人類聖者(阿難)、山林自然精靈(十二神將)的協助下,精進地前進智慧道路。將藥師如來、日光菩薩、月光菩薩的正面能量,於誦讀中轉入自己的身體,提升意識能量,持續接觸宇宙的神聖意識體。

精選學習 01　誦經:誦讀釋迦牟尼佛的文字智慧

　　筆者整理《藥師經》時,發現內容頗為龐大,需要一口氣念誦完整本經文嗎?當然不用,隨順自然最重要,可以分章斷節。若要每天「完整」且「有口有心」讀完《藥師經》,以現代生活節奏而言是有高難度的。除非出家走入僧院這樣的環境,才能擁有完整充分的精進時間。針對釋迦牟尼佛的《藥師經》的講經說法,筆者分解成 55 個單元,請讀者分批學習。須知,誦經時最重要的是安穩的專注力,目的是為了獲取般若智慧,別為了念誦完畢,有口無心草草完成。之後又悔恨自己不夠虔誠,很可能延伸成無力的挫折感。釋迦牟尼佛講說的《藥師經》主要內容如下:

❶ 文殊菩薩祈請釋迦牟尼佛說法

　　主要內容是赫赫有名的十二大願、藥師三尊、東方淨琉璃世界。這部分即是本書 Part 2 第 2 章的第 1 至 20 單元。經文中,釋迦牟尼佛指導

我們要誠摯地呼喚藥師如來的名號，隨著誦經連結藥師如來的智慧能量，也包含月光菩薩與日光菩薩的降臨。在過程中發願、祈請、懺悔，同時認識自己、精進自我，也期盼未來進入宇宙東方神聖祕境：淨琉璃世界。

❷ 釋迦牟尼佛為文殊菩薩說法

凡常人類因為貪心、吝嗇引發的惡業、僧侶破壞戒律的嚴重後果、藥師名號的威猛力量、生命結束後前往的世界、藥師神咒的神奇能量。這部分即是本書 Part 2 第 2 章的第 21 至 45 單元。這個過程不只是誦經，而是透由經文的供養儀式，延伸閱讀、深化思考、擴展智慧領域，然後試圖探索佛教知識的新觀點，進而將經文的思想融入生活，創造真實世界一個純淨的修行空間。

❸ 救脫菩薩向阿難指導藥師儀軌

接著，《藥師經》進入了奇幻生死時刻，死神的審判宛若陰陽師的迷離奇術。當人們面對死神的召喚，該如何是好？《藥師經》自然有其解法。此外，還有山林樹塚、魍魅蠱道的魔幻奇術，困惑著眾生。破解鬼魅幻術的方法，就是聽聞藥師如來名號。這部分即是本書 Part 2 第 2 章的第 46 至 55 單元，其中的經文內容相當精采。

誦經者從地球誠摯的呼喚，必能啟動宇宙的智慧能量，包含佛、菩薩、十二神將。透由這些能量去面對整個地球的生態混亂的破壞、疫情戰爭的苦難與自我的業力糾結，這是精選學習 1 的核心目標。筆者的最後一個建議，就是每個單元先看「白話翻譯」，了解意思與整體概念，於後再進行「正式經文」的誦讀，效果可能會更好。

→ 參閱單元：Part 2 ／第 2 章第 1 至 55 單元

精選學習 02　持咒：領略佛菩薩的神聖語彙

　　禪定或是透過持咒進行禪修是一種「觀照般若」，其過程是透由沉思冥想達到覺醒的狀態。「文字般若」（誦經）與「觀照般若」（禪定、持咒）兩者殊途同歸，最終目的都是要追求宇宙真理，領悟一切事物的真實性，也就是體悟到終極的「實相般若」。簡單而言，誦經、禪定與持咒，都是我們獲取智慧的重要途徑之一。

　　因此，精選學習 2 是直接進入〈藥師咒〉，整個咒語總共只有十七個字，在閱讀本書的過程中，可以直接先學會藥師咒。〈藥師咒〉的全名是〈藥師如來灌頂真言〉，筆者強烈推薦穆克紀博士的網路教學，可以在 YouTube 上找到念誦影片，並可依據念誦次數的不同，選擇適合自己的版本。目前網路上四分鐘六次的版本頗為實用。

　　咒語能量有些是可言說的，有些則是不可言喻，前者是娑婆世界的智慧領略，後者達到宇宙虛空的空性體悟。〈藥師咒〉的十七個梵字都屬於可以言說的，也就是人類語言可以理解其義。有人認為直接體悟，無須學習咒意。筆者則認為，認識咒語的意義，可以延展至更深層的內在感受。就好比聆聽一首動人的外語情歌，優雅的旋律能夠觸動直覺意識，直接感受音韻的美麗，無需理解具體歌詞，跟著唱就能被深深感動。然而，如果能理解歌詞的意義，深入了解背後的內涵，將會是更加深入的領悟。

　　無論是透過直覺意識感受〈藥師咒〉的能量振動，或是深入理解其意義，念誦咒語都是與心靈共鳴的修行方式。這個過程不僅可以獲得能量的引導，也幫助我們更深入地理解佛法的智慧。

→參閱單元：
❶ Part 2 ／第 3 章第 1 單元〈藥師灌頂真言：守護你的身、心、靈〉
❷ Part 4 ／第 1 單元〈印度穆克紀博士恭誦藥師長咒〉

精選學習 03　前行儀軌：誦經前的準備

前行儀軌包含了一個爐香讚、五個真言、一個發願文與一個開經偈，其中，真言即是咒語的範疇。顧名思義，「前行」的意思是「誦經之前」，而「儀軌」是輔助誦經的「儀式軌則」。這是一個非常值得徹底熟悉的精選學習，它適合任何經典，包含《藥師經》、《金剛經》、《佛說阿彌陀經》等等，內容僅有細微的差異。一旦熟悉之後，誦經前只要「每次撥出十分鐘」，甚至不到十分鐘的專注，即可以充分享受屬於自己的寧靜片刻。我們只要點一炷香，靜靜地送上自己虔誠的祈願，專注地善待自己疲憊的意識，再透由身、語、意三個真言咒語，進行個人的心智重整。

提醒讀者，不同經典在前行儀軌的「前半部」大致相同，但「完結處」是不相同的，因為面對的是不同的佛菩薩。即使還沒開始正式念誦經文，也可以在平靜祥和的片刻裡，好好地享受宇宙智慧的溫暖守護。**就算你沒有時間念經，前行儀軌就「已經」能夠帶來充足的心靈能量。**讓筆者做個比喻，手機在使用一段時間之後，就需要重整以提高效率，人的身體也是一樣，必須淨化。如何重整淨化呢？這一點都不難，誦經「前行儀軌」的〈淨口業真言〉、〈淨意業真言〉與〈淨身業真言〉，正是超級有效的人體淨化程式，其功能就是讓我們的生命力恢復到純淨的初始狀態。

誦經前的基礎儀軌大致如下：

1. 祈禱：〈爐香讚〉

念誦〈爐香讚〉，最好能夠再點一炷香。點香的目的是為了啟動嗅覺神奇的記憶力量。

2. 個人真言：〈淨口業、淨意業、淨身業真言〉

讓我們於內在心靈充滿自信，引動更好的覺知能力，以美好的身心狀態去進行清淨的佛事。

3. 空間真言：〈安土地真言〉

「安土地」就是安穩這個土地能量的運作，可以幫助你在誦經時擁有一個純淨的神聖空間，隔離「表層」感官意識的外在干擾，也要讓自己遠離是非對錯二元世界所產生的「低頻思維」，也就是邏輯思維的干擾。

4. 宇宙真言：〈普供養真言〉

「普」的意思是遍及一切，也就是遍及整個宇宙。「供養」就是提供生命能量的養分。〈普供養真言〉的功能是心存感激，並祈請宇宙天地提供養分。

5. 願望：發願文

開經前的〈發願文〉，提醒我們要有決心去體悟更高階的覺識狀態，並把渴望化為行動的能量，同時具備克服障礙的能力。

6. 感恩：開經偈

念誦〈開經偈〉之後，正式展開經文的喜悅路程。像是閱讀《藥師經》或是《佛說阿彌陀經》的開經偈之後，都是經文的正式展開。

一旦對於「前行儀軌」熟悉之後，其實不會花費很多時間，而且它的內容是至誠地發願與連結佛、菩薩的真言咒語，是一種運用神聖聲音、音節或充滿能量的文字來禪修的工具。「前行儀軌」的內容不多，有機會的話，一般人每天都可以完成，而且每次的努力都在不斷強化與宇宙智慧接軌的能量強度。

→參閱單元：Part 2 ／第 1 章第 1 至 8 單元

精選學習04　後續儀軌：《藥師經》的要點總複習

　　精選學習4的後續儀軌，請讀者盡可能完成，藉此複習聖德前輩研讀《藥師經》的精要心得。「後續儀軌」主要包含經文核心要義的總複習：〈解冤偈〉、〈藥師偈〉、〈藥師讚〉，還有對應的重要真言咒語：〈藥師灌頂真言〉、〈消解病咒〉。

　　精選學習1的經文是思維文字語言而體悟的「人間智慧」，精選學習2的真言咒語是透過音韻振動，連結神聖意識體的「宇宙智慧」，兩者同樣重要。這邊的「後續儀軌」就兼顧了人間智慧（經文）與宇宙智慧（真言咒語），如果時間允許，要將這部分完成。「後續儀軌」是每個經文的智慧總整理，不同經文有不同的後續儀軌，都是經典的精華。

　　提醒讀者，千萬不要有口無心地念誦〈藥師偈〉、〈藥師讚〉與〈迴向偈〉，那就太可惜了！偈、頌、讚是經文的重點總複習，是歷代優秀智者或法師誦經時的心得重點。每一次認真念誦，等同於再一次的精華學習。持續累積經文的邏輯智慧，其中有許多是透由理智的思考。至於，〈迴向偈〉則不同，是以至誠的情緒與慈悲去連結宇宙共同的智慧能量，讓自己的祈請能量與宇宙眾生的祈請能量連結在一起，是超越邏輯的直覺能量。邏輯智慧與直覺能量在修習過程中都是重要的。**如果真的時間有限，無法全部念完《藥師經》的經文，至少要完成後續儀軌的咒語、偈、讚與〈迴向偈〉。**

　　→參閱單元：Part 2／第 3 章第 1 至 7 單元

精選學習05　醫院急救包：藥師救護身心靈的寶物

　　這個精選學習是為突發狀況而準備的。當親人或自己突然住進醫院，遇到緊急狀況，無需讀完整本書，請先閱讀這個單元，立刻直接進入藥師法門。

　　現代生活中，人們有著各種繁忙和壓力，閱讀佛教經典是一種不錯

的生活方式；更進一步將佛教的教義融入日常生活，是很幸福的事。然而，人生難免病痛，而且住進醫院更是辛苦的事。**此刻，不妨轉換心境，將病痛視為修行的機會。醫院即是寺院，門診即是講堂，病房即是禪房。**在病房中，可以準備一尊小藥師佛像（或平面相片）。於憂慮或病痛時，面對著藥師佛像念誦〈藥師咒〉，能夠將負面情緒轉化為更多的平靜和安寧，符合《藥師經》「像法轉時」的時代概念（詳見書中解釋）。念誦〈藥師咒〉也是提升醫院環境品質的方式之一。在充滿緊急、危險的醫療環境中，讓〈藥師咒〉融入診療過程，將病患和醫護人員都包含在藥師如來的保護中，能賦予整個醫院更多的正面能量。

　　方法有二，以中文呼喚藥師的完整名號，再加上「南無」兩個字。或是直接的梵音音譯，這是連結藥師如來更精確的密碼，記得要加上「南無」（namo）兩個字。藥師如來的名號、咒語都含藏著聲韻的振動，孕育宇宙的治療力。自力（誦經持咒）與他力（藥師如來的慈悲能量），共同開啟自己的智慧潛能。

　　在佛教世界，藥師如來是整個宇宙最高層級的醫師，祂可以整治所有生命體在身或心的疾病。即使並未遭遇人生困境或是病痛，依舊可以好好接觸《藥師經》，就像是日常的健康保養。

→參閱單元：Part 1 ／第 14 單元

精選學習 06　藥師法門流程總覽：誦讀的極佳工具

　　在本書 Part 2 的開始部分，有個「藥師法門流程總覽」，這是本書編輯的精彩設定，內容是以表格方式分成「編號」、「經咒」、「要旨」三個欄位。筆者念誦經文的時間接近四十年，原本的佛經念誦大多是採用寺院的善書，偶爾使用珍惜的典藏版（含上下硬質的保護設計）。在本書多出了新的念誦工具「藥師法門流程總覽」，分章斷節，結構清晰完整。筆者試了很多次，發現可以讓念誦過程更為專注、穩定，達到「有口有心」的狀態，其關鍵是「要旨」的輔助。**人們在誦讀經文時，「期待能達到心**

口合一」的確是美好精進的境態，但意識難免會飄移，透由這個編排設計，可以提升專注力。而且讀者會發現，原來前行儀軌（讚、真言、發願、偈）與後續儀軌（經文要義總複習）的念誦所需時間不多，更能每天進行。編排主結構的編號區隔成如下：

❶ 前行儀軌：11 個單元
❷ 正式進入《藥師琉璃光如來本願功德經》：55 個單元
❸ 後續儀軌：7 個單元

念誦時，只要依據「編號」區隔，專心於第二欄「經咒」念誦。如果有疑問或是想複習重點，稍稍看一下「要旨」說明，然後繼續誦讀。筆者在本書編輯的啟發下，將來自己也要將其他經典都製作成流程總覽，包含前行儀軌、正式經文、後續儀軌三部分。讓自己的念誦更為精進，更是「有口有心」的狀態。希望讀者也可使用這個「藥師法門流程總覽」，領略其中的優質念誦。

再次提醒讀者，《藥師琉璃光如來本願功德經》的 55 個單元可以分批念誦。但前行儀軌的 11 個單元，與後續儀軌的 7 個單元，盡可能每次的誦經都能一次完成。

→參閱單元：Part 2 ／藥師法門流程總覽

精選學習 07　二十四位宇宙神聖意識體的連結：名號與形象

貫穿本書的一個重要概念，就是「抽象思想」或「宇宙智慧」在佛教被擬像化成一尊又一尊的佛、菩薩、護法。因此，筆者不斷提醒，要以能量的角度來看待諸佛菩薩，這樣更可以領略《藥師經》想要傳達的訊息。《藥師經》中充滿許多神聖的智慧能量，以藥師如來為首，總共 24 股智慧能量。祂們是來自宇宙虛空中抽象的神聖智慧體，由菩薩層級的

智慧總代表文殊菩薩開始，祂恭請釋迦牟尼佛說法。此外，宇宙星體（日月光菩薩）、地球自然環境（十二神將）、生命危急時的拯救能量（救脫菩薩）也引人注目。每一位菩薩或神將都充滿動能。

在本書 Part 3，不妨記住諸佛菩薩的梵音名號意義（或稱佛號），對名號的念誦就是一種能量振動，這些有意識且有智慧的宇宙心智會不斷地產生振動，讓正面能量於誦讀中轉入自己的身體。漢譯名號、梵語拼音、梵語的原意拆解、形象，都是這個精選學習的重點。

在佛教系統，總共累積了四種念佛的方式，而其中的稱名、觀像、觀想三個法門，是在精選學習 7 中可完成的。「稱名念佛」是透由念誦佛號來啟動宇宙的智慧能量。「觀像念佛」是面對一尊莊嚴的佛像專注念佛，無論是面對立體形式的雕塑或平面的繪畫均可。「觀想念佛」則是在腦海中觀想，無需具體可見的佛像，此法門的難度更高，通常優秀的修行者、高僧大德才具備這種能力。最後由「有形有相」進入「無形無相」的第四個「實相念佛」。此時修行者的境界是觀佛的法身（dharma kaya），法身是佛陀所證驗的超越的真理，遍及整個法界。

因此，在精選學習 7 中，建議讀者能夠透徹：❶「梵語佛號的原始意義」與 ❷「具體形式的佛像」，兩者是修行者與智慧空間溝通的極佳橋樑。

→參閱單元：Part 3 ／全部單元

精選學習 08　探訪世界文化遺產：融入寺院的實修旅程

《藥師琉璃光如來本願功德經》的另一個龐大篇幅，就是摘要了「藥師儀軌」的精髓，而且我們可以將六種供養融入生活之中，在真實世界創造一個純淨的修行空間。

如果依據「藥師儀軌」的核心概念去規畫一個城市的修行空間，那現代的日本京都是最相近的，這也難怪自唐代以來在京都就有藥師十二寺，並且一一對應於藥師十二大願。令人驚奇的是，參拜京都藥師十二

寺的習俗傳統，至今仍然保存完整，日本稱這樣的宗教活動為「巡路」（或稱遍路）。京都十二藥師寺的巡路活動始於西元十世紀，這代表京都十二藥師寺都有千年以上的歷史了。

除了藥師十二寺可以讓人們融入京都寺院的實修旅程，京都與奈良總共有二十七個寺院與神社，被「聯合國教科文組織」（UNESCO）列入世界文化遺產。筆者在數年來全部一一參拜，光是東寺就前往十一次，隨著季節的更迭，清晨、白天、傍晚，包含少見的藥師如來夜間參拜。在世界文化遺產中，京都的東寺、仁和寺、醍醐寺、比叡山延曆寺，都有珍貴的藥師如來保存。奈良的法隆寺、藥師寺、元興寺，也有豐富的藥師法門相關的國寶。無論讀者是否有熱忱的藥師信仰，或是初始接觸，都可透由京都十二藥師寺、京都與奈良的世界文化遺產，去接近藥師如來的慈悲與智慧。

這個精選學習可以參看〈藥師如來在日本的足跡〉、〈京都十二藥師寺的納經帖〉與〈從京都十二藥師寺到西國四十九藥師靈場〉等三個單元，資料頗為豐富。

→參閱單元：Part 1 ／第 12、13 單元；Part 4 ／第 11 單元

精選學習 09　《藥師經》的能量供養：融入京都美學的日常生活

精選學習 9 延續上一個單元。宇宙東方的神祕勝境，擁有最純淨典雅的佛教建物，與最自然恬美的園林。在這之中，陽光、空氣、水是重要元素，於現代發展出愉悅的空靈美學。這可以呼應佛教在儀軌操作上格外重視的六供物，什麼是供物呢？供物是「提供宗教能量」與「供養佛、菩薩」的參拜物品。其中，花香、塗香、末香、燒香是重要的環節之一，這些供養引領誦經者進入了嗅覺的世界。

六供物是指「花、塗香、水、燒香、飯食、燈明」，以供物虔誠供養諸佛、菩薩，同時引動人類的感官意識，進而朝向美好的意識狀態前去。

京都獨特的生活美學就是如此，擁有花道（花）、香（塗香、燒香）、光影（燈明）、淨水（水）與精進料理（飯食）。

從《藥師經》中，我們可由過往人類的佛教儀式，學習到清淨自己的生活模式。選取可能實踐的六供養與人類的感官意識連結，比如**我們只要準備一杯茶（味覺），小小的一尊佛像（視覺），點一支香（嗅覺），再透由手機或電腦播放網路上的咒語念誦（聽覺），就可以在居家創造清淨的修行。**

京都的傳統生活美學包含線香、塗香、錦囊、朱印，每個供物都自然地融入這個古都的生活，典雅細緻清淨！喜愛這些佛教典藏品的讀者，不妨研究《藥師經》的供養儀軌，特別是 Part 2 第 2 章第 36 單元〈睡夢之中名號的覺醒〉，很酷吧！睡夢中也可以覺醒。

→參閱單元：Part 1 ／第 13 單元；Part 2 ／第 2 章第 36 單元

精選學習 10　藥師寶懺：一探臺灣寺廟的藥師巡禮

《藥師寶懺》通稱《藥師懺》，全名為《慈悲藥師寶懺》，是根據《藥師琉璃光如來本願功德經》所編製的禮懺文本，用以懺悔罪業的修行法門之一。通常寺院的法師不會解釋懺文的結構、諸佛菩薩的次序和名號的意義。精選學習 10 讓讀者能夠有機會參與寺院的神聖藥師寶懺，進行法會的「行前準備」，這會是一場精彩的宗教體驗。

該懺文分為上、中、下三卷，其中融入藥師佛十二大願和《藥師經》的經文。修行者按照文本順序，依次進行 ❶ 禮佛、❷ 懺悔、❸ 持咒、❹ 讚、❺ 遶壇念佛和 ❻ 迴向。本書《藥師經》的前行儀軌、正式經文、後續儀軌三部分的結構屬於簡易版的儀軌，而《藥師寶懺》的儀軌則是豐富、更完整，但也複雜，因此法會至少需要半天，甚至一天的時間才能完成。

「藥師寶懺法會」的目的是祈求神佛加持，祈福消災。透由誠心禮懺，可望消災延壽、願望成真。請讀者認識藥師寶懺，可以一探臺灣寺

廟的藥師巡禮。各大寺院每年都會舉行數次藥師寶懺法會，尤其在藥師如來的誕生日，即農曆 9 月 30 日（偶見 9 月 29 日）的連續幾天。

→參閱單元：Part 4 ／第 16 單元

精選學習 11 《龍藏經》：研究藏傳佛教圖像的 重要典籍

前面 10 個精選學習適用於每位讀者，最後兩個主題是為了想要更深入《藥師經》的學者和專家準備的，當然每個人都可以閱讀學習。《龍藏經》是一部藏傳佛教的經典巨著，也是故宮博物院典藏品中極為珍貴的國寶文物。除了特展之外，很少對外曝光。為了保存，每次也僅能取 108 函的其中一函來展示。

《藥師琉璃光如來本願功德經》中描述的佛經功德，包括了：❶ 禮佛、❷ 誦經持咒、❸ 布施和 ❹ 供養這四種行為，而且多次出現在經文中。而《龍藏經》可說是上述佛經功德供養的極致表現，它被長期安置在清朝內廷的大佛堂內，由德行優秀的宮中大喇嘛仁波切隨時於前奉誦禮讚，而且這個過程竟然長達三百年。**這些僧侶凝聚的加持力，經年累月具備的能量不可思議，也難怪傳說親眼看到此經的人，能夠得到七世福報。**

藥師七佛的「圖像」分布在《龍藏經》108 函的其中四函（第 11、85、86、87 函）的上經板，而三個版本的「藏文藥師經」則收錄於第 11 函的經葉。本書分析《龍藏經》的藥師七佛與十二藥叉神將，讓研究《藥師經》圖像的讀者多一份有用的資料。

此外，《龍藏經》的經板圖像被故宮博物院編輯成冊出版，書名是《龍藏經：圖像之部》，共二冊，完整呈現 756 尊佛菩薩護法。這是研究藏傳佛教圖像極佳的參考典籍，由胡進杉老師完成文字撰述，並於發表時送給筆者一套。

透由胡進杉老師的梵文、漢文、藏文、滿文的比對，我們可以理解不同語言在名號上的翻譯差異。康熙時期《龍藏經》經板上的圖像，可說

是現存傳世最早的大型佛經經板彩繪巨作。研究藏傳佛教的圖像的學者、專家，不可錯過這部經典。

→參閱單元：PART 4／第 9 單元

精選學習 12　十二神將的深層研究：時代、區域的變化

　　本書不斷提醒讀者，在讀經時，要透由宇宙能量的角度去「閱讀」經文的隱含義，去「觀看」藥師如來的世界。**其能量的構成是❶人體的小宇宙（誦經者）、❷自然環境的中宇宙（十二藥叉神將）、❸星體的大宇宙（藥師如來、日月光菩薩、八大菩薩）。**

　　在釋迦牟尼佛的指導之下，發現人們的欲望讓這娑婆世界充滿虛幻，有些是美麗，有些是恐怖的。讀經過程中感受到許多情境的描述，宛如奇幻異想的迷離世界。而藥師如來智慧能量的協調運作，讓上述的三種力量將人類的欲望、虛幻、美麗、恐怖，轉換成為修行歷程中獲取的智慧。修行者或誦經者將自身意識交付給藥師如來，在生命旅程的終尾，遇見美麗的淨琉璃世界。

　　《藥師經》的整體結構共三部曲，第三部曲的主角即是十二藥叉神將，描述自然環境的「中宇宙」的能量。雖然篇幅不多，但意義重要非凡，他們所涵藏的能量無與倫比。所以，《藥師經》又稱「十二神將饒益有情結願神咒」。經文中寫著，「只要」修行者虔誠呼喚了十二藥叉神將的名號，就能擁有「世俗間」遭遇危難時的保護能量。

　　由於十二神將的重要性，筆者蒐集相當多的論述與日文著作，不難發現十二神將在佛學領域的注重程度。最後的精選學習 12，呈現十二藥叉神將的深層研究，包含時代（唐代到清代）、區域（印度、西藏、中國、日本）形象的變化。在本書的四個單元都有其深刻的介紹，內容如下：PART 1 的〈《藥師經》終曲：十二神將的登高一呼，山林的守護者〉；PART 2 的〈藥師法門三稱謂：功德、神咒、除障〉、〈神聖力量大結局：圓滿的終曲〉；PART 3 的〈自然界的神祕能量，守護地球的十二神將〉、〈現

存十二神將造像實跡的基本共通點〉；PART 4 的〈《龍藏經》裡的藥師七佛與十二神將〉、〈楊白衣：尋訪佛菩薩的戶籍，解析十二神將的神聖身分〉。最後加上附錄，針對《法界圓覺學》、《百丈清規證義記》、《淨瑠璃淨土摽》等書一一製作成表格，提供讀者分析比對，整個工程不算少。

→**參閱單元：**
❶ PART 1 ／第 9 單元
❷ PART 2 ／第 2 章第 53、54、55 單元
❸ PART 3 ／第 14 單元
❹ PART 4 ／第 9、12 單元
❺ 附錄

PART 1

《藥師經》的概要

01《藥師經》與〈藥師咒〉：
這個時代重要的經典與真言

歷史佛陀與宇宙佛陀

藥師佛的「佛」是指智慧能量的修行境態「佛陀」，該詞源自梵語 Buddha 的音譯，常簡稱為「佛」。佛陀的原本意義為「覺者」、「覺悟者」或「悟道者」。覺悟的意思是「致力修行，證悟真理，而滅除無明、煩惱的聖者境界」，更口語化的解釋是指「證悟宇宙真理、解脫煩惱的人或那種美好的狀態」。任何人都有機會達到這種境界，而進入佛教世界就是學習達到這種境界的過程。佛陀既包含地球上真實存在過的人類，也包括存在於宇宙虛空中的神聖意識體。

釋迦牟尼是一位達到佛陀境界的真實人類，被稱為「歷史佛陀」。為了深入生死問題，釋迦牟尼佛成功連結到兩個宇宙神聖的意識體，分別是宇宙東方的「藥師佛」和西方的「阿彌陀佛」。這兩位不是真實誕生於地球的佛陀，我們可以稱祂們為「宇宙佛陀」。其中，藥師佛的能量是清澈純淨的琉璃光（vaidurya prabha），而阿彌陀佛則是無限的無量光（amitabha）。**兩者都是以光芒形式存在的神聖能量，是宇宙的智慧意識體。**

修習者可以透過與祂們連結，達到體悟宇宙真理和解脫煩惱的美好境態。釋迦牟尼發現了這個奇妙的方法，並透過「經典」來指導娑婆世界的眾生。我們也因應佛陀經典的引領，從心靈的束縛及身體的痛苦中獲得解脫。

歷史佛陀和宇宙佛陀有著不同的形式及特點。歷史佛陀是存在於地球、誕生於娑婆世界的真實人類，釋迦牟尼就是其中之一。宇宙佛陀則是超越界（註：指超越地球的世界或場域）的神聖意識體，是宇宙智慧能量的匯聚，並不具備肉體（但有時可以轉化成人類身形）。

如前所述，藥師佛和阿彌陀佛都屬於宇宙佛陀。「超越凡俗世界」一

詞通常用來形容宇宙佛陀達到的境界，這種超越（transcendental）的範疇可以涉及祂們的智慧、境界、教義或教化方式，是超凡的、玄奧的體悟境界。宇宙佛陀被認為是達到最高境界的存在，超越了世俗的束縛和人間的困境。

　　再次提醒，無論是歷史佛陀或宇宙佛陀，兩種形式的佛陀都代表著達到證悟宇宙真理和解脫煩惱的「人」或那種美好的「狀態」。釋迦牟尼佛以人身的肉軀達到佛陀的境界，並成功地與兩位宇宙佛陀接軌，這兩股來自宇宙的意識能量分別協助娑婆世界的我們在「現世」或是「往生」都得以自在安穩。

藥師佛法門與阿彌陀佛法門

　　生與死是人生在世最難解決的問題，如果能超越生死的困境，就等於超越生死輪迴的羈絆。釋迦牟尼為眾生找到了方法，分別是藥師佛法

🖋️ 歷史佛陀與宇宙佛陀

場域	佛陀	出身／來源	類別	能量
地球	釋迦牟尼佛	肉身，真實人類	歷史佛陀	連結宇宙的智慧能量
宇宙東方	藥師佛	光芒，宇宙神聖意識體	宇宙佛陀	「現世」安樂的能量
宇宙西方	阿彌陀佛	光芒，宇宙神聖意識體	宇宙佛陀	「往生」的解脫能量

＊地球上的釋迦牟尼佛、西方的阿彌陀佛和東方的藥師佛，是真實人類和宇宙神聖意識體完美結合的智慧體現。請記住，藥師琉璃如來屬於「現世」安樂的能量，而阿彌陀佛負責「往生」的解脫能量。

門（生）與阿彌陀佛法門（死），其內容分別被記載於《藥師琉璃光如來本願功德經》（簡稱《藥師經》）與《佛說阿彌陀經》這兩部經典。釋尊透過文字經典，指導我們如何獲取這兩個智慧能量，真是超級完美的組合！只要跟隨著釋迦牟尼的腳步，真誠地學習這兩本重要的經典，無論是此生或往世，都可以獲得宇宙智慧能量的保護。

過去，人們因為長期被封建統治者壓迫，大部分的人在真實的生活中是艱辛且痛苦的，經常得不到快樂，僅能求取「生存」，於是將希望寄託於「未來世」，也就是生命結束後可以前往阿彌陀佛的「極樂世界」（Sukhavati），佛經描述那個世界是個清淨的空間，沒有染汙的美好世界。

特別是在唐、宋之後的佛教，進入了「等待未來」的宗教觀，因為真實生命中總是充滿戰亂與貧困，人們都卑微地不敢奢求此生。在那個時代，大多數的佛教徒放棄在此生追求智慧的機會，寄望到西方淨土尋求智慧。然而，淨土並非大乘修持之最終目的，只是讓身心痛苦的眾生在此修養與修習的中途站。

在古代，阿彌陀佛的信仰比藥師佛更加興盛。但在佛教中，阿彌陀佛和藥師如來是與生死相關的重要法門，這兩個法門應該平衡發展，然而，大部分佛教徒更熟悉阿彌陀佛的法門，並且知道只要跟隨這股神聖意識體，即可以前往西方淨土，卻很少人了解藥師法門。

為何《藥師琉璃光如來本願功德經》特別適合這個時代？

清朝的玉琳國師（1614~1675）是順治皇帝的國師，是引動《藥師經》的重要人物。他在閱讀《大藏經》時，發現了《藥師經》，對藥師法門非常讚賞。他為《藥師經》寫下題語，將其放在經典前面，讚揚《藥師經》的殊勝之處。

玉琳國師認為，藥師佛（亦稱藥師如來）的願望是解除眾生因「無明」而引起的生理疾病和精神痛苦，並發現十二大願可以為眾生醫治身體和心靈。玉琳國師為此感到驚喜，充滿喜悅地想要分享給眾生，認為《藥

師經》宛若一扇認識宇宙智慧能量的窗戶，可以在阿彌陀佛淨土法門之外，再為眾生開啟一個藥師法門。

有關〈藥師經題語〉，隨後將於第 3 單元詳細分析，我們先來了解藥師如來的功德成就，也就是藥師如來所建立及管理統御的佛國世界，此處被描述為充滿琉璃和清淨的光明，稱為「淨琉璃世界」（Vaidūryanirbhāsā）。**此外，玉琳國師特別著重於藥師佛所提出的十二個大願，因為就福利眾生、繁榮現實社會而言，這些大願對於偏重彌陀法門的佛教具有補偏救弊的作用。**

隨著時代的改變，相較於過去，現代的國家大部分更為安穩強盛，科技文明的發展使得整體社會更安定繁榮，人們過著更舒適的物質生活。除了追求基本的生存之外，人們開始追求擁有健康的心靈和身體。因此，健身中心和優質的老人醫療村在這個時代陸續出現，這一點明顯與古代有所不同。**新時代的佛教徒更適合追求「藥師法門」，在活著的時候就開始追尋智慧，尋求安樂，而不必等待生命結束後再前往阿彌陀佛的極樂世界。**

此生與來世的兩大經典

法門	著重的時間	經典	修行重點
藥師法門	現世	《藥師琉璃光如來本願功德經》	此生實踐
阿彌陀法門	往生	《佛說阿彌陀經》	寄望來世

02《藥師經》包含經、咒與儀軌三大部分

《藥師經》是釋迦牟尼佛與個人意識的拓展

拓展意識是人類使用大腦最重要的目的，有些聖者把意識提升到很高的境界，釋迦牟尼佛就是其中一位。祂是人類內在成長的典範，是佛教世界的心靈導師。佛陀代表了聖人、賢者與有遠見的人，完美展現了專屬於人類的特質。在兩千多年前貧窮艱困的印度，佛陀的出現代表人類的內在還有更多尚未發掘的力量，只要擁有探索生命意義的渴望，就有機會發展更高層級的意識。

釋迦牟尼佛成功的關鍵，就是成功地擴展個人意識，將自身的意識連結到宇宙虛空的神聖意識體，本書的藥師如來即是其中一位。而後，釋迦牟尼佛的弟子也將祂與諸佛菩薩聯繫過程的神聖智慧，改以擬人手法寫成了許多經文。

《藥師經》是緩解現代生活壓力的神聖經典

在現代快節奏而緊張的生活中，人們承受著巨大的壓力，心理健康問題普遍存在，經常情緒低落、心靈疲憊。此時，我們的身心靈受到威脅，更需要隨時保持修護和涵養。《藥師琉璃光如來本願功德經》是一本非常適合新時代人類的神聖經典。透過這部經典，可以啟動我們原始身體的能量，而此能量能夠散發溫柔的生命光芒，來面對身心靈的負面能量。這種生命能量是每個人與生俱來的。

現今寺院流通的《藥師琉璃光如來本願功德經》包含了 ❶《藥師經》、❷〈藥師咒〉、❸藥師儀軌三大部分，內容相當完整，能夠為人們提供心靈和身體的滋養與修護。

《藥師經》是連結宇宙智慧與能量的神聖經典

　　《藥師經》是一本充滿智慧與能量的經典，透過釋迦牟尼與文殊菩薩、救脫菩薩的智慧對話，為眾生提供了如何連結藥師如來的智慧與能量的指引。**這樣的對話不僅呈現了宇宙神聖的智慧能量，也讓人們感受到超越凡俗的宇宙實相。**

　　在經文內，文殊菩薩與救脫菩薩都是宇宙神聖的智慧能量，祂們在佛經中被擬像化為具有身形的菩薩。文殊菩薩代表著所有菩薩智慧能量的總體，而救脫菩薩則是救度與解脫的重要能量。**這兩位菩薩將從虛空中「無形無相」的宇宙能量，轉化為「有形有相」的菩薩，進入娑婆世界為眾生帶來智慧與救度。**

　　許多人類優秀的聖者，如耶穌、老子、佛陀等，他們的心智與宇宙的創造力在非常微妙的層次融合在一起。他們的存在超越了個體的局限，讓人們能夠感受到宇宙的智慧體照顧著眾生，並在祈請與修持的過程中，常常感到安穩自在的幸福感。

　　透過釋迦牟尼的指引，《藥師經》讓我們能夠連結藥師如來的智慧與能量。這個經典的對話展現了宇宙神聖的智慧能量，也讓我們超越凡俗的桎梏，感受到更高層次的宇宙實相。

兩種不同形式的溝通語言：經與咒

　　人與人之間的往來、交流，一定要有溝通的管道，包括書信往來、電話、電子郵件，或是兩邊的信使，這些交流都必須有相同的語言。人類在與宇宙神聖意識體的溝通中，面臨一個重要的問題：應該使用何種語言？在這方面，「真言咒語」（mantra）提供了與佛菩薩溝通的方式。與此同時，「經」（sutra）則是一種人類可以理解的文字，兩者在溝通宇宙智慧體的過程中發揮了不同的角色，筆者整理出四個要點，以便讀者對經咒有更深入的領略。

1. **真言咒語的力量**：真言咒語是一種特殊的語言形式，被認為具有連結宇宙神聖意識體的力量。例如，觀世音菩薩的六字真言，或是廣為流傳的〈大悲咒〉，都是具有強大能量的真言咒語。

2. **藥師琉璃光如來的真言咒語**：「藥師琉璃光如來」或「藥師琉璃光佛」既是佛號，也是真言咒語。這些咒語融合了智慧與能量，可用來溝通藥師如來這位神聖意識體。

3. **經與咒的不同**：「經」是以人類可以理解的文字形式呈現的。然而，「咒」或「真言」則與之不同，是連結宇宙智慧的神聖語彙。咒語的部分內容超出了人類言語所能表達的意義，而有些則可以被理解。

4. **《藥師經》與〈藥師咒〉的重要性**：對於《藥師琉璃光如來本願功德經》而言，經和咒同樣重要。這兩者相輔相成，可用來溝通宇宙智慧體。只有將經與咒結合在一起，才能更有效地下載藥師如來的智慧能量。因此，原本獨立的〈藥師咒〉最後被納入《藥師經》之中。

所以，經和咒是兩種不同形式的溝通語言，用於與宇宙神聖意識體進行連結。「真言咒語」具有特殊的力量，可以引導人們與宇宙能量互動；而「經」則以文字形式傳達智慧與知識給人類。於是，《藥師經》和〈藥師咒〉的結合，為我們提供了溝通宇宙智慧體的有效途徑，讓我們能夠獲得藥師如來的智慧能量，並獲得內在的平靜與幸福。

藥師儀軌：藥師法門的實際操作手冊

學習藥師法門，除了《藥師經》和〈藥師咒〉之外，還有重要的藥師儀軌。藥師儀軌主要包括了「供養儀軌」與「念誦儀軌」。「儀軌」的意思是佛教寺院的儀式軌範，代表傳統的規定、法則（rule, pattern, norm, tradition），是為了協助修行者把握住學習《藥師琉璃光如來本願功德經》的關鍵方法，也可以說是與諸佛菩薩聯繫的「實際操作手冊」。

只要修行者虔誠依據儀軌進行藥師法門，肯定會有相當的助益。舉例而言，在進行誦經的過程中，首先會念誦各種真言，如純淨個人「身、語、意」的真言、純淨空間的「安土地」真言、供養宇宙「虛空」的真言，然後是《藥師經》的重頭戲，呼喚藥師三尊、八大菩薩與十二神將等的真言咒語，其能量充沛，能安穩地下載《藥師經》之諸佛與菩薩的智慧能量。念誦各種真言就是其中的「念誦儀軌」。

經、咒、儀軌的梵語學習

	梵語	說明
經	sutra	人類能理解的語言，是經文的智慧結晶。
咒	mantra	佛菩薩之間的語彙，是宇宙智慧能量的音韻。
儀軌	vidhi	聯繫諸佛菩薩的實際操作手冊，寺院僧侶進行的儀式軌範。

＊「儀軌」的梵語音譯是「vidhi」。在佛教中，「儀軌」是指一種具有規範性的儀式或儀禮，通常包括特定的咒語、懺悔文、供養法等，用於佛教修行者的修持或特定法會的舉行。儀軌可以規定修行者在修持特定佛法時，應該遵循的具體步驟和禮節，以確保修持的正確性和功德的增長。在《藥師琉璃光如來本願功德經》中，藥師儀軌部分可能包括了相關的修持法門、供養儀式等內容。

03 開啟近代認識《藥師經》的大門：清世祖的玉琳國師

　　本書所採用的《藥師經》版本，是一千三百年前玄奘的譯版，此經曾經有一段時期並未流行，因為漢傳佛教普遍注重阿彌陀佛的淨土信仰，直到清代的玉琳國師才改變這個狀態。

　　玉琳國師是臨濟宗高僧，被清世祖敕封為「大覺普濟能仁國師」，也是清朝開國君主順治皇帝的老師。玉琳國師在閱讀《大藏經》時發現了《藥師經》，對於藥師佛所發的十二大願深感興趣。這些大願特別著重於利益現世眾生，促進現實社會的繁榮。當時，社會上盛行著對於彌陀法門的崇尚，但玉琳國師認為《藥師經》中的法門更貼合時代潮流，並且能夠補偏救弊，因此特別推崇藥師法門。

　　當時，玉琳國師為《藥師經》撰寫了一篇序文，名為〈藥師經題語〉。他自述，對於這部經典的初次閱讀是退休狀態後的「予辭恩絕塵，不暇披覽」，並對於《藥師如來本願功德經》讚歎不已，「何於此經驚歎如是？」他真誠地希望所有眾生都能踏入藥師如來的願海，得到其所願，所以他說「不覺手額失聲，願人人入如來願海也」。

　　〈藥師經題語〉只有短短四百字，但影響近代的藥師法門甚深，包括太虛大師、弘一大師、竺摩法師與印順導師等近代重量級法師，在講說《藥師經》時，都撰文引用玉琳國師的這篇題語。

　　在玉琳國師看來，這個法門不僅有益於個人的修行，更關注世間利益，讓現實社會繁榮昌盛。他認為，相較於偏重彌陀法門的社會氛圍，藥師法門提供了一個嶄新的選擇，讓眾生能夠實踐法門所蘊含的教義。「今此如來，使人所求如願；遂從此永不退道，直至菩提。」意思是說，藥師法門可以滿足現世的富貴功名和物質，再運用藥師法門的教誨，尋求內心的淨化和修行，投向如來願海，得到真正的幸福和智慧。

　　「人間亦有揚州鶴，但泛如來功德船」是玉琳國師的經典名句，用

來比喻藥師法門的殊勝優越。這句比喻意味著，就像揚州的仙鶴能在凡間自由自在，而藥師法門也能讓修行者在佛陀的功德船上順利航行，超越世間的煩惱與束縛。以下是玉琳國師的經典原稿：

原文	要點提示
予辭恩絕塵，不暇披覽。偶入藏，閱《藥師如來本願功德經》，不覺手額失聲，願人人入如來願海也。或問：「何於此經驚歎如是？」告之曰：「予見世人，順境淪溺者不一；富貴可畏，甚於貧賤。今此如來，使人所求如願；遂從此永不退道，直至菩提。則欲於王臣長者，一切人中，作同事攝。不乘如來願航，何從濟乎。」	➡ 偶遇《藥師經》，推薦藥師法門
大凡修持，須量己量法，直心直行。誠能厭惡三界，堅志往生，則專依《阿彌陀經》，收攝六根，淨念相繼；所謂執持名號，一心不亂，決定往生。此先自利而後利人者，之所為也。	➡《阿彌陀經》的修持要點
若於現前富貴功名，未能忘情，男女飲食之欲，未知深厭，則於往生法門，未易深信。即信矣，身修淨土，而心戀娑婆，果何益乎？	➡ 凡常人遭遇的問題，心戀娑婆
則求其不離欲鈎，而成佛智，處於順境，不致淪胥者，固無如修持藥師願海者之殊勝難思也！若能信行，久久不懈，知不獨富貴功名，轉女成男，離危迪吉，如如意珠，隨願成就。即得於一切成就處，直至菩提。永無退轉，何幸如之。人間亦有揚州鶴，但泛如來功德船。	➡ 不離欲鈎，而成佛智，轉入藥師法門

　提醒讀者，上述文章中，玉琳國師先描述了修阿彌陀佛法門的要點，也就是：真心厭惡三界的束縛，堅定願往生淨土，專心依《阿彌陀經》，不斷念佛，淨化心念。修行必須先自利而後利他，在淨土法門中極為重要。然而，這並非人人可做到，「若於現前富貴功名，未能忘情，男女飲食之欲，未知深厭，則於往生法門，未易深信。即信矣，身修淨土，而心戀娑婆，果何益乎？」大意是說，凡常人難免執著於現世的富貴名利，無法忘卻情感，容易沉浸在男女飲食等欲望中，在這種狀態下便難以實

踐阿彌陀佛的往生法門。即便有信心，如果在身體修持淨土的同時，心靈卻仍對塵世執著，修行的效果也不會如願。

所以，玉琳國師推薦藥師法門，以欲望為鉤，引領不同層面的眾生。他寫著：「則求其不離欲鉤，而成佛智，處於順境，不致淪胥者，固無如修持藥師願海者之殊勝難思也！若能信行，久久不懈，知不獨富貴功名，轉女成男，離危迪吉，如如意珠，隨願成就。即得於一切成就處，直至菩提。永無退轉，何幸如之」。**仰賴並修持藥師如來法門是另一個選擇，也是極為難得的殊勝修行**。修持藥師如願海，能滿足世俗富貴名利、轉女成男、遠離危厄凶險、趨近安穩吉祥，成就人世間的願望。這樣的修行能引導走向菩提之道，並永不退轉。

玉琳國師的最後一句：「**即得於一切成就處，直至菩提。永無退轉，何幸如之。**」說明修持藥師法門可以讓人在世俗和出世間都得到圓滿的成就，實現物質和精神上的願望。

延伸學習

竺摩法師的解說，關於四個選擇的故事

讓我們延續另一個有趣的故事來闡述玉琳國師的詩意，出自於竺摩法師（1913～2002）的文章〈兩大法門盛衰情形〉。

他描述有四個友人談論自己的愛好。第一位友人喜歡擁有大量財富，享受奢侈的生活；第二位友人愛去揚州遊玩，認為那是人間天堂；第三位友人夢想騎著鶴遨遊天際、遊歷四海；第四位友人則坦率且多樣化，他想擁有財富、去揚州玩耍，同時也想騎鶴去揚州。故事中還出現「腰纏十萬貫，騎鶴上揚州」的形容詞，表示他們各自都想得到自己所愛之物，希望一切如願以償。

竺摩法師文章的這個故事與玉琳國師的詩意相對應，再回到前述玉琳國師所認為的，若能專心修習《藥師經》，遵從藥師佛的大願，如同遊泛藥師如來的功德法船，人間的富貴等一切所願都可以得到。至於「腰纏十萬貫，騎鶴上揚州」，比喻了修持藥師法門帶來的人世間種種成就，並且強調其容易實現的性質。

玉琳國師的這篇〈藥師經題語〉相當精彩,讀者不妨仔細閱讀思索。文章中是清代的用語,大致都可以理解,只有少數需要解釋。例如,「不致淪胥者」的「淪胥」,意思是受到牽連而遭遇苦難;「離危迪吉」的「迪」,意思是導入、靠近、走進,整個詞的解釋就是:遠離危厄,靠近安穩吉事。其餘部分,相信讀者都可以自己體會。

04 《藥師經》的讀誦世界：
進入玄奘的智慧版本

在真正進入《藥師經》的念誦之前，我們還是需要對此經有一個基本的認識。首先，要理解佛教裡的「娑婆世界」，就是我們居住的地球。《藥師經》認為，只要虔誠呼喚，宇宙虛空的藥師如來都會收到訊息，這是此經的最重要概念。

基本上，虔誠呼喚的方式有兩種：「聽聞」《藥師經》和「念誦」《藥師經》。 只要修行者進入《藥師經》的讀誦世界，就有機會了解藥師如來與琉璃淨土的善和美。

幸運的是，千年來的智者為我們留下了不同版本的《藥師經》和「藥師儀軌」，這些版本至今仍然受用。本書選擇了玄奘的版本，因為它融合了《藥師經》、〈藥師咒〉和「藥師儀軌」。在經文裡，經、咒、儀軌完美地結合成為一體，讓我們能夠自然順意地在日常生活中學習藥師如來的真言，認真地接收藥師如來的智慧能量，有效地接受其宇宙光能。

在修習的過程中，我們需要依靠自身的智慧來認真學習（自力），同時也可以從佛菩薩的智慧中獲得啟發（他力）。讓他力協助自力，而能在修習佛法的道路上，**由自我覺醒進而關心他人，與菩薩的願力一起安穩地探索宇宙神奇奧妙的智慧，並將獲取宇宙智慧的方式分享給他人。**

誦經可以引動宇宙智慧能量

這部《藥師經》是一部功效強大的經典，主要是啟動宇宙東方的能量，這股能量來自於淨琉璃世界的神聖意識體，也是本經最重要的智慧體，我們稱之為「藥師如來」。祂存在於神聖純淨的空間中，透過琉璃光芒的綻放，可以啟動眾生與生俱來的原始動能，由宇宙的大動能（他力）引動修行者個體內在的小宇宙動能（自力）。《藥師經》協助修行者透過

經、咒、儀軌，將宇宙大小的兩種動能連結在一起，源源不斷地將宇宙智慧能量注入到個人的身體。

誦經可以下載穿越宇宙時空的奧妙能量

這個來自藥師如來的能量是超越時空的，能夠跨越過去、現在和未來。其中的一股能量奇妙而神奇，可以對治過去的阻礙，在經典中稱為「拔除一切業障」。而其中的〈十二神將饒益有情結願神咒〉可以處理當下的困境，滿足現世的需求。此外，藥師琉璃光如來的功德也是關鍵能量，可以引導修行者在未來進入更優質的智慧狀態，透過「誦經」前往淨琉璃世界。

每個人都具有佛性（buddha nature），可以透過這部經典依序喚醒身體本源的能量。釋迦牟尼告訴我們，宇宙眾生都具備美好的本質，都是無限潛能的生命體，只要啟動藥師如來慈悲的呵護能源，就能讓自身的智慧狀態逐漸走向更美好的境界，並與宇宙智慧接軌。

誦經可以建立守護個人身、心、靈的堅固防火牆

隨著文明科技的急速發展，我們的生活環境和工作形式劇烈變化，生命能量變得衰弱，原生能量失去動力。這時，我們更需要堅強的抵禦能量，以及啟動宇宙間高頻率振動的精華能量，也就是**東方三聖的光能，包括琉璃光（vaidurya prabha）、日光（surya prabha）和月光（candra prabhaba），這樣就可以避免身體過度損耗，為身體和心靈建構一道完美堅固的能量防火牆。**

藥師如來的琉璃光純淨明亮、無限閃耀，日光菩薩和月光菩薩綻放出天體自然的光芒，溫暖而柔和。這三者是《藥師經》最重要的能量來源，它們以光芒的形式散發璀璨光彩，均勻地滋潤涵養地球的空間，讓娑婆世界的眾生展現新的生命能量。

如何啟動藥師如來的能量

　　許多人認為誦經並不輕鬆，但事實上，《藥師經》的修習可以自在地融入生活中，我們不需要把它視為辛苦嚴厲的修行，因為這樣一來效果反而不佳，違背了自在解脫的基本態度。

　　實際上，在日常生活中純淨地啟動東方三聖的光能，並非遙不可及的事情，只要抓住《藥師經》的要點，就可以輕鬆實踐。但虔誠的信眾也可以更深入。特別是藥師如來是佛教中的重要佛尊，其發願廣大，能成就一切眾生的願望，因此修持藥師法門是眾多修行者所追求的目標。

　　為了與藥師如來的願力相應，有五種修法可以供修行者選擇，而且可以在兩類場合中進行。

　　第一類修法是平日在家時進行，包括了持名、誦經、持咒。「持名」是指念誦藥師如來的名號，就像阿彌陀佛修持中的方法一樣，雖然簡單易行，卻能帶來巨大的利益。「誦經」是指讀誦《藥師經》等相關經典，並進行演說、開示、書寫等相關修持。「持咒」則是念誦藥師如來的咒語，這些修法都可以在日常生活中進行，非常方便。

　　第二類修法是在寺院參拜時進行，其中包括供養和求灌頂。「供養」是指在藥師如來像前供奉香、幡、燈、花、金剛杵等供品，供養藥師如來的形象；也可以根據自身的能力隨意設置供品，或者進行火供等特殊供養。「求灌頂」則是依照密乘的儀軌，向有灌頂資格的上師請求，這樣可以接受藥師如來的加持與庇佑。

　　總結來說，與藥師如來的願力相應，有五種主要的修法，分別是 ❶ 持名、❷ 誦經、❸ 持咒、❹ 供養、❺ 求灌頂。這些修法可以在平日的生活中進行，也可以在寺院參拜時實踐，合適的修法取決於個人的修行狀況和信仰背景。無論選擇哪種修法，都能讓修行者與藥師如來的慈悲願力相通，並進一步提升修行的效果和境界，讓我們在修持藥師法的過程中，獲得內在的平靜與智慧，並淨化心靈，達到究竟解脫的目標。

05 《藥師經》的兩種力量：
菩薩的本願力與佛陀的威神力

　　人類的願景是決定生活方向的關鍵，但首先必須喚起內在的意識，然後才能付諸行動。在此之後，各種可能性、機遇、好運，以及實現夢想所需的元素將會湧現。菩薩也是如此，他們必須懷抱著比人類更偉大的願景，並踏出實現的步伐，這就是創造實相的過程。

　　願望是實現的最大動力，《藥師琉璃光如來本願功德經》中蘊含著名的「藥師十二願」，融合了藥師如來在成佛之前所發出的「慈悲」和「智慧」。

慈悲與覺醒

　　十二大願是菩薩的覺醒，啟動了慈悲力量，同時追尋智慧，於是慈悲的力量與智慧的能量貫穿整本《藥師經》。**慈悲是獲取智慧的加速器，這一偉大概念是菩薩們分享給人們的最大智慧。**藥師如來的根本願望完全體現了「菩薩行」的概念，其核心觀念是「大乘即菩薩」的法門，以拯救世間眾生為宗旨，其最高果位則是「佛果」。藥師如來在菩薩階段發出了十二大願，這些願望就是《藥師琉璃光如來本願功德經》中所載的「本願」，意指它們是根本性的誓願。除了十二大願完整陳述菩薩的根本誓願，經文中也出現「本願威力」與「本願力」的用詞。整理如下：

經文	力量類別	出處
1 彼藥師琉璃光如來得菩提時，由<u>本願力</u>，觀諸有情，遇眾病苦，瘦攣、乾消、黃熱等病，或被魘魅、蠱毒所中，或復短命，或時橫死，欲令是等病苦消除，所求願滿。	本願力	正式經文 見 PART 2 第 2 章 第 32 單元

經文	力量類別	出處
2 彼如來本願威力，令其現前暫聞名號，從彼命終，還生人趣。	本願威力	正式經文見 PART 2 第 2 章 第 24 單元
3 由此善根，及彼如來本願力故，令其國界，即得安穩。風雨順時，穀稼成熟。一切有情，無病歡樂。	本願力	正式經文見 PART 2 第 2 章 第 49 單元

佛陀的神通力，跳過邏輯思考，不可思議的直接力量

　　還有另一股特殊的力量，即是佛陀的神通力，在整個《藥師經》的用語是 ❶ 福德威神力、❷ 佛神力、❸ 如來威力、❹ 蒙佛威力。佛陀的神通是無所不知、無所不能的。

　　請讀者注意，當出現「威力」、「神力」的關鍵用詞時，通常是人間佛陀釋迦牟尼佛在入定後顯現的不可思議的力量，那是無法用人類的邏輯去思考判斷的能量與智慧，另一種則是經文描述宇宙佛陀如藥師佛、阿彌陀佛的威力。

　　基本上，許多佛經中出現「威」字，極可能就在描述佛陀神通力，上述列表的 2 其實也是這樣「從彼命終，還生人趣」，非常神奇。人類只有入定後，才能獲得這樣的智慧能量，釋迦牟尼也是如此。

　　除了描述佛陀清楚地直接看見，知道一切遠時、遠地各種情況的一種神祕智力之外，還有佛陀具有可以解脫眾生一切憂苦的能力。這個能力是超乎了凡常人所能理解的智慧能量，所以釋迦牟尼佛對阿難描述藥師如來的神祕力量：「阿難！此是諸佛甚深所行，難可信解，汝今能受，當知皆是如來威力。」有關描述藥師如來的這股神奇能量，大致就出現以下四次：

經文	力量類別	出處
1 若聞我名，以我<u>福德威神力</u>故，皆得解脫一切憂苦。	福德威神力：解脫眾生憂苦	正式經文 見 PART 2 第 2 章第 15 單元
2 以<u>佛神力</u>，眾苦解脫，諸根聰利，智慧多聞，恆求勝法。	佛神力：解脫眾生憂苦	正式經文 見 PART 2 第 2 章第 26 單元
3 阿難！此是諸佛甚深所行，難可信解，汝今能受，當知皆是<u>如來威力</u>。	如來威力：協助阿難能夠信解受持	正式經文 見 PART 2 第 2 章第 45 單元
4 世尊！我等今者，<u>蒙佛威力</u>，得聞世尊藥師琉璃光如來名號，不復更有惡趣之怖。	蒙佛威力：協助十二神將不受惡趣之恐懼	正式經文 見 PART 2 第 2 章第 53 單元

06 《藥師經》的關鍵人物：
佛陀、菩薩、弟子、神將

關鍵經文：點出《藥師經》的精髓

爾時，阿難白佛言：「世尊！當何名此法門？我等云何奉持？」佛告阿難：「此法門名說『藥師琉璃光如來本願功德』，亦名說『十二神將饒益有情結願神咒』，亦名『拔除一切業障』，應如是持。」

《藥師經》的核心結構

釋迦牟尼是地球上獲得宇宙智慧的聖者之一，其他文明的宗教也有類似的智者達到相同的美好境態，而佛教認為，聖者或智者展現慧光，象徵智慧真理。其他宗教的用詞不同，但肯定有交集的本質。在古代印度，這樣的境態被稱為「佛陀」（Buddha）。釋迦牟尼已經達到佛陀的覺知狀態，所以能夠輕易地與宇宙智慧體溝通，包括藥師如來在內。

上述文字是《藥師經》中釋迦牟尼與阿難的一段關鍵對話，明確點出了藥師法門的三個核心要素：

❶ 藥師琉璃光本願功德
❷ 十二神將饒益有情結願神咒
❸ 拔除一切業障

這使我們清楚地了解到藥師法門具有根本誓願的「功德」，並且知道它是一種「結願神咒」，能夠幫助眾生消除生命中的「業障」。誓願功德、結願神咒和去除障礙這三個主題，共同組成了整本經典的主軸，在經文中逐漸展開，形成一部宏大的神聖經典。在佛教世界中，雖然不同的佛教經典具有不同的功用，但大部分經典都有助於我們穩定情緒，尤其是

《藥師經》的療效最為卓越。當我們虔誠專注地念誦《藥師經》時，它甚至能夠喚醒我們身體的能量，在忙亂的社會中讓我們的心靈暫時得到休息。**儘管《藥師經》被分為三部曲，但超過一半的經文是釋迦牟尼與宇宙神聖智慧體文殊菩薩之間的對話，而文殊菩薩是智慧的總代表！**

克服死亡的羈絆

　　《藥師經》的首部曲中，描述了地球上的聖者釋迦牟尼與宇宙神聖意識體文殊菩薩對談，這是地球真實人類與宇宙智慧體的對話。

　　經文在後半部分進入另一個核心要義，釋迦牟尼、其弟子阿難與救脫菩薩之間的對話，重點是透過阿難的提問和救脫菩薩的回答，指導人們如何避免九種不幸的死亡，以及當死亡來臨時，重病患者和陪伴家屬應該如何面對。面臨這些嚴峻的生命困境，宇宙神聖意識體「藥師如來」都會前來協助，這部分在經典中被稱為《藥師經》的第二部曲。

　　最後一部曲涉及到與十二藥叉相關的能量下載，也就是呼喚結願神咒，這是一種具有強大能量的咒語。結願神咒擁有所謂的「遮持」力量，意味著「遮惡持善，拔除一切業障」，會帶來親近善美的能量，遠離負面能量。

　　這三部曲共同組成了這本完美的神聖經典。

🌱《藥師經》三部曲

首部曲	釋迦牟尼與文殊菩薩的智慧對談
第二部曲	釋迦牟尼、其弟子阿難與救脫菩薩的對談
第三部曲	下載十二藥叉的守護能量

《藥師經》最主要的人物（經文中有發言者）

釋迦牟尼

人類，達到成佛境界。

文殊菩薩

宇宙神聖意識體，
充滿智慧能量。

救脫菩薩

宇宙神聖意識體，
擁有解脫能量。

阿難

人類，聽聞釋迦牟尼
講法最多的弟子。

十二藥叉神將

自然山林精怪，
洋溢著山水天地的豐富能量。

關鍵五組角色

　　《藥師經》中主要進行對談的人物，有娑婆世界的人類，主要是釋迦牟尼佛與弟子阿難，除此之外，還有宇宙虛空中的神聖意識體，分別是文殊菩薩與救脫菩薩。最後是地球空間的能量意識體十二藥叉神將，是山林精怪的大自然能量。

　　這五組角色在經典中的對話，闡述了藥師如來的神聖宇宙能量。這些智慧能量首先包含了世俗人類所能理解的真理，我們稱之為「世俗諦」（the conventional truth）。另一組則是宇宙智慧能量，被稱為「勝義諦」（the ultimate truth）。勝義代表超越世俗真理，義代表意義。「勝義」一詞的意思是：超越人類文字所能描繪的真理。真言咒語就屬於這一類，其中許多內容無法完全用文字解釋，但在冥想中可以得到約略的體會和感受。

釋迦牟尼佛連結藥師如來：兩種智慧真理的交融

　　藥師如來所擁有的真理，包含了兩種不同的層面：人類可以理解的真理，以及超越人類文字所能描述的真理。藥師如來能夠自由地在娑婆世界（地球）和淨琉璃世界（東方淨土）之間穿梭，所以被稱為「如來」（tathagata），直譯為「就像來了一樣」。

　　釋迦牟尼佛也是如此，他已達到佛陀的境界，不僅領悟了世俗的真理，還能深入理解宇宙的真理，同樣是領悟了宇宙的虛空真理（勝義諦），並能夠解脫世俗的煩惱（世俗諦）。

　　由於兩者的智慧能量達到相同的境界，所以人間的佛陀釋迦牟尼能夠與宇宙的佛陀藥師如來連結，祂們之間美好的互動形成了這部經典。

兩位菩薩的努力：指導眾生如何獲取宇宙智慧

　　印度梵語中有一個美好的詞：manjushri，意味著美妙、雅致、可愛，還有莊嚴、善美的意思。這個詞在中文是對應到「文殊菩薩」的名字。**文殊菩薩和另一位救脫菩薩是佛陀之下的宇宙神聖意識體，是《藥師經》**

<u>中最重要的兩位菩薩。</u>

　　雖然這兩位菩薩尚未達到佛陀的境界，但也能夠體悟宇宙智慧，只是還有未完成的使命，因此保持著菩薩的修習境態。在《藥師經》中，這兩位菩薩試圖指導眾生如何獲得宇宙智慧，也就是嘗試用「人類的語言文字」來表達藥師如來的智慧，這些內容由阿難以印度梵文記錄，並由玄奘大師翻譯成中文供我們閱讀。

十二藥叉神將的功德：日夜守護人類

　　山、海、地、宇宙是人類所處的空間，我們被包圍在這個充滿各種能量的世界，最後的十二藥叉神將代表地球上天地鬼神的能量。相對而言，他們的能量僅超越凡俗的人類，但智慧能量尚未達到佛菩薩的層次。藥師佛藉由他們於自然界擁有的神通能量，日夜守護著人類。

　　要如何喚求他們呢？必須透過真言咒語，即十二位神將的梵音名號。這些梵音名號與每天的十二時辰天體運轉相對應，因此可以時時刻刻守護著人類。至於他們的名號詳見於後，虔誠念誦即可與之相應連結。

讀經時該認真思考阿難的提問

　　佛陀的弟子阿難，其名字在梵語中為 Ananda，意思是歡喜的、喜慶的、純淨無汙染。我們要再次強調阿難的重要性，他是佛教世界中在修行之道上的智者，正如他的名字所暗示的那樣，純淨無瑕。阿難替我們在《藥師經》中提出各種問題，揭示人們的困惑、煩惱和恐懼。因此，在閱讀經典時，我們應該認真思考阿難所提出的問題。

　　念誦《藥師經》時，如果能牢記上述主要人物之間的關係，就能輕易分析《藥師經》的精髓，並能直接進入藥師世界的能量核心，穩定地接收宇宙能量，獲取智慧、幸福、清淨、自在和療癒的力量。佛陀告訴我們，這些力量是每個人都與生俱來的，只是我們一時忘記了。而《藥師經》協助我們重新找回這些能量。

07 《藥師經》首部曲：文殊師利的智慧能量，眾菩薩智慧的中心點

　　爾時，世尊讚曼殊室利童子言：「善哉！善哉！曼殊室利！汝以大悲，勸請我說諸佛名號，本願功德；為拔業障所纏有情，利益安樂像法轉時諸有情故。汝今諦聽！極善思惟，當為汝說。」曼殊室利言：「唯然！願說，我等樂聞。」

　　《藥師經》裡的「曼殊室利」（Manjushri）就是「文殊師利」，只是不同的梵語音譯，我們通常把「文殊師利菩薩」簡稱為「文殊菩薩」，是一股雅致、莊嚴的善美能量。

　　在這部神聖的《藥師經》中，釋迦牟尼首先與文殊菩薩這個神聖智慧體對談，然後慢慢地下載藥師如來神聖的宇宙能量，在過程中將關鍵的法門傳授給世間人類。弟子阿難就在一旁聆聽與記錄，他好比是個忠實的會議紀錄員。文殊菩薩是菩薩的智慧總代表、眾菩薩智慧的中心點，與之對應的觀世音菩薩是慈悲的總代表。

文殊菩薩參與的字數占了全經的七成

　　釋迦牟尼佛與文殊菩薩之間的對談內容占了《藥師經》的前大半部分，字數占全經的七成左右。上述這一段經文，是一開始世尊稱讚曼殊室利以「大悲心」（偉大的慈悲心力）來勸請說「諸佛名號和本願」的功德，目的是為了拔除纏繞眾生的業障，這是為了讓像法轉時的眾生獲得利益和安樂的緣故。

　　上述經文有兩個名詞必須特別注意。首先是「諸佛名號」即是佛陀們的名號。佛陀的名號本身就是真言咒語，我們可以透由佛菩薩的名號

來下載宇宙的能量，每念誦一位佛或菩薩的名號，就等同於立即下載一次智慧能量。

「像法轉時」直接的意思是「似法轉時」，類似、接近佛法轉動的一段時期，通常是指釋迦牟尼佛涅槃後五百年，佛像的修造和教法的傳播重新興起的時期。根據《藥師經》的記載「像法轉時」是一段人們依舊能夠聆聽佛法、消除業障、造福眾生的利樂時期。這段時期，釋迦牟尼佛已經入滅，代表他已經離開人間，但他所傳播的「法」（dharma）持續運轉中。「像法轉時」的這段時期，人們面對寺院的佛像，心存敬意。延伸的概念是透由「供養佛像」來「轉動佛法」，其最終目的依舊是要能弘揚佛法，啟動宇宙智慧運轉的動能。

「念誦佛號」與「像法轉時」都是《藥師經》的精髓，而透由聽覺聲韻與視覺影像去啟動大腦的運作，也正是佛教修行的兩個法門。聽覺導向的念誦真言（mantra）與視覺導向的觀想（meditation），能聯手啟動更深層的意識能量。

主軸一　十二大願：根本誓願

釋迦牟尼與文殊菩薩之間究竟談了什麼？這可說是《藥師經》首部曲的核心要義。其內容主要有三大主軸，第一是藥師如來尚未成佛前的十二大願，這是一系列自覺（自己覺醒）、覺他（協助他人覺醒）的美好願望，也包含自利、利他的修行實踐，完整涵蓋了眾生心靈層面與物質層面的祈請與滿足。

由於十二大願也著重於今世現實世界的物質需求與生命健康，不像阿彌陀佛的寄望於來生，這是《藥師經》最迷人之處。

主軸二　下載藥師佛智慧能量的方法：藥師法門

我們知道人類是地球唯一發展出語言文字的生物體，而佛教的儀軌知道如何透由有意義與無意義的聲音頻率振動，與至誠心念的儀軌供養，

讓身體、心念與靈魂深處進入藥師佛的美好境界。針對這類方法，佛教給了個名稱：「善巧方便」（upaya），大概的意思就是善美巧妙的方法。

釋迦牟尼與文殊菩薩之對話的第二個主軸，是傳授了眾生下載藥師佛智慧能量的善巧方便，除了先前提及「諸佛名號」的聽覺聲韻與「像法轉時」的視覺影像，又添增了「儀軌」的重要性。

文殊菩薩對儀軌的指導分別是 ❶ 聽聞藥師佛的名號、❷ 持咒、❸ 虔誠的供養，這三個方式符合地球人類的生命形式。

就某種意義來說，對於藥師法門最簡單的建議是，每天至少一次，放手讓藥師佛保護你或你的靈魂，或是祈請這位高等神聖智慧體去影響我們生活裡的某個情況，看看交付給藥師如來的生命能否美好。畢竟引領人生方向的不只是宇宙神聖意識體（他力），生命會自己演化（自力），我們必須自我實踐，藥師如來只是喚起我們看不見的內在力量，這些能量在我們的內在蓄勢待發，只等我們透由《藥師經》與〈藥師咒〉來喚起。

主軸三　前往藥師如來的神聖淨土：淨琉璃世界

佛陀與文殊菩薩之對談的最後主軸，是神聖空間「淨琉璃世界」（Vaiduryanirbhasa），那裡居住著藥師佛、日光菩薩與月光菩薩，而藥師佛歡迎大家前去祂的世界。

這三位宇宙智者在神聖的空間中會散放慈悲的光芒，分別是宇宙虛空的琉璃光，天體星球自然的日光與月光。三種光芒無邊無盡地照耀宇宙所有的生命體，讓眾生獲得智慧，遠離苦惱。藥師佛、日光菩薩與月光菩薩可說是《藥師經》最重要的智慧能量。

08 《藥師經》二部曲：救脫菩薩的拯救計畫，藥師儀軌的指導者

爾時，眾中有一菩薩摩訶薩，名曰救脫，即從座起，偏袒右肩，右膝著地，曲躬合掌，而白佛言：「大德世尊！像法轉時，有諸眾生，為種種患之所困厄，長病羸瘦，不能飲食，喉唇乾燥，見諸方暗，死相現前，父母親屬、朋友知識，涕泣圍繞。

這段經文的描述宛如現代陪伴重症親人於醫院病床的情態。病人面對種種病痛困擾，長病之下身體羸瘦，無法進食，喉唇乾燥，隨著視力衰退，只見四周黑暗。而後，病人顯現出種種死亡跡象，父母、親屬和朋友都圍繞著他泣涕。

生與死不對等，但也不是兩個極端。死亡是生命的一部分，而生命跨越一切。有生必有死，這是符合法（dharma）的自然運轉。**死亡只是過渡到另一種生命的工具。生生不息是自然恆常的主軸，此生結束還有來生，直到最後的寂靜涅槃。**

在《藥師經》裡，救脫菩薩是個神奇能量的擬像化，如果生命不該結束，祂會賦予能量以延續生命體的運作。如果必須放棄破敗的肉體而準備躍入另一個健康的軀體，救脫菩薩會指導你的。

該如何處理生命與死亡呢？《藥師經》提供了呼喚宇宙「救度能量」的神奇法門。這即是《藥師經》的第二部曲，由救脫菩薩隆重登場，祂以慈悲心深入領略世間的苦難，與首部曲中的文殊菩薩同樣是宇宙虛空的神聖意識體，並非地球真實存在的人物。祂們都是宇宙善美的能量，在佛教發展過程中被擬像化為具備身形的菩薩，由無形無相轉換成有形有相。

拯救、解脫的神奇能量

顧名思義，救脫菩薩就是「拯救解脫」，祂是拯救眾生的菩薩，可以協助眾生從苦難中解脫。《藥師經》中，救脫菩薩的梵語是「Moksha Bodhisattva」，而英譯版以「The Bodhisattva Seeker of Salvation」稱呼他，意義非常明確，救脫菩薩的任務就是「拯救、救度」。

<u>提醒讀者，在經文中，娑婆世界的阿難也多次參與了與救脫菩薩這位意識體的智慧對談。</u>阿難是釋尊身旁最重要的弟子，在許多經典中，他總是認真記錄佛陀與宇宙意識體的對談，但偶爾也會代表人類請教宇宙虛空中的佛、菩薩的智慧指導。

救脫菩薩出現於《藥師經》的後半部，透由祂的指導，告訴眾生「念誦藥師如來，可免苦難災厄」，這部分的經文是《藥師經》（人類可以理解的文字語言）與〈藥師咒〉（佛菩薩的溝通語彙）的融合。不僅如此，經文中還詳示供養藥師如來之法門，此乃藥師儀軌。於是，《藥師琉璃光如來本願功德經》涵蓋了經、咒與儀軌，提供佛教徒最完美的修行法。

救脫菩薩的單元字數約占全經的兩成

在本經中救脫菩薩闡述藥師儀軌的部分，字數占全經兩成左右。此二部曲還延伸討論了死亡的審判，類似於《西藏生死書》的部分情節。阿難與救脫菩薩的生死對談之重點，在於「病危」與「死亡過程」的「解難」。經中提供相當完備的拯救計畫，非常精采，步驟明確且有效率。雖說臨終死亡的過程是神祕的，《藥師經》透由救脫菩薩呈現給讀經者不同的面貌與夢幻奇離的經歷，激發修行者的想像，勾勒出死亡的境態。

只要安穩地跟隨《藥師經》的儀軌說明，即能清楚地意識到生命輪迴的存在，一步步學習如何解脫死亡恐懼的羈絆。如果再更深層學習，修行者會知道生死只是幻相，輪迴是個錯覺。就娑婆世界的生命體而言，必須認清實相是無生無死，唯有無生無滅才是宇宙終極的真理。這是十二大願提及的「阿耨多羅三藐三菩提」，也就是無上正等正覺的智慧狀態。

在《藥師經》中，修行者以虔誠的心靈依據救脫菩薩的指導，按部就班完成藥師儀軌，即可協助親人回復到完美健康的身體，這是因為藥師如來的威神力。

整體而言，救脫菩薩這位神聖意識體談的是如何「免除」苦難災厄，且詳示「供養」藥師如來之法門。雖說阿難的智慧能量不同於釋尊，但透由他的世俗提問，救脫菩薩更能夠分享祂的虛空智慧，所以眾生可以隨著經文跟著阿難的提問來學習。

最後，救脫菩薩講談的內容不僅止於個人的病痛困厄，還延伸到國家的危難，也擴及所有眾生的困難。

五色續命神幡與七層燈：儲存宇宙能量的巨型記憶體

就實踐的層面而言，第二部曲中救脫菩薩的開示比較接近生死關鍵的病危處理。救脫菩薩的指導是 ❶ 聽聞藥師佛的名號、❷ 持咒、❸ 虔誠的供養，與前半部釋尊開示的文殊菩薩之方法其實是相同的。

這個單元花了相當篇幅談藥師念誦與供養的儀軌：五色續命神幡與七層燈。此乃佛教儀式的極致供養，過程看似繁複，有其科學與心理的意義層面。

五色續命神幡是寺廟法會儀式的用品，幡的梵語為 Ketu，音譯為「計都」。幡是長幅下垂的旗，五色是指青、黃、赤、白、黑，代表宇宙不同方位的能量，不同色彩具備不同的振動能量，可以引發人體的生命動能，此續命神幡明確的功能就是「延續生命」。

要如何理解五色續命神幡扮演的意義呢？很簡單，它就好比是巨型的護身符。**一般個人使用的護身符可放置於身上或背包，而五色續命神幡就是寺院的巨型護身符，在藥師法會時懸掛於寺廟，是參拜寺院眾生的集體護身符。**

當寺院進行法會時，所有僧侶群集念誦《藥師經》，即可下載藥師如來的保護能量於五色續命神幡，為眾生的身心靈建構一道防火牆。五色續命神幡就好比現在的電腦硬碟，可以儲存資料，只不過它儲存的是藥

師佛的智慧能量，並由在藥師法會中負責念誦的僧侶下載這個智能。

再看七層燈，它是下載宇宙能量之後的存藏媒介物，同樣是類似電腦硬碟的儲存功能。而此燈連結的是藥師如來的琉璃光（vaidurya prabha），這道如同琉璃般純淨清澈的光芒，是宇宙間高頻率振動的精華能量。

如果簡明扼要地描述救脫菩薩的這個單元，核心要義就是透由祂來指導「續命法門」，配合的媒介物就是「五色幡」與「七層燈」。

09《藥師經》終曲：十二神將的登高一呼，山林的守護者

此十二藥叉大將，一一各有七千藥叉以為眷屬，同時舉聲白佛言：
「世尊！我等今者，蒙佛威力，得聞世尊藥師琉璃光如來名號，不復更
有惡趣之怖。我等相率，皆同一心，乃至盡形歸佛、法、僧，誓當荷負
一切有情，為作義利，饒益安樂。

　　這段經文說明十二位藥叉大將各有七千藥叉作為眷屬，他們承蒙佛
威神力，也很幸運地一起聆聽藥師琉璃光如來的聖號。聖號即是下載琉
璃如來能量的神聖密碼，經中提及，因為有了藥師如來的庇護，從此之
後藥叉們不再畏懼邪魔的引誘威脅而步入惡道。

　　藥叉們彼此互相遵循，一心皈依佛、法、僧三寶，直到盡形。「盡形」
的意思是身形終盡，也就是來到生命結束的時候，這個身體無法再使用
了。藥叉們最後誓願共同肩負責任，為地球的一切眾生祈求義利，饒益
安樂。這是《藥師經》的終曲。

僅占全經的一成左右，但意義重要非凡

　　分析《藥師經》的整體結構，先是釋迦牟尼佛與文殊菩薩的首部曲
（宇宙智慧的對談），然後是阿難與救脫菩薩對談的二部曲（困難與病危
的拯救），此二部曲加起來的篇幅占了全經大部分，約九成。最後才是赫
赫有名的十二藥叉神將登場，也就是第三部曲（日夜陪伴與守護）。

　　十二藥叉神將為主角的第三部曲，在玄奘大師譯版的字數，僅占全
經的一成左右。雖然篇幅不多，但意義重要非凡，因為他們所涵藏的能
量巨大無比。到底十二藥叉神將的能量有多龐大？經文寫著，「只要」修
行者虔誠呼喚了十二藥叉神將的名號，就能擁有「世俗間」遭遇危難時

的保護能量。該法門是透由十二藥叉的「梵音名號」所產生的振動能量，來保護娑婆世界的眾生。

他們極為重要，所以在《藥師經》的最後寫著：「**此法門名說『藥師琉璃光如來本願功德』，亦名說『十二神將饒益有情結願神咒』**」。於此，釋迦牟尼佛清楚明晰地告訴了阿難，十二神將在《藥師經》裡的重要性，以及展現出其威猛能量的方法。

「結願」的意思是法會結束時的儀式

關於「結願神咒」一詞，「結願」兩字是代表「法會結束時」的用語，「結」代表「結束」，也就是整個《藥師經》以美好的願力作為終曲。此外，「結願」代表連結地球自然山川的神願庇護，這時候「結」又可以代表「連結」。無論是地球的山川、海洋或包圍的天空，都有著自然界的能量意識，而我們全都身在自然之中。透由藥師法門，我們可以接收到周遭自然環境的能量，方法即是十二神將饒益有情結願神咒。

神咒即是十二藥叉的名號，「結願神咒」的意思就是藥師法會結束時要虔誠呼喚十二藥叉的名號，如何呼喚呢？很簡單，只要在十二位藥叉的名號之前加上南摩（namo 或 nama）。特別提醒一下，念誦時千萬別輕忽 namo 這個梵字，它是個威力強大的咒字。namo 一般音譯為「南無」，發音其實比較接近「南摩」或「南麻」。它所涵藏的意義至少包含「禮敬、歸敬與皈依」三個層面，完整的意思是虔誠信賴佛菩薩，虔誠地祈請神聖意識體的保護。

藥叉結願神咒能快速遮惡持善

《藥師經》是釋迦牟尼佛達到證悟宇宙智慧的心靈祕方，也是祂傾聽人們對生命與死亡之困惑所留下的智慧藥典。經中提供完整的智慧配方，協助眾生提升到更優質美好的身、心、靈狀態。藥師如來是宇宙偉大的醫師，充滿慈悲心，會修護心靈受傷或身體病痛的眾生。此經中不

斷叮嚀，「只要」呼喚祂的名號，即可下載琉璃光清淨的能量，進而啟動每個人內在潛藏的動能。

　　然而，其中的藥叉結願神咒更是充滿物質世界的奇妙動能，可以在娑婆世界快速地「遮惡持善」！「遮惡」是阻擋惡業帶來的傷害，「持善」是維持善業的正面能量。無論惡業或善業，透由十二神將結願神咒都可調節正能量與負能量的平穩，達到平和美好的境態。修持咒者虔誠地呼喚這些山林天地的自然界能量，讓《藥師經》完美結合〈藥師咒〉，再融入十二藥叉的真言，獲得自然平衡的生命體質，活力再現，持續散發健康的生命能量。

10 藥師如來在臺灣的足跡之一：大雄寶殿的藥師如來

在臺灣，很多寺院都有供奉藥師佛，大多就在大雄寶殿之內。大雄寶殿，又稱大雄殿或大殿，在漢傳佛教寺院或各類祭祀場所中，指的是主奉釋迦牟尼佛的大殿。

「大雄」是佛教徒對釋迦牟尼佛的尊稱，梵語 Mahavīra 的意思是偉大的英雄。在中國佛教中，大雄寶殿不僅是寺院的主殿，也是主要奉祀釋迦牟尼佛的殿宇。**一般慣例上，只有主奉釋迦牟尼佛的殿宇，才會被稱為大雄寶殿。**

以參拜者的視角，大雄寶殿內中間供奉著釋迦牟尼佛，右邊供奉藥師佛，左邊供奉阿彌陀佛，這三尊佛像被稱為「三寶佛」。高雄佛光山、金山法鼓山、臺北市善導寺和土城承天禪寺等寺廟都是如此安排，而且每座寺廟的大雄寶殿都非常龐大莊嚴。例如，佛光山的大雄寶殿建地一千零八十坪，殿高約一百尺，殿內的釋迦牟尼佛、阿彌陀佛、藥師佛等三寶佛，每尊高約二十六尺，相當壯麗宏偉。

在東方，透過觀想佛像來獲取宇宙智慧，是佛教各派共同的修行方法之一。三寶佛是大乘佛教的主要崇敬與觀想的對象，又稱為「三世佛」。祂們是來自宇宙三個不同空間的智者，每位都已達到透徹宇宙真理的境界，即佛陀的境界。

根據印度哲學，時間和空間是「混淆」的（註：在印度哲學中，「混淆」是指「無區別」之意），因此，三世佛依人類的角度雖然分成以空間計算的「橫三世佛」和以時間計算的「縱三世佛」兩組，但究竟狀態其實無二，甚至只有空間概念，沒有時間。

在這裡，我們要談論的是以「空間」來區分的橫三世佛，而不是以時間來劃分。中央是歷史上真實存在的釋迦牟尼佛，西方則是宇宙智慧能量的阿彌陀佛，東方則是同樣屬於智慧能量的藥師琉璃光如來。後兩

者並非歷史上真實的人物，而是宇宙中的神聖意識體，身處地球且充滿智慧的釋迦牟尼佛發現了祂們的存在。

中央的釋迦牟尼佛是娑婆世界教化者，也是佛教的創始者

寺院的三寶佛包括藥師如來、釋迦牟尼佛和阿彌陀佛，有時候大殿之外還有觀世音菩薩（參拜者的右邊）與地藏菩薩（參拜者的左邊），它們是漢傳佛教非常重要的佛菩薩，組成許多寺院的基本結構。

釋迦牟尼佛負責主宰我們所在的中央「娑婆世界」（Saha），也就是我們所處的地球。祂身邊總是有兩位侍奉者，「大智」文殊菩薩（代表智慧）和「大行」普賢菩薩（代表實踐）。

釋迦牟尼佛不僅是我們這個世界的教化者，也是佛教的創始者。祂的法身被視為密教崇敬的大日如來，法身是無形無相的，無法透過人類的肉眼觀察到。

右邊的藥師琉璃佛負責統御東方淨琉璃世界

東方的宇宙智慧能量則是藥師琉璃佛，散發純淨明亮的琉璃光，由祂負責統御著這個地方的神聖空間「淨琉璃世界」（Vaiduryanirbhasa）。祂並非歷史上真實存在的人物，而是存在於虛空中的宇宙神聖意識體，我們稱之為「宇宙佛陀」，與人間的佛陀釋迦牟尼不同。

通常藥師琉璃佛也有兩位侍奉者：日光遍照菩薩和月光遍照菩薩，被稱為「東方三聖」。當人們向藥師佛祈禱時，主要目的是祈求現世的平安與幸福。

藥師佛可以保佑眾生消除災難、延長壽命及治癒疾病，祂的法門主要強調療癒和醫藥，對於身心健康和長壽具有特殊的保護力量，許多年長者和病患都會向藥師佛禮拜，以求得健康長壽。在這個時代，人類特別需要藥師佛所代表的宇宙能量。

左邊的阿彌陀佛負責統御西方極樂世界

西方的阿彌陀佛也是宇宙神聖的智慧能量，並非真實的歷史人物。祂負責統領西方淨土，這個神聖空間被稱為「極樂世界」（Sukhavati）。同樣地，祂也有兩位侍奉者，代表「大勇」的大勢至菩薩（象徵能量）和代表「大悲」的觀世音菩薩（象徵慈悲）。阿彌陀佛、大勢至和觀世音菩薩合稱為「西方三聖」。

阿彌陀佛被視為慈悲和救度眾生的佛菩薩，一般人向阿彌陀佛祈禱的主要目的，是祈求生命結束後的解脫。漢傳佛教認為，阿彌陀佛主要透過祂的願力引渡眾生到極樂世界，使眾生擺脫輪迴的苦難。祂的法門主要關注生死轉世和往生淨土的問題，對於解脫輪迴和前進幸福極樂世界，具有特別的加持和引導作用。

每尊佛菩薩都有獨特的經典

寺院的三寶佛包括藥師如來、釋迦牟尼佛和阿彌陀佛，還有觀世音菩薩，祂們是漢傳佛教非常重要的佛菩薩。每尊佛菩薩都有獨特的經典，這些經典被結集成為著名的「四合經」。佛教徒透過閱讀這四部經典，可以獲得不同領域的神聖智慧，**包括《藥師經》關於現世身心靈平和的教導，《金剛經》的空性智慧，《佛說阿彌陀經》的淨土思想，以及《普門品》的不可思議神通力和慈悲能量。**

這四部經典是漢傳佛教最重要的守護能量，它們以佛像或經文的形式守護著眾生。能夠接觸到這四部經典，對於虔誠的修行者來說是非常美好而完整的生命學習，許多精進的佛教徒每天都會誦讀這四部經典。這些佛菩薩都是佛教徒修行和禮敬的對象，代表著不同的佛法智慧和慈悲能量，能夠幫助信眾在修行道路上獲得加持和指引。

延伸學習

四合經

經典名稱	核心人物	核心要義	空間背景
藥師經	藥師如來	針對現世身心靈平和的教導	東方淨琉璃世界
金剛經	釋迦牟尼佛	空性智慧	娑婆世界
佛說阿彌陀經	阿彌陀佛	淨土思想	西方極樂世界
普門品	觀世音菩薩	不可思議的神通力和慈悲能量	普陀山

橫三世佛的區分方式：持物、手印、方位

1. 以持物辨識

橫三世佛（三寶佛）中，常見的是三尊佛結禪定印，手中的持物各有不同。釋迦牟尼佛為缽或寶珠（或摩尼寶），藥師佛托一藥缽、藥壺、寶塔（或舍利塔），阿彌陀佛則是手捧蓮臺，作為接引。

2. 以手印判別

也有以藥師佛作與願印、釋迦牟尼佛持說法印、阿彌陀佛結彌陀印者，例如法鼓山大殿之三寶佛。

3. 最有效的方位斷定

如果沒有特殊持物，手印都非常近似或完全相同。那就只能透由方位來分辨。以參拜者的視角，中央是釋迦牟尼佛，右邊是藥師琉璃光如來，左邊則是阿彌陀佛。同時這也是最簡單、最正確的辨識法。

以上屬於「三尊並列」三寶佛中藥師如來造像的約略說明，至於「獨尊」的藥師如來，在漢傳佛教、藏傳佛教、日本佛教中，於不同時期發展出獨自的形象，請參見 PART 3 第 1 單元的分析。

認識臺灣各寺院「主殿」的稱謂

1. 供奉阿彌陀佛或西方三聖的殿宇，通常稱為「淨土寶殿」、「極樂寶殿」、「彌陀寶殿」等。

2. 供奉藥師佛或東方三聖，通常稱為「琉璃寶殿」、「藥師寶殿」等。

3. 如果是供奉釋迦牟尼佛等三寶佛的殿宇，除了「大雄寶殿」之外，有些寺院亦稱「三寶殿」。

4. 部分寺院認為諸佛功德平等，雖然主殿中主奉其他佛，如藥師佛或阿彌陀佛等，也有可能稱為「大雄寶殿」。這時，「大雄寶殿」一詞的概念等同於「主殿」的意思，無須一定是釋迦牟尼佛。不過，傳統上大雄寶殿必定以釋迦牟尼佛像為核心，因為大雄是對釋迦牟尼佛的尊稱。

大雄寶殿的結構

11 藥師如來在臺灣的足跡之二：慈濟於農曆每月二十四日的念誦

慈濟法會與藥師法會的成立

1966 年，佛教克難慈濟功德會成立，定於每個農曆月二十四日舉行發放捐助品，最初名為「慈濟法會」。後來，上人深感對於那些一點一滴捐助和默默奉獻的大德應有感念和回報，便打破了「不趕經懺、不誦經」的原則，發願在靜思精舍每月發放時誦讀一部《藥師經》。他希望能藉此讓人們牢記藥師佛所發的十二大願，並時刻實踐自救救人、自度度人的宏願。因此，法會後來更名為「藥師法會」，這是慈濟與藥師如來之間的深刻緣起。

回顧慈濟的歷史，上人出家時所立下的三個願：不收弟子、不趕經懺、不擔任住持。2016 年 6 月 22 日，上人於臺南行腳時，曾向志工回憶在「克難慈濟功德會」創辦初期，他順應眾人喜歡誦經的傾向，引導大家踏上菩薩道。他說：「很多人喜歡修行人誦經，但是這個修行人不愛為人誦經，一直到這個修行人感受到人生疾苦，要用什麼救人呢？需要千手千眼，我藉著千眼、千手去救人──人人有慈悲心，五百人不就是一尊觀世音？我這一念信心決定，好！我幫你們誦經，但是你們做會員。我們為了救人，只好每個月誦一部《藥師經》，現在《藥師經》還繼續誦。這是靜思法脈，把法脈維持下去，法會來完成功德會，它的名稱叫『克難慈濟功德會』。」

藥師十二大願是整部《藥師經》前半段的精髓

慈濟總部位於花蓮縣新城鄉的靜思精舍，名稱來源於「慈悲為懷，

濟世救人」，成立初期即開始從事社會救助事業；時至今日，慈濟已名列當代臺灣佛教四大教團之一。這四大教團都與《藥師經》有著密切關聯，然而以慈濟最為緊密，會在每個農曆月二十四日舉行藥師法會。而藥師十二大願是慈濟功德會的核心要義，這也是藥師如來在尚未成佛時所發的願望。這些大願展現了大乘佛教中「發願」的重要性，並貫穿了慈悲與智慧的精神。在往後經文解說單元還會說明十二大願，於此我們先以表格整理與概要說明，呈現藥師十二大願。請讀者花些時間看看表格中每個願望的重點。特別是最後欄位「實踐要項」，其意義代表「完成的功德」，「功德」一詞向來與慈濟的關係極為密切。

從第一大願到第三大願，藥師如來的境態逐漸從菩薩轉變為佛陀。一開始，藥師如來展現了佛陀的智慧光能，接著是琉璃光能量，最後是智慧方便。這些變化呈現了菩薩成佛的過程，以及智慧在修行中的關鍵角色。

慈濟的演變

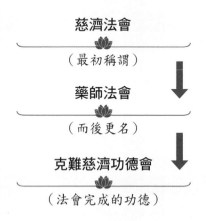

每次舉行法會時，發願於靜思精舍誦《藥師經》，以期提醒大家記取藥師佛的十二大願，並不斷實踐自救救人、自度度人的宏願。❶ 慈濟法會、❷ 藥師法會、❸ 克難慈濟功德會，這三個名詞完整說明了慈濟的演變。

第四大願與第五大願則是引領修行者走向智慧的溫暖指引。這些願望中包含了大乘佛教的概念和三戒的重要性。透過遵守戒律和追求智慧，修行者可以走向菩薩道。

接著，第六大願到第八大願展現了藥師如來對眾生身心的祈願。祂希望眾生的六根得到完備，身、心、靈得到圓滿，並超越性別的羈絆。第九願期盼所有眾生都能修行菩薩道。這意味著藥師如來希望眾生都能踏上菩薩的道路，追求解脫和覺悟。

第十大願展現了名號的威神力，透過念誦名號，能夠解除一切痛苦，並獲得如來神通力的庇護。最後兩個大願表達了藥師如來對眾生物質生活的祈願。祂希望眾生能享受上妙的飲食和穿著，以便能專注於佛法的學習。

需要特別注意的是，「菩提」一詞貫穿了十二大願。在第一大願中，藥師如來完整地陳述了「阿耨多羅三藐三菩提」，而後則以「菩提」作為略詞來表示。另外，從第五大願開始，藥師如來強調了「名號」的能量，直到最後的第十二大願，唯有第九大願未提及。然而，從後續的經文內容可以看出，名號的重要性仍然存在。

藥師十二大願展現了藥師如來在菩薩境態時，對眾生的慈悲與智慧的深切願望。透過這些願望，藥師如來希望引導眾生走向菩薩道，解除眾生的痛苦，並幫助他們獲得智慧和覺悟。

	經文精簡	原始經文	願望核心	實踐要項
1	熾熱光芒，相好如我願	第一大願，願我來世得阿耨多羅三藐三菩提時，自身光明，熾然照耀無量無數無邊世界，以三十二大丈夫相、八十隨形，莊嚴其身，令一切有情，如我無異。	佛陀境態的智慧身形。（十二大願都有提到「阿耨多羅三藐三菩提」。）	佛陀智慧光能 ↓ 眾生如我無異

經文精簡	原始經文	願望核心	實踐要項
2 琉璃身光利他,擴及幽冥眾	第二大願,願我來世得菩提時,身如琉璃,內外明徹,淨無瑕穢,光明廣大,功德巍巍,身善安住,焰網莊嚴,過於日月;幽冥眾生,悉蒙開曉,隨意所趣,作諸事業。	藥師如來的琉璃光身形。	琉璃光能量 ↓ 作諸事業
3 智慧方便,受用無缺	第三大願,願我來世得菩提時,以無量無邊智慧方便,令諸有情皆得無盡所受用物,莫令眾生有所乏少。	無量無邊智慧方便,給予眾生無盡受用物。	智慧方便 ↓ 莫令眾生有所乏少
4 安住菩提道,大乘安立之	第四大願,願我來世得菩提時,若諸有情行邪道者,悉令安住菩提道中。若行聲聞、獨覺乘者,皆以大乘而安立之。	願眾生安住大乘的菩提道。	皆以大乘而安立之
5 三聚清淨願,不墮惡趣	第五大願,願我來世得菩提時,若有無量無邊有情,於我法中修行梵行,一切皆令得不缺戒,具三聚戒。設有毀犯,聞我名已,還得清淨,不墮惡趣。	三個善美的戒律,首談名號的能量。	三聚戒 ↓ 還得清淨、不墮惡趣
6 六根完具,一切皆得	第六大願,願我來世得菩提時,若諸有情,其身下劣,諸根不具,醜陋、頑愚,盲、聾、瘖啞、攣、躄、背僂、白癩、顛狂,種種病苦,聞我名已,一切皆得,端正黠慧,諸根完具,無諸疾苦。	期盼有情眾生完美的身軀,續談名號能量。	諸根完具 ↓ 無諸疾苦

經文精簡	原始經文	願望核心	實踐要項
7 除病離貧、悉皆豐足	第七大願，願我來世得菩提時，若諸有情，眾病逼切，無救無歸，無醫無藥，無親無家，貧窮多苦。我之名號，一經其耳，眾病悉除，身心安樂，家屬資具，悉皆豐足，乃至證得無上菩提。	期盼有情眾生的身體、心靈、物質都能圓滿，續談名號能量。	身心靈圓滿悉皆豐足
8 轉女成男、具丈夫相	第八大願，願我來世得菩提時，若有女人，為女百惡之所逼惱，極生厭離，願捨女身。聞我名已，一切皆得轉女成男，具丈夫相，乃至證得無上菩提。	願眾生超越性別的羈絆，續談名號能量。	超越性別 ⬇ 具丈夫相
9 改邪歸正、修菩薩行	第九大願，願我來世得菩提時，令諸有情，出魔罥網，解脫一切外道纏縛。若墮種種惡見稠林，皆當引攝，置於正見，漸令修習諸菩薩行，速證無上正等菩提。	願眾生脫離負面能量的束縛，行菩薩道。（缺名號能量。）	進菩薩道、遠離外道 ⬇ 速證無上正等菩提
10 免牢獄災、解一切憂	第十大願，願我來世得菩提時，若諸有情，王法所錄，繩縛鞭撻，系閉牢獄，或當刑戮，及餘無量災難凌辱，悲愁煎迫，身心受苦。若聞我名，以我福德威神力故，皆得解脫一切憂苦。	願眾生遠離牢獄災難，解脫一切憂苦，續談名號能量。	福德威神力 ⬇ 故皆得解脫一切憂苦

經文精簡	原始經文	願望核心	實踐要項
11 解飢飽足、畢竟安樂	第十一大願，願我來世得菩提時，若諸有情，飢渴所惱，為求食故，造諸惡業。得聞我名，專念受持，我當先以上妙飲食，飽足其身，後以法味，畢竟安樂而建立之。	願眾生獲得充足的食物，專心受持佛法，續談名號能量。	上妙飲食 ⬇ 畢竟安樂而建立之
12 衣具滿足、隨心所翫	第十二大願，願我來世得菩提時，若諸有情，貧無衣服，蚊蚋寒熱，晝夜逼惱。若聞我名，專念受持，如其所好，即得種種上妙衣服，亦得一切寶莊嚴具，華鬘塗香，鼓樂眾伎，隨心所翫，皆令滿足。	願眾生獲得充足的衣服，專心受持佛法，續談名號能量。	上妙衣服 ⬇ 隨心所翫、皆令滿足

・重點回顧

1. 藥師十二大願說明了藥師如來還是菩薩的修行境態，尚未成佛時的願望，呈現出大乘佛教「發願」的重要性。

2. 「慈悲與智慧」出現於十二大願。

3. 最後兩個大願，期盼眾生擁有上妙飲食與上妙衣服的圓滿，才能專注於佛法的學習。

4. 「菩提」一詞貫穿十二大願。在第一大願是完整陳述「阿耨多羅三藐三菩提」，而後採「菩提」略詞。

5. 從第五大願起，強調「名號」的能量，直到最後第十二大願。僅第九大願未提及名號，但之後的經文內容還是有提到名號的重要。

12 藥師如來在日本的足跡：
京都十二藥師寺的巡禮

京都藥師十二所巡禮是由十二座寺廟組成的巡禮聖地，超過千年的傳統

　　京都，作為一座藥師信仰的古都，擁有著豐富的佛教文化和歷史。藥師如來是佛教中備受尊崇的佛菩薩之一，被視為具有醫療和治療眾生能力的存在。在京都，有著十二個被稱為「藥師十二所巡禮聖地」的寺廟，也被合稱為「京都十二藥師靈場会」，這些地方是藥師如來信仰的重要中心。這十二寺廟建築精美，保存著許多珍貴的文化遺產和藝術品，吸引了許多人對其藝術價值的欣賞及研究。同時，這些寺廟也是人們靜心冥想、尋求心靈寄託的場所，提供了一片寧靜與平和的環境。

　　「京都十二藥師靈場会」中「靈場」（れいじょう）一詞指的是具有神靈靈驗之地的意義，其中包括神社、寺廟等宗教設施，以及與宗教有關的特定地點。在京都，這些藥師寺廟和相關場所都被視為神聖的所在，吸引了眾多香客和修行者前來參拜。

　　藥師十二所巡禮聖地也被稱為「藥師十二所詣」（やくしじゅうにしょもうり）、「都十二藥師」（みやこじゅうにやくし）或「洛陽十二藥師」。這些寺廟的歷史可以追溯到平安時代（794~1185）左右，超過千年歷史。

　　隨著時間的推移，聖地巡禮的名稱和寺廟的組成也有所變化。在江戶時代的天明年間（1781 年 4 月 25 日至 1789 年 2 月 18 日），十二寺的組成得到了確立。也就是現在的京都藥師十二寺，有超過兩百年的傳統。

　　自平安時代以來，「藥師詣」（やくしこもり）在京都這座都城非常盛行。特別是對於這十二座受到信仰的藥師寺廟，人們會按照特定的順序進行巡拜，祈禱無病平安、治癒疾病、消除厄難及實現個人心願。這一巡拜的風俗在江戶時代的《藥師靈場記》中有詳細的描述，記錄了信眾們的心情和所獲得的祝福。

十二座重要的藥師寺廟

　　十二座重要的藥師寺廟的名稱和札所，隨著時代的變遷而有所變化，現在的十二寺廟已經確立，成為了信仰和巡禮的重要聖地。這個信仰在近代有一段約八十年的中斷，直到平成24年（西元2012年）的5月12日才重新復興。如今，人們再次期待著前往參拜這些寺廟，表達對藥師如來的敬意和虔誠。需要注意的是，許多寺廟的札所本尊位於收費參觀區域內，而簽名處（取得朱印，詳見後文）則位於免費參觀區。其中的水藥師寺則位於「七條幼稚園」內。平日，當幼兒上學時，入口會上鎖，因此若想進入寺廟，需要按門鈴請相關人員前來開門。

第1番　平等寺：因幡藥師

　　平等寺位於京都市中心的烏丸通和四條通交會處，是京都藥師十二寺中的第一寺。它供奉著因幡藥師，也被稱為因幡堂。「因幡」一詞是指日本古代因幡國（今鳥取縣）。天德三年（西元959年）在那裡發現高約165公分的藥師如來尊，被視為抗癌和求健康的守護神，吸引了眾多信徒前來參拜。

　　在京都的藥師十二寺中，平等寺擁有日本三大如來之一的藥師如來，意義非凡。另外兩位如來分別是位於嵯峨釋迦堂（正式名稱是「清涼寺」）的釋迦如來，以及位於長野的善光寺的阿彌陀佛。完成所有京都藥師十二寺的參拜後，可以在平等寺獲得滿願證明書，這是一個讓人感到驕傲和圓滿的紀念。

第2番　東寺：金剛藥師

　　東寺是一座列入世界遺產名錄的寺廟，擁有日本最高的五層塔。它供奉著金剛藥師，並位於金堂內。金堂是東寺的中心建築，也是一座國寶。內部廣大的空間裡放置著主尊藥師如來坐像，以及日光菩薩和月光

菩薩等兩尊侍像。此外，藥師十二神將也是參拜東寺時的重要焦點。

　　東寺又被稱為「教王護國寺」，其中的「教王」指的是教化王者，「護國寺」則是指保護日本國家的寺廟。作為日本全國寺院的首席寺廟，東寺是京都旅遊中不容錯過的重要景點。每年一月份，東寺會舉行空海大師的紀念法會，在一天之內可以吸引二十萬人前來參加。

第 3 番　水藥師寺：水藥師如來

　　水藥師寺是筆者在參拜藥師十二寺過程中最驚訝的一處寺廟，因為它位於「七條幼稚園」內。這個寺廟供奉著水藥師如來，其來源可追溯到西元 902 年，當時在這裡的大水池中發現了這尊佛像。醍醐天皇當時授予此寺的名稱為「鹽通山醫王院水藥師寺」。據說，寺廟的泉水還治癒了日本名將平清盛的熱病。

　　當幼兒上學時，寺廟的入口會上鎖。因此，如果想進入寺廟，需要按門鈴請相關人員前來開門。當參拜時，還可以看到幼稚園裡的孩子們，讓這座寺廟更加特別和有趣。

第 4 番　壬生寺：齒藥師

　　壬生寺供奉的是齒藥師，因其面容咧嘴露齒的笑容而得名，被視為保護牙齒的神佛。壬生寺是一座屬於日本律宗的寺廟，於西元 991 年為了驅除疫病而舉行了壬生寺狂言。「壬生狂言」是日本佛教的一種傳統表演形式。在壬生寺的大念佛堂上，人們戴著具有象徵意義的面具，隨著鰐口、笛子和太鼓等樂器的節奏起舞，這受到能樂的影響，是一種富有童話色彩的劇場表演。

第 5 番　地福寺：日限藥師

　　地福寺在西元九世紀初由真濟上人（800~860；空海大師的十大弟子

之一）在太秦安井立寺。到了十八世紀，寺廟遷至現址，並供奉著藥師如來作為本尊，位於殿內的中央位置。這尊佛像被稱為「日限藥師」，意思是只要日以繼夜地祈禱，就能實現願望。在佛像的前方，供奉著一些有孔洞的天然石頭。據說，古來有耳疾的人會對這些石頭祈願痊癒，並且相當靈驗。

第 6 番　福勝寺：峰藥師

　　福勝寺供奉著峰藥師像，這座佛像最初供奉在西京區的峰之堂，因此得名為「峰藥師」。這尊祕佛每隔五十年才有機會對外展示一次，下一次的御開帳要等到 2035 年。福勝寺的本堂只在每月的 1 日和 16 日對外開放，平時是不允許進入的。如果日期無法配合，前來朝拜的人也可以前往集印，但只能在本堂外祈禱和參拜。福勝寺的佛像是一個神聖而珍貴的存在，對於信眾和參觀者來說，每一次的見面都是難得的機會。

第 7 番　雙林寺：東山藥師

　　雙林寺是一座位於京都東山區的佛教寺廟，在知名的觀光景點八阪神社與清水寺之間。該寺本尊是東山藥師，寺建於西元 805 年，由桓武天皇勅命建造，開山者是佛教大師最澄。寺院全名為「靈鷲山沙羅雙樹林寺法華三昧無量壽寺」。自建寺以來，雙林寺與皇室一直有著深厚的聯繫，曾有鳥羽天皇的皇女綾雲女王和土御門天皇的皇子靜仁法親王在此寺院出家任職。在其鼎盛時期，雙林寺下設十七座分院，甚至連豐臣秀吉也曾來此賞櫻。東山藥師像是寺院的主要供奉對象，所在的區域被稱為「東山」。此佛像由最澄大師親自製作，至今已有一千兩百多年的歷史。

第 8 番　大超寺：鍬形藥師

　　大超寺是一座位於京都岩倉區的淨土宗寺廟，其本尊為鍬形藥師。

由於交通不便，市巴士無法直達該寺，參拜者必須徒步前進，算是京都十二藥師寺最難抵達的寺院。寺院地點偏遠且緊鄰山區，運氣好的話可以見到兔子、鹿出現於寺院庭院區。大超寺最初建立的背景是，當時勝譽泰童上人的母親重病垂危，上人以禱告佛祖的方式，奇蹟般地使母親痊癒。為了感謝佛祖的加持，上人特別建造了一座供奉藥師如來的寺廟。寺廟最初位於京都的西陣區，後來遷至岩倉。據寺方所說，「鍬形」是指藥師如來用來救拔眾生苦難的法器和工具。

第 9 番　藥師院：不來乎藥師

　　藥師院是一座位於京都中京區住宅區的寺廟，其本尊為不來乎藥師。這座寺廟由鐵面寂鍊禪師開創，其本尊是西元 782 年由最澄大師親自刻成的七尊藥師佛像之一。回顧藥師院的歷史，流傳一個非常有趣的傳說。在 1230 年，日本全國爆發了一場嚴重的瘟疫，人們生病痛苦不堪。就在這個時候，藥師院的住持夢見了藥師佛現身對他說：「不勝病苦的眾生，只要來到我的跟前，諸病得除……來不？來不？」

　　住持醒來後感到非常震驚，他立刻把這個夢境的內容告訴了寺廟的信徒們。從那時起，藥師院成為了許多病人前來求治的聖地。奇蹟似乎真的發生了，許多來參拜的人獲得痊癒。因此，這尊佛像也獲得了一個特別的別名，被稱為「不來乎藥師」，意思是只要你前來求助，病痛就會不再來臨。

第 10 番　大福寺：菩提藥師

　　大福寺供奉菩提藥師，是一座具有悠久歷史和獨特風格的佛教寺廟。寺廟最初建於推古天皇時代，當時被稱為「琉璃光山利生院大福寺」，並位於大和國宮田鄉（現今的奈良縣）。然而，在 1356 年根據勅旨遷移至京都，成為現在我們所見的形象。

　　大福寺屬於民宅式的小型佛寺，不對外開放，但在寺廟的小殿一側

有窗戶面向街道，讓參拜者能夠透過窗戶向內朝禮和瞻仰。如果有人想要集印，只需按壓門口的門鈴，寺廟會提供相應的服務。在寺廟內，供奉著一尊特別的佛像，即菩提藥師。這尊藥師像據說是由聖德太子親自製作。寺廟稱其為「菩提藥師」，因為這尊佛像不僅具有治癒眾生身體疾病的力量，還能夠淨化心靈，洗去內心的煩惱，使人們走向開悟和解脫的菩提境界。

除了具有靈性層面的功能外，大福寺還有一個有趣的傳統，即「大福賬」。在古代，商戶在每年年初會攜帶自己的賬本到寺廟，請求蓋上寺院的印章，以祈求生意興隆，成為了「大福賬」的由來，象徵著商業繁榮和財富的祝福。

第 11 番　西光寺：寅藥師

西光寺供奉著一尊特別的本尊，名為寅藥師。根據傳統說法，這尊寅藥師像起初是讓祈禱的人們都可以得到開運、除厄、無病和平安的祝福。而後，佛教中「寅」這個地支與十二生肖中的虎年相對應，傳說特別守護著虎年出生的人們。

關於寅藥師像的製作，相傳是由空海大師親手完成的。據說當時天皇下令雕刻一尊佛像，而空海大師在禮佛三拜之後，才開始動刀雕刻。他以極為虔誠的方式對待這項工作，最終在寅日的寅時完成了這尊佛像。起初，這尊佛像供奉在宮中，以供皇室祈福之用。然而，後來宇多天皇（1267~1324）將這尊佛像贈送給普通老百姓，以供他們進行祈福。為了安奉這尊寶貴的佛像，西光寺應運而生。

第 12 番　永福寺：蛸藥師

永福寺是第十二番札所，位於西光寺的鄰近地方。這座寺廟的正式名稱是「淨瑠璃山林秀院永福寺」，但通常被稱為「蛸藥師堂」。永福寺建於 1181 年，超過千年，歷史悠久。永福寺以蛸藥師本尊而聞名。

在西元十三世紀，寺廟發生了與藥師佛相關的奇蹟事件。善光是一位僧人，母親長期患病，喜歡吃章魚，希望兒子買一些給她，或許可以康復。儘管猶豫，善光仍拿著裝經書的箱子去市場買章魚。回程時，路人得知僧人買了海鮮，紛紛追趕並要求檢查箱子。善光在心中祈求藥師佛：「這章魚是為了母親的病買的，求佛陀幫助我！」當箱子打開時，章魚觸手神奇地變成八卷經卷，散發神祕光芒。觀眾讚歎合掌，對這奇景感到震撼。之後，經卷恢復原狀，沉入寺前的水池，發出光芒治癒善光的母親。

在日文中，章魚寫作「蛸」，永福寺便因這一事件而被稱為「蛸藥師堂」。由於這個奇蹟和其他種種靈驗的傳說，永福寺吸引了無數的參拜者，導致通往寺廟的小巷被稱為「蛸藥師通」。

京都十二藥師寺對應十二大願、十二御詠歌

藥師十二寺是京都佛教信仰和文化的重要遺產。這些寺廟見證了歷史的變遷，承載著眾多信徒的心願和祈禱。其中，每座寺廟都有珍貴的特色和意義。京都十二藥師寺對應十二大願及十二御詠歌，御詠歌的完整日中對照翻譯詳見於後，其大致內容如下：

第一番平等寺以包容的力量著稱，任何人都能在這裡找到安慰和依靠。第二番東寺則承載著輪王深厚的誓言，護國寺中永遠迴盪著瑠璃的法音。第三番水藥師寺的湧泉清澈流動，象徵著藥師如來的更新和復甦。第四番壬生寺照亮著六道之路，它仍然發出瑠璃的光芒。第五番地福寺的光芒映照著井水，使其變成不老之藥。第六番福勝寺具有治療眾人病痛的能力，賜予人們瑠璃的藥物。

第七番雙林寺有著兩片寶貴的林木，若能茂盛生長，必能照亮著瑠璃之光，消除人們的困憂。第八番大超寺是為思慮煩憂的人們建立起絕對的依靠。第九番藥師院迎接著所有來訪者，靜靜等待，為人們帶來安心。第十番大福寺宣揚神聖之名，讓人們心中的雲霧消散，得見瑠璃之光，充滿喜悅。第十一番西光寺在黎明時分，從寅之頭醒來，目睹瑠璃

之光，帶來歡喜的心情。而第十二番永福寺則藏有八軸的御力於章魚藥師，承載著十二大願的聖名。

這十二座寺廟在京都形成了一個神聖的巡禮之旅，成為信仰與心靈寧靜的聖地，吸引著無數的信徒和參觀者。在古老的建築中，人們可以感受到濃厚的靈性氛圍，尋得內心的寄託和平靜，並與藥師如來建立起深厚的聯繫。

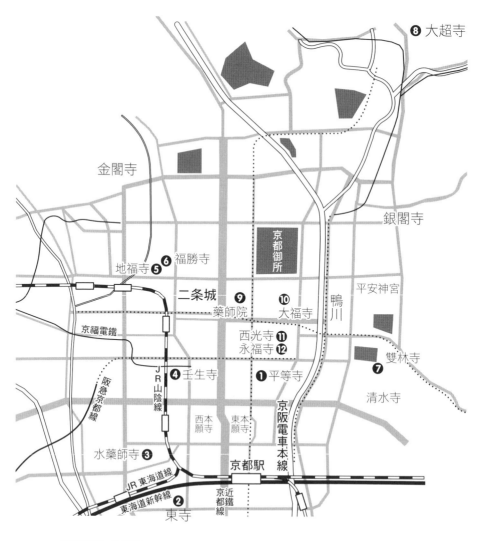

13 京都十二藥師寺的納經帖：
靈性旅遊的能量紀錄

　　京都十二藥師寺是佛教信仰和文化的重要遺產，吸引著眾多朝聖者前來參拜。為了紀念這段特殊的旅程，發展出正式的納經帖，成為一種受歡迎的參拜紀錄資料。

　　這款納經帖以活頁夾形式設計，方便整理和攜帶。每個靈場都提供朱印紙，參拜的信眾可以按照順序將其裝訂在納經帖中。更特別的是，每個靈場的由緒（指歷史由來、起源）和御詠歌都已經事先裝訂在納經帖的頁面上，使修行者能夠深入了解每個靈場的歷史和精神意義。

　　在參拜的過程中，信眾可以在每個靈場的特定時間內，前往受理處領取朱印。受理時間通常從上午十點開始，直到下午四點結束。除了傳統的單次印章，十二藥師寺還提供了「重疊印」（重ね印）服務。這意味著可以在同一張朱印紙上重複印章，每次參拜後都可以增加一個新的印記。隨著印章的累積，朱印紙將逐漸變成飽滿的紅色，象徵著心靈與藥師如來之間的聯繫和祝福。

　　若成功參拜完所有的十二座藥師寺廟，**接待寺院將給信眾一份特別的證明，即「成滿之証」**。這份證明是對參拜者信仰和毅力的肯定，也是對藥師如來巡禮的敬意。請注意，「成滿之証」僅限於使用官方納經帖進行巡禮的遊客或信眾，這使得參拜紀錄更加珍貴和有價值。

　　京都十二藥師寺的納經帖不僅是一個實用的紀念品，更是一種心靈的寄託和回憶。藉著裝訂朱印、閱讀由緒和詠唱御詠歌（詳見後文），參拜的信眾可以深入感受著藥師如來的慈悲與智慧，並與歷史和信仰建立起深厚的聯繫。

　　納經帖見證了每個人在十二藥師寺之旅中的靈性成長和體驗，成為一段珍貴的回憶，永遠存在於心中。

十二藥師寺對應十二大願，每寺有獨一無二的御詠歌

　　這些御詠歌詞句優美典雅，其內容就記錄於納經帖中，原文及譯文依序整理如下，此中譯文由日本學者黃經理先生翻譯。

第1番　平等寺
七佛の実りに持たる人もなく、皆びやうどうにすくふせいがん
七佛修持的法果無所不包容，人人皆可依靠，藉此安慰。

第2番　東寺
輪王の深き誓いの護国寺に 瑠璃の御法（みのり）の声ぞ絶えせぬ
護國寺輪王的深厚誓言，如瑠璃般透澈的御法聲，不絕於耳。

第3番　水藥師寺
わきいづるきよきながれにあらわれて 薬師は今にあらたなりけり
湧出的泉水清澈地流著，藥師尊佛一再出現。

第4番　壬生寺
六道のちまたを照す 壬生寺に なお光そう 瑠璃のみほとけ
壬生寺發出的瑠璃般光芒，依舊照亮著六道岐點。

第5番　地福寺
瑠璃くわうの影を映つせし 井の水を飲めよ不老の薬なりけり
喝了彷彿照著瑠璃光的井水吧，這是長生不老藥。

第6番　福勝寺
皆ひとの病を癒やす みね薬師瑠璃の薬をあたへましませ
山峰上的藥師賜予人們如瑠璃般的藥，治癒眾生的病痛。

第7番　雙林寺

とうとしな二つの林ふかければ 瑠璃の光に悩みはるらん

深入這兩處濃茂樹林，必逢瑠璃般的光芒解脱懊惱煩事。

第8番　大超寺

とにかくも 思いわずらう人のため たてしちかひの いちじるしかな

無論如何要給陷入困境的人，一股可靠的支持力量。

第9番　藥師院

みな人のこぬをおそしと待ちたまう 薬師の誓いたのもしきかな

迎接著所有來訪的人，靜靜等待，是藥師的承諾，令人感到安心。

第10番　大福寺

御名となふ 人は心の曇晴れて 瑠璃の光りを見るぞ嬉しき

誦唱尊佛號時，人們心中的雲霧消散，喜見瑠璃般的光輝。

第11番　西光寺

朝ぼらけ 寅の頭に 夢覚めて 瑠璃の光りを観るぞ嬉しき

虎年年初的黎明，夢醒時分忽見瑠璃般的光芒，多麼令人歡欣。

第12番　永福寺

入軸の実りのふみの蛸薬師 うち納めたる十二大願

化身法華經八軸的章魚藥師，收納十二大願。

深入日本納經帖

　　日本的「納御朱印」傳統源遠流長，可以追溯到奈良時代的聖武天皇。「納御朱印」分別指納入的「納」、御用的「御」、朱紅的「朱」、印章的「印」，也就是納入蓋上神社寺院專屬的紅色印鑑，並寫上名銜。而大家手上拿的精裝小冊子叫做「御朱印帳」，也叫做「納經帖」。

　　御朱印帳裡的每一枚朱印，在日本佛教中極為神聖，它代表著寺廟的本尊佛或菩薩的分身，具有神力。在攜帶時需要極度恭敬，通常要用布或製作套子來保護，即是 PART 2 第二章第 36 單元提及的五色彩囊。將其帶回家後，也不能隨意擺放。如果家裡有佛龕，則應將御朱印帳放在佛龕上。每天在拜佛時，讓御朱印帳一同接受香火和祈禱。等到下一次出發參拜時，再恭敬地取下御朱印帳並放入行囊中。

　　朱印的功德意義深遠，平時朱印可以保護信徒；當人們逝世時，<u>朱印也會陪同在葬禮中火化，以證明逝者在生前對推廣佛教所做的偉大功德，使他們能夠直達極樂世界。</u>

以筆者的納經帖來説明

　　右頁是筆者參拜京都藥師寺所留下來的朱印。我們都知道前往京都是個非常優雅精緻的旅行，如果你又有藥師信仰，更可以融合文化旅行與宗教的精進，將會是非常美好的經驗。對於佛寺的朱印，初看會覺得印章的排列複雜且精緻。<u>其實很簡單，只要將書法與朱印拆解開來，各有三組，而且相互重疊（詳見圖說），再加上參拜日期，總共七個。</u>

　　❶❷❸ 是紅朱印，正中央是佛寺的御寶印或三寶印，通常以梵文表

示。以十二藥師如來而言，擁有其特殊的梵文「藥」字。接著，右上方則蓋上寺廟的山號或通俗稱謂，或者標明該寺廟在巡禮中的次序。例如，平等寺是京都十二藥師巡禮的第一站。左下方則蓋上寺廟名稱的印章。❹❺❻❼是黑色毛筆字部分，正中央書寫本尊的名稱或佛堂名稱，右上方寫下「奉拜」兩字或山號，而日期則通常寫在右下，左下方則記載著寺廟的名字。

　　這些細緻的納御朱印在日本的信仰和文化中占有重要的地位。無論是信徒還是遊客，都可以透過收集和保存這些朱印，來紀念自己參拜寺廟的經歷和精神成長。每一枚朱印都承載著無數的祈禱、信仰和歷史，成為人們心中珍貴的寶物。

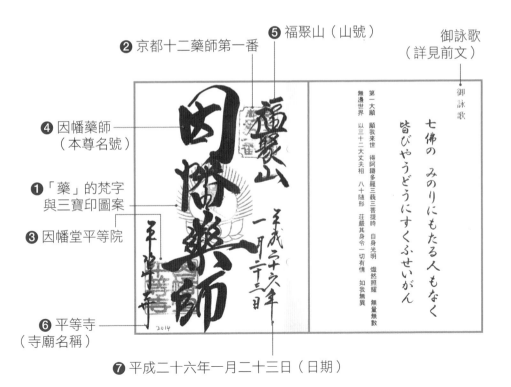

❷ 京都十二藥師第一番

❺ 福聚山（山號）

御詠歌
（詳見前文）

❹ 因幡藥師
（本尊名號）

❶「藥」的梵字
　與三寶印圖案

❸ 因幡堂平等院

❻ 平等寺
（寺廟名稱）

❼ 平成二十六年一月二十三日（日期）

14 醫院的藥師急救包： 救護身心靈的隨行寶物

這個單元是為突發狀況而準備的。當親人或自己突然住進醫院，遇到緊急狀況，無須閱讀完整本書，可先閱讀這個單元，立刻直接進入藥師法門。

醫院即是寺院、門診即是講堂、病房即是禪房

在現代生活中，我們有著各種繁忙和壓力，但閱讀佛教經典卻是一種不錯的生活方式；更進一步將佛教的教義融入日常生活，是很幸福的事。然而，人生難免生病，而且住進醫院更是辛苦的事。不過，我們可以轉換心境，將病痛視為修行的機會。筆者常跟個人或家人生病的朋友說，醫院即是寺院、門診即是講堂、病房即是禪房。或許你可以從這個單元立刻受益於其中的教義和智慧。

醫院不僅是治療身體的地方，它可以成為一座寺院；門診不僅是醫師診斷疾病的地方，亦是藥師如來前來指導佛法的講堂；病房不只是康復的地方，同時也是修行的禪房。在這個情態下，我們可以為自己準備一本《藥師經》，一尊立體小佛像，或者是一幅方便攜帶的平面藥師佛像，無論在醫院的哪個角落，我們都能創造出小而巧的神聖藥師空間。這些舉措不僅將為我們帶來心靈的寧靜，也能讓醫院成為一處充滿正能量的地方。在佛教，藥師如來被稱為「宇宙大藥王」。於是在此刻，醫院裡的「人間醫師」與「宇宙醫師藥師如來」共同守護臥病的親人。

將〈藥師咒〉融入日常生活，是一種精進的修行方法

將〈藥師咒〉融入日常生活，是一種極具意義的修行方式。念誦〈藥師咒〉並不需要花費太多的時間，只需精進幾分鐘，有口有心的方式念

誦，便能夠以心平氣和、內心專注的方式，進入藥師法門的世界。這樣的修行不僅能夠幫助我們專注當下，也能消除負面情緒和想法，增強正念與內心的平靜。特別是在面對家人生病住院的挑戰和困難時，〈藥師咒〉的修習將成為我們克服病痛的強大支持。

值得注意的是，**許多中醫師也是藥師如來的虔誠信徒，他們將佛教的智慧融入自己的醫學實踐中，這種融合不僅提供了醫學和靈性的平衡，也為我們展示了佛教在現代醫療中的深刻影響**。看完這個單元之後，也請學習〈藥師咒〉（又稱〈藥師灌頂真言〉）的念誦，參見 PART 2 第 3 章第 1 單元。

在病房準備小藥師佛像

在病房中，我們可以準備一尊小藥師佛像（或平面相片），當我們陷入困擾或焦慮時，面對著藥師佛像念誦〈藥師咒〉，能夠將我們的負面情緒轉化為更多的平靜和安寧。這種修習的效果類似於供養佛像的意義，就是在逆境時能夠轉化心境，這也符合現代「像法轉時」的時代概念。

念誦〈藥師咒〉也是提升醫院環境品質的方式之一。**在忙碌且充滿危險的醫療環境中，將〈藥師咒〉融入診療過程，把病患和醫護人員都包含在其中，能夠賦予整個醫院更多的正面能量**。藥師如來的智慧能量，將引導我們在治療和療養過程中獲得更多的安慰與指引，同時也能提前為病患和家屬呼喚藥師如來的庇護，使他們能夠在困難時得到安慰與保護。首先，我們先學習藥師如來名號的呼喚，之後再進入〈藥師咒〉的深入學習。

藥師如來的名號對於修行者而言具有重要的意義，《藥師經》中提到，不論是在清醒的狀態還是在夢境中，透過聽聞或心念藥師如來的名號，都能喚起藥師如來的能量。「聽聞」是發出聲音的讀誦，而「心念」則是內心默念，這兩者都能在大腦中產生音韻的能量振動。藥師如來的名號本身就是宇宙能量的音韻，即使在夢境中，它也能喚起深層的自我意識，讓我們體悟靈性的真理，與宇宙的能量相互共鳴，從中獲得智慧的啟迪。

在整部《藥師經》中，提及名號高達三十次，可以見名號的重要性。以下是呼喚藥師名號的兩種方式。

方法一：以中文呼喚名號，再加上「南無」兩個字

念誦藥師如來的名號是一種常見且簡單的方法，它可以讓我們與藥師如來的智慧能量建立聯繫。其中最常用的方式就是念誦中文「南無藥師琉璃光如來」，這幾個字詞背後蘊含著深遠的意義和能量。

首先，我們來認識一下「南無」這兩個字的真實意義。南無（namo或 nama）這個梵字同樣是一個真言咒語，代表著我們將自己的身、心、靈皈依給佛菩薩，表達出對佛菩薩的信任和敬意。這是一種完全信任佛菩薩並請求祂的智慧能量引導眾生獲取宇宙真理的狀態。而「藥師琉璃光如來」則是藥師如來的名號。這個名號具有宇宙虛空中神聖意識體之間的溝通語彙。

古代的智者和聖者發現，將其應用於宗教修行，能成為人類與宇宙智慧連結的一種密碼。**即使只是用最簡單的中文來學習，也能夠獲得藥師如來的智慧能量。**透過念誦「南無藥師琉璃光如來」，修行者將自己的身體和靈魂交託給藥師如來，請求祂的庇護和保佑。

方法二：梵音音譯是更精確的密碼，
　　　　同樣再加上「南無」（namo）兩個字

「藥師琉璃光如來」的梵名音譯是：baisajya（藥）‧guru（師）‧vaidurya（琉璃）‧prabha（光）‧raja（王）。每個字詞都蘊藏著能量的深遠意義，透過精確的音譯，我們可以更準確地呼喚藥師如來的名號。同樣的，我們也必須加上 namo 這個關鍵咒字。

在念誦藥師如來的名號時，不僅僅是口中念誦聲韻，過程中還需要在心中「觀想」藥師如來全身散發琉璃般的藍色光芒。透過將聽覺的音韻與視覺的觀想相結合，能夠加倍提升呼喚的功效。

在念誦梵字時，需要注意梵字的斷字方式。通常，梵字的念法是以兩個字母或三個字母成一組。以《心經》的咒語為例，「揭諦揭諦、波羅揭諦」的「揭諦」梵音是「gate」，意思是前往、前去。這裡的發音並非念成英文「gate」（門）的方式，而是將其拆解成「ga-te」來念誦。這種斷字方式的發音近似於「嘎碟」，在古代被翻譯成「揭諦」。因此，對於藥師琉璃光如來的五個梵字名號：baisajya（藥）‧guru（師）‧vaidurya（琉璃）‧prabha（光）‧raja（王），需要採用兩個字母或三個字母來斷音：

藥　　：bai-sa-jya
師　　：gu-ru
琉璃　：vai-dur-ya
光　　：pra-bha
王　　：ra-ja

讀者起初可能會感到有些不習慣，但請慢慢來，久了就會抓住其中的訣竅。當然，梵字念誦還有其他的技巧與規則，**但採用兩個字母或三個字母的斷音方式，已經能夠解決大部分梵字的念誦**。別忘了，要加上 namo 這個關鍵咒字。透過這種梵音音譯的方法，能夠更準確地呼喚藥師如來的名號，更深入地連結藥師如來，從中獲得智慧和指引，而將其音韻與觀想結合在一起，更能深深感受藥師如來的智慧能量在內心中流動。

讓我們用誠摯的心念，將「藥師琉璃光如來」的名號呼喚出來，並感受著梵音的神聖力量在修行中展開。再想想琉璃（毘琉璃）其實是一種青色的寶石，印順導師認為可以藉由蔚藍色的天空表現佛的德性。這個觀點與眾不同，可以展開不同的視野。

在親人突然送急診的緊急狀況，請看本單元。如果長期住院，在醫院陪伴的時間可能會很久，此時，請閱讀以下單元：PART 2 第 3 章的〈01 藥師灌頂真言：守護你的身、心、靈〉，與 PART 4 的〈01 印度穆克紀博士恭誦藥師長咒〉。

PART 2

藥師法門：
前行儀軌、經咒、後續儀軌

藥師法門流程總覽

接下來，將依照以下順序分析藥師法門的各個步驟。

第 1 章　前行儀軌

編號	經咒	要旨
1	爐香乍爇。法界蒙熏。 諸佛海會悉遙聞。 隨處結祥雲。 誠意方殷。諸佛現全身。 南無香雲蓋菩薩摩訶薩（三稱） 南無本師釋迦牟尼佛（三稱）	爐香讚：燃燒爐香，法界蒙熏
2	唵　修利修利　摩訶修利　修修利娑婆訶	淨口業真言：呼喚宇宙太陽的智慧能量
3	唵　嚩日囉　怛訶賀斛	淨意業真言：堅定且慈悲的能量
4	唵　修多利　修多利　修摩利　修摩利娑婆訶	淨身業真言：超越文字語言的宇宙聲韻
5	南無三滿多　母馱喃　唵　度嚕度嚕地尾　娑婆訶	安土地真言：創造一個純淨的神聖空間
6	唵　誐誐曩　三婆嚩　伐日囉　斛	普供養真言：下載永不窮竭的宇宙能量
7	稽首三界尊　皈命十方佛 我今發宏願　持此藥師經 上報四重恩　下濟三塗苦 若有見聞者　悉發菩提心 盡此一報身　同生琉璃國 親覲大慈父　慇懃聞真諦 學習師子吼　回返娑婆地 度眾脫苦海　弘法利群迷	發願文：充滿強大能量的願力

編號	經咒	要旨
8	無上甚深微妙法 百千萬劫難遭遇 我今見聞得受持 願解如來真實義	開經偈：珍惜與感激的讀經心願
9	南無　藥師琉璃光如來（合掌） 南無　日光遍照菩薩 南無　月光遍照菩薩 （三稱）	奉請藥師三尊：東方三聖降臨娑婆世界
10	奉請八大菩薩（合掌） 南無　文殊師利菩薩 南無　觀世音菩薩 南無　大勢至菩薩 南無　無盡意菩薩 南無　寶檀華菩薩 南無　藥王菩薩 南無　藥上菩薩 南無　彌勒菩薩	奉請八大菩薩：宇宙的慈悲、智慧、動能、願力、供養
11	奉請　十二藥叉神將（合掌） 奉請　宮毘羅大將　奉請　伐折羅大將 奉請　迷企羅大將　奉請　安底羅大將 奉請　頞你羅大將　奉請　珊底羅大將 奉請　因達羅大將　奉請　波夷羅大將 奉請　摩虎羅大將　奉請　真達羅大將 奉請　招杜羅大將　奉請　毘羯羅大將	奉請十二藥叉神將：呼喚地球山林的神祕能量

第 2 章　正式進入《藥師琉璃光如來本願功德經》

編號	經咒	要旨
1	藥師琉璃光如來本願功德經 唐三藏法師玄奘奉詔譯 如是我聞：一時，薄伽梵遊化諸國，至廣嚴城，住樂音樹下，與大苾芻眾八千人俱；菩薩摩訶薩三萬六千；及國王、大臣、婆羅門、居士、天龍八部、人、非人等，無量大眾，恭敬圍繞，而為說法。	聽法者、地點等六種成就

編號	經咒	要旨
2	爾時，曼殊室利法王子，承佛威神，從座而起，偏袒一肩，右膝著地；向薄伽梵，曲躬合掌，白言：「世尊！惟願演說，如是相類諸佛名號，及本大願殊勝功德；令諸聞者業障消除，為欲利樂像法轉時諸有情故。」	文殊菩薩登場，誠摯祈請釋迦牟尼佛說法
3	爾時，世尊讚曼殊室利童子言：「善哉！善哉！曼殊室利！汝以大悲，勸請我說諸佛名號，本願功德；為拔業障所纏有情，利益安樂像法轉時諸有情故。汝今諦聽！極善思惟，當為汝說。」曼殊室利言：「唯然！願說，我等樂聞。」	世尊回應文殊菩薩的勸請
4	佛告曼殊室利：「東方去此，過十殑伽沙等佛土，有世界名淨琉璃，佛號藥師琉璃光如來、應、正等覺、明行圓滿、善逝、世間解、無上士、調御丈夫、天人師、佛、薄伽梵。	神聖空間與神聖佛號
5	曼殊室利！彼世尊藥師琉璃光如來，本行菩薩道時，發十二大願，令諸有情，所求皆得。	藥師行菩薩道時所發十二大願
6	第一大願，願我來世得阿耨多羅三藐三菩提時，自身光明，熾然照耀無量無數無邊世界，以三十二大丈夫相、八十隨形，莊嚴其身，令一切有情，如我無異。	第一大願：熾熱光芒，相好如我願
7	第二大願，願我來世得菩提時，身如琉璃，內外明徹，淨無瑕穢，光明廣大，功德巍巍，身善安住，焰網莊嚴，過於日月；幽冥眾生，悉蒙開曉，隨意所趣，作諸事業。	第二大願：琉璃身光利他，擴及幽冥眾生
8	第三大願，願我來世得菩提時，以無量無邊智慧方便，令諸有情皆得無盡所受用物，莫令眾生有所乏少。	第三大願：智慧方便，受用無缺
9	第四大願，願我來世得菩提時，若諸有情行邪道者，悉令安住菩提道中。若行聲聞、獨覺乘者，皆以大乘而安立之。	第四大願：安住菩提道，大乘安立之
10	第五大願，願我來世得菩提時，若有無量無邊有情，於我法中修行梵行，一切皆令得不缺戒，具三聚戒。設有毀犯，聞我名已，還得清淨，不墮惡趣。	第五大願：三聚清淨願，不墮惡趣

編號	經咒	要旨
11	第六大願，願我來世得菩提時，若諸有情，其身下劣，諸根不具，醜陋、頑愚、盲、聾、瘖瘂、攣、躄、背僂、白癩、顛狂，種種病苦，聞我名已，一切皆得，端正黠慧，諸根完具，無諸疾苦。	第六大願：六根完具，一切皆得
12	第七大願，願我來世得菩提時，若諸有情，眾病逼切，無救無歸，無醫無藥，無親無家，貧窮多苦。我之名號，一經其耳，眾病悉除，身心安樂，家屬資具，悉皆豐足，乃至證得無上菩提。	第七大願：除病離貧、悉皆豐足
13	第八大願，願我來世得菩提時，若有女人，為女百惡之所逼惱，極生厭離，願捨女身。聞我名已，一切皆得轉女成男，具丈夫相，乃至證得無上菩提。	第八大願：轉女成男、具丈夫相
14	第九大願，願我來世得菩提時，令諸有情，出魔罥網，解脫一切外道纏縛。若墮種種惡見稠林，皆當引攝，置於正見，漸令修習諸菩薩行，速證無上正等菩提。	第九大願：改邪歸正、修菩薩行
15	第十大願，願我來世得菩提時，若諸有情，王法所錄，繩縛鞭撻，系閉牢獄，或當刑戮，及餘無量災難凌辱，悲愁煎逼，身心受苦。若聞我名，以我福德威神力故，皆得解脫一切憂苦。	第十大願：免牢獄災、解一切憂
16	第十一大願，願我來世得菩提時，若諸有情，飢渴所惱，為求食故，造諸惡業。得聞我名，專念受持，我當先以上妙飲食，飽足其身，後以法味，畢竟安樂而建立之。	第十一大願：解飢飽足、畢竟安樂
17	第十二大願，願我來世得菩提時，若諸有情，貧無衣服，蚊虻寒熱，晝夜逼惱。若聞我名，專念受持，如其所好，即得種種上妙衣服，亦得一切寶莊嚴具，華鬘塗香，鼓樂眾伎，隨心所翫，皆令滿足。	第十二大願：衣具滿足、隨心所翫
18	曼殊室利！是為彼世尊，藥師琉璃光如來、應、正等覺，行菩薩道時，所發十二微妙上願。	十二願的總結論
19	復次，曼殊室利！彼世尊、藥師琉璃光如來，行菩薩道時，所發大願，及彼佛土功德莊嚴，我若一劫，若一劫餘，說不能盡。然彼佛土，一向清淨，無有女人，亦無惡趣，及苦音聲。	東方琉璃淨土宛若西方極樂世界

編號	經咒	要旨
19 （續）	琉璃為地，金繩界道，城闕宮閣，軒窗羅網，皆七寶成。亦如西方極樂世界，功德莊嚴，等無差別。	
20	於其國中，有二菩薩摩訶薩：一名日光遍照，二名月光遍照，是彼無量無數菩薩眾之上首，次補佛處，悉能持彼世尊、藥師琉璃光如來正法寶藏。是故，曼殊室利！諸有信心善男子、善女人等，應當願生彼佛世界。	日月光菩薩登場：東方三聖相聚
21	爾時，世尊復告曼殊室利童子言：「曼殊室利！有諸眾生，不識善惡，惟懷貪吝，不知布施及施果報。愚癡無智，闕於信根。多聚財寶，勤加守護，見乞者來，其心不喜，設不獲已，而行施時，如割身肉，深生痛惜。 復有無量慳貪有情，積集資財，於其自身尚不受用，何況能與父母、妻子、奴婢、作使，及來乞者？彼諸有情，從此命終，生餓鬼界，或傍生趣。」	貪心、吝嗇的報應：四種惡
22	由昔人間，曾得暫聞藥師琉璃光如來名故，今在惡趣，暫得憶念彼如來名，即於念時，從彼處沒，還生人中。得宿命念，畏惡趣苦，不樂欲樂，好行惠施，讚歎施者，一切所有，悉無貪惜。漸次尚能以頭目、手足、血肉、身分，施來求者，況餘財物。	由惡趣重返人間：得聞，憶念，稱名禮讚
23	復次，曼殊室利！若諸有情，雖於如來受諸學處，而破尸羅；有雖不破尸羅，而破軌則；有於尸羅、軌則，雖得不壞，然毀正見；有雖不毀正見，而棄多聞，於佛所說契經深義，不能解了；有雖多聞而增上慢，由增上慢覆蔽心故，自是非他，嫌謗正法，為魔伴黨。如是愚人，自行邪見，復令無量俱胝有情，墮大險坑。此諸有情，應於地獄、傍生、鬼趣，流轉無窮。	出家眾「破戒、破儀軌」的嚴重後果
24	若得聞此藥師琉璃光如來名號，便捨惡行，修諸善法，不墮惡趣。設有不能捨諸惡行，修行善法，墮惡趣者，以彼如來本願威力，令其現前暫聞名號，從彼命終，還生人趣，得正見精進，善調意樂，便能捨家，趣於非家。如來法中，受持學處，無有毀犯。正見多聞，解甚深義，離增上慢，不謗正法，不為魔伴，漸次修行諸菩薩行，速得圓滿。	借助如來的本願威力：拯救墮入惡道的出家眾

編號	經咒	要旨
25	復次，曼殊室利！若諸有情，慳貪嫉妒，自讚毀他，當墮三惡趣中，無量千歲受諸劇苦。受劇苦已，從彼命終，來生人間，作牛馬駝驢，恆被鞭撻，飢渴逼惱；又常負重，隨路而行。或得為人，生居下賤，作人奴婢，受他驅役，恆不自在。	畜生或奴俾被驅使：永不安順自在
26	若昔人中，曾聞世尊藥師琉璃光如來名號，由此善因，今復憶念，至心皈依。以佛神力，眾苦解脫，諸根聰利，智慧多聞，恆求勝法，常遇善友，永斷魔罥，破無明殼，竭煩惱河，解脫一切生老病死、憂悲苦惱。	藥師名號破無明殼，竭煩惱河
27	復次，曼殊室利！若諸有情，好喜乖離，更相鬥訟，惱亂自他，以身語意，造作增長種種惡業，展轉常為不饒益事，互相謀害。告召山林樹塚等神，殺諸眾生，取其血肉，祭祀藥叉、羅剎婆等，書怨人名，作其形像，以惡咒術而咒詛之；魘魅蠱道，咒起屍鬼，令斷彼命，及壞其身。	乖離鬥訟與魘魅蠱道的魔道幻術
28	是諸有情，若得聞此藥師琉璃光如來名號，彼諸惡事，悉不能害。一切展轉皆起慈心，利益安樂，無損惱意及嫌恨心；各各歡悅，於自所受，生於喜足，不相侵陵，互為饒益。	憶念藥師如來的名號：利益安樂，無損惱意
29	復次，曼殊室利！若有四眾：苾芻、苾芻尼、鄔波索迦、鄔波斯迦，及餘淨信善男子、善女人等，有能受持八分齋戒，或經一年，或復三月，受持學處。以此善根，願生西方極樂世界無量壽佛所，聽聞正法，而未定者。	八分齋戒：前往西方淨土
30	若聞世尊藥師琉璃光如來名號，臨命終時，有八大菩薩，其名曰：文殊師利菩薩、觀世音菩薩、得大勢菩薩、無盡意菩薩、寶檀華菩薩、藥王菩薩、藥上菩薩、彌勒菩薩。是八大菩薩，乘空而來，示其道路，即於彼界種種雜色眾寶華中，自然化生。	臨終八大菩薩的接引：蓮花中自然化生而出
31	或有因此生於天上，雖生天上，而本善根亦未窮盡，不復更生諸餘惡趣。天上壽盡，還生人間，或為輪王，統攝四洲，威德自在，安立無量百千有情於十善道；或生剎帝利、婆羅門、居士大家，多饒財寶，倉庫盈溢，形相端正，眷屬具足，聰明智慧，勇健威猛，如大力士。若是女人，得聞世尊藥師琉璃光如來名號，至心受持，於後不復更受女身。	轉世於天上或來到人間成為輪王、剎帝利或婆羅門居士

編號	經咒	要旨
32	復次，曼殊室利！彼藥師琉璃光如來得菩提時，由本願力，觀諸有情，遇眾病苦，瘦攣、乾消、黃熱等病，或被魘魅、蠱毒所中，或復短命，或時橫死，欲令是等病苦消除，所求願滿。	藥師滿足眾生祈願：根本願力的神奇力量
33	時彼世尊入三摩地，名曰：除滅一切眾生苦惱。既入定已，於肉髻中，出大光明，光中演說大陀羅尼曰：「南無薄伽伐帝、鞞殺社窶嚕、薜琉璃缽喇婆、喝囉闍也、怛他揭多耶、阿囉訶諦、三藐三勃陀耶、怛姪他、唵、鞞殺逝、鞞殺逝、鞞殺社、三沒揭諦、莎訶。」爾時光中說此咒已，大地震動，放大光明，一切眾生病苦皆除，受安隱樂。	〈藥師咒〉正式登場，世尊入定
34	曼殊室利！若見男子、女人，有病苦者，應當一心為彼病人，常清淨澡漱，或食、或藥，或無蟲水，咒一百八遍，與彼服食，所有病苦悉皆消滅。若有所求，至心念誦，皆得如是，無病延年。命終之後，生彼世界，得不退轉，乃至菩提。是故曼殊室利！若有男子、女人，於彼藥師琉璃光如來，至心殷重，恭敬供養者，常持此咒，勿令廢忘。	持咒滅病苦
35	復次，曼殊室利！若有淨信男子、女人，得聞藥師琉璃光如來、應、正等覺，所有名號，聞已誦持。晨嚼齒木，澡漱清淨，以諸香華、燒香、塗香，作眾伎樂，供養形像。於此經典，若自書，若教人書，一心受持，聽聞其義。於彼法師，應修供養，一切所有資身之具，悉皆施與，勿令乏少。如是便蒙諸佛護念，所求願滿，乃至菩提。」	修行供養！晨嚼齒木，澡漱清淨
36	爾時，曼殊室利童子白佛言：「世尊！我當誓於像法轉時，以種種方便，令諸淨信善男子、善女人等，得聞世尊藥師琉璃光如來名號，乃至睡中，亦以佛名覺悟其耳。世尊！若於此經受持讀誦，或復為他演說開示，若自書，若教人書，恭敬尊重，以種種華香、塗香、末香、燒香、華鬘、瓔珞、幡蓋、伎樂而為供養。以五色綵，作囊盛之。掃灑淨處，敷設高座，而用安處。」	睡夢之中名號的覺醒

編號	經咒	要旨
37	爾時，四大天王與其眷屬，及餘無量百千天眾，皆詣其所，供養守護。世尊！若此經寶流行之處，有能受持，以彼世尊藥師琉璃光如來本願功德，及聞名號，當知是處，無復橫死，亦復不為諸惡鬼神奪其精氣。設已奪者，還得如故，身心安樂。	四大天王供養守護：無復橫死、身心安樂
38	佛告曼殊室利：「如是！如是！如汝所說。曼殊室利！若有淨信善男子、善女人等，欲供養彼世尊藥師琉璃光如來者，應先造立彼佛形像，敷清淨座而安處之。散種種華，燒種種香，以種種幢幡，莊嚴其處。七日七夜，受八分齋戒，食清淨食，澡浴香潔，著清淨衣。	造立佛像，敷清淨座，意、語、身的清淨
39	應生無垢濁心，無怒害心。於一切有情，起利益安樂、慈悲喜捨、平等之心。鼓樂歌讚，右繞佛像。復應念彼如來本願功德，讀誦此經，思惟其義，演說開示。隨所樂求，一切皆遂。求長壽得長壽，求富饒得富饒，求官位得官位，求男女得男女。	智心與悲心：四求皆遂
40	若復有人，忽得惡夢，見諸惡相，或怪鳥來集，或於住處，百怪出現。此人若以眾妙資具，恭敬供養彼世尊、藥師琉璃光如來者，惡夢惡相，諸不吉祥，皆悉隱沒，不能為患。或有水、火、刀毒、懸險、惡象、獅子、虎、狼、熊、羆、毒蛇、惡蠍、蜈蚣、蚰蜒、蚊虻等怖，若能至心憶念彼佛，恭敬供養，一切怖畏皆得解脫。若他國侵擾，盜賊反亂，憶念恭敬彼如來者，亦皆解脫。	怪鳥惡夢、凶險猛獸
41	復次，曼殊室利！若有淨信善男子、善女人等，乃至盡形，不事餘天，唯當一心歸佛、法、僧，受持禁戒，若五戒、十戒、菩薩四百戒、苾芻二百五十戒、苾芻尼五百戒，於所受中或有毀犯，怖墮惡趣，若能專念彼佛名號，恭敬供養者，必定不受三惡趣生。	僧侶的戒律：恭敬供養，不受惡趣
42	或有女人，臨當產時，受於極苦，若能至心稱名禮讚，恭敬供養彼如來者，眾苦皆除。所生之子，身分具足，形色端正，見者歡喜，利根聰明，安隱少病，無有非人奪其精氣。	女產安穩，生子健敏

編號	經咒	要旨
43	爾時，世尊告阿難言：「如我稱揚彼世尊藥師琉璃光如來所有功德，此是諸佛甚深行處，難可解了，汝為信不？」阿難白言：「大德世尊，我於如來所說契經，不生疑惑。所以者何？一切如來，身語意業，無不清淨。世尊！此日月輪，可令墮落，妙高山王，可使傾動，諸佛所言，無有異也。	阿難登場，諸佛甚深行處、諸佛身語意業清淨！
44	世尊！有諸眾生，信根不具，聞說諸佛甚深行處，作是思惟：云何但念藥師琉璃光如來一佛名號，便獲爾所功德勝利？由此不信，返生誹謗，彼於長夜，失大利樂，墮諸惡趣，流轉無窮。」佛告阿難：「是諸有情，若聞世尊藥師琉璃光如來名號，至心受持，不生疑惑，墮惡趣者，無有是處。」	不信、誹謗者：失大利樂，墮諸惡趣
45	阿難！此是諸佛甚深所行，難可信解，汝今能受，當知皆是如來威力。阿難！一切聲聞、獨覺，及未登地諸菩薩等，皆悉不能如實信解，唯除一生所繫菩薩。阿難！人身難得；於三寶中，信敬尊重，亦難可得；聞世尊藥師琉璃光如來名號，復難於是。 阿難！彼藥師琉璃光如來，無量菩薩行，無量善巧方便，無量廣大願。我若一劫，若一劫餘而廣說者，劫可速盡，彼佛行願，善巧方便，無有盡也！」	一生所繫菩薩才能信解：三難得
46	爾時，眾中有一菩薩摩訶薩，名曰救脫，即從座起，偏袒右肩，右膝著地，曲躬合掌，而白佛言：「大德世尊！像法轉時，有諸眾生，為種種患之所困厄，長病羸瘦，不能飲食，喉唇乾燥，見諸方暗，死相現前，父母親屬、朋友知識，涕泣圍繞。然彼自身，臥在本處，見琰魔使，引其神識，至於琰魔法王之前。然諸有情，有俱生神，隨其所作，若罪若福，皆具書之，盡持授與琰魔法王。爾時，彼王推問其人，計算所作，隨其罪福而處斷之。	救脫菩薩正式登場：與死神琰魔法王相遇
47	時彼病人親屬、知識，若能為彼皈依世尊藥師琉璃光如來，請諸眾僧，轉讀此經，然七層之燈，懸五色續命神幡。或有是處，彼識得還，如在夢中，明瞭自見。或經七日，或二十一日，或三十五日，	續命法：七層明燈、五色續命神幡

編號	經咒	要旨
47 (續)	或四十九日，彼識還時，如從夢覺，皆自憶知，善不善業，所得果報。由自證見業果報故，乃至命難，亦不造作諸惡之業。是故淨信善男子、善女人等，皆應受持藥師琉璃光如來名號，隨力所能，恭敬供養。	
48	爾時，阿難問救脫菩薩曰：「善男子！應云何恭敬供養彼世尊藥師琉璃光如來？續命幡燈，復云何造？」救脫菩薩言：「大德！若有病人，欲脫病苦，當為其人，七日七夜，受持八分齋戒。應以飲食，及餘資具，隨力所辦，供養苾芻僧。晝夜六時，禮拜行道，供養彼世尊藥師琉璃光如來，讀誦此經四十九遍。然四十九燈，造彼如來形像七軀，一一像前，各置七燈，一一燈量，大如車輪，乃至四十九日，光明不絕。造五色綵幡，長四十九搩手，應放雜類眾生，至四十九，可得過度危厄之難，不為諸橫惡鬼所持。	救脫菩薩指導阿難藥師儀軌：最完整的一次指導
49	「復次，阿難！若剎帝利、灌頂王等，災難起時，所謂人眾疾疫難，他國侵逼難，自界叛逆難，星宿變怪難，日月薄蝕難，非時風雨難，過時不雨難。彼剎帝利、灌頂王等，爾時應於一切有情，起慈悲心，赦諸系閉。依前所說供養之法，供養彼世尊藥師琉璃光如來。 由此善根，及彼如來本願力故，令其國界，即得安穩。風雨順時，穀稼成熟。一切有情，無病歡樂。於其國中，無有暴惡藥叉等神，惱有情者。一切惡相，皆即隱沒。而剎帝利、灌頂王等，壽命色力，無病自在，皆得增益。	大規模社會、群眾層級的災難：領導者的慈悲心
50	阿難！若帝后妃主、儲君王子、大臣輔相、中宮綵女、百官黎庶，為病所苦，及餘厄難，亦應造立五色神幡，然燈續明，放諸生命，散雜色華，燒眾名香，病得除愈，眾難解脫。」 爾時，阿難問救脫菩薩言：「善男子云何已盡之命，而可增益？」救脫菩薩言：「大德！汝豈不聞如來說有九橫死耶？是故勸造續命幡燈，修諸福德；以修福故，盡其壽命，不經苦患。」	宮廷帝后、丞相宮女、百官黎庶：放生與橫死

編號	經咒	要旨
51	阿難問言：「九橫云何？」 救脫菩薩言：「若諸有情，得病雖輕，然無醫藥及看病者，設復遇醫，授以非藥，實不應死而便橫死。又信世間邪魔外道，妖孽之師，妄說禍福，便生恐動，心不自正，卜問覓禍，殺種種眾生，解奏神明，呼諸魍魎，請乞福祐，欲冀延年，終不能得。愚癡迷惑，信邪倒見，遂令橫死，入於地獄，無有出期，是名初橫。 二者，橫被王法之所誅戮。三者，畋獵嬉戲，耽淫嗜酒，放逸無度，橫為非人奪其精氣。四者，橫為火焚。五者，橫為水溺。六者，橫為種種惡獸所啖。七者，橫墮山崖。八者，橫為毒藥、厭禱、咒詛、起屍鬼等之所中害。九者，飢渴所困，不得飲食，而便橫死。 是為如來略說橫死，有此九種，其餘復有無量諸橫，難可具說。	恐怖九橫：不應該死卻橫死
52	復次，阿難！彼琰魔王主領世間名籍之記，若諸有情，不孝五逆，破辱三寶，壞君臣法，毀於性戒，琰魔法王隨罪輕重，考而罰之。是故我今勸諸有情，然燈造幡，放生修福，令度苦厄，不遭眾難。」	琰魔法王的審判：掌控人類生死的神祇
53	爾時，眾中有十二藥叉大將，俱在會坐，所謂：宮毗羅大將，伐折羅大將，迷企羅大將，安底羅大將，頞你羅大將，珊底羅大將，因達羅大將，波夷羅大將，摩虎羅大將，真達羅大將，招杜羅大將，毗羯羅大將，此十二藥叉大將，一一各有七千藥叉以為眷屬，同時舉聲白佛言：「世尊！我等今者，蒙佛威力，得聞世尊藥師琉璃光如來名號，不復更有惡趣之怖。我等相率，皆同一心，乃至盡形歸佛、法、僧，誓當荷負一切有情，為作義利，饒益安樂。隨於何等村城、國邑、空閑林中，若有流布此經，或復受持藥師琉璃光如來名號，恭敬供養者，我等眷屬，衛護是人，皆使解脫一切苦難；諸有願求，悉令滿足。或有疾厄求度脫者，亦應讀誦此經，以五色縷，結我名字，得如願已，然後解結。	十二藥叉大將登場：五線縷、解開惡結

編號	經咒	要旨
54	爾時，世尊贊諸藥叉大將言：「善哉！善哉！大藥叉將！汝等念報世尊藥師琉璃光如來恩德者，常應如是利益安樂一切有情。」 爾時，阿難白佛言：「世尊！當何名此法門？我等云何奉持？」佛告阿難：「此法門名說『藥師琉璃光如來本願功德』，亦名說『十二神將饒益有情結願神咒』，亦名『拔除一切業障』，應如是持。」	藥師法門三稱謂：功德、神咒、除障
55	時薄伽梵說是語已，諸菩薩摩訶薩、及大聲聞、國王、大臣、婆羅門、居士、天、龍、藥叉、健達縛、阿素洛、揭路茶、緊捺洛、莫呼洛伽、人、非人等，一切大眾，聞佛所說，皆大歡喜，信受奉行。	神聖力量大結局：圓滿的終曲

第3章　後續儀軌

編號	經咒	要旨
1	南謨薄伽伐帝。 鞞殺社。窶嚕薜琉璃。鉢喇婆。喝囉闍也。 怛他揭多也。阿囉喝帝。三藐三勃陀耶。 怛姪他。 唵。鞞殺逝。鞞殺逝。鞞殺社。三沒揭帝 莎訶。	藥師灌頂真言：守護你的身、心、靈
2	解結解結解冤結　解了多生冤和業 洗心滌慮發虔誠　今對佛前求解結 藥師佛　藥師佛 消災延壽藥師佛　隨心滿願藥師佛	解冤偈：解了多生冤和業
3	唵，　哩哆，　哩哆，渾吒利，莎婆訶	消解病咒：輔助真言是強大的助手
4	藥師如來琉璃光　燄網莊嚴無等倫 無邊行願利有情　各遂所求皆不退 南無東方淨琉璃世界消災延壽藥師佛 南無消災延壽藥師佛（七稱） 南無日光遍照菩薩（三稱） 南無月光遍照菩薩（三稱）	藥師偈：誦經後的總複習，如來教誨的全程回顧

編號	經咒	要旨
5	自皈依佛　當願眾生　體解大道　發無上心 自皈依法　當願眾生　深入經藏　智慧如海 自皈依僧　當願眾生　統理大眾　一切無礙 和南聖眾	三皈依：佛教徒早晚課的智慧叮嚀
6	藥師佛延壽王 光臨水月壇場　悲心救苦降吉祥　免難消災障 懺悔眾等三世罪　願祈福壽綿長 吉星高照沐恩光　如意保安康	藥師讚：誦經後更完整的總複習
7	願消三障諸煩惱 願得智慧真明了 普願罪障悉消除 世世常行菩薩道	迴向偈：連結與振動宇宙的生命體

第 1 章

前行儀軌

誦經的儀軌，就是誦經的儀式軌範，可分「前行儀軌」與「後續儀軌」。儀軌是誦經的輔助，可以幫助我們進入思想意識和聲韻振動的狀態，也是開啟智慧能量的最佳啟動器。誦經的儀軌強調了專注的重要性，尤其是在誦經的過程中，因為缺乏儀軌的輔助，可能會導致「有口無心」或「精神散漫」的狀態，無法達到誦經的終極目的，也就是追求宇宙智慧。

　　前行儀軌是正式進入經文前的儀式與軌則，可以幫助我們進入誦經的狀態；後續儀軌則是在誦經結束之後進行心靈總複習，體悟與回味。

◎以下是誦經前的六個基礎儀軌步驟：

1. 祈禱：念誦〈爐香讚〉並點香，啟動嗅覺神奇的記憶力量。

2. 守護個人的真言：念誦〈淨口業、淨意業、淨身業真言〉，增強意識能量並引動更好的覺知能力。

3. 地球空間的真言：念誦〈安土地真言〉，創造一個純淨的空間，隔離外在干擾，提高意識活動與引入宇宙能量，喚醒每個人都具有的直覺能量。〈安土地真言〉能隔離「表層」感官意識的外在干擾，也讓自己遠離是非對錯二元世界所產生的「低頻思維」（也就是邏輯思維的干擾），直接進入直覺意識。

4. 宇宙能量的真言：念誦〈普供養真言〉，呼喚宇宙的供應能量，感謝宇宙天地存在的神聖意識體，隨時補充善美的意識能量。「普供養真言」的「普」，是指遍及一切，也就是遍及宇宙；「供養」就是提供生命能量的養分；這一整個名稱是指心存感激，並祈請宇宙天地提供養分。

5. 願望：念誦〈發願文〉，發心去體悟更高階的覺識狀態，把渴望化為行動的能量，同時具備克服障礙的能力，以此面臨時時刻刻的貪瞋癡等負面能量。

6. 感恩：念誦〈開經偈〉，正式展開經文的智慧路程。閱讀《佛說阿彌陀經》或是本經《藥師琉璃光如來本願功德經》時，〈開經偈〉都是經文的正式展開。

爐香讚：燃燒爐香，法界蒙熏

爐香乍爇。法界蒙熏。
諸佛海會悉遙聞。
隨處結祥雲。
誠意方殷。諸佛現全身。
南無香雲蓋菩薩摩訶薩（三稱）
南無本師釋迦牟尼佛（三稱）

前行儀軌的第一個步驟是念誦〈爐香讚〉，這是誦經時透由爐香飄向天界，虔誠送出念誦者的祈願！此時，香就好比願望的盛載器，像是天空飛行器，載送念誦者的願望到宇宙虛空。念誦《藥師經》之前，請認真想著自己的願望，融入虔誠的心念，祈請「香雲蓋菩薩摩訶薩」將個人的願望送到天界虛空。

關鍵詞彙

· **乍爇**：「乍」的意思是剛剛，「爇」的意思是焚燒。

· **法界蒙熏**：整個法界立刻充滿香熏。「法」是宇宙法則的運轉，變化無盡。「界」的意思是空間的邊際。在宇宙運轉的邊際空間，充滿薰香。這一段說明了法界的意識能量迅速接收到來自娑婆世界的爐香訊息。

· **諸佛海會悉遙聞**：諸佛齊聚在一起如同智慧大海，祂們知道也聽到了人們的祈請。諸佛是宇宙的神聖意識體，因為薰香而聽到娑婆世界人們的祈請。

· **隨處結祥雲**：諸佛的智慧能量形式彼此接近，乃至於聚集在一起，所以隨處結祥雲。以海（諸佛）與雲（吉祥）來描述智慧能量的凝聚，而且是隨處聚集，充滿吉祥的雲氣。

· **殷**：情意深重。

· **諸佛現全身**：惟有祈請者誠心意深，諸佛才會顯現全部的身形。諸佛是宇宙的神聖意識體，沒有具體形象。當祈請者的意識夠堅定，祂們才會由無形無相的能量轉變成人類可見的具象形式，「誠意」是關鍵。

- **南無**：信任、依賴、皈依。
- **香雲蓋菩薩摩訶薩**：香氣凝聚成雲蓋，香雲如蓋。香在佛經中進而擬化成具體形象的菩薩，成為協助人們祈願的菩薩。
- **本師**：根本教師，佛教世界的本師是指釋迦牟尼佛。

完整句意

爐香剛剛燃燒，十方世界已經熏滿香氣。參加諸佛法會的時刻，遠遠的就聞到香氣。薰香如吉祥雲彩般隨處集結。只要以至誠恭敬的心，諸佛即會顯現完全的身相於面前。

✳

香被擬像化成一尊香雲蓋菩薩摩訶薩

這段話是在描述佛教法會的場景，以及參加法會的眾生所經歷的感受。透過燃燒爐香，香氣籠罩了整個世界，吸引著宇宙虛空的菩薩降臨前來參加法會。

香氣彷彿是一種神聖的氣息，隨處瀰漫。只要持著誠摯的心，人們可以看到諸佛顯現在自己面前的完美身形。

這段話強調了持著至誠恭敬的心，才能看到諸佛顯現完全的身相。爐香象徵著人們的禮敬之心，而香氣則是佛教信仰中的重要元素之一，更重要的是香已經被擬像化成「香雲蓋菩薩摩訶薩」。

淨口業真言：
呼喚宇宙太陽的智慧能量

梵語漢字音譯：嗡　修利修利　摩訶修利　修修利　娑婆訶

梵文羅馬拼音轉寫：om suri suri mahasuri susuri svaha

〈淨口業真言〉又稱為〈淨語業真言〉。佛教世界有許多真言（mantra），不見得每個梵語咒字都是人們可以理解的，有些是宇宙音韻的振動，沒有任何人類的語彙能夠表達。不過，〈淨口業真言〉的每一個咒字都具備人類可以理解的意義，關鍵咒字是「太陽」與「智慧」。〈淨口業真言〉簡單的梵語直譯是：

om（宇宙的音韻）　suri（太陽、智慧）　suri（太陽、智慧）
mahasuri（大太陽、大智慧）　susuri（太陽、智慧的疊音字）
svaha（圓滿吉祥成就）

關鍵詞彙

- **嗡**：om，宇宙的音韻。《奧義書》（*Upanishads*）記錄了〈淨口業真言〉的第一個咒字：om，這是宇宙的聲音，具有極大的能量，傳統音譯為「嗡」。《奧義書》是古印度的聖典，記載了哲學、冥想與世界的本質，是研究印度神祕主義哲學的經典古籍。

- **修利**：suri，有「太陽」與「智慧」兩個意思。太陽既是宇宙能量的來源，同時也是智慧的轉換形式。「太陽」一詞的原始梵字是 suriya，其轉變形式為 suri，除了智慧的意思，另一個意思是「酒」，這可能涉及到古代印度宗教儀式的祭酒儀軌。

- **摩訶修利**：mahasuri，大太陽、大智慧。maha 經常音譯為「摩訶」，意思是「大、偉大」。

- **修修利**：susuri，太陽、智慧的疊音字。疊音字，重複音韻地呼喚太陽與智慧，藉此增強真言的力度。

- **娑婆訶**：svaha，圓滿吉祥成就。svaha 的傳統音譯為「娑婆訶」或「薩婆訶」，但真正的讀音較接近「斯瓦哈」。莫尼爾·威廉斯（Monier

Williams）所著的梵文字典中，svaha 的翻譯是「Hail」、「Hail to」，意思是「讚揚」、「向……讚揚」。然而，更接近原始意義的意思是「安置在一個狀態之下」或「讓能量處於充沛的狀態」。「娑婆訶」在這裡等同於「讓整個祈願與祝福放置在一個安穩的狀態中」，祈請咒語的能量能夠安穩、圓滿、充沛。

宇宙神聖的音韻 om：印度教與佛教略有不同

印度教對「嗡」（om）的初始解釋與大乘佛教的詮釋不同，認為 om 的聲韻是一種個人內在的體悟，可以摧破每個人的強烈執著——我執（ego）。當超越了個人，就可以自由自在、無所限制地與宇宙神性連結在一起。

佛教也認為「嗡」（om）是宇宙的音韻，但更深層的解釋是「至高無上的合一」（oneness），象徵物質與精神合一，也就是「色空無二」一詞所指的色與空的融合。「色」是實體物質，「空」是心靈能量。物質與心靈並非對立的，彼此可以融合。

svaha：祝福的能量安穩，圓滿吉祥成就

〈淨口業真言〉中連續四個咒字：suri suri mahasuri susuri，最關鍵的咒字是 suri，其核心意義是熱烈讚歎「太陽、智慧」的偉大境態，也期盼這個祝福的能量安穩，能源源不止地淨化修行者的話語。svaha 經常翻譯成「圓滿吉祥的成就」，或直接音譯為「娑婆訶」。〈淨口業真言〉的功德是遠離詛咒的負面能量，停止惡毒的詛罵言語，轉換為讚美的話語。善業取代惡業，創造善美的口業。

淨意業真言：堅定且慈悲的能量

梵語漢字音譯：嗡　嚩日囉　怛訶賀斛
梵文羅馬拼音轉寫：om vajra dahaha hoh

心念要純淨溫柔，最美好的溫柔就是慈悲，而且是堅定的慈悲。慈悲可以連結宇宙萬物，是非常善美的能量。〈淨意業真言〉中「主要是」人類可理解的咒字（om、vajra），與「些許」超越文字語言所能描述的咒字（dahaha hoh）。溫柔的「慈悲」與堅定的「金剛」是涵藏於其中的美好能量。簡單的直譯是：

om（宇宙的音韻）　vajra（金剛、雷電、慈悲）
dahaha hoh（無法翻譯的宇宙音韻，或是內在喜樂聲音。）

關鍵詞彙

- **嗡**：om，宇宙的聲音，具有極大的能量，是一切咒語的根本。om 是印度教、佛教等東方宗教中常用的梵文咒語，被認為具有特殊的意義和力量，用以呼喚神靈或引導冥思。

- **嚩日囉**：vajra；「嚩」的讀音同「哇」，「囉」的讀音同「辣」。原始梵文的意思是「金剛、雷電」（thunder）。另有伐折囉、斫迦囉的譯法。「金剛」是指金剛鑽或鑽石（diamond）。鑽石是地球上最剛硬的物質，是實體可握的寶石。至於「雷電」，於佛經上傳統意譯為「霹靂」，是天空瞬間爆發的強大力量。vajra 一詞意義非凡，代表天空最強大的能量與地表最堅固的物質。此外，在密乘中，vajra 具備「慈悲」與「宇宙陽性能量」等兩個含義。

- **怛訶賀斛**：dahaha hoh，無法翻譯的宇宙音韻，或是內在喜樂聲音的自然表達。dahaha 的梵語意義隨拆解的字根而有所不同，字義不詳。但 dahaha 在阿拉伯語中的意思是「蛋的形狀、橢圓」。如果單獨抽取 daha 一字，它的意思是「燃燒、大熱」。而 hoh 的意思是「高」，這個字屬於印歐語系字根。密宗認為，所有生命都有一種本質的喜悅能量，透過冥想和修行可以喚醒及發揮 dahaha hoh 這種能量，並帶來心靈上的平靜和滿足感。

vajra：宇宙的陽性法則引動慈悲的能量

〈淨意業真言〉的核心咒字是 vajra，它是宇宙的陽性法則，可以引動慈悲的能量。藏傳佛教的金剛乘（vajra vehicle）屬於大乘佛教系統，傳統上視為密宗。達賴喇嘛十四世即是金剛乘重要的宗教導師之一，請注意，「金剛乘」一詞的代表梵字是 vajra。

在藏傳佛教中，最重要的法器是「金剛杵」，梵語即是 vajra，象徵的意義是慈悲的能量，又因為其器形結構的關係，代表了宇宙的陽性法則。所以，金剛杵（vajra）具備「慈悲」與「宇宙陽性能量」等雙重象徵。藏傳佛教還有另一個重要法器「金剛鈴」（ghanta）與金剛杵成對。金剛鈴則是具備「智慧」與「宇宙陰性能量」的雙重象徵。

金剛杵與金剛鈴

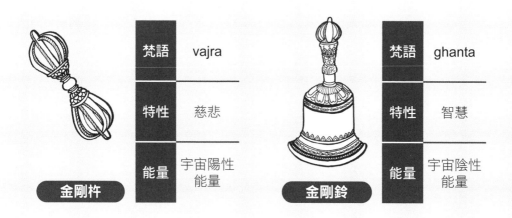

	金剛杵		金剛鈴
梵語	vajra	梵語	ghanta
特性	慈悲	特性	智慧
能量	宇宙陽性能量	能量	宇宙陰性能量

haha hoh：領略因為智慧而產生的喜悅

　　無論是漢傳佛教或是藏傳佛教都非常重視藥師如來，但使用的經典不同，兩個體系分別採用《藥師琉璃光如來本願功德經》（玄奘大師所譯，本書採用的版本）與《藥師琉璃光七佛本願功德經》（義淨大師所譯），兩者的差異請見 PART 4 藥師專論的相關單元。

　　藏傳佛教的著名經典〈百字明〉也提及了 haha hoh，該字詞在密教的解釋與內心漸進式的四種喜樂有關。在修行過程中，因為領略智慧而產生喜悅，分別是 ❶ 喜（joy）、❷ 勝喜（supreme joy）、❸ 極喜（special joy）、❹ 俱生喜（innate joy），這四種強度逐漸增加的喜悅，最後的俱生喜是生命體「與生俱來」的喜悅。〈百字明〉中的解釋方式，也就是「內在喜樂聲音自然表達」。

淨身業真言：
超越文字語言的宇宙聲韻

　　大部分的咒語是可以理解的，但是〈淨身業真言〉是少數透由音韻的原始振動，完全無法讓人透由文字語言翻譯其義的咒語。念誦〈淨身業真言〉時，無須思考，就讓身體隨著音韻的振動來與宇宙智慧接軌，這是超越文字語言的宇宙聲韻。

　　念誦〈淨身業真言〉之後，將具備穿透身體鬱塞的能量，鬱塞是因為過往業力與此生行為產生的業力。人的身體就像一個世界，有骨肉的山嶽，有血管的河流，因為業力而難免阻塞。〈淨身業真言〉的宇宙聲韻，能純淨身體，讓人體百脈暢通，身心靈自然健康。

　　梵語漢字音譯：嗡　修多利　修多利　修摩利　修摩利　娑婆訶
　　梵文羅馬拼音轉寫：om sutari sutari sumari sumari svaha

　　簡單直譯：無！（純粹是宇宙聲韻的振動，無法翻譯。）

關鍵詞彙

· **修多利**：sutari，純粹是宇宙聲韻的振動，無法翻譯。
· **修摩利**：sumari，同樣是宇宙聲韻的振動，無法翻譯。

sutari sumari：直接單純、超越邏輯思考的咒語

　　〈淨身業真言〉的核心能量是「修多利、修多利、修摩利、修摩利」，是直接單純且超越邏輯思考的咒語。一般而言，咒語所「引發」的能量，

包含「受啟發的行動」（他力）與「直覺感受」（自力）等兩種面向。「受啟發的行動」在宗教上稱為「天啟」（apocalypse），意思是透過上天的啟動，或是宇宙天地能量的啟發。天啟是直接的、單純的。這時，念誦咒語是一種未經邏輯思考的意識，心念上比較接近「直覺感受」（intuition，佛教稱為直觀），那是禪定冥想的一個過程。**這時的禪定狀態須心靈意識專注於一，遠離大腦心智的邏輯思維，完全不去思考，才能啟動這樣的直覺智慧。**

〈淨身業真言〉裝載的核心音韻是「修多利、修多利、修摩利、修摩利」，更準確的發音是羅馬拼字：sutari sutari sumari sumari。羅馬拼字音韻簡單清楚，似乎比較容易記憶，筆者認為不妨念誦羅馬拼字。

無論是在念誦《藥師琉璃光如來本願功德經》或是《佛說阿彌陀經》之前，我們都需要透過〈淨身業真言〉這個神聖咒語來清淨身體。

〈淨身業真言〉是由天地宇宙振動的聲韻來啟動人類的身體，所以沒有任何文字語言可以描述。修行者在無意識狀態或是無我境態中所發展出的語言，或許就是佛、菩薩或是諸天的啟示，是一種神祕的語言。還有一種看法，認為無意義的真言咒語可能是經久失傳了本來的意涵，或是從一開始就沒有意義。**最後一種說法是，這類真言是瑜伽行者在專心修行時，咽喉自然發出的生理性聲音。**

重要的咒語標準格式，核心咒語在 om 與 svaha 之間

在 om 與 svaha 之間構成了咒語標準格式，〈淨口業真言〉與〈淨身業真言〉都是這類型的咒語，結構如下：

om（嗡）＋核心咒語＋末尾的 svaha（娑婆訶）

om（嗡）與最末尾的 svaha（娑婆訶），就如同一具宇宙飛行器的前後結構。「om」宛若機首，瞄準方向與目標，而「svaha」是引擎助燃器，推動整組真言咒語。所以，安置在 om 與 svaha 之間的是核心咒語：sutari

sutari sumari sumari。因為它們沒有意義，只需要心靈意識專注於一，遠離大腦心智的邏輯思維，完全不去思考地直接念誦，每個人都有機會啟動這樣的直覺智慧。

　　以下表格是純淨人體的三種咒語的比較，〈淨口業真言〉與〈淨身業真言〉都符合標準形式，〈淨意業真言〉只有「om」這個宇宙巨大能量的音韻，少了「svaha」。

三真言的比較

能量	真言	關鍵字	內容
智慧能量	淨口業真言	suri	**om** suri suri mahasuri susuri **svaha**
慈悲能量	淨意業真言	vajra	**om** vajra dahaha hoh
宇宙音韻振動	淨身業真言	超越文字語言	**om** sutari sutari sumari sumari **svaha**

安土地真言：
創造一個純淨的神聖空間

在前三個真言讓誦經者的身體、言語、意識都達到純淨的狀態之後，接著要進行「淨化環境」的儀式。方法是透由真言創造一個純淨的空間，也就是「結界」。

這個真言是〈安土地真言〉，修行者有了純淨的空間，就能夠更專心地連結到宇宙神聖的智慧體。〈安土地真言〉的核心神祇是大地之神：prthiviye，原本是一位印度的美麗女神。

梵語漢字音譯：南無　三滿多　母馱喃　唵　度嚕　度嚕
　　　　　　　地尾　娑婆訶
梵文羅馬拼音轉寫：nama samanta buddhanam om dhuru dhuru
　　　　　　　　　prthiviye svaha

安土地就是結界，「結界」的目的是創造神聖純淨的空間。所謂的神聖空間，是一種具隱喻性的抽象場域，修行者（或誦經持咒者）的心識能在此進行神聖而奧祕的心靈活動。通常是由個人意識所存在的物質空間，透由〈安土地真言〉「連結或轉化」到超越時空的這個奇妙的安穩能量場域。

此真言可以淨化修行場域，讓念誦者誦經持咒時完全不受打擾，全心全意下載諸佛菩薩的智慧能量，進而提升個人的心靈意識。以下是簡單的直譯：

nama（皈依）　samanta（一切）　buddhanam（諸佛）
om（宇宙的音韻）　dhuru（自由、解脫）　dhuru（自由、解脫）
prthiviye（大地之神）　svaha（圓滿吉祥成就）

- **南無**：nama，皈依。這是很重要的咒語，也是威力強大的咒字，它所涵藏的意義至少包含「禮敬、歸敬與皈依」三個層面。

- **三滿多**：samanta，一切。

- **母馱喃**：buddhanam，諸佛，與佛陀（buddha）的字根同源，是複數的buddha。

- **嗡**：om，宇宙的音韻。

- **度嚕**：dhuru，自由、解脫。解脫被禁錮在貪、瞋、癡迷霧中的身心靈。重複兩次度嚕，等同於加強自由、解脫的能量。

- **地尾**：devi，女神。此咒字在〈安土地真言〉更完整的梵語是 prthiviye，意思是大地之神。在印度，大地女神的形象通常被塑造成身形姣好的美女，左手持盛滿鮮花的缽或穀穗，以豐滿美麗的身軀象徵大地萬物繁榮豐富。不只是印度，許多古代民族的大地之神都是身形豐滿的美麗女神。

- **娑婆訶**：svaha，圓滿吉祥成就。

✽

堅固的大地女神 Prthiviye，提供安穩土地的能量

佛經記載，釋迦牟尼在禪定過程曾經面臨魔羅（Mara）三位女兒的誘惑，世尊成功克服了這個挑戰。而大地女神是重要的見證角色（註：很多人以為祂是男性神）。當時世尊需要「堅定穩固的能量」來抵擋三位女孩的誘惑，三位女孩即是對應貪、瞋、癡等三魔。最後世尊以右手指向大地，此乃著名的降魔印或稱「觸地印」（bhumisparsha），以該手印召喚大地女神見證世尊決心成佛的堅定意志。

〈安土地真言〉也是在呼喚大地女神 Prthiviye，透由祂所擁有的地球能量來追尋自由、解脫，達到純淨安穩土地的狀態。同時，這位女神也會保護大地與地上萬物免於災害。Prthiviye 的梵字原形是 prthivi，梵文音譯為「比里底毗」，意思是「堅固如大地」。

結界的發展過程，由限制僧侶的活動空間到創造修行者的神聖空間

「結界」（梵語為 sīmā-bandha）是一個佛教術語，原本是指僧伽在特定場所集聚時，劃定一個特定的界區，限制僧侶的活動範圍，以避免他們違反僧眾的規定，例如別眾、離宿、宿煮。「別眾」意指僧侶發生衝突，「離宿」的意思是未經許可離開宿舍，「宿煮」是指在住處進行煮食。

然而，「結界」在佛教中還具有更廣泛的意義，代表著創造一個純淨和神聖的空間，稱為「安土地」。這個結界所創造的神聖空間，是一個具有純淨能量場的領域，也是一種隱喻性的抽象空間，修行者（或誦經持咒者）的心識能夠在這個空間中專注修行，並進一步提升心靈的成長和修練。

普供養真言：
下載永不窮竭的宇宙能量

在〈安土地真言〉之後，〈普供養真言〉是敬天的真言。這是從〈安土地真言〉對「地球土地」的祈請，轉為〈普供養真言〉對「宇宙虛空」的誠敬，持續懷抱著對天界、地界、自然界的感激與尊敬，展開對宇宙虛空虔誠的供養。

〈普供養真言〉是邀請一位名為虛空藏菩薩（Akasagarbha）的神聖智慧體，來幫我們下載永不窮竭的宇宙能量。

> 梵語漢字音譯：唵　誐誐曩　三婆嚩　伐日囉　斛
> 梵文羅馬拼音轉寫：om gagana sambhava vajra hoh

〈普供養真言〉在意義上是由個人修行的純淨空間連結到宇宙虛空。咒語內容的讚歎詞是：虛空（gagana）如同金剛鑽（vajra）般的堅毅與崇高，而其能量源自於「虛空藏菩薩」（Akasagarbha）豐沛的能源。虛空藏菩薩位處於一個宇宙虛空源源不盡的能量空間，祂是充滿供養寶藏的神聖意識體。與祂連結而成的〈普供養真言〉是尊敬宇宙能量的生成、生起（sambhava），持咒者誠摯地讚歎宇宙虛空的誕生，如此宇宙將會回應更多的生命能量。簡單的直譯是：

> om（宇宙音韻）　gagana（虛空）
> sambhava（生起）　vajra（慈悲、鑽石、雷電）　hoh（高）

關鍵詞彙

· **普供養**：普，廣大而周遍。梵語是 samanta，意思是一切（whole）、宇宙（universal）。「供養」在字面上最直接的意思是提供養分，包含實體與抽象的養分。佛教徒以香花、飲食等物品（實體）或種種善行，獻給佛、法、僧或一切眾生（抽象）。

- **虛空藏菩薩**：Akasagarbha，原本是宇宙虛空含藏的能量，而後被擬像化成具備形體的菩薩。

- **嗡**：om，宇宙的聲音，具有極大的能量。

- **誐誐曩**：gagana，代表宇宙虛空。「誐」非現代用字（現代辭典無此字），寺院佛經傳統上的讀音為「椰」。

- **三婆嚩**：sambhava 是常見的咒語，意思是「產生、創造與維持」，此咒字的能量威猛強大。

- **伐日囉**：vajra，亦見於〈淨意業真言〉中，意思是金剛（鑽石）、雷電，還可以引申為心識覺醒的能量，同時具備「慈悲」與「宇宙陽性能量」的象徵，請讀者一定要記住。

- **斛**：hoh，是印歐語系字根，意思是「高」，意味著能量的高！

提供養分與能量，即供養的核心意義

　　佛教徒以香花、飲食等物品或種種善行，獻給佛、法、僧或一切眾生，這是傳統「供養」一詞的解釋。我們先來認識佛教寺廟在法會儀式的物質供養，稍後再來談普供養的虛空能量。

　　法會儀式層面的供養，通常與人類五蘊感官中的嗅覺、味覺和視覺有著密切的連結，傳統上是以「香、花、水、果、燈」為主。其中以「點燈」最具代表性，供養燈求得的是光明，在《藥師經》中，期盼連結藥師佛的「琉璃光」、日光遍照菩薩的「日光」與月光遍照菩薩的「月光」。無論琉璃光、日光或月光，都是宇宙的神聖光能。

　　「香、花、水、果、燈」中的「燈」，不是單純物質上燈的光，而是用來引動宇宙智慧之光，所以供養燈主要是求取宇宙智慧能量，這是宗教儀式物質供養的深層意義。

　　有關心靈層面的供養，不同於上述的物質層面，而是擴及宇宙虛空的意識能量。供養佛、法、僧三寶時，不再是上述寺廟宗教儀式的「物

質供養」（香、花、水、果、燈），而是走入「法身層面」的能量。這種形式的供養，包含佛陀的教誨、佛法的智慧、僧侶的講經說法，更接近宇宙虛空的智慧能量，是純粹高層次意識的供養。

虛空藏真言的供養對象與別名

虛空藏菩薩（Akasagarbha）是供養能量的泉源，祂散發著神奇的能量，用來供養宇宙虛空中的神聖意識體。這個供養的範圍不僅限於佛、菩薩等神聖的存在，也包括所有具備意識的生命體，無論是人類還是其他形態的生物。

〈普供養真言〉有多種不同的名稱，如〈虛空藏菩薩真言〉、〈大虛空藏菩薩真言〉、〈虛空菩薩普供養真言〉、〈大虛空藏普供養真言〉等，但它們都指向能量的核心：「虛空藏」。

需要注意的是，「虛空藏」和「虛空藏菩薩」並不完全相同。虛空藏代表著一種抽象的能量，它是宇宙空間中的寶藏，蘊含著智慧的精髓。而虛空藏菩薩則是將這種抽象的能量具象化為一位菩薩的形象。

〈普供養真言〉的內容是透由神聖意識體「虛空藏菩薩」的神奇能量，來供養整個宇宙天地，**佛教典籍中說明它可以產生無量「供具、飲食、宮殿、衣物」等一切神奇珍寶。**其中的珍奇寶物是「vajra」，是 ❶ 大地最堅硬的鑽石，也是 ❷ 天空最強大力量的雷電，還有 ❸ 宇宙虛空的慈悲能量，而且是無限量產生，這就是〈普供養真言〉的偉大慈悲力量。

總之，透過虛空藏菩薩的供養，我們可以連結宇宙虛空的意識體，獲得智慧和慈悲的能量。這種供養不僅局限於物質層面，更深入到法身層面的精神層次。

藉由這樣的供養，我們能夠豐富自己的內在世界，並將這份能量與眾生分享，帶來平安、智慧和慈悲的力量。

sambhava：產生、創造與維持，為重要咒字

〈普供養真言〉裡最關鍵咒字之一是 sambhava，為能量運作的咒字，意思是「產生、創造與維持」，實際上是在描述宇宙能量的運作，此咒字可以產生能量、創造能量，更可以維持能量的穩定，如此虛空藏菩薩（Akasagarbha）產生的寶藏才能「源源不絕」供養整個宇宙虛空。「源源不絕」是個重要的描述，在《大日經疏》中描述了「虛空藏菩薩」的能量意義：「如來虛空的寶藏也是如此，一切利樂眾生的事業，皆從中出生無量法寶，自在受用而不會窮竭，所以名為虛空藏。」

在佛教論述中還可以看到其他對於虛空藏的進一步解釋，「虛空」（gagana）是指這股神聖意識體如同虛空般不可破壞，沒有任何能量能超越勝利它。虛空藏菩薩的「藏」（garbha）代表涵藏著無盡的寶藏。所以，人們可以透由虛空藏菩薩的〈普供養真言〉，去啟動、產生（sambhava）無限量且源源不絕的法寶。

延伸學習

關於虛空藏菩薩與虛空的梵文

細心的讀者也許會發現虛空藏菩薩與〈普供養真言〉的「虛空」，兩者的梵語用字不同。虛空藏菩薩（Akasagarba）的名號是 akasa（虛空）與 garba（藏、寶藏）的組合。這裡的 akasa 帶有「空間」的概念，更接近「虛空界」的意思。而〈普供養真言〉的 gagana 比較是接近天空（sky）的概念。人們抬頭仰望的天空，即是 gagana。不過，在傳統的翻譯中，akasa 與 gagana 都是翻譯成「虛空」。

如果更仔細的分辨這兩個字，凡常人抬頭可以看到的是 gagana。唯有聖者才可以察覺到 akasa，這是更深層的虛空，或稱「虛空界」。

發願文：充滿強大能量的願力

稽首三界尊　皈命十方佛　我今發宏願　持此藥師經
上報四重恩　下濟三塗苦　若有見聞者　悉發菩提心
盡此一報身　同生琉璃國　親觀大慈父　慇懃聞真諦
學習師子吼　回返娑婆地　度眾脫苦海　弘法利群迷

在大乘佛教中，相信「發願」是宇宙中最強而有力的力量，這像是以「祈禱」形態展現的感覺。不僅是佛教，各個宗教的祈願都是相同美好的，也同樣具備能量。

在《藥師琉璃光如來本願功德經》中最重要的發願是「十二大願」。大願是佛教的根本誓願，專有名詞為「本願」。在大乘佛教，發願是啟動智慧能量非常重要的步驟。

前面介紹的五個真言是宇宙的真實語言，是與佛、菩薩溝通的神聖語言，超越人類的邏輯思維。完成前行儀軌的五個真言之後，接下來就是念誦〈發願文〉，準備正式進入念誦經文。

前五個真言協助我們：❶ 完成身體、語言、意念的淨化，❷ 也完成土地空間的純淨，❸ 再對宇宙虛空發出至誠的心念，虔誠地供養整個宇宙虛空的意識體。

進入〈發願文〉之後，將轉入個人的祈願，其中的文字將會點出經文中最重要的「智慧意識體」以及該意識體對應的「淨土」。

不同的佛經會有不同的發願文，內容相近，差別在於「智慧意識體」與神聖空間。

以《藥師經》的〈發願文〉而言，「智慧意識體」是藥師如來，而「淨土」是東方淨琉璃世界。若是《佛說阿彌陀經》的〈發願文〉，「智慧意識體」是阿彌陀佛，其「淨土」是西方極樂世界。東方淨琉璃世界與西方極樂世界是相互對應的，也都是人類離開這個世界之後前往的空間。

- **稽首**：跪拜。

- **三界尊**：意指釋迦牟尼，祂是欲界、色界、無色界（意識、有形體、無形體）所共同尊敬的聖者。此三界都是凡夫生死往來的境界，佛教的修行過程是想要致力於脫離此三界，其中釋迦牟尼是最佳的導師。

- **十方佛**：宇宙虛空十個方位的神聖智慧體，每一位都有獨自的淨土。十方是指宇宙東、西、南、北、東北、東南、西南、西北等八個方位，以及上與下兩個方位。

- **四重恩**：三寶、國家、父母與眾生的恩惠。

- **三塗苦**：三惡道之苦，包括地獄、餓鬼、畜生的苦痛。

- **報身**：sambhogakāya，顧名思義就是「報應所得之身」。ā 為 a 的長音。

- **琉璃國**：藥師如來的淨土。

- **大慈父**：大慈父指的就是藥師如來。

- **師子吼**：師子即是獅子，獅子吼指的是「佛陀說法」。

願望的核心，同生琉璃國

「若有見聞者，悉發菩提心，盡此一報身，同生琉璃國。」意思是發願邀約見聞者一起發菩提心，以此人類身軀前往藥師琉璃佛美好的淨土「東方淨琉璃世界」。

發願文中的「報身」（sambhogakāya）一詞，顧名思義就是「報應所得之身」，例如：人、天人、動物、孤魂野鬼等，都是不同的報應身。好的報應形成美好的身，人身是難得可貴的報身，來自於美好的報應，我們更應感恩珍惜，所以「盡此一報身，同生極樂國」。

共同匯聚而成的享受身形

「報身」的梵文是 sambhogakāya，字根來自 bhuj，意為食用、享用，所以又稱為「受用身」。此外，字根「sam」有「共同、集合、匯聚」等意思。至於梵文「kaya」是身體之意，法身、化身或是色身的「身」，都是 kaya 這個梵字。連貫起來，sambhogakāya 完整的意思是「共同匯聚而成的享受身形」。

在這麼多形式的報身中，以諸佛、菩薩的報身最為美好，依據佛經的解釋，祂們經過長久的修行，圓滿一切資財之後，其福報「集合而成」（sam）了圓滿色身，由此身體可「享受」（bhuj）種種禪悅與財富帶來的快樂。

🌱 發願文的結構分析：禮敬、願望、智慧、慈悲

稽首三界尊	皈命十方佛	➡ **皈依、禮敬**
我今發宏願	持此藥師經	➡ **發願**
上報四重恩	下濟三塗苦	➡ **此生願望**
若有見聞者	悉發菩提心	➡ **追求智慧**
盡此一報身	同生琉璃國	➡ **來世願望**
親覲大慈父	慇懃聞真諦	➡ **更深層的智慧學習**
學習師子吼	回返娑婆地	➡ **返回地球**
度眾脫苦海	弘法利群迷	➡ **慈悲**

學習釋迦牟尼佛的精神，回返娑婆地

發願文的最後一段是：「親覲大慈父，慇懃聞真諦，學習師子吼，回返娑婆地，度眾脫苦海，弘法利群迷。」大慈父指的就是藥師如來，「慇懃聞真諦」是指隨著《藥師經》去追尋藥師如來的智慧。師子即是獅子，獅子吼指的是「佛陀說法」。

佛陀已經是宇宙的神聖意識體，祂的說法充滿正面能量，可以降伏娑婆世界的負面能量，佛經將這樣的狀態比喻成：如同獅子的吼叫，能鎮懾降服百獸。而且當獲取藥師如來的宇宙智慧能量之後，還要發願返回地球（也就是娑婆世界），引領眾生一起追尋智慧，脫離困難迷惘。

這部分就是大乘佛教的精髓，由自己覺醒走向協助他人覺醒，也就是「自覺」與「覺他」的二部曲。「回返娑婆地」是徹底的菩薩精神！當完成自覺、覺他之後，持續前進達到終曲，圓滿的覺滿。自覺、覺他、覺滿，即是大乘佛教覺知過程的三部曲。

開經偈：珍惜與感激的讀經心願

在佛經裡所尋求的智慧真理，包含世俗世界的真理「世俗諦」，也包括宇宙虛空的智慧「勝義諦」。「世俗」這個詞我們都懂，但勝義諦的「勝義」呢？其意思是「勝過、超越文字義理所能表達的」，那是佛陀親證的真理。

無論是《佛說阿彌陀經》、《藥師琉璃光如來本願功德經》或是《金剛般若波羅蜜經》，都涵藏著世俗諦與勝義諦這兩種真理，而且每部經典的終極目標都是達到「無上正等正覺」的覺悟狀態。無上正等正覺就是「阿耨多羅三藐三菩提」（annutara-samyaksambodhi）的意譯。只要翻開寺廟大部分的善書，都會看見這首〈開經偈〉，提醒修行者除了要學習領悟這兩種智慧，更要滿懷感恩的心去珍惜這個難能可貴的機緣。

> 無上甚深微妙法
> 百千萬劫難遭遇
> 我今見聞得受持
> 願解如來真實義

傳說這首偈是唐朝武則天所題的，因為寫得太好了，以致於流傳至今。即使許多高僧大德嘗試再寫一首開經偈，始終無人可以超越此偈的成就。嚴格說來，〈開經偈〉之後才是《藥師經》的正式經文。

關鍵詞彙

- **無上**：無法超越於其上。
- **甚深微妙法**：細微玄妙、細微奧妙，指佛法已超越人類語詞所能表達的狀態。
- **劫**：梵語「劫波」（kalpa）的音譯，略稱「劫」，是一個極為長久的時間單位。

- **見聞**：見，閱讀經文。聞，聽聞佛法。透由視覺與聽覺領略佛陀的教法。
- **受持**：領受佛法且憶持不忘。
- **如來真實義**：宇宙的真實義理。

無上甚深微妙法是聖者或佛、菩薩體會的智慧

　　武則天在閱讀《大方廣佛華嚴經》（簡稱《華嚴經》）後，深深體悟經義的玄妙和稀有，因而寫下〈開經偈〉，成為了大部分經文的開頭。〈開經偈〉中寫著「無上甚深微妙法」，**這裡的「微妙」意指細微玄妙、細微奧妙，指佛法已超越人類語詞所能表達的狀態，是玄妙且微妙的存在。**一般人無法體悟到這種能量，但是人類優秀的聖者或是宇宙智慧體（如佛、菩薩）可以接觸到這種細微能量；此能量也就是無上甚深的微妙法，它是宇宙非常細微的運作法則。

〈開經偈〉的結構分析

無上甚深微妙法	➡ 聖者、佛菩薩領略的智慧
百千萬劫難遭遇	➡ 因緣的珍惜，感恩！
我今見聞得受持	➡ 凡常人類（我）領略的智慧
願解如來真實義	➡ 宇宙的真實義理（如來層級）

珍惜因緣受持此經，百千萬劫難遭遇

「百千萬劫難遭遇」，是佛教中的一句警語，意指經過極長的時間，才能遇到一次人身和佛法。「劫」在佛教中代表極長的時間，「百千萬劫」代表著非常長久的時間。這是梵語音譯「劫波」（kalpa）的略稱，是一個極為長久的時間單位。佛教以世界經歷若干萬年即毀滅一次，再重新開始為「一劫」。

由於百千萬劫才能遇見一次，武則天深深感受到人身難得，佛法難聞，於是寫下此偈提醒世人，經歷百千萬劫難遭遇，一定要把握這個難得珍貴的因緣、見聞，而且要受持此經。

「見聞」在字面上的意思是眼睛看到的、耳朵聽到的，透由人類的感知能量去閱讀經文、聆聽宗教導師的指導，這些都屬於人類可以觀察到的巨觀世界。而「無上甚深微妙法」是聖者、佛菩薩領略的智慧。這句話描述了現今能見到佛經、聽聞佛法的難能可貴，還能領受佛法，堅信及持守佛法，最後隨著經文體會無上甚深微妙法。請注意，眼睛和耳朵所接受的巨觀世界，對應佛菩薩無上甚深微妙法的微觀世界。

一窺更高層次的實相，如來的真實義是超越界的領悟

「如來真實義」是比較難解的文句，在大乘佛教中，佛、菩薩對於「真實」的究竟體悟，有別於聲聞乘（四聖諦）、緣覺乘（十二因緣）所體悟的「真實」意義。

如來所體會的真實，是佛、菩薩所達到的體悟境態，是宇宙的究竟真理（ultimate truth），是超越世俗的真實。以聲聞乘與緣覺乘所領悟娑婆世界的真理，僅是世俗間的真實，而在〈開經偈〉的最後一句，是鼓勵修行者也能達到理解如來的真實義，由世俗諦邁向勝義諦。修行者當下給予真誠的感激，感謝開啟這個經文讓我們有機會認識更高層次的宇宙智慧，讓你我的人生有個更高的目標，由平凡庸碌的生命，轉為一窺更高層次的實相，也就是如來真實義。

奉請藥師三尊：東方三聖降臨娑婆世界

南無　藥師琉璃光如來（合掌）

南無　日光遍照菩薩

南無　月光遍照菩薩

（三稱）

　　完成上述儀軌後，接下來是呼喚經裡重要諸佛與菩薩的名號。不同經文有不同的佛、菩薩，在《藥師經》中，最重要的佛、菩薩是藥師三尊（本單元）、八大菩薩（本章第 10 單元）與十二藥叉神將（本章第 11 單元）。藥師三尊是指琉璃光、日光與月光三種宇宙的智慧光能，八大菩薩是宇宙八種神聖智慧體，祂們可以引領人們前往東方淨土。藥師三尊與八大菩薩是來自於宇宙虛空的智慧能量，而十二藥叉神將是地球山林的自然能量。十二藥叉神將的能量存在於地球，所以成為藥師如來在娑婆世界的化身。

　　這些佛、菩薩都很明確地出現於《藥師經》的經文內，但為了避免遺漏其他佛、菩薩，通常在祈請文中還會念誦三次「南無藥師會上佛、菩薩」，意思就是虔誠皈依「藥師法會上」所有顯現的佛、菩薩。

關鍵詞彙

· **東方三聖**：東方三聖之所以名為東方，是因為祂們來自宇宙東方的淨琉璃世界。東方三聖分別是「藥師如來」散發出琉璃光（vaidurya prabha），再者是「日光遍照菩薩」散發日光（surya prabha），而「月光遍照菩薩」散發月光（candra prabha）。此處的 h 為氣音，初學者可以不發音。

· **遍照**：此處的「遍照」等同佛經中的「徧照」，「遍」的意思是全部、整個，遍照是形容整個空間布滿光芒能量。琉璃光、日光與月光都是宇宙虛空的三種智慧能量以光芒的形式顯現。下載這三股宇宙能量最好的方式，就是虔誠地呼喚祂們的名號。

· **南無**：歸敬、皈依。通常在名號前面會再加一個咒語「南無」（namo 或

nama），這也是一個威力強大的咒字，代表虔誠皈依或禮敬某一神聖意識體（諸佛、菩薩）。這些精神力量來自於宇宙虛空中的智慧匯聚處，可以透由咒語下載到我們的身體。「南無」通常翻譯成「歸敬」或「皈依」。

❋

三股宇宙智慧光芒

琉璃光、日光、月光，這三股宇宙智慧光芒，是東方三聖所散發的神聖能量，源自於宇宙東方的淨琉璃世界。每一股光芒都具有特殊的意義與功用，代表著智慧的光明與力量。琉璃光來自宇宙東方的淨琉璃世界，必須透由佛號才能連結。至於日光與月光則是接近娑婆世界（地球），只要是生命體都可以接受到的能量。

首先，我們來談談琉璃光（vaidurya prabha），這是由藥師如來散發出來的一種純淨、明亮的光芒，代表著智慧的光明。它具有淨化身心的能力，能夠照亮我們內在的迷惘，帶來智慧和覺醒。當我們虔誠地呼喚藥師如來的名號，可以下載這股琉璃光的能量，使心靈充滿智慧和清淨。

接著是日光（surya prabha），由日光遍照菩薩所散發。日光象徵著光明和活力，具有熱情和能量的特質。日光的能量可以照亮我們的生命，驅散黑暗和困境。再來是月光（candra prabha），由月光遍照菩薩所散發。月光柔和而溫暖，具有平靜和安撫的效果。它能夠照亮我們內在的情感世界，帶來安寧和慈悲。

無論是琉璃光、日光還是月光，都是宇宙虛空中智慧的三種能量，以光芒的形式顯現。我們可以透過虔誠地呼喚祂們的名號，下載這些宇宙能量，使其滋養我們的身心靈。在呼喚時，我們常在名號前加上「南無」，代表虔誠地向這些神聖意識體致敬並接受祂們的加持。此外，藉著學習與呼喚琉璃光、日光和月光的梵語發音，更能夠連結到宇宙的智慧之光，獲得內在的平靜、智慧和力量。

印順導師的分析：
太陽的光明象徵智慧，月亮的光明代表慈悲

　　每位佛菩薩出世都有兩大弟子協助傳播佛法，例如釋迦牟尼佛的舍利弗和目犍連，毘盧遮那佛（大日如來）的文殊菩薩和普賢菩薩，西方淨土阿彌陀佛的觀世音和大勢至菩薩。東方淨土的琉璃光佛也有兩位重要的菩薩，即日光遍照和月光遍照，被稱為「彼無量無數菩薩眾之上首」。

　　著名且活躍的學問僧印順導師認為，兩位的名字取自天空中的太陽和月亮，代表光明和慈悲。**他說，太陽和月亮的特性不同，太陽代表熱烈和智慧，而月亮代表溫柔和慈悲。太陽的光明給人溫暖和生命力，在佛法中象徵智慧；而月亮的光明能消除黑夜中的恐懼，代表慈悲和安慰眾生。**印順導師（1906~2005）是一位近代具有重要影響力的法師，為太虛大師的門徒，也是慈濟證嚴法師的入門師父。印順導師畢生致力於推行人間佛教，並承繼了太虛大師「人生佛教」的主張。

　　人間佛教是印順導師重要的理念，他強調在現實生活中實踐佛法，關注「此時，此地，此人」的關懷。**他主張佛法應以人為本，不應天化、神化，而是要將佛法真正融入人間生活，不迷信超自然力量，強調人間的實踐與修行。**他反對佛教被鬼神化，以及轉變為鬼教或神教的現象，而強調人間佛教的純粹性，只有這樣才能真正闡明佛法的真義。在這個概念之下，他對《藥師經》的幾位重要菩薩有獨到的見解。他認為，東方淨土被視為如同宇宙天界的淨化，而佛法中包含了佛菩薩的度化引導的淨土，亦即東方淨土表徵著自心，此為佛法的特色，這與神像的崇拜有所不同。**這表明東方淨土的特性是來自於佛菩薩的慈悲和智慧，而不是來自於神祇的偶像崇拜或是虛幻想像。**

　　除了兩大菩薩外，印順導師也撰寫〈東方淨土發微〉一文，分析東方淨土的八大菩薩，包括文殊師利菩薩、觀世音菩薩、大勢至菩薩、無盡意菩薩、寶檀華菩薩、藥王菩薩、藥上菩薩和彌勒菩薩。這八大菩薩能引導欲生西方淨土而還不能決定的眾生，請見下一單元。

奉請八大菩薩：宇宙的慈悲、智慧、動能、願力、供養

在呼喚了最重要的藥師三尊之後，接下來是「奉請」八大菩薩，祂們是一群充滿活躍動能的智慧意識體。

能夠專注於一地念誦佛號，是讓人羨慕的境界，但是一般人在學習過程中卻不容易做到，原因是「單純念誦佛號」而不了解其義，時間一久難免流於形式，變成了重複念誦而無心意的字句。所以，我們來重新學習念誦佛號的方式，在念誦八大菩薩的名號時，必須透由「梵語原意」，深層認識諸尊的真實意義。同時，也稍微了解呼喚的次序，因為八大菩薩的出場次序是有意義的。

當然，最重要是以虔誠的心意呼喚這八個宇宙不同的能量，如此誦經才會更有效！

奉請八大菩薩（合掌）

南無　文殊師利菩薩

南無　觀世音菩薩

南無　大勢至菩薩

南無　無盡意菩薩

南無　寶檀華菩薩

南無　藥王菩薩

南無　藥上菩薩

南無　彌勒菩薩

八種宇宙能量的擬象化，共有三個能量場域！面對這八位菩薩時，我們必須超越傳統無意識的念誦方式，在心中改以宇宙能量「擬像化」的角度，重新詮釋這八位菩薩。

每個佛、菩薩的名號就是真言咒語。奉請八大菩薩，等於一口氣呼

喚八種宇宙能量,是非常偉大的能量啟動。在接下來的單元中,將透由適當的翻譯,讓讀者領略每位菩薩梵名的意思,了解梵音名號的核心概念,就能更準確、更有效率地念誦佛號。

關鍵詞彙

· **文殊師利菩薩**:智慧總代表的菩薩,是宇宙的智慧能量。梵名是 Manjusri,拆解為 manju 與 sri 兩字。manju 的音譯為文殊或曼殊,意思是吉祥、善美,代表一股新鮮剛生起的美好能量。sri 的音譯為師利或室利,是另一股成熟莊嚴的美好能量。兩者合併為莊嚴美好的智慧能量。文殊師利菩薩通常又稱「妙吉祥」,多加一個妙字,意思是超越人類語言文字所能描述的吉祥。

· **觀世音菩薩**:慈悲總代表的菩薩,梵名是 Avalok-iteshvara,字根 avalok 是「觀、看見、觀察」,loka 還含有「世界」的意思,而 svara 在此被解釋成「聲音」,因此成為觀世音(觀看世界的聲音)的名號。

· **大勢至菩薩**:擁有強大動能的宇宙菩薩。名號 Maha-sthama-prapta 很長,可以拆字成 maha(大)、sthama(勢)、prapta(至)。sthama 的意思是氣勢、勢力。prapta 的意思則有兩種,分別是獲得(得)或是到達(至)。Mahasthamaprapta 的主要譯法之一「大勢至」,是強調能量的到達,或是翻譯成「得大勢」,多一個「得」字,少了「至」字,強調龐大能量的獲得。

· **無盡意菩薩**:一位擁有無限心念的心願菩薩,梵名是 Aksaya-mati。aksaya 的意思是無止盡,即英文的 endless。mati 的意思是「覺知、智力」,或是「念頭、想法」,也延伸至「記憶、心智」。無盡意菩薩代表各種心意或心靈意識的活動,而後就被翻譯成「無盡意」,代表人類無盡心念或無限意念的活動。而無盡意菩薩會實現人類無盡的心念,是一股非常偉大的心願能量。

· **寶檀華菩薩**:寶檀華菩薩負責提供或供應宇宙能量之養分的善美行為,是供養寶物、香、花三種能量的菩薩。完整的梵音名號是 Ratna-candana-puspa,可拆解為寶物(ratna)、檀香(candana)與花(puspa),三者都是虔誠的供養物。

· **藥王菩薩**:來自宇宙星宿光的醫藥能量,梵語是 Bhai-sajya-raja。bhai-sajya 的意思是藥,raja 是指王、國王、王者。藥王菩薩的原名是「星宿光」,醫術高明,經常帶著良藥到日藏比丘及其他僧眾的精舍,為僧眾治病。

· **藥上菩薩**:代表一股宇宙電光明的醫藥能量。他是藥王菩薩的弟弟,原名是「電光明」。藥上菩薩的梵語是 Bhai-sajya-samud-gata。bhai-sajya 的意思是藥,samud-gata 代表顯現、生起,兩字的意思是讓藥顯現而出、

讓藥顯現生起。「生起」就是由「抽象」的宇宙能量轉換成「實體」物質的顯現，含有誕生、生起的意思。《觀藥王藥上二菩薩經》記載，「星宿光」、「電光明」這對兄弟的慈悲善行感動眾生，於是當時人敬稱他們為藥王菩薩與藥上菩薩。

- **彌勒菩薩**：代表未來佛的宇宙能量，梵文為 Mai-treya，音譯為「梅呾利耶」，簡音為「彌勒」。梵字 maitreya 的意思是慈愛，所以彌勒菩薩在經文中常被稱為「慈氏菩薩」或「慈氏」。彌勒被視為是釋迦牟尼佛的繼任者，將在未來誕生於娑婆世界，也就是在地球降生成佛。

✳

八大菩薩可以分成三組能量

　　第一組是慈悲、智慧與力量的能量場域。文殊師利菩薩代表著智慧的能量，祂的名號所代表的能量是眾菩薩的智慧之首。觀世音菩薩則代表著慈悲的能量，祂懷有無盡的慈悲心，關懷眾生的苦難。而大勢至菩薩則散發著強大的力量與氣勢，具有磅礡的動能。

　　第二組是大願與供養的能量場域。無盡意菩薩具有偉大的願力，祂的名號所代表的能量是願力的展現，無盡的意志與決心。而寶檀華菩薩則代表著供養物質的能量，祂的能量滋養著娑婆世界的一切眾生，讓眾生得到豐盛的供給。

　　第三組則是未來佛的能量場域。這三位菩薩被視為即將達到佛陀境界的超級菩薩，也被稱為未來佛。首先是藥王菩薩，代表著天空星體所散發的星宿光能量，象徵著宇宙的智慧。接著是藥上菩薩，代表著宇宙電能所散發的電光明能量，具有強大的電力。最後一位是彌勒菩薩，祂散發著充滿慈愛的能量，被視為娑婆世界的下一位佛陀。

　　這八位菩薩所代表的能量場域各有其獨特的意義和功能，透過正確理解並虔誠地呼喚祂們的名號，我們可以與宇宙的智慧和能量連結，獲得慈悲、智慧和力量的加持。這些能量場域能夠引導我們走向內在的平

靜與覺醒，並且滋養著我們的身心靈，讓我們有可能成為利益眾生的僧伽。願我們能夠以專注和虔誠的心，感受這八種宇宙能量的擬象化，並從中獲得智慧、慈悲與力量的啟迪。

八大菩薩能量組合表

能量組合	菩薩名稱	菩薩能量	代表意義
組合一	文殊師利菩薩	智慧能量	智慧與知識的力量
	觀世音菩薩	慈悲能量	慈悲與愛心的力量
	大勢至菩薩	氣勢磅礴的充沛動能	威力與氣勢的力量
組合二	無盡意菩薩	偉大願力	無盡的志向與願力
	寶檀華菩薩	供養物質的能量	提供滋養與供養的力量
組合三	藥王菩薩	星宿光能量	天空星體的發光力量
	藥上菩薩	電光明能量	宇宙電能的明亮力量
	彌勒菩薩	慈愛的能量	充滿愛與慈悲的力量

奉請十二藥叉神將：
呼喚地球山林的神祕能量

奉請十二藥叉神將（合掌）

奉請	宮毘羅大將	奉請	伐折羅大將
奉請	迷企羅大將	奉請	安底羅大將
奉請	頞你羅大將	奉請	珊底羅大將
奉請	因達羅大將	奉請	波夷羅大將
奉請	摩虎羅大將	奉請	真達羅大將
奉請	招杜羅大將	奉請	毘羯羅大將

　　宇宙虛空、地球天空與地表的三種神祕精靈「藥叉」即是「夜叉」，梵名為 yaksha，原本是印度古代自然界山林地谷的精靈，行蹤神祕、身手敏捷，而且具備威猛的武力。在佛教中，他們被賦予了全新的生命力。

　　曾於中國南北朝盛行的《維摩經》，提到了三種藥叉，其中一種可以飛行於「宇宙虛空」之中，這類藥叉神通廣大，被視為佛、菩薩的轉化身形，稱為「空行藥叉」，是層級最高的藥叉，此處的「空」是指宇宙虛空。此外，能在「地球的天空」中飛行的，稱為「天行藥叉」，還有在地球表面活動的「地行藥叉」。

　　空行藥叉與天行藥叉在字面上相近，但能量層面是不同的。空行藥叉可以穿梭宇宙虛空，是佛、菩薩層級的智慧體所轉化的；而天行藥叉只能活動於地球的天空，能量層級較低。天行藥叉與地行藥叉都是地球空間的生命動能的意識體。基本上，《藥師經》的十二藥叉屬於地球領域，也就是地行藥叉（地表）與天行藥叉（天空），而非空行藥叉（宇宙虛空）。

　　這三種藥叉都可以活動於人類居住的地球，充滿生命能量與活力，擁有鮮明活潑的身形，宛若一齣掌中戲的重要角色。

　　十二大藥叉是地球智慧能量的總召集，各有七千位藥叉作為眷屬，全部合起來共有八萬四千藥叉護法，代表八萬四千法門，在娑婆世界各

處保護修持佛法與藥師佛的眾生。

這些藥叉是《藥師經》的精髓，所以我們必須虔誠地呼喚其名號。全部的八萬四千藥叉護法宛若神聖的意識軍團，將協助人類對抗魔界的貪、瞋、癡的負面能量。這些藥叉有男性（yaksha）與女性（yakshi）之別；男相勇猛剛強，敏捷矯健；女相藥叉華麗漂亮，豐滿健美。《藥師經》描述了全部的藥叉由十二位大將統領，稱作「十二藥叉大將」或「十二神將」。

十二神將之梵名的意思始終無法十分確定，無論是唐代或近代有關藥師如來的重要大師著作，如太虛大師、弘一大師、印順導師，都未提供確切的詳細資訊。太虛大師的《法界圓覺學》第七篇中，雖然有十二神將的意義與身形的描述，但資料應該是來自清代的《百丈清規證義記》，筆者整理表格如下，方便讀者閱讀。不過，欄項中的「義為」（取自原始文章的用詞）意指「梵名意義」，但其內容似乎在描述身形，而非神將梵名的直接意思。

《百丈清規證義記》的十二神將

編號	神將名稱	義為	特點
1	宮毗羅	金龍身首威光同王	金龍身首
2	伐折羅	執金剛杵，長壽童顏	持金剛杵
3	迷企羅	腰束金帶，多種福善	腰束金帶
4	安底羅	住持十山，有大名聞	十山
5	頞你羅	身如淨珠，戒香光嚴	淨珠戒香
6	珊底羅	首冠花鬘，現石女形	女形
7	因達羅	能為天主，護持田地	天界首領
8	波夷羅	名號鯨魚，具諸幻術	鯨魚
9	摩虎羅	行同龍蟒，執日戲樂	龍蟒
10	真達羅	頭有一角，人見起疑	獨角
11	招杜羅	威嚴若殺，身光如月	月亮
12	毗羯羅	廣尋善藝，教諸字本	知識才藝

後來，筆者在清代的《藥師七佛供養儀軌如意王經》找到十二神將梵名相關的意思，這個翻譯顯然是來自藏傳佛教系統的藥師七佛，是國家級的官方資料。其意思與前述的《百丈清規證義記》完全不同，無法比對。

此供養儀軌的譯師，是清代的工布查布。清世宗特別重視工布查布的翻譯天分，給予「西番學總理」的職位，掌管翻譯之事。他在高宗乾隆年中譯出三本巨作，分別是《佛像量度經》、《彌勒菩薩發願王偈》，以及記載十二神將每個名號意思的《藥師七佛供養儀軌如意王經》。

呼喚十二神將時，能將漢譯名號唸出來已經很棒了，如果再記住梵語發音，祈請的效能一定更佳。以下將漢譯與羅馬拼音並列，意譯都是來自《藥師七佛供養儀軌如意王經》：

關鍵詞彙

- **宮毘羅大將**：Kumbhira（或 Kuṁbhīra），或譯金毗羅，意譯為極畏。
- **伐折羅大將**：Vajra，或譯跋折羅、和耆羅，意譯為金剛。
- **迷企羅大將**：Mihira（或 Mekhila），或譯彌佉羅，意譯為執嚴。
- **安底羅大將**：Andira（或 Āṇḍīra），或譯安捺羅、安陀羅，意譯為執星。（註：有些原始參考典籍中，將「安底羅」誤譯為另一位大將的名字「頞你羅」。）
- **頞你羅大將**：Majira（或 Anila），或譯末爾羅、摩尼羅，意譯為執風。
- **珊底羅大將**：Shandira（或 Śāṇḍilya），或譯娑你羅、素藍羅，意譯為居處。
- **因達羅大將**：Indra，或譯因陀羅，意譯為執力。
- **波夷羅大將**：Pajra，或譯婆耶羅，意譯為執飲。
- **摩虎羅大將**：Makura（或 Mahoraga），或譯薄呼羅、摩休羅，意譯為執言。
- **真達羅大將**：Sindura（或 Cindāla），意譯為執想。
- **招杜羅大將**：Catura（或 Caundhula），或譯朱杜羅、照頭羅，意譯為執動。
- **毘羯羅大將**：Vikarala（或 Vikarā），或譯毗伽羅，意譯為圓作。

第 2 章

正式進入
《藥師琉璃光如來本願功德經》

聽法者、地點等六種成就

藥師琉璃光如來本願功德經

唐三藏法師玄奘奉詔譯

如是我聞：一時，薄伽梵遊化諸國，至廣嚴城，住樂音樹下，與大苾芻眾八千人俱，菩薩摩訶薩三萬六千，及國王、大臣、婆羅門、居士、天龍八部、人、非人等，無量大眾，恭敬圍繞，而為說法。

白話翻譯

阿難親聞佛說此經：當時，釋迦世尊周遊教化各國，他來到了廣嚴城，安坐在發出微妙音樂的樹下。這時和大比丘八千人在一起，還有大菩薩三萬六千位，以及國王、大臣、婆羅門（祭司）、居士、天龍八部、人、鬼神（非人）等無數無量的大眾，恭敬圍繞在四周，而釋迦佛為他們說法。

關鍵詞彙

· **本願功德**：這個詞語來自《藥師琉璃光如來本願功德經》。「本願」是根本誓願，也就是藥師如來尚未成佛前的十二大願。而「功德」一詞在佛教的定義是，舉凡世人❶禮佛、❷誦經、❸布施、❹供養，都可稱為功德。

· **薄伽梵**：梵語 Bhagavat 的音譯，意譯為世尊，也就是世人共同尊重的人。「薄伽梵」、「世尊」是佛陀的十大名號之一。此處是指釋迦牟尼佛，但此詞適用於所有佛陀。

· **遊化諸國**：遊，旅行。化，度化。諸國，恆河一帶的國家，或《仁王護國般若波羅蜜多經》的十六國。當年，釋迦牟尼往來恆河一帶諸國講經說法。

· **廣嚴城**：梵語 Vaishali 的意譯，意思是廣大、莊嚴，因此這是個廣大莊嚴的城市。Vaishali 另有毘舍離、吠舍離的漢字音譯。Vaishali 是釋迦牟尼時代印度著名的大城市，古代的廣嚴城就如同現代的紐約或東京，是世界重要的城市，大乘佛教中著名的維摩詰居士就住在這個城市。

· **樂音樹**：佛陀在樹下講經說法時，微風吹動樹葉，發出愉悅音聲。樂音樹是美麗音韻的生動形容，代表美麗音律的振動，產生智慧能量。佛陀透由樂音樹將法（dharma）的能量傳遞到整個地球甚至宇宙虛空。佛經中的樂音樹，等同於佛法的傳播工具之一。

· **苾芻**：梵語 bhiksu 的音譯，其中 ks 的發音接近 church 的 ch。h 是氣音，

不發氣音的 bhiksu，接近 bichu。另一個比較常見的譯法是「比丘」。在印度，苾芻原本是一種香草，象徵比丘的戒德如同香草芬芳。

- 八部：天（deva）、龍（naga）、藥叉（yaksa）、乾闥婆（gandharva）、阿修羅（asura）、迦樓羅（garuda）、緊那羅（kinnara）、摩侯羅伽（mahoraga）。其屬性與重點詳見本單元的分析。

- 非人：鬼、神。

佛經的典型開場，參加這場法會的神聖意識體與娑婆世界的眾生

大部分的佛經一開始就是如此描述，說明眾多的與會者，而本經最龐大的一群是三萬六千位大菩薩。祂們是神聖意識體，擁有超越凡常人類的智慧。另外是娑婆世界的眾生，以人類為重要代表，包含國家政府官員，如國王、大臣、婆羅門（祭司），最多的是出家眾大比丘共八千人，與在家居士。人類之外的眾生有天龍八部、人、鬼神（非人）。釋迦牟尼佛不僅呼喚了三萬六千個宇宙神聖的智慧能量，同時也啟動地球的意識能量「天龍八部」，創造一個純淨的神聖空間，保護眾生可以安心地在「樂音樹」底下聽佛陀講經。

法會參與者

神聖意識體	大菩薩 36000 位
國家政府官員	國王、大臣、婆羅門（祭司）
出家眾	大比丘 8000 人
在家眾	居士
娑婆世界眾生	天龍八部、人、鬼神（非人）等無數無量的大眾

天龍八部：神的戰爭、佛教的音樂世界、神獸之戰與大自然環境力量

天龍八部是佛教的護法，組合成員均來自娑婆世界的 ❶ 神眾（天、阿修羅眾、乾闥婆、緊那羅）、❷ 聖獸（龍、迦樓羅）、❸ 森林精怪（藥叉）、❹ 動物（摩侯羅伽）。此八部以「天眾」和「龍眾」為首，故稱「天龍八部」。這群活動於地球山林且具備超凡能力的自然界意識體，在《藥師經》的法會中，一起前來守護這個空間。

天眾與阿修羅眾之戰

天（deva）音譯為提婆，他們是天部諸神。最重要的代表是帝釋天、大梵天。天部諸神通常擁有比較和善的身形。與天部對抗的是憤怒身形的阿修羅眾（asura），擁有強大力量的大力神。阿修羅眾易怒好鬥，驍勇善戰，具備快速驅離的能量，曾經與三十三天的諸神多次激戰。少部分的阿修羅信奉佛法，成為佛教天龍八部護法之一。

佛教世界的音樂天團

乾闥婆（gandharva）是香神眾與樂神眾的聚合體，在天龍八部中同時掌管香（incense）與音樂（music），以「香氣」為食物。大部分的乾闥婆在圖像上是演奏樂曲的天人形象，在漢地的壁畫中，乾闥婆以飛翔於空中的「飛天」姿態為其經典形象。

與乾闥婆關係密切的是緊那羅（kinnara），在印度神話的原型是半人半馬，他們是一群為天部諸神服務的歌者和樂工。佛教也吸收了此神成為天龍八部護法神之一。乾闥婆和緊那羅都屬於音樂神，各司其職。乾闥婆負責演奏樂器，緊那羅負責演唱與舞蹈，又被稱為「歌神」。

天界的領導者帝釋天則負責演唱法樂，三組人馬宛若佛教世界的音樂天團。若以樂團作為比喻，帝釋天是主唱，乾闥婆眾是樂團，緊那羅眾是合唱團與舞團。

娑婆世界的聖獸之戰

龍（naga）是印度神話中的奇幻神獸，在佛教中，龍部眾生均以「誓衛佛法」為己任，也就是護法之最。他在印度的原型是巨蛇，來到中國後，形象轉換成巨龍。另一位印度神話中的巨鳥「迦樓羅」（garuda）與龍對抗，漢譯為大鵬金翅鳥或金翅鳥。佛教亦吸收此鳥為天龍八部之一，迦樓羅的形象隨著佛教傳入東亞，深受諸國的崇拜。迦樓羅是龍族的天敵，專門以龍為食，形象上是以嘴與雙足緊緊箝制住蛇（龍）。

自然環境的森林力量

另外，還有來自森林的兩組護法，一群是摩侯羅伽（mahoraga），是叢林中的大蟒蛇、大蟒神。另外一群則是藥叉（yaksa），又稱夜叉。他們是重要的森林精怪，具備強大的力量。最著名的是《藥師經》的十二藥叉大將，是本書極為重要的一群意識體。

結界：佛陀呼喚了宇宙神聖的能量，創造純淨空間讓眾生學習智慧

釋迦牟尼佛在樂音樹下說法之前，呼喚了宇宙神聖的能量，吸引宇宙虛空三萬六千菩薩摩訶薩降臨地球。這個看似經文上固定形式的描寫，其實是佛陀在創造神聖的空間，祂也呼喚娑婆世界（地球）的天龍八部來守護整個法會，讓修行者可以專心學習此經，達到純淨的「結界」作用。擁有充沛智慧能量的菩薩摩訶薩，與擁有守護能量的天龍八部，共同創造出被保護的法會空間。於此，經文一開始看似是固定形式，卻應該好好專注念誦，虔誠慎重地進行神聖的結界，不宜草率念誦這個「法會因由」單元。結界是修行過程重要的概念，其發展如下。

原本的結界意義：限定僧侶活動的範圍

結界（梵語為 sīmā-bandha 或 bandhaya-sīman，音譯為畔陀也死曼）

是佛教術語，原為僧伽集聚一處時，隨處劃定一定之界區，限定僧侶活動的範圍。巴利律（印度南傳的戒律）認為，「界」分為「已結之界」（baddha-sīmā）和「未結之界」（abaddha-sīmā）兩類，概念近於南山律（中國唐朝佛教的戒律）所稱之「作法界」和「自然界」。

真言宗的結界概念：保護道場與行者

後來隨著密教的發展，特別是日本的真言宗，在結界的形成上具有更明確的操作儀軌。在修密教法時，為了防止魔障侵入，劃一定之地區，以保護道場與行者，稱為結界、結護。結界為具有一定法力效力的範圍，其作用通常是保護性的，即堅固所住地之「地結印」，透由法器金剛橛於四方設柵，以防他人侵入的四方結印，或稱金剛牆。等本尊入道場後，在虛空張網覆道場上，令入其中者無障難，即結虛空網印，或稱金剛網；又在道場四方設柵，周圍繞以火焰護衛之，即結火院印，稱為金剛炎。

🌱 結界的層次

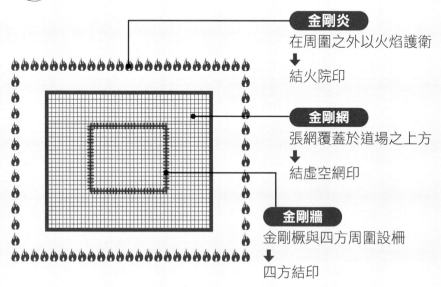

金剛炎
在周圍之外以火焰護衛
↓
結火院印

金剛網
張網覆蓋於道場之上方
↓
結虛空網印

金剛牆
金剛橛與四方周圍設柵
↓
四方結印

科判中解析「序分六成就」：❶ 如是 ❷ 我聞 ❸ 一時 ❹ 薄伽梵 ❺ 廣嚴城 ❻ 大比丘眾

　　科判是佛經的綱要分析，將深奧複雜的內容分科、分章、分節。這個單元屬於科判之中的「序分六種成就」，以下是來自於龍樹菩薩在《大智度論》提及「如是我聞」的六種成就，又可稱為「六證」。「成就」一詞是佛教用語，梵語為 siddhi，意思是「修行過程中獲得的成果」。此六證轉化到《藥師經》就成為以下的開啟文字「如是我聞：一時，薄伽梵遊化諸國，至廣嚴城，住樂音樹下，與大苾芻眾八千人俱；菩薩摩訶薩三萬六千；及國王、大臣、婆羅門、居士、天龍八部、人、非人等，無量大眾，恭敬圍繞，而為說法。」於是，信仰與聽聞的力量、時間與空間、說法者與聽法者，總共六個要項構成六證、六成就。

🎵 科判：序分（六種成就）

如是＝信成就　　　➡ 信仰的成就

我聞＝聞成就　　　➡ 聽聞佛法的成就

一時＝時成就　　　➡ 時間的成就

薄伽梵＝法主成就　➡ 說法者的成就

廣嚴城＝住處成就　➡ 空間的成就

大比丘眾等＝聽眾成就 ➡ 聽法者的成就

文殊菩薩登場，
誠摯祈請釋迦牟尼佛說法

　　爾時，曼殊室利法王子，承佛威神，從座而起，偏袒一肩，右膝著地；向薄伽梵，曲躬合掌，白言：「世尊！惟願演說，如是相類諸佛名號，及本大願殊勝功德；令諸聞者業障消除，為欲利樂像法轉時諸有情故。」

白話翻譯

　　此時，曼殊室利法王子，蒙受釋迦牟尼佛的威神力，從座位上站起來，袒露右肩，右膝跪地，恭敬地向佛陀躬身合掌。他說：「世尊，願請演說，告訴我們諸佛的名號、根本大願與其殊勝的功德。讓聽到的人們能消除業障，同時也是為了利樂像法轉時的一切眾生」。

關鍵詞彙

· **曼殊室利**：梵語 Manjushri 的音譯，或音譯為文殊師利，意思是妙吉祥（gentle glory）。

· **法王子**：法王意指釋迦牟尼佛，法王之子就是佛陀的弟子。

· **威神**：威猛的神通力。無所不知、無所不能的力量。

· **惟願**：惟，希望、祈使。願，希望。

· **利樂**：利益安樂。

· **像法轉時**：解釋一，「像法轉時」等於「似法轉時」，釋迦牟尼佛已經入滅，僅是「像、似」釋尊在世時的轉動佛法。解釋二，延伸概念是釋迦牟尼佛不在人世間了，透由供養佛像以轉動佛法的時代。

· **有情**：梵語是 sattva，音譯「薩埵」，舊譯曰眾生。代表有情識、有愛情的生命體，其關鍵是擁有意識。有情包括天、人、阿修羅、畜生、餓鬼、地獄六道輪迴的各種生命體或意識體。

承佛威神：佛陀給予文殊菩薩能量

文殊師利菩薩是宇宙的智慧體，傳統上簡稱為「文殊菩薩」，在本經中是由西元七世紀的玄奘音譯為「曼殊室利」。其實，西元四至五世紀的鳩摩羅什在《妙法蓮華經》或《佛說阿彌陀經》，都將 Manjushri 譯為「文殊師利」，成為較常見的譯法。

人與人之間的往來、交流，一定要有溝通的管道，包括書信往來、電話、電子郵件，或是兩邊的信使。文殊師利菩薩不曾誕生於地球。凡常人類在正常狀態下無法見到文殊菩薩，也無法與之溝通，但達到證悟的佛陀當然可以。隨著「承佛威神」佛陀的能量加被（即保佑），文殊菩薩才可以在這場藥師法會與佛陀、阿難對談，展開一場人類與宇宙神聖意識的對話。

「承佛威神」是最關鍵的字詞，意思是文殊菩薩蒙受釋迦牟尼佛的威神力。請注意，不只是《藥師經》，其他經典中出現承佛威神或類似的意思，都意味著佛陀的神通力引導人類（通常是阿難）、天界諸神、菩薩（通常是經文中的主要菩薩）得以交流。其中《大方廣佛華嚴經》出現十九次「承佛威神」，分別針對不同的對象，分屬十卷。

序分（禮請許樂）

「承佛威神」之後的文殊菩薩說：「世尊，願請演說，告訴我們諸佛的名號、根本大願與其殊勝的功德。讓聽到的人們能消除業障，同時也是為了利樂像法轉時的一切眾生。」

《藥師經》的四個重點隆重登場：❶ 諸佛名號、❷ 根本大願、❸ 消除業障、❹ 利樂眾生。

科判稱這段經文為「禮請許樂」，意思是禮敬佛陀（禮）、願請佛陀說法（請）、佛陀答應演說（許）、文殊與眾生喜樂聽聞（樂）。

像法轉時：透由佛像傳法的時代

「像法轉時」四個字必須稍作解釋，否則無法了解其意。最原始的解釋為「像，似之義；轉，活動之義。此謂佛陀入滅後像法起行之時」。意思是釋迦牟尼佛入滅後，僅是「像、似」釋尊在世的傳法。其中法轉的「轉」，意思是活動，法轉即是法的活動，也可以是法輪轉動，等同於傳法、說法。《藥師經》呈現的那個時代，就是透由供養佛像以轉動佛法的時代，如肉眼可見的雕像、繪畫，或是心中觀想的佛像去轉動佛法、傳遞佛法。

延伸學習

如果我們再仔細思考「像法」一詞的意思，可能會產生不同的想法。像法（sad-dharma-pratirūpaka）是佛教術語，意指在佛陀入滅後，只有佛教正法（sad-dharma）的相似法（pratirūpaka，「像」）流傳於世間，而這一段時間證得佛果的修行者大量減少，此時期稱為「像法時期」、「像法時代」。

請注意，上述的「佛陀入滅」是指釋迦牟尼肉身死亡後，進入不生不滅的涅槃狀態。如此就出現一個問題，釋迦牟尼肉身已死，還能在樂音樹下說藥師如來的法門，這一點難免讓人感到困惑。不過，就「宗教信仰」的層面，這是非常合理的，因為佛陀已經達到不生不滅的境界，自然可以穿越時空。但是，如果以「人類歷史」的角度來看，《藥師經》出現在釋迦牟尼離開人間數百年之後。我們可以這麼說，這部經典是神聖意識體文殊菩薩被後人以擬人化的角度，由祂恭請釋迦牟尼講藥師法門。顯然，後代智者藉此透由經文故事來宣揚釋迦牟尼佛的教法。

從這兩個角度來看，應該都是合情合理的。筆者認為，一部神聖經典的思想是可以超越時空的。釋迦牟尼達到不生不滅的佛陀境界，當然可以穿越時空的。

世尊回應文殊菩薩的勸請

　　爾時，世尊讚曼殊室利童子言：「善哉！善哉！曼殊室利！汝以大悲，勸請我說諸佛名號，本願功德，為拔業障所纏有情，利益安樂像法轉時諸有情故。汝今諦聽！極善思惟，當為汝說。」曼殊室利言：「唯然！願說，我等樂聞。」

白話翻譯

　　此時，世尊稱讚曼殊室利童子說：「善哉！善哉！曼殊室利！你用大悲心來勸請我演說諸佛的名號和本願的功德，是為了拔除纏繞眾生的業障，這是為了讓像法轉時的眾生獲得利益和安樂的緣故。你現在仔細聽著！要極力地完善思維，我當為你說法。」曼殊室利說：「好的！願請說法，我們喜樂恭聽。」

關鍵詞彙

‧**童子**：等同於先前提及的法王之子，通常是指大菩薩們。

‧**本願功德**：這個詞語來自《藥師琉璃光如來本願功德經》。「本願」是根本誓願，也就是藥師如來尚未成佛前的十二大願。而「功德」一詞在佛教的定義是，舉凡世人❶禮佛、❷誦經、❸布施、❹供養，都可稱為功德。

‧**樂聞**：樂，喜愛。聞，聽聞。

重複提示，強化本經的四大重點

　　佛經都會重複相同的文字與段落，這是固定的呈現方式，目的是讓誦經者記住重點。也就是說，在誦經時「內化」佛陀重複的教誨，這也代表佛陀的智慧能量再次凝聚。這段文字接續前一段文字，再次提醒此經的四大關鍵：

1. 講說諸佛的名號。

2. 講說諸佛的本願、功德。

3. 拔業障所纏有情。

4. 利益安樂「像法轉時」諸有情。

文殊菩薩的慈悲

「善哉！善哉！曼殊室利！你用大悲心來勸請我演說。」佛陀這樣稱許文殊菩薩。修行者跟隨佛陀是為了獲取宇宙智慧，其中偉大的慈悲是非常重要的關鍵，因為慈悲是獲取智慧的加速器。本段說明了因為文殊菩薩的大悲心，才得以展開這場法會的美好問答。

此外，科判是佛經的綱要分析法，將深奧複雜的內容分科、分章、分節，讓經文更容易了解，以上連續兩個單元（02、03）在科判中都屬於「序分」。

神聖空間與神聖佛號

佛告曼殊室利：「東方去此，過十殑伽沙等佛土，有世界名淨琉璃，佛號藥師琉璃光如來、應、正等覺、明行圓滿、善逝、世間解、無上士、調御丈夫、天人師、佛、薄伽梵。

白話翻譯

佛告訴曼殊室利：「此去東方，經過十個恆河的沙數那麼多的佛國，有個世界名叫淨琉璃。那裡有位佛陀，祂的名號是藥師琉璃光如來、應供、正等覺、明行圓滿、善逝、世間解、無上士、調御丈夫、天人師、佛、世尊。

關鍵詞彙

· **殑伽**：恆河，梵語 ganga 的音譯，原始的意思是「從天堂而來」，所以恆河是天上來的河。

· **淨琉璃**：純淨如琉璃。

東方淨琉璃（世界）與藥師琉璃如來（佛號）

這段經文說明了藥師琉璃光如來的名號與祂所處的神聖空間。名號是「藥師琉璃光如來」，那是一股琉璃光凝聚而成的宇宙智慧體，也是本經的核心人物。東方淨琉璃世界是祂統轄的淨土，純淨如琉璃。這個淨土距離地球有多遠？佛經經常以「恆河沙數的佛國」為比喻，要經過那麼多數量的佛國才能到達。

每個淨土的距離是不同的，淨琉璃世界與地球的距離是「十個」恆河的沙數佛國。殑伽（音同「情加」）是梵語 ganga 的音譯，原始的意思是「從天堂而來」，所以恆河是一條從天上而來的河。

佛陀的十大名號

　　傳統十大名號的翻譯與解釋，具有相當程度的正確性，但不容易理解，因為有些名號來自印度古梵語的比喻，有些是佛陀「不同空間」擁有的智慧狀態。主要區隔在於 ❶「宇宙智慧」與 ❷「娑婆世界的人間智慧」，後者包含調御「娑婆世界天神眾的智慧」。讀者可以透由其梵語字根還原其原始意義。每個梵字都在描述智慧狀態，也都是真言。

1. **應**：arhat，「應供」的簡稱，直譯是「應該被人天供養」。更完整的意思是，佛陀的智慧狀態是應該被人（man）、天（god）提供養分能量，如此眾生才能與佛陀達到智慧能量相互振盪的境態。

2. **正等覺**：samyak-sambuddha，正確的覺知狀態。samyak 的意思是正確平等的。sambuddha 的意思是正等的覺知，這是「宇宙虛空」的終極智慧。

3. **明行圓滿**：vidya-carana-sampanna，知識學習（明）與實踐修行（行）的圓滿境界（圓滿）。vidya 是指知識、學習，有時也被翻譯成智慧，但比較接近「人世間」的智慧，而非更龐大的宇宙智慧。carana 的意思是實踐、完成、修行。sampanna 的意思是圓滿、豐足、完整。明行圓滿的境態，是指透徹人間知識並修持實踐，所達到的圓滿智慧境界。

4. **善逝**：sugata，善美的離去。su，善美。gata，前去、前往。佛陀在自在美好的狀態下離開人世間，代表他在生命結束後「前往涅槃境界，善美的逝去」。

5. **世間解**：lokavid，梵語直譯是「了解世間」。loka，世間，特指俗世。vid，明白、理解。說明佛陀已經達到了解、明白這個俗世的智慧之狀態。

6. **無上士**：anuttara，無法超越之士。如果與上述第 2 個名號結合，就是「無上正等正覺」的相似意涵，通常音譯成「阿耨多羅三藐三菩提」（annutara- samyaksambodhi）。

7. **調御丈夫**：這是比較複雜的梵語比喻。purusa-damya-saratha 的意思是，佛陀是一位能夠調御修行者的能者。purusa，人類，在佛經中特指修行者。damya，調伏、降伏，能夠調伏獅子的能者。saratha，駕馭戰車者。調御丈夫是一種比喻，取自印度古代的能者駕馭戰車並能調伏獅子，再轉變成佛陀能調御人類（purusa），改變人類難以駕馭的氣息。「調御丈夫」在佛教的延伸解釋是「佛陀擅長以種種方便，調御修行者並引導走入正道」，這是人世間智慧。

8. **天人師**：sasta-deva-manusyanam，天（天神）與人（人類）共同的老師。sasta 的英文意思是 ruler，統治者、支配者。deva，天神。manu，第一位人類。yanam，天神的演化過程。sasta-deva-manusyanam 的完整意思是，佛陀如同支配者，祂統御了天神與第一位人類，也參與天神的進化。所以佛陀是天與人類的導師、師範。這是天界與人世間的智慧。

9. **佛**：buddha，原本音譯為「佛陀」，經常簡稱為「佛」。意指證悟宇宙真理、解脫煩惱的人或那種美好的智慧狀態。

10. **薄伽梵**：bhagavan 的梵字音譯，意思是為世間、出世間共同尊敬的人，簡稱「世尊」。

十大名號等同於佛陀的十種能量，名號也是神聖咒語

經文中寫著「東方去此，過十殑伽沙等佛土，有世界名淨琉璃，佛號藥師琉璃光如來」，佛號或名號其實就是一個真言咒語，就是一個能量。修行者念誦佛號「藥師琉璃光如來」，就等同在與這個神聖智慧體進行連結，因為佛號是下載宇宙能量的通關密碼。有時候，在儀軌進行中會重複名號，如常見的「三遍」，就是在強化能量的下載。甚至在《佛說阿彌陀經》的儀軌中，達到數百或一千遍的次數。

人們在閱讀時，通常會感覺冗長而繁複。不過，十大名號很重要，請讀者至少要耐心念誦此十大名號。請記住，十大名號等同於佛陀的十種能量。名號也是咒語，具備宇宙的智慧能量。

藥師行菩薩道時所發的十二大願

曼殊室利！彼世尊藥師琉璃光如來，本行菩薩道時，發十二大願，令諸有情，所求皆得。

白話翻譯

曼殊室利！那位世尊也就是藥師琉璃光如來，在祂未成佛前修行菩薩道的時候，曾經發過十二個大願，立誓要讓一切眾生的祈求都能如願以得。

關鍵詞彙

· **菩薩道**：其定義是菩薩修行的路徑，核心是發下自利、利他的大願，同時追求無上覺悟境界。《藥師經》的十二大願即是菩薩道的神聖心願。

· **有情**：一切眾生。泛指一切有情識的生命。

醫王、日照、月照，
轉換成藥師如來、日光菩薩、月光菩薩

這段經文說明藥師如來以前行菩薩道，而且發過了十二大願。而在其他佛經記載著，在久遠的過去世，一位神聖意識體「電光如來」來到地球度化眾生。當時有一位印度修行者，獨自養育二子。他發十二大願，願為眾生解除因內心無明所引起的生理疾病與精神痛苦。電光如來對這位修行者的宏願讚歎不已，勸他改名號為「醫王」以實踐偉大的願望，同時兩個孩子改名為日照、月照。這位行菩薩道的修行者後來成佛了，即是藥師琉璃如來。原本的兩位孩子成為他的兩大脅侍：日光菩薩、月光菩薩。

人間名字	佛菩薩名號
醫王	藥師如來
日照	日光菩薩
月照	月光菩薩

第一大願：熾熱光芒，相好如我願

第一大願，願我來世得阿耨多羅三藐三菩提時，自身光明，熾然照耀無量無數無邊世界，以三十二大丈夫相、八十隨形，莊嚴其身，令一切有情，如我無異。

白話翻譯

第一大願。願我來世得到無上正等正覺的時候，祈願自身散發光明，光量熾然非凡，照耀著無量、無數、無邊的世界；再以三十二種大丈夫的相狀與八十種隨形的美好相形，來莊嚴身形；並願一切眾生都跟我一樣沒有差異。

關鍵詞彙

· **阿耨多羅三藐三菩提**：梵語 Annutara-samyak-sambodhi 的音譯，意思為無上正等正覺。

· **三十二大丈夫相**：簡稱三十二相，是指佛陀的莊嚴儀表，總共有三十二個顯著的特徵。

· **八十隨形**：指身體部位美好的儀容總共有八十種。當時世尊德相莊嚴，每次出遊教化，他還未開口說法，便有很多人要求皈依。

慈悲與智慧

整個十二大願的核心就是「慈悲與智慧」，期望自己與眾生都能獲取宇宙終極智慧「阿耨多羅三藐三菩提」，也就是無上正等正覺。阿耨多羅三藐三菩提是梵語 annutara-samyak-sambodhi 的音譯，是極高境界的覺悟狀態，宇宙任何智慧都無法在其上的正等（samyak）正覺（sambodhi），而第一個梵字 annutara 的意思是無法超越、無法在其上的狀態。所以，它

也會被意譯成「無上正等正覺」。

在第一大願中寫著，當宇宙智慧體達到這個無法超越的境態時，就會散發熾然非凡的光芒，其強度可以照耀著無量、無數、無邊的世界。**實踐過程中，既追求智慧也融入慈悲，慈悲是獲取智慧的加速器。**第一大願的「令一切有情，如我無異」就是慈悲的極致，願宇宙眾生都能獲得同樣智慧。這個願望在科判中稱為「生佛平等願」。

神聖智慧體可以是光能，或是具體身形的相狀

宇宙的智慧光能可以轉換成人類能認知的身形。第一大願是讓熾然照耀無量無數無邊世界的光芒能量，以莊嚴的身形顯現於娑婆世界的眾生面前。

當智慧能量的強度達到最高境態的「阿耨多羅三藐三菩提」，而其智慧光芒可照亮無邊無界無量的宇宙空間，光芒的相狀是無量（量度）、無數（計數）、無邊（空間大小），遠遠超越了人類所能想像的世界。接著，藥師如來會以三十二種大丈夫的相狀與八十種隨形的美好相形，來莊嚴自己身形。這是人類可以感知的佛陀身形，藥師如來為了眾生而願意轉換其身形，讓有情眾生看得到。這樣的形相轉換，就是從「無形無相」的智慧能量轉換成「有形有相」的莊嚴身形。

三十二相是超乎真實人類的身軀所能理解的相狀

三十二相是源自於古代印度傳說中能夠統治四海的聖王，名為「轉輪聖王」（cakra-varti-rajan）。轉輪聖王擁有這些面貌和身體特徵，其中頭頂旋轉著金輪（法輪）。

釋迦牟尼佛剛生下來時，便已具有轉輪聖王的德相。如果詳述三十二相，其實遠遠超乎真實人類的身軀所能理解的相狀。

當時，一位婆羅門仙人預言，**如果悉達多（釋迦牟尼的本名）在家裡會成為轉輪聖王，要是出家則會到達佛果的境界。**而大乘佛教認為，

佛陀的三十二相是一種示現，為菩薩修行時積累的福德所獲得的果，體現了佛陀的內德。

　　請注意，轉輪聖王與佛陀都擁有三十二大丈夫相，然而，要到佛陀智慧境界，才有八十種隨形好（或稱八十隨好）。（註：玄奘版經文為「八十隨行」，解釋時最常用「八十隨形好」，其他還有八十隨行好、八十種好、八十隨好等版本。）八十種微妙的身形特徵和三十二相，合稱「莊嚴相好」。

令一切有情，如我無異

　　當擁有了阿耨多羅三藐三菩提的智慧狀態之後，藥師如來將以慈悲的心去引領一切眾生都達到這個狀態，這就是菩薩乘由「自覺」走入「覺他」的神聖任務。祂要讓一切有情眾生都跟祂一樣，沒有不同。一切有情眾生是指有感情的意識體，包含具備肉體的人類與畜生、沒有軀體的幽冥眾生，以及尚未達到佛陀境界的天人等，佛陀要讓所有眾生達到與祂相同的智慧境界。

第二大願：琉璃身光利他，擴及幽冥眾生

第二大願，願我來世得菩提時，身如琉璃，內外明徹，淨無瑕穢，光明廣大，功德巍巍，身善安住，焰網莊嚴，過於日月；幽冥眾生，悉蒙開曉，隨意所趣，作諸事業。

白話翻譯

第二大願。願我來世得到無上正等正覺的時候，身形如同琉璃內外明徹、純淨、無瑕穢；而且光明廣大、功德巍巍，安住於善美的身形之中；綻放光焰交織如網，其莊嚴超越太陽和月亮。連幽冥地獄裡的眾生，也全都能蒙受佛法的開曉，隨著眾生自己的意趣，成就種種事業。

關鍵詞彙

· **菩提**：梵語 bodhi 的音譯，意思是「覺」，更口語化的解釋是：從迷惑中覺醒，進而體悟宇宙真理。菩提有許多不同的境態，這裡的菩提是阿耨多羅三藐三菩提，也就是最究竟的智慧狀態「無上正等正覺」。除了第一大願完整寫著「願我來世得阿耨多羅三藐三菩提時」，之後的十一個大願都簡略為「願我來世得菩提時」。

· **身如琉璃**：如青色寶石琉璃一樣，內外明徹，淨無瑕穢。

· **焰網莊嚴**：焰，象徵智慧。焰網莊嚴是指，智慧火焰結成交織的網狀，這個火焰網充滿神聖莊嚴的境態。而火焰網所構成的「能量空間」非常莊嚴。此外，「莊嚴」一詞還有「裝飾」之意。

· **幽冥**：地獄道及餓鬼道，或稱為「冥土」。藥師的智慧空間如同焰網莊嚴，其光耀超越太陽和月亮，溫暖了幽冥地獄裡的眾生。

· **悉**：全部。

· **隨意所趣**：趣通「趨」，行動歸向。隨著眾生自己的意趣，成就種種事業。

智慧光明轉變成琉璃身形

宇宙的智慧光明來到第二大願就轉變成琉璃純淨身形，光芒與第一大願的「自身光明，熾然照耀無量無數無邊世界」截然不同，改以「光明廣大，功德巍巍」、「焰網莊嚴，過於日月」。其智慧強度下達地獄道及餓鬼道，而慈悲能量可以開曉幽冥眾生。科判簡稱此願為「開曉事業願」。

「得菩提時，身如琉璃，內外明徹，淨無瑕穢，光明廣大，功德巍巍，身善安住」，「菩提」一詞就是梵語 bodhi 的音譯，意思是覺悟、覺醒。第二大願延續第一大願，繼續以光芒能量的方式來呈現宇宙神聖的意識體，當進入美好的覺悟狀態，智慧光體顯現出正面能量的境態。

依據上述經文的描述，這股宇宙智慧意識體的身形如同琉璃般內外明徹，呈現純淨無瑕穢的形態，光明廣大，功德巍巍，而且是個可以安善長住的善美身形。「功德巍巍」是說藥師如來不只是自身莊嚴，而且具足無量的功德。

「身善安住」是指這個智慧能量體的安穩狀態，不散不壞，不像人類肉身軀體是會衰敗的。**這個大願會讓心智甦醒過來，在看見光明的同時也面對了實相，意識就會展開生理上的轉變，於是「身如琉璃，內外明徹」**。張開靈魂之眼看世界，可以重塑意識能量，達到「淨無瑕穢，光明廣大」的境態，以此菩提能洞徹假象，擁有更多的身體自主性，所以能夠「功德巍巍，身善安住」。

智慧能量擴及幽冥眾生

幽冥眾生是身處地獄道與餓鬼道的意識體，受盡折磨。第二大願的智慧能量可以協助地獄與餓鬼的眾生開曉智慧，改變狀態。隨意所趣的「趣」字，意思是行動歸向，通「趨」。隨著自己的意識前去成就種種事業。簡短的第二大願，意義深遠。首先描述達到覺悟狀態之後的身形，如琉璃般明淨。而這股能量將努力開曉幽冥地獄的意識體，代表宇宙虛空的「智慧正能量」去調和幽冥世界的「無明暗能量」。

地獄是亡靈經過最後審判而受處罰的最終場所，那是非常痛苦慘烈的意識狀態。第二大願的願力是要協助幽冥眾生達到心開意解，什麼事業都通暢無礙的狀態，這是非常大的願力！因為幽冥眾生的處境非常惡劣慘痛，被嚴厲限制折磨，完全沒有自由意識。

焰網莊嚴的強大光能

這股琉璃光的能量所綻放光焰的形態交織如網絡，其莊嚴的境態超越太陽和月亮綻放的光芒。如此強烈的光能威力猛大，即使是幽冥地獄裡的意識體，也都能蒙受佛法的開曉，隨著幽冥眾生的意願趣向（趨向）自己的心念，完成種種事業。

所以，第二大願的重點是「琉璃光」（vaidurya prabha），超越同屬正面能量的日光與月光，其光芒交織成網狀，其能量強度可以拯救黑暗世界的幽冥意識體，讓幽冥地獄的眾生獲得佛法能量的開啟。

然後要協助幽冥眾生達到何種狀態呢？隨意所趣，作諸事業。心開意解，隨著自己的意識趨近（趣）想要前往的地方，而且什麼事業都通暢無礙的狀態。

第三大願：智慧方便，受用無缺

第三大願，願我來世得菩提時，以無量無邊智慧方便，令諸有情皆得無盡所受用物，莫令眾生有所乏少。

白話翻譯

第三大願。願我來世得到正覺時，要以無量無邊的智慧方便，讓一切眾生祈求的受用之物獲得滿足，不讓眾生有所匱乏。

關鍵詞彙

- **方便**：隨方因便，以利導人。該字梵語 upaya，與現代中文的「方便」一詞，意思是不同的。此梵字的意思是「巧妙地接近、靈活地安排」，達到向上進展的種種方法。
- **智慧方便**：隨著不同的狀態，採取不同的方法，引導修行者獲得智慧。
- **所受用物**：眾生於輪迴過程之中，生命所需、所用之物。

諸有情受用無缺（物質層面）

第三大願的智慧能量同樣是來自於覺醒的菩提，並沒有特別指明是無上正等正覺的覺悟狀態。這回是要以無量無邊的智慧方便，不只在「心靈層面」，也走入「物質層面」。終極目的是相同的，但方法策略可以變化。隨著不同的狀態，靈活採取不同的方法，引導修行者去獲得智慧。讓一切眾生祈求的「受用之物」（代表物質層面）獲得滿足，不讓眾生有所匱乏。科判簡稱第三大願為「無盡資生願」。

相較於前兩願，第三大願有個重大且明顯的改變，藥師如來的協助將由「心靈層面」的助益，發展至「物質世界」的給予。當祂獲得菩提

之後，將展現成無量無邊的「智慧方便」，滿足眾生不同形式的物質需求。第三大願要讓有情感的意識體全都獲得無盡的受用物，不讓眾生有所匱乏欠缺。以下分析第三大願的兩個部分。

無量無邊智慧方便

第三大願正式由心靈層面轉入物質世界，由宇宙虛空的智慧能量提供的心靈保護，變化成娑婆世界的物質需求。這段經文有個比較難懂的詞語「方便」，梵語是 upaya，傳統解釋是「隨方因便，以利導人」，意思是以不同的方式或隨著不同因緣來引導或指導。簡單說，就是因應世俗的物質需求，靈活發展出來的種種教導方法。

雖然第三大願協助的是物質層面，但藥師如來的終極目的是為了引導眾生獲得無上智慧。這個大願意味著藥師如來不僅要照顧眾生的心靈層面，也供應眾生「此生」安穩的物質所求。當祂由菩薩狀態達到美好的正覺狀態，就要以無量無邊的智慧方便，讓一切眾生所求的物質獲得滿足，不讓眾生有所匱乏。

令諸有情皆得無盡所受用物，莫令眾生有所乏少

「有情」是佛教專有的用詞，梵語是 sattva，泛指一切有情感意識的生命體，另一個常見的譯詞是「眾生」，偶見「有識」的譯法。人類即是有情的一員，天上具備情感意識的天神，如四大天王、帝釋天、大梵天，以及地下遭受折磨的幽冥，同樣都是有情眾生。所有具備情感的意識體，藥師如來都要保護！

由於宇宙虛空的神聖意識體已經超越物質需求的狀態，自然沒有物質需求的困擾，但娑婆世界的人類仍然需要世俗界的實體物質，像是缺乏糧食會危害生命，藥師如來都會伸手援助。

<u>第三大願意味著藥師如來不僅照顧心靈層面，也要安穩有情眾生今生的物質所求</u>。此心願的重點就是「無量無邊智慧方便」與「無盡所受

用物」，是由心靈層面轉入物質層面的協助。當這個神聖意識體達到佛陀的覺悟境界（無上正等正覺的境態），就會發展出無邊（空間無限）、無量（數量無限）的智慧方便，來協助娑婆世界的眾生，滿足物質所需，而且不讓眾生有所匱乏。

第四大願：安住菩提道，大乘安立之

第四大願，願我來世得菩提時，若諸有情行邪道者，悉令安住菩提道中。若行聲聞、獨覺乘者，皆以大乘而安立之。

白話翻譯

第四大願。願我來世得到正覺時，如果有人行邪道，都要讓他們安住在菩提道上。若有修聲聞乘或獨覺乘的修行者，都要以大乘佛法讓他們安身立命。

關鍵詞彙

‧**邪道**：斜，傾側。修行過程偏移的路徑。

‧**聲聞**：聞釋尊的音聲與修行「四諦法門」而悟道的人，稱為聲聞乘。

‧**獨覺**：靠自己覺悟的力量而脫離生死的人，亦指體悟「十二因緣」而悟道的智者。

‧**大乘**：「菩薩乘」的法門，以救世、利他為宗旨，其最高的果位是佛果。

第四大願

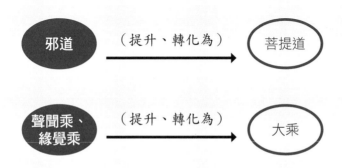

邪道對應菩提道

　　邪道是指偏斜不正的人生道路，菩提道是追尋覺知的覺悟道路。邪道與菩提道是對應的。菩提的梵語是 bodhi，拆解其字根，是由「知」或「覺」的動詞 budh 轉化而來的名詞，覺悟、覺醒都是不錯的譯詞。本大願經文的意思是：願我來世得到菩提時，如果有人行邪道，都要讓他們安住在菩提道上。若有修聲聞乘或獨覺乘的人，都要以大乘佛法讓他們安身立命。文句裡的邪道的「邪」，跟我們的認知或許有些差異。其意思不是邪念、邪惡的邪，也不是奇怪、異於正常、邪門的邪。邪道是指追求覺悟過程不正確的方法，與之對應的是正確的菩提道，是修持正等正覺的途徑。

　　在印度曾經有六位智者追尋覺悟，但採用的方式有不理想之處，他們的修行方式統稱為「外師六道」，遠離了覺悟的正道。第四大願即是發願眾生能夠安穩走在菩提道上，不要走進外師六道的修行方式，更甚者，藥師如來在第四大願祈願聲聞乘行者與獨覺乘行者，也都能改選更好的大乘法門。提醒大家，雖說外師六道、聲聞乘、緣覺乘都是追尋覺悟的法門，在宗教發展的過程中，最後的大乘法門是追求智慧最佳的選擇，其方法是釋尊教導的「戒、定、慧」，為八正道的總結。

由聲聞、獨覺走進大乘

　　聲聞乘、獨覺乘與大乘是佛教演進過程的不同階段，過去曾經發生過大乘貶抑小乘的歷史。以現代更寬廣的心懷，肯定會尊重各種不同的教法。在第四大願提到了三個優秀法門：聲聞乘、獨覺乘與大乘。

　　聲聞乘是指親自聞釋尊音聲與修行「四諦法門」而悟道的人。這是人類歷史上一群很幸運的修習者，他們遇見了釋迦牟尼佛，獲取第一手知識與智慧，透由四聖諦獲得解脫。

　　第二組是獨覺乘，就字面的意思是獨自覺醒的法門。「獨自覺醒」一詞的梵語是 pacceka，於是獨覺乘也被音譯為「辟支乘」。生死是輪迴最

大的挑戰，這群優秀的智者靠自己覺悟的力量而脫離生死，方法是了悟「十二因緣」，於是又被稱為「緣覺乘」。

第三個法門是大乘，是菩薩乘的神聖法門，以救世利他為宗旨，其最高的果位是佛果。利他即是慈悲法門，因為慈悲是獲取智慧的加速器，所以第四大願特別推薦慈悲能量這個強大的修習法門，這個大願的關鍵點即是「皆以大乘而安立之」。

由聲聞乘、緣覺乘，最後來到了菩薩乘，大乘的教法也就是「菩薩乘」的法門，以「救世、利他」（代表慈悲）為宗旨。

如上所述，修行過程由單純追求智慧再融入了慈悲，其最高的果位是佛果。大乘認為，「慈悲與智慧」的結合是最美好的智慧狀態，超越了「單純只追求智慧」的境態。科判稱此願為「安立大道願」。

三乘比較表

	聲聞乘	緣覺乘	大乘
悟道方式	釋尊教導而覺悟	獨自修行而覺悟	透過諸多佛陀與菩薩教導而覺悟
悟道關鍵	四聖諦	十二因緣	慈悲與智慧

佛教修習是要協助煩惱的眾生去獲取宇宙智慧，達到覺悟的狀態。發展過程中有聲聞乘、獨覺乘與大乘等不同的法門，都有機會達到覺悟的狀態。「乘」一字的梵語為 yana，意思是乘載的交通工具，或可以延伸為修行的法門，英文就譯成 Vehicle。不同的法門都可以讓修行者依據乘載的工具前往另一個智慧空間，由此岸的「迷惘空間」前往對岸的「智慧空間」。

第五大願：三聚清淨願，不墮惡趣

第五大願，願我來世得菩提時，若有無量無邊有情，於我法中修行梵行，一切皆令得不缺戒，具三聚戒。設有毀犯，聞我名已，還得清淨，不墮惡趣。

白話翻譯

第五大願。願我來世得正覺時，如有無量、無邊的眾生在藥師如來法門中修習清淨的行為，一切都要使所持的戒律不缺其一，而且要能具足完備的三聚戒。假設有毀犯戒律者，只要聽到我的名號後，便能回到清淨的境態，不會墮落到惡道。

關鍵詞彙

· **梵行**：梵語為 barhmacara，意思是清淨的行為或清靜的行為。

· **戒**：宗教上約束、禁止某些行為的規條。

· **三聚戒**：《藥師經》的戒律。第一，攝律儀戒，不作諸惡（不創造惡業）。第二，攝善法戒，行一切善（創造善業）。第三，饒益有情戒，利益眾生（慈悲）。三者總稱「三聚戒」。上述的「攝」的意思是「維持、保持」。

· **設**：假使，假設。

· **還**：恢復、回復。

此願的重點是清淨的行為，如果進入不好的迷惑狀態，只要「聽聞」藥師的名號，即可回復清淨的狀態。藥師的名號是 Baisajya Guru，諸佛菩薩的名號即是真言咒語，其音韻具備強大的智慧能量，所以「設有毀犯，聞我名已，還得清淨，不墮惡趣」。

三聚戒：遠離惡業、親近善法、慈悲眾生

第五願有個特別的詞彙「三聚戒」，必須好好理解，因為誦經時如果能充分了解經文的意思，修習效果會更好。先談「戒」，在修行梵行（barhmacara）的過程中，是清淨且清靜的行為，需要適當的約束，也就是「戒」。

三聚戒在佛教傳統字面的解釋比較艱澀，分別是 ❶ 攝律儀戒、 ❷ 攝善法戒、❸ 饒益有情戒。第一項中，「攝」的意思是「維持、保持」，「律儀」是指戒律儀軌，「攝律儀戒」即是維持、保持戒律儀軌，也就是不作諸惡，不創造惡業。第二項攝善法戒，是指維持、保持善法，行一切善，創造善業。第三項中，「饒益」的意思是豐足，「饒益有情」就是利益豐足有情眾生，這是慈悲的胸懷。

針對三聚戒，比較口語化的解釋就是**不作惡業、創造善業、慈悲利益眾生**，分別對應律儀、善法、饒益有情。科判稱第五大願為「戒行清淨願」。藥師如來法門中修習清淨的行為時，一切都要使所持的戒律不缺，還要能具備不做惡、行善、慈悲心的三聚戒。

聞我名已的強大能量，名號的威力！

世間絕大多數的凡常人並非聖者，在追尋智慧的道路上難免會有迷失的時候。在第五大願裡，藥師如來溫柔體貼眾生在求道過程中短暫的迷惘。經文的意思是，如果有毀犯戒律者，只要聽到我的名號後，能回到清淨的狀態，不會墮落到惡道。「我」就是指藥師如來。聞藥師如來名號是一帖解決毀犯的良藥。藥師如來的名號，即是真言咒語，具備強大能量，這是本經「首度」提及藥師如來名號的功德，在之後的經文會繼續重複叮嚀名號的重要性。「聽聞藥師的名號，即可清淨、不墮惡趣。」**藥師的名號宛若是「業力清除器」，即使不小心毀犯戒律，透由藥師的名號就可以反轉不清淨的行為。**

正式經文 11　第六大願：六根完具，一切皆得

第六大願，願我來世得菩提時，若諸有情，其身下劣，諸根不具，醜陋、頑愚，盲、聾、瘖啞、攣、躄、背僂、白癩、顛狂，種種病苦，聞我名已，一切皆得，端正黠慧，諸根完具，無諸疾苦。

白話翻譯

第六大願。願我來世得正覺時，如有生於卑賤下劣的身家，或是六根缺陷、容貌醜陋、心智頑愚等；或是眼盲聾啞、曲手跛足、駝背、痲瘋、顛狂等種種病苦，只要聽到我的名號後，所有的一切都能轉為端正形美、聰明機靈，六根健全無缺，沒有各種疾苦。

關鍵詞彙

- **瘖**：音同「音」，口不能語。
- **攣**：ㄌㄩㄢ ˊ，手彎曲無法伸直。
- **躄**：音同「壁」，腳殘。
- **白癩**：皮膚病。
- **黠**：音同「俠」，聰明機靈。
- **諸根完具**：諸根，六根。眼、耳、鼻、舌、身、意共六根，完全具足，沒有任何缺陷。

六根完美具足

從第五到十二大願，只要「聽聞藥師佛的名號」，即可實踐願望。第六大願的主要內容是能讓六根完美具足，並且一次又一次強調名號的重要性。藥師如來如同大型醫院的院長，分科、分類來醫療不同類別的病

患。第六大願是針對身心障礙、殘障、失能，包含先天或中途發生生理和心理損傷的病患，他們在社會生活方面不能充分使用自己的能力。科判稱此願為「諸根具足願」。

藥師如來能對治醜陋、頑愚、盲、聾、瘖啞、攣、躄、背僂、白癩、顛狂，如此神奇的力量，難怪漢傳佛教給了一個聖號「消災延壽大醫藥王如來」，呈現出祂的神聖力量，第六大願對應到現代醫院的以下五類：

第一類：神經系統構造及精神、心智功能（顛狂、頑愚）
第二類：眼、耳及相關構造與感官功能和疼痛（盲、聾）
第三類：涉及聲音與言語構造及其功能（瘖啞）
第四類：神經、肌肉、骨骼之移動相關構造及其功能（攣、躄、背僂）
第五類：皮膚與相關構造及其功能（白癩）

第六大願經文中的難字

如何達到「諸根健全」？方法就是聽聞藥師如來的名號。經文「**聞我名已，一切皆得，端正黠慧，諸根完具，無諸疾苦**」中，再次提及念誦藥師名號的重要性，請記住，藥師如來的梵音是 Baisajya Guru，記清楚再念誦，更容易下載這股宇宙東方的智慧能量。誦經時，每個字詞都要會發音念誦，才能流利順暢。

第六大願經文中有幾個字較為少見，分別是「攣、躄、瘖」三個字。「攣」的部首是手，意思是手彎曲無法伸直；「躄」的部首是足，意思是腳殘；「瘖」是指口不能語；還有「白癩」一詞是指皮膚病。整段經文的意思是：願我來世得正覺時，如有人身處卑賤下劣的身家，或是六根缺陷、容貌醜陋、心智頑愚等，或是眼盲聾啞、曲手跛足、駝背、痲瘋、顛狂種種病苦，只要聽到藥師如來的名號後，所有的一切都能轉為端正貌美、聰明黠慧，六根健全無缺，沒有各種疾苦。

顯然，藥師如來的願望「諸根完具，無諸疾苦」，是希望強化眾生的基因優勢，主動修復受傷的細胞，強化細胞的免疫力，才能沒有疾病。

第七大願：除病離貧、悉皆豐足

第七大願，願我來世得菩提時，若諸有情，眾病逼切，無救無歸，無醫無藥，無親無家，貧窮多苦。我之名號，一經其耳，眾病悉除，身心安樂，家屬資具，悉皆豐足，乃至證得無上菩提。

白話翻譯

第七大願。願我來世得正覺時，如有眾生受到種種疾病的逼切，無醫無藥可救治，無親無家可歸宿，貧窮又多病苦。只要他的耳邊聽到我的名號，種種病苦全都能消除，達到身心安樂的狀態。家中所需資具也全都能豐實滿足，乃至於證得無上正覺。

關鍵詞彙

· **逼切**：逼是指脅迫、威脅。切是指迫切、接近。逼切的意思是指威脅接近、脅迫逼近。

· **一經其耳**：指「聽聞」藥師如來的名號。

· **無上菩提**：同樣是「阿耨多羅三藐三菩提」的簡略用詞。

明確的救度五對象與實現五願望

明確的對象	實踐的願望
❶ 眾病逼切	❶ 眾病悉除
❷ 無救無歸	❷ 身心安樂
❸ 無醫無藥	❸ 家屬資具
❹ 無親無家	❹ 悉皆豐足
❺ 貧窮多苦	❺ 證得無上正覺

第七大願的解脫法門

第六大願是「天生」六根五官的健全，第七大願則是「後天」病痛的醫治，同時也會協助解決貧窮的困頓，所以這個願望的關鍵是「除病、離貧」。

經文寫著，如有眾生受到種種疾病的逼切，無醫無藥可救治，無親無家可歸宿，貧窮又多病苦；如果他的耳朵一聽到藥師如來的名號，種種病苦全都會消除，而達到身心安樂的狀態。家中所需資具也都能豐實滿足，乃至也能證得無上正覺。科判稱此大願為「身心康樂願」。

如果細看，將會發現由第五大願開始直到十二大願，都是娑婆世界的困苦與物質需求。解決的方案就是「聽聞」藥師如來的名號，所以務必牢牢記住藥師如來的梵語音譯：Baisajya Guru。

第八大願：轉女成男，具丈夫相

第八大願，願我來世得菩提時，若有女人，為女百惡之所逼惱，極生厭離，願捨女身。聞我名已，一切皆得轉女成男，具丈夫相，乃至證得無上菩提。

白話翻譯

第八大願。願我來世得正覺時，如有女人因生理承受百惡所帶來的苦惱，極度厭惡而想要捨棄女身。只要聽到我的名號之後，來世都能轉女成男，具備丈夫相（男子勇健之身），而且能證得無上正覺。

關鍵詞彙

· **女百惡**：女性生理上的種種苦痛。
· **丈夫相**：男子之身，又稱勇健者之相。

性別的轉換，轉女成男

以大部分的生物機制來看，我們必須承認女性的確承受比較多的身體負擔，像是懷孕生產就是個重大生理負擔。而大部分男性的身體較為健壯，這也是事實。所以，第八大願看似是為女性祈請的願望，其實隱含「中性身體」的概念。當藥師如來達到佛陀的境界，已經是脫離肉體限制的神聖意識體，而且可以轉換成任何形式，完全超越兩性的限制。

所以，藥師在菩薩時期的第八大願是在說明：只要獲得無上正等正覺的智慧狀態，就可以脫離生物體的生命繁衍的限制模式，徹底跳脫生老病死、輪迴的羈絆，完全不受女百惡的折磨。科判稱此願為「轉女成男願」。

極生厭離，願捨女身

《藥師經》第八大願中提到的「若有女人，為女百惡之所逼惱，極生厭離，願捨女身」，表達了一種極度厭惡女性身體的情感和願望。這一願望源於對女性所面臨的種種困境和不利因素的認識。

首先，女性的身體結構與男性相比可能較為纖弱，缺乏男性所具備的勇猛和健壯。在古代社會，這種生理差異可能是女性被視為相對弱勢的一個因素，而男性被認為更適合從事體力勞動和保護家庭等角色。這種觀念在當時的社會中造成了對女性地位的不平等對待，女性被限制在特定的角色和社會地位中，地位相對較低，權力和自主性有限，經常受到男性主導的社會結構的束縛。

這種不平等對待和心理壓迫，可能使得一些女性對自身的身分感到不滿和厭惡，希望能夠擺脫女性身體的限制和壓迫，獲得男性身分的地位和尊重。

然而，需要注意的是，這種極生厭離的情感和願望，並不代表佛陀或佛教對女性的貶低或歧視。**釋尊的教義超越了兩性之間的生理差異，強調每個人都有智慧和潛力實現無上正覺，而性別並不是決定這種實現的關鍵因素。佛法的目的在於解脫眾生，超越生死輪迴，達到無上解脫的境地。**

當我們回顧這段經文時，應該把它置於其時代和背景的脈絡中來理解。它反映了古代社會中女性所面臨的困境和壓迫，以及對於平等和自由的渴望。現代社會中，雖然性別平等有所改善，但仍存在著一些不平等的現象，使得這段經文的訊息在某種程度上具有一定的現實意義。

總而言之，《藥師經》第八大願中的極生厭離和願捨女身，表達了對於古代女性身體困境和不平等地位的厭惡與渴望。這種情感和願望在古代社會中可能具有現實的依據，但我們應該以現代的觀點和價值體系來評價及理解這段經文，並持續努力實現性別平等和社會正義。

第九大願：改邪歸正，修菩薩行

第九大願，願我來世得菩提時，令諸有情，出魔罥網，解脫一切外道纏縛。若墮種種惡見稠林，皆當引攝，置於正見，漸令修習諸菩薩行，速證無上正等菩提。

白話翻譯

第九大願。願我來世得正覺時，要讓眾生出離邪魔的陷阱囚網，解脫一切外道的纏縛。如果眾生已經墮入種種邪見，像迷路在濃密稠林中，也都要引導他們回到正見之路，逐漸讓他們修習菩薩道，迅速證得無上正等正覺。

關鍵詞彙

・**罥**：捕獸器具，音同「眷」。

・**外道**：真理之外的道路。

・**惡見**：邪見。

・**稠**：濃、密、深。

・**攝**：引持、牽提。口語化的意思就是引導、牽引。

・**無上**：無法超越、無法在其上。

魔罥網是人類負面情緒交織而成的束縛

「令諸有情，出魔罥網，解脫一切外道纏縛」，經文中魔罥的「罥」是指捕獸器具。貪、瞋、癡是人類最具代表的三種負面能量，佛教稱之為三魔。當一個人因為貪、瞋、癡而陷入生命困境，此刻的痛苦就如同掉入捕獸器具般。經文中的「魔罥網」就是人類負面情緒交織而成的束

縛網。這些負面能量引動了人類負面的情緒，讓人類建構了一個你爭我奪的虛妄世界。佛教的經典總是會以人類可以理解的方式來描述，包括《藥師經》以魔罥網來表達負面能量帶來的迷惑，就是一例。

引入歧途的外道與遠離真理的惡見

《藥師經》中的第九大願「令諸有情，出魔罥網，解脫一切外道纏縛」表達了藥師如來的願望，希望能夠幫助眾生擺脫外道的迷失與束縛，引領他們走上正確的菩薩道路。

在該經文中，「外道」一詞代表佛教以外的修行法門。除了釋迦牟尼佛所教導的「戒、定、慧」是通向覺悟的正道之外，其他六師所修習的法門都被歸類為外道。根據《華嚴經》、《智度論》的記載，古代印度存在著九十六種外道。

在佛教觀點中，正見與惡見是兩種相反的見解。「惡見」（mithyādṛṣṭi）指的是邪見，即與正確見解背道而馳的異端邪說。**當眾生陷入邪見的稠林時，就好像走在一條遠離真理的道路上，這條道路深不見底、密不透風，使人難以脫離迷惑。** 第九大願表明了藥師如來的慈悲心願，希望能將眾生從外道的迷惑中解救出來，引領他們踏上菩薩行的正道。這也被稱為「回邪歸正願」，意味著將迷失在邪見中的眾生，重新帶回正確的見解和修行道路上。

這個願望顯示了藥師如來的慈悲與智慧，袖了解到外道修行法門的不完善性，希望能夠幫助眾生超越這些限制，走向解脫的道路。佛陀所傳授的正法具有無比的價值，能夠幫助眾生開啟智慧、了悟真理，並實現解脫與菩提。

因此，《藥師經》的第九大願彰顯了藥師如來的慈悲與智慧，展現了佛教對於眾生的關懷與引導。這一願望鼓勵人們遠離迷惑與錯誤的見解，尋求正確的修行法門，並助人解脫外道的羈絆。透過藥師如來的加持與引導，眾生可以超越外道的困境，走向內心的解放與覺醒。

第十大願：免牢獄災，解一切憂

第十大願，願我來世得菩提時，若諸有情，王法所錄，繩縛鞭撻，系閉牢獄，或當刑戮，及餘無量災難凌辱，悲愁煎逼，身心受苦。若聞我名，以我福德威神力故，皆得解脫一切憂苦。

白話翻譯

第十大願。願我來世得到正覺時，若眾生觸犯王法以致於記錄刑罰，於是被繩索捆鞭，囚禁牢獄，或行刑殺戮，必須承受無量災難與凌辱，悲苦愁痛煎迫，身心受苦。如果聽到我的名號，以我的福德和威神之力，都能解脫他們的一切憂苦。

關鍵詞彙

· **系閉**：繫閉、關閉。其中「系」含有懸繫的意思，系閉代表牢獄之刑。

· **福德**：一切善行所得的福利功德。

· **威神力**：依據《無量壽經》的解釋，威神力是威勢勇猛不可測度的神通之力。

系閉帶來的悲苦愁痛煎迫

《藥師經》的第十大願表達了藥師如來的慈悲心願，願能在未來成佛時，幫助那些因觸犯王法而承受刑罰的眾生得以解脫苦難。這一願望蘊含著深刻的意義，呼應了佛教中對於慈悲與解脫的核心價值觀。

在這段經文中，「系閉」一詞代表著被繫閉或關閉於牢獄之中。 根據《藥師經》，如果有眾生觸犯了王法，被記錄刑罰，他們可能遭受到繩索的捆綁和鞭打，被囚禁在牢獄中，成為法律制度的囚犯，甚至可能遭受

行刑和殺戮。他們必須忍受著無盡的災難和凌辱，是一種極度痛苦的境遇，讓人身心受苦。然而，當他們聽到藥師如來的名號時，憑藉著藥師如來的福德和威神之力，他們可以得到解脫，擺脫一切痛苦和憂苦。

藥師如來的第十願被稱為「從縛得脫願」，意味著藥師如來願意幫助那些受困於牢獄之中，承受痛苦和苦難的眾生解脫，為他們帶來希望和救贖，使其超越苦難，獲得心靈的自由。藥師如來的慈悲心願，不僅僅是關注個人的解脫，更關注著所有受苦眾生的幸福。

福德威神力！此乃藥師如來威勢勇猛不可測度的神通之力

《藥師經》第十大願中提到了一個關鍵的重點，那就是「福德威神力」。經文中說道：「若聞我名，以我福德威神力故，皆得解脫一切憂苦。」這意味著當你遭受種種痛苦和折磨時，如果懷著真誠純潔的心，藥師如來就會前來拯救。而唯一的方法就是聆聽祂的名號，並且完全依靠著藥師如來的「福德威神力」。

首先，「福德」是指積累的一切善行所帶來的福利和功德。它是宇宙中美好和善良行為所產生的能量，是一種善美的力量。當累積了足夠的福德時，我們可以借助這種力量解脫苦難。而「威神力」則是一種強大而無法衡量的神通能力，無所不知、無所不能。

在《無量壽經》中，威神力被描述為一種威勢勇猛的能力，超越邏輯思考判斷的理解範疇。宇宙中，諸如佛陀和菩薩這樣的神聖智慧體，都擁有這種奇妙的威神力。這種神奇的力量已經超越了人類所能思考的領域，它是透過真言咒語才能實現的。

因此，經文再次強調了藥師如來名號「Baisaja Guru」的重要性，因為佛陀和菩薩的名號即是真言咒語的一種。在《藥師經》裡耳提面命地提醒名號的重要性，所以本書也會不斷強調這個概念。

當面臨種種困難和苦難時，我們可以依靠著藥師如來的福德威神力，

獲得救援和解脫。只要真心地念誦藥師如來的名號，就可以感受到這股力量的加持，從而擺脫一切痛苦和憂苦。

　　《藥師經》第十大願帶給我們一個希望的訊息，即無論遭遇怎樣的折磨和痛苦，只要懷著虔誠的心念誦藥師如來的名號，就能得到福德威神力的庇護和拯救。無論何時何地，都能依靠這股神奇的力量，找到內心的寧靜和解脫。

正式經文 16　第十一大願：解飢飽足，畢竟安樂

第十一大願，願我來世得菩提時，若諸有情，飢渴所惱，為求食故，造諸惡業。得聞我名，專念受持，我當先以上妙飲食，飽足其身，後以法味，畢竟安樂而建立之。

白話翻譯

第十一大願。願我來世得正覺時，如有眾生蒙受飢渴逼惱，為求食物安飽，於是造作出種種惡業。只要能夠聽到我的名號，專心念誦受持，那麼我將先以上妙飲食飽足他的身體，再以妙法滋味，建立究竟安樂的境態。

關鍵詞彙

· **受持**：佛教術語，指的是持守、修持。在佛教中，信眾可以受持戒律、經典教義或禪修法門等，以達到修行和覺悟的目的。「受持」一詞包含了兩個層面的意義。首先，它表示個人對於某種法門或教義的接納和信仰，願意遵從該法門的教導，並將其融入自己的生活中。其次，它也表示個人在實際行動中的修行實踐，即持守該法門的戒律、修習相應的修行方法，以達到心靈的覺醒和解脫。

· **上妙飲食**：超越世間可以體驗的飲食，超越凡常人的感官體驗。「上妙飲食」還可以指精神層面的飲食，即佛法教導所提倡的修行者對心靈食物的選擇和攝取。這裡的「上妙」，表示高尚、純淨、超越凡俗的意思。

· **法味**：妙法滋味。法味是指佛法的教義和教導所帶來的深層體悟與感受。它表示人透過學習佛法，深入體驗和理解佛陀的教誨，從而獲得內在的覺醒和明智。

· **畢竟安樂**：至極安樂，究竟安樂。畢竟安樂是最終的安樂或最終的幸福。這一概念在佛教中具有特殊的意義，指的是超越輪迴和苦難，達到解脫和完全的幸福。

上妙飲食與法味，超越世間人可以體驗的嗅覺與味覺

《藥師經》第十一大願帶來了一個非常奇妙的主題，那就是「上妙飲食與法味」，它們超越了世俗人類所能體驗的嗅覺與味覺。

首先，「上妙飲食」是一種有別於世間的飲食體驗，它接近心靈層面的良藥飲食。這樣的飲食體驗已經超越了物質世界，轉向了宇宙虛空的另一種層面。這是智者和聖者所體驗到的，而非凡常人所能理解的。

在佛經中，凡是超越娑婆世界的感知狀態，都會加上「妙」字，例如妙音、妙觀察、妙有等等。這些都是超越世俗凡人所能體驗到的飲食、音樂、觀察和存在。因此，「上妙飲食」指的是超越物質世界的奇妙而神聖的飲食體驗。第十一大願被科判稱為「得妙飲食願」。

其次，「法味」指的是妙法的滋味。這是一種不同於常人理解的法，只有智者和聖者能夠體驗到。在第十一大願中，慈悲的藥師如來引導有情眾生一起體驗這種上妙飲食和法味，一起達到「畢竟安樂」的狀態。**這裡的「畢竟」意味著「境態之至極最終」，因此「畢竟安樂」代表著至極安樂的美好境界。**

經文直譯為：願我來世得正覺時，如果有眾生因為飢渴而受到困擾，為了尋求食物而執著於造作各種惡業。如果他們聽到我的名號（指藥師如來），專心念誦並持守著，那麼我將以上妙飲食飽足他們的身體，並透過妙法的滋味，建立他們至極安樂的境界。

第十一大願帶給眾生一個令人驚奇的訊息，那就是無論目前所受的困苦和渴望為何，只要誠心地持守著藥師如來的名號，就能獲得上妙飲食和法味的體驗。這將帶領誦讀者達到超越世俗的境界，體驗到至極安樂的狀態。

第十二大願：衣具滿足，隨心所翫

第十二大願，願我來世得菩提時，若諸有情，貧無衣服，蚊虻寒熱，晝夜逼惱。若聞我名，專念受持，如其所好，即得種種上妙衣服，亦得一切寶莊嚴具，華鬘塗香，鼓樂眾伎，隨心所翫，皆令滿足。

白話翻譯

第十二大願。願我來世得正覺時，若是眾生因為貧困缺衣，必須忍受蚊虻叮咬，承受冬寒夏熱之苦，日夜逼惱。如果聽到我的名號，專心憶念受持，就能如其所好，立刻獲得種種上妙衣服，並得到一切寶貴莊嚴的器物（如珠瓔鈴配、靴鞋等嚴身之具，此乃視覺之美），還能得花蔓塗香（嗅覺之美），鼓樂眾伎（聽覺之美），隨順心意地欣賞或學習，所有都能獲得滿足。

關鍵詞彙

· **虻**：吸食牛等牲畜血液的昆蟲，音同「蒙」。

· **上妙**：超越世間所能形容的美好。

· **嚴具**：嚴是指裝飾。具是指設置、裝備。

· **華鬘**：「華」同「花」字；鬘，音同「瞞」。華鬘為印度人的裝飾品，以線貫穿花草而成，戴在胸前或頭頂。

· **翫**：同「玩」，音同「萬」，意思是「研習」或「觀賞」。

視覺、嗅覺、聽覺的極致美

在《藥師經》的第十二大願中，我們進一步探索了人類感官的極致美好。這一願望談到了「上妙衣服」，以及引發視覺、嗅覺和聽覺之美的各種元素。

首先，談談「上妙衣服」和「寶莊嚴具」。這些詞彙意味著超越世俗的美好，啟發了人們的視覺感官，讓修行者能夠體驗到超凡的美。想像一下，那些華麗的服飾和寶物，在視覺上帶來的震撼及愉悅，能引領誦讀者進入美的境界，感受到視覺的無限可能性。

接下來，「華鬘塗香」代表了嗅覺之美，呼喚著人們去感受花香的馥郁和香氣的芬芳。透過這種美好的香氣，眾生的嗅覺得到了愉悅和滿足。它超越了日常生活中的感官體驗，帶來一種超凡的幸福感。

最後，「鼓樂眾伎」代表聽覺之美，讓人們享受音樂的魅力和藝術表演的愉悅。音樂的旋律和節奏，以及藝術家的才華，讓眾生的聽覺感受到無盡的喜悅和美妙。這是一種透過聲音傳遞的美，超越了日常的聽覺體驗，帶來一種靈魂的共鳴。

這些感官的極致美好，讓我們超越了日常的感官體驗，進入一個更高的境界。人類的感官意識容易受到外界環境的限制，無法全面理解宇宙的本質。**然而，佛陀透過《藥師經》的啟示，告訴我們，我們也可以透過自己的意識來創造實相，去追求超越感官的真理。**這就如同《心經》的「無眼耳鼻舌聲意」；請注意，「無」的梵語原意是指「超越」，那種超越凡常的感官意識將是另一種境態。兩千年前，釋迦牟尼佛完成了這個艱鉅的任務，連結到宇宙的智慧能量藥師如來。佛陀相信每個人類都有能力達到這種境界，並在未來某一天實現。

從「基本衣服所需」到「上妙衣服」與「寶莊嚴具」

在《藥師經》的第十二大願中，我們看到了對於基本衣物和儀軌供養的描述，以及超越世間的上妙衣服和寶莊嚴具的美好。

該段經文以「虻」這一昆蟲的攻擊，來比喻眾生缺乏基本衣物，必須忍受蚊虻的叮咬和各種艱苦的環境。這是對貧困的描述，讓人們了解那些生活在貧窮中的眾生所經歷的困境。而「寶莊嚴具」則指的是佛菩薩在娑婆世界所提供的珠瓔鈴配、靴鞋等寶貴而莊嚴的物品。兩者形成反差對比。

接下來，我們看到「塗香」和「華鬘」。

塗香是供養佛菩薩的重要物品之一，而華鬘則是印度人的裝飾品，用線貫穿花草而成，戴在胸前或頭頂。這些都是對供養與美的描述，藥師儀軌中特別重視塗香和花的供養。

最後，我們遇到了「翫」這個詞，它的意思是觀賞或學習，這裡指的是欣賞和學習藥師如來所帶來的美好。這種美好被形容為「上妙」，超越了世俗的範疇，無法用語言形容。

藥師如來的最終願望是將感官意識的美好帶給眾生，讓他們能夠享受視覺、聽覺和嗅覺的極致體驗。整段經文的意思是，當藥師如來達到了正覺的境界時，對於那些在貧困中缺乏衣物、忍受蚊虻叮咬或承受極端氣候的眾生來說，如果他們聽聞藥師如來的名號並專心憶念受持，將獲得所需的上妙衣物，以及其他一切寶貴莊嚴的器物。他們還能享受華鬘塗香和鼓樂眾伎，隨心所欲地觀賞或學習。

18 十二願的總結論

　　曼殊室利！是為彼世尊，藥師琉璃光如來、應、正等覺，行菩薩道時，所發十二微妙上願。

白話翻譯

　　曼殊室利，以上是那位藥師琉璃光如來、應供、正等覺行菩薩道時所發的十二個微妙上願。

關鍵詞彙

・**微妙**：玄妙、奧妙。意指「超越語詞」所能表達的細微狀態。

其願力直到慈悲與智慧結合

　　佛教的終極目標是追求宇宙的智慧，達到圓滿的覺醒。不過，在大乘佛教來說，慈悲是獲得智慧的加速器，於是慈悲能量變得格外重要。擁有慈悲卻沒有智慧，或是擁有智慧卻沒有慈悲，都是不圓滿的覺悟狀態，**慈悲與智慧的融合（union）才是完美的境態，此稱「悲智合一」。**

　　藥師十二願是藥師如來還是菩薩時的偉大願力，人也有自己的願力。願力如同人類的願景，可以決定人生的方向。但是，首先必須啟動自己的意識，然後才會有行動。隨後各種可能性、機會、好運氣，以及實現夢想所需的元素才會聚集。**菩薩也是如此，但是祂必須發比人類更大的願望，然後實踐，這個過程就是創造實相。**願望是實踐的最大動能，《藥師琉璃光如來本願功德經》擁有最著名的「藥師十二願」，這些願望融入了藥師如來尚未成佛前的「慈悲、智慧」。

根本誓願的兩大總結

我們不斷重複提醒，「慈悲是獲取智慧的加速器」，這個偉大的概念是菩薩乘送給人們最大的智慧。藥師如來的根本願望透徹執行了「菩薩行」的概念，其核心概念是「大乘即菩薩」的法門，以救世「利他」為宗旨，而最高的果位是「佛果」。十二大願是藥師如來在菩薩階段所發的誓願，這些願望就是經名《藥師琉璃光如來本願功德經》上的「本願」一詞，它的意思就是「根本誓願」。**藥師十二願可以總結成最重要的兩願：第一，求菩提願，即願我來世得無上正等菩提，屬於智慧的範疇。第二，利樂他願，使眾生所求都能得到滿足，屬於慈悲領域。**如果再延伸到無上正等正覺的獲取，是由自覺（智慧）再到覺他（慈悲）。

釋迦牟尼告訴曼殊室利這位菩薩，藥師琉璃光如來在未成佛前修行菩薩道的時候，曾經發過十二個大願，要讓一切眾生祈求的都能如願以得。菩薩道是指菩薩修行的路徑，核心要義是「自利、利他」。以慈悲（compassion）的心為動力，自己覺醒之後也要協助他人，這就是自覺與覺他。而「自利、利他」可以對應「自覺、覺他」。

自覺、覺他對應獨覺乘與大乘

談到自覺、覺他，就可以比對佛教發展的不同修習體系：「大乘」與「獨覺乘」，這兩者都是美好的修習方式，適合不同根器的眾生。前文已經提過，在此幫讀者複習一次。獨覺乘的修習者沒有親自遇到釋迦牟尼佛的教導，但也非常了不起，以自己的努力與智慧，思維十二因緣而得到證果，這在佛教思想上稱為「獨覺乘」（說明獨自覺醒）或「緣覺乘」（強調十二因緣），偏重於獨自的清淨解脫和自我完善，並未著重於協助他人解脫離苦而成就聖果之慈悲心。**其中，慈悲是大乘與獨覺乘最大的不同之處，慈悲可以讓不同空間的智慧體互相連結，當然也包含人類與佛菩薩的智慧連結。**藥師如來成佛前的菩薩境態，所發的十二大願就是慈悲能量的極致綻放，表現菩薩行的利他作為。

東方琉璃淨土宛若西方極樂世界

　　復次，曼殊室利！彼世尊、藥師琉璃光如來，行菩薩道時，所發大願，及彼佛土功德莊嚴，我若一劫，若一劫餘，說不能盡。

　　然彼佛土，一向清淨，無有女人，亦無惡趣，及苦音聲。琉璃為地，金繩界道，城闕宮閣，軒窗羅網，皆七寶成。亦如西方極樂世界，功德莊嚴，等無差別。

白話翻譯

　　釋迦佛再次告訴曼殊室利說：至於那位藥師琉璃光如來行菩薩道時所發的大願和那個佛國的功德莊嚴，我若用一劫或一劫多的時間來說也是說不盡的。

　　然而，祂所成就的佛土一向清淨，沒有男女分別，也沒有地獄、餓鬼、畜生等惡趣，也沒有哀苦音聲。那裡的地面是琉璃鋪製的，界道是金繩圍的，城牆樓臺、宮殿樓閣、軒簾羅帳，都是以金、銀、琉璃、玻璃、硨磲、赤珠、瑪瑙等七寶所做成。那裡就像西方極樂世界一樣功德莊嚴，完全相同、沒有差別。

關鍵詞彙

· **功德**：功業與德行，而後其意義再擴大延伸至「行善所生的利益」。其實，在梵語的原始意思中並無「行善」的概念，行善是漢傳佛教獨到的見解。

· **莊嚴**：端莊肅穆的境態，接近於莊重、端莊。但有時是當成動詞，指裝飾、裝束整齊，例如第一大願的「以三十二大丈夫相、八十隨形，莊嚴其身，令一切有情，如我無異」的莊嚴。

· **一劫**：一段很長的時間。

· **惡趣**：趣，前往。惡趣，因為惡業而前往的地方，例如餓鬼道、畜生道。

· **琉璃**：青色的寶石。

· **軒**：窗。

《藥師經》出現十次「復次」，代表開啟新章節

　　《藥師經》總共出現了十次「復次」，是經文中另闢新的段落章節的提示，那是釋迦牟尼佛進行新的議題。而新的議題都有個說明對象，前八次是世尊對著文殊菩薩說，最後兩次是對著阿難。

藥師如來的「淨琉璃世界」與阿彌陀佛的「極樂淨土」是大乘佛教徒理想的幸福空間

　　人類的世界除了苦難也有幸福，可是幸福的保鮮期似乎不長，幸福如夢幻泡影般虛幻，要達到永恆的幸福似乎是遙不可及，於是人們不相信永恆的幸福。是這樣嗎？

　　既然人類可以透由修行法門「觀想」來創造實相，那麼就可以主動創造自己的美好空間。更奇妙的是，佛經告訴我們，不同的宇宙智慧能量創造了不同的美好淨土，那些是充滿幸福的空間。藥師如來的「淨琉璃世界」與阿彌陀佛的「極樂淨土」就是大乘佛教徒理想的幸福空間。

　　其實藥師如來的「淨琉璃世界」與阿彌陀佛的「極樂淨土」，在經文的描述中結構是非常相近的。藥師淨土是這樣的，「琉璃為地，金繩界道，城闕宮閣，軒窗羅網，皆七寶成。亦如西方極樂世界，功德莊嚴，等無差別。」**兩者都具備純淨典雅的建築物，也會讓讀經者感受到自然恬美的園林，是個充滿陽光、空氣、水的心靈空間。**在經文中，呈現兩個神聖空間的比對。隨著經中人、物的關聯性，佛陀展開純淨琉璃祕境的優雅描述。

　　上述經文告訴眾生，可以有兩種選擇。誦讀《藥師經》可以前往淨琉璃世界，而《佛說阿彌陀經》的信仰可以前往極樂世界。單純穩定地看著生命的結束，將可以提升對淨琉璃世界與極樂世界的正面態度。在淨土宗的概念下，讓修行者將自身的靈魂交付給藥師如來或阿彌陀佛，在生命旅程的終尾前往美麗的淨土。

日月光菩薩登場：東方三聖相聚

於其國中，有二菩薩摩訶薩：一名日光遍照，二名月光遍照，是彼無量無數菩薩眾之上首，次補佛處，悉能持彼世尊、藥師琉璃光如來正法寶藏。是故，曼殊室利！諸有信心善男子、善女人等，應當願生彼佛世界。

白話翻譯

在祂的佛國（東方琉璃世界）裡有兩位大菩薩：一位是日光遍（偏）照菩薩，另一位是月光遍（偏）照菩薩，其智慧狀態是無量無數眾多菩薩的上首。日光遍照菩薩與月光遍照菩薩即將依次遞補佛位，全都能修持世尊藥師琉璃光如來法門的正法寶藏。所以，曼殊室利！諸多有信心的清淨善男子和善女人們，應當發願轉生到那位藥師佛的東方琉璃世界。

關鍵詞彙

· **遍照**：亦有經典寫成「偏照」，「遍」同「偏」，意思是布滿。日光遍照的意思就是布滿日光。

· **上首**：領導者。經文寫著彼無量無數菩薩眾之上首，意思是說日光遍照菩薩與月光遍照菩薩是所有菩薩的領導者。

· **次補佛處**：次，下一位。處，位置。次補佛處的意思是：依次遞補佛位。即將成佛的下一位，通常必須是大菩薩才能有這樣的境界。

· **正法寶藏**：就是本經所說的十二大願。

琉璃光、日光、月光三種智慧光能

藥師三尊又被尊稱為「東方三聖」，這是因為淨琉璃世界位在宇宙東方。藥師如來散發出琉璃光（vaidurya-prabha），日光遍照菩薩散發日光

（surya-prabha），而月光遍照菩薩散發月光（candra-prabha）。這是宇宙的三種智慧能量，全都是以光芒的形式顯現。

諸佛與菩薩原本都是宇宙不同形式的智慧能量，祂們在虛空中凝聚成神聖意識體，可以在不可見的「超能量」或是可見的「實體身形」顯現。很神奇的是，在《藥師經》裡有超過三十種不同形式的能量，真是個無與倫比的善好淨美的大乘經典。

《藥師經》可說是宇宙神聖意識體的大集合，而其中最重要的第一組能量是以星體光芒能量顯現，分別是琉璃光、太陽與月亮。琉璃光是藥師如來所展現的閃耀能量，祂是宇宙佛陀，已經擁有無上的智慧能量，佛經認為那是來自宇宙虛空的東方。至於太陽與月亮的智慧光能，分別轉換成日光遍照菩薩與月光遍照菩薩。

呼喚《藥師經》中諸佛菩薩的梵音名號，是下載其智慧能量的重要方式之一，每個名號都是一股宇宙聖潔的能量。

藥師三尊在傳統寺院的空間配置

傳統上，日光遍照菩薩與月光遍照菩薩分別是藥師如來左右二大脅侍，日光遍照菩薩是左脅侍，站在藥師身旁的左邊。如果從參拜者的方向看過去，寺院的日光遍照菩薩在右方，月光遍照菩薩則在左方。在臺灣，藥師三尊似乎沒有遵循造像儀軌，日光遍照菩薩與月光遍照菩薩的位置並不一致。

在保存藥師傳承相當完整的古城京都與奈良，無論是京都的東寺，或是奈良的興福寺與藥師寺，都遵循固定儀軌的規定，此三寺都是珍貴的聯合國世界文化遺產。

對筆者而言，就採用簡單的地圖方位記憶。**傳統地圖的右邊通常是東方，同時在人類的認知中，太陽是從東方的地平線升起，所以參拜者的右邊就是日光遍照菩薩。**反之，左邊就是月光遍照菩薩。這樣記憶起來就很清楚，不會混淆。

次補佛處是什麼意思？
藥師如來以前也曾經是凡常人類？

「次」的意思是「下一位」，「處」代表位置。「次補佛處」意即將成佛的下一位，通常必須是大菩薩才能達到這樣的境界。藥師如來以前也是尚未達到無上正等正覺的大菩薩，讓我們一起追循這個有趣的典故。**藥師如來尚未成佛之前，是一位居住在娑婆世界追尋智慧的居士，據說那是一個奇妙的光能與電能時代，佛教典籍《藥師經疏》稱這是個「電光如來」的時代。**

電光如來當然是宇宙的智慧能量，而祂的名號很清晰地呈現出「電能」與「光能」。依據《藥師經疏》的記載，電光如來是另一個宇宙智慧意識體，祂像是阿彌陀佛一樣偉大。電光如來曾經主導地球的某一段時代，以宗教語彙來說，那時候他是娑婆世界的教主。

那個時代，有一位居士與兩個兒子，如同菩薩般發了偉大的誓願，想拯救世界一切罹病受苦的眾生。而後，電光如來深受他們父子感動，將這位居士改名為「醫王」。「醫王」後來經過長時間的苦修之後得道成佛，就是《藥師經》的藥師如來。而他的兩個兒子，也就是日光遍照菩薩、月光遍照菩薩。

練習看懂佛經的隱喻，故事內容經常是
描述智慧能量的轉換過程

《藥師經疏》描述了這段電光如來的美好時代，其實故事裡隱喻著能量的變化。在大部分的佛教經典中，都會以人類可以理解的情態，來陳述宇宙智慧能量的奇妙轉變。由於一開始藥師如來這股智慧能量尚未達到無上正等正覺的境界，於是祂先是被描述成一位充滿慈悲心的居士，最後才晉升到佛陀的善美境界。於此，慈悲是一股宇宙能量，以居士作為代表。當慈悲與智慧融合成為佛陀境態，就呈現出藥師如來的佛果。

另外，佛教經典中的父與子，未必是人類認知的具備血緣的父子關

係，而是隱喻著強大宇宙智慧能量（父）的振動所衍伸的新能量（子），也就是由琉璃光衍生出來的智慧光芒：日光與月光。「光」在梵語稱為prabha，如果能記住這個梵語而發音，呼喚的效果更佳。

再次提醒，虔誠地呼喚佛菩薩的名號就是最有效率的連結方式，祂們的名號就是真言咒語，是下載宇宙能量的最佳途徑。若能記住這些梵字，試著採用較正確的發音，肯定有助於提升下載宇宙能量的效率。

《藥師經》裡的智慧光芒

諸佛菩薩的豐富燦爛的光芒

在《藥師經》中，光芒是一個重要且經常出現的元素，代表著不同層面的意義與能量。首先，最重要的是藥師如來的「琉璃光」。琉璃光是藥師如來所散發的主要光芒，象徵著祂的神性與智慧。這道光芒具有淨化與療癒的力量，能夠消除眾生的病苦與困惑，帶給他們安慰與快樂。在藥師如來的身旁，分別是「日光菩薩」與「月光菩薩」。日光菩薩代表著陽光的能量，而月光菩薩則象徵著月光的能量。這兩位菩薩的存在，為藥師如來的光芒增添了更多的輝煌與輔佐。

此外，《藥師經》中還提到了其他菩薩所散發出的光芒。藥王菩薩代表著星宿光的能量，而藥上菩薩則代表著電光明的能量。這些光芒代表著不同層面的力量與智慧，與藥師如來的光芒互相呼應，為眾生帶來平安與康健。

菩薩大願散發出的燦爛光芒

除了菩薩的光芒外，《藥師經》還描述了大願所散發出的光芒。在第一大願中，藥師如來的光明將來世的眾生從病苦中解救出來。而在第二大願中，藥師如來的身體如琉璃般明亮，光芒照耀著內外，淨化一切，並為眾生帶來光明與純淨能量。

在《藥師經》的光芒中，還有一個特殊的場景：釋尊於光中說咒。

這時，大地振動，光明放大，眾生的病苦被消除，獲得安慰與快樂。這顯示了釋尊演說咒語時光芒中所蘊含的神奇力量，能夠帶給眾生無盡的康健與福祉。

藥師儀軌法會中創造的光明

在《藥師經》的儀軌中，還描述了在佛前放置燈來照明的情景。這些燈光具有強大的光明，照亮著藥師如來的形象，並持續散發著光芒，使寺院充滿光明與能量。這些燈光代表著虔誠的供養與敬意，為修行者帶來智慧與指引。

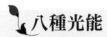 八種光能

《藥師經》擁有不同形式的光芒，詳列於下。

類別	發光來源	光芒屬性或相關經文
藥師如來	藥師如來本身	琉璃光
釋迦牟尼佛	釋迦牟尼佛於光中說咒，放出大光	爾時光中說此咒已，大地振動，放大光明，一切眾生病苦皆除，受安隱樂。
菩薩	二位隨侍菩薩	日光、月光
	藥王菩薩	星宿光能量
	藥上菩薩	電光明能量
菩薩大願	第一大願	願我來世得阿耨多羅三藐三菩提時，自身光明。
	第二大願	願我來世得菩提時，身如琉璃，內外明徹，淨無瑕穢，光明廣大。
藥師儀軌	佛前置燈	造彼如來形像七軀，一一像前，各置七燈，一一燈量，大如車輪，乃至四十九日，光明不絕。

總結而言，《藥師經》中的光芒象徵著智慧、慈悲、療癒與康健。藥師如來的琉璃光是最重要的光芒，代表著祂的神聖與智慧，而日光菩薩、月光菩薩等菩薩的存在，為其增添了輝煌與輔助。大願所散發出的光芒則帶給眾生解脫與希望。

　　這些光芒在《藥師經》中扮演著重要的角色，象徵著菩薩的力量與智慧，並激勵著修行者追求真理與覺醒，也提醒眾生在修行道路上追求智慧、慈悲與康健的重要性。

貪心、吝嗇的報應：四種惡

　　爾時，世尊復告曼殊室利童子言：「曼殊室利！有諸眾生，不識善惡，惟懷貪吝，不知布施及施果報。愚癡無智，闕於信根。多聚財寶，勤加守護，見乞者來，其心不喜，設不獲已，而行施時，如割身肉，深生痛惜。

　　復有無量慳貪有情，積集資財，於其自身尚不受用，何況能與父母、妻子、奴婢、作使，及來乞者？彼諸有情，從此命終，生餓鬼界，或傍生趣。」

白話翻譯

　　這時，世尊又告訴曼殊室利童子說：「曼殊室利！有眾生不懂得分別善惡，而且貪戀財物，生性吝嗇，不知布施與布施果報的道理。如此癡愚無智，缺乏信念的根器；只想多聚財寶，勤加守護，看見有人來乞討，心中便不喜樂。如果不得已施捨（不是心甘情願的施捨）如同割身上的肉一樣，深生痛惜。

　　此外，許多吝嗇貪心的眾生，積聚資財，連自己也不捨得受用，怎麼會分給身邊的父母、妻子、奴婢與佣人，乃至於窮苦的乞丐呢？這樣的人在生命結束時，將隨著報應轉生到餓鬼道或畜生道。」

關鍵詞彙

· **爾時**：此時、這時。

· **童子**：經中常稱菩薩為童子，因為菩薩是法王（佛陀）之子。請特別注意，童子不是指年幼的孩童。

· **惟**：只是、只有。

· **闕**：音同「缺」，缺乏。

· **設**：假使、假設。

· **慳**：音同「鉛」，吝嗇。本單元出現的「慳貪」或「貪吝」，意思相同，都是指貪心、吝嗇。

· **作使**：佣人，僕役。

· **傍生趣**：「傍」同「旁」，旁生趣指畜生道。

貪與吝

　　除非是擁有較優質生命智慧能量的聖者或智者，否則凡常人難免會有貪、瞋、癡的缺點。《藥師經》在此指導眾生要遠離貪與吝。此段經文描述「貪與吝」這兩種負面個性，將讓人墮入餓鬼道與畜生道。「貪」是不滿足、想要更多，「吝」則是不願分享給他人。

　　在大乘佛教的概念下，總共有五毒，分別是貪（貪心吝嗇）、瞋（瞋恨）、癡（執著）、慢（傲慢）、疑（懷疑與忌妒），可以仰賴五位佛陀的智慧來消解，請參考下表。其中的貪心吝嗇，是由西方阿彌陀佛的妙觀察智來對治。當然，藥師如來的智慧能量也可以消解這個罪惡，而且最後會發現藥師如來的智慧可以一一將五毒滅除。

五方佛的五種智慧，對治五毒

五種宇宙智慧	五位佛陀	五毒
法界體性智	中央大日如來	癡毒
大圓鏡智	東方阿閦如來	瞋毒
平等性智	南方寶生如來	慢毒
妙觀察智	西方阿彌陀佛	貪毒
成所作智	北方不空成就如來	疑毒

補充說明

· 華人熟悉的西方阿彌陀佛，可協助我們遠離貪毒。西藏人特別重視東方阿閦如來，剋除瞋恨心（瞋毒）。日本人特別容易執著，例如職人的過度堅持，所以很重視中央大日如來的法門。

· 雖說每個人都有貪瞋癡慢疑的缺陷，但不同民族各有特別的習氣需要克服。

· 北方不空成就如來除了要剋除懷疑，也包含忌妒。

龐大經文結構，遠離四種惡

從這個單元開始進入整部《藥師經》的經文結構中最複雜的區塊，內容都是釋迦牟尼與曼殊室利的對談。如果透由科判（即經文的分類章節），讀者肯定可以理出清晰的綱要。印順導師對此處的分析非常詳細，他說：「救濟眾生的利益，可分三類：即聞名憶念益，持咒治病益，供養受持益。聞名利益中，又有離惡與得善二類；離惡也有四種。」遠離四個惡業，分別是：慳吝貪惜、毀犯見慢、忌妒誹謗、鬥訟詛咒。

細心的讀者會發現，這段經文是呼應第五大願的「三聚戒」，分別是 ❶ 攝律儀戒、❷ 攝善法戒、❸ 饒益有情戒。關於三聚戒的說明可參考本章第 10 單元，比較口語化的說法是：不作惡業、創造善業、慈悲利益眾生，分別對應「三聚戒」的律儀、善法、饒益有情。

現在，經文進入到「攝律儀戒」，更簡單的說法是，離惡以對治五毒：貪毒、瞋毒、癡毒、慢毒、疑毒。

離惡對治五毒

離惡類別	對治毒害	單元
❶ 離慳吝貪惜惡	貪毒（貪心）	本章第 21、22 單元
❷ 離毀犯見慢惡	癡毒（執著）、慢毒（傲慢）	本章第 23、24 單元
❸ 離忌妒誹謗惡	瞋毒（瞋恨）、疑毒（懷疑、忌妒）	本章第 25、26 單元
❹ 離鬥訟詛咒惡	瞋毒（瞋恨）	本章第 27、28 單元

本章第 21 到 28 單元，內容複雜繁瑣，若依循印順導師的四點離惡分析，可以清楚閱覽經文。

由惡趣重返人間：
得聞，憶念，稱名禮讚

由昔人間，曾得暫聞藥師琉璃光如來名故，今在惡趣，暫得憶念彼如來名，即於念時，從彼處沒，還生人中。得宿命念，畏惡趣苦，不樂欲樂，好行惠施，讚歎施者，一切所有，悉無貪惜。漸次尚能以頭目、手足、血肉、身分，施來求者，況餘財物。

白話翻譯

由於他們過去在人間時，曾經聽聞藥師琉璃光如來的名號，即使現在在惡道中，稍些暫時憶念那位如來的名號，即可立刻消失於惡道之中，還生返回人間。同時因為他們回想起宿命的經歷，畏懼再回到惡道，於是就不再喜愛貪欲之樂；自然地好行惠施，也會懂得讚歎施捨的人。他們對一切所有，全都不再貪戀吝惜，逐漸地接受將自身的頭目、手足等血肉的部分施捨給乞求者，更何況是其餘的財物。

關鍵詞彙

· **惡趣**：三個負面空間，即畜生道、餓鬼道、地獄道。

· **暫得憶念**：忽然想起（閃過念頭）。

· **從彼處沒**：從那處（指惡趣）消失。提醒一下，佛經中常常出現彼此的對照，彼與此對應。彼處消失與此處顯現。

· **還生人中**：還，恢復、返回。中，間。還生人中的意思是「恢復生命，回到人間」。

· **不樂**：樂，音同「藥」，喜好、欣賞。不樂的意思是不喜愛。

· **身分**：身體部分。

憶念藥師如來，即可從惡道轉回人道，真神奇！

「由昔人間，曾得暫聞藥師琉璃光如來名故，今在惡趣，暫得憶念彼如來名，即於念時，從彼處沒，還生人中。」這是藥師如來最神聖奇妙的智慧能量，即使在畜生道、餓鬼道、地獄道，只要**憶念藥師如來，即可從惡道返回人道。本單元與前面的第20單元，在科判是屬於「離慳吝貪惜惡」，遠離慳嗇、貪心、惜愛的惡業。**

在這段經文中，描述了當人們在現世聽聞藥師琉璃光如來的名號時，即使暫時在惡趣（苦難的境地）中，只要能稍稍憶念藥師如來的名號，就能離開惡道，重新投生到人間。這段經文強調了憶念藥師如來名號的重要性，對於避免再次陷入苦難中具有正面的影響。前世聽聞藥師如來時，就種下一個種子，時間到來自然發展茁壯。

三種發送密碼的方式：得聞，憶念，稱名禮讚

我們進一步認識「藥師如來名號」的重要意義，以及它與宇宙能量和密碼的關聯。

首先，「藥師如來名號」在整篇經典中出現了十八次，這個重複出現的現象表明了藥師如來名號的重要性，它是一種關鍵的指示和註解，提醒誦經過程要關注藥師佛的存在及教導。

其次，藥師如來的名號不僅僅是一個稱呼，它代表著宇宙能量和智慧的象徵。這個名號是連結個人與藥師佛之間的通關密碼，它擁有神祕的力量和特殊的意義。透過憶念及稱頌藥師如來名號，修行者能夠建立起與佛陀的心靈共鳴，並開啟心靈的智慧之門。

《藥師經》中描述了三種方式來「接送」這個密碼，分別是：❶ 聽聞、❷ 憶念、❸ 稱名禮讚。其中，「聽聞」這一方式在整部經典中被提及的次數最多。這裡的「聽聞」並非以鼻子「嗅聞」，而是指透過耳朵聆聽佛法的教導和藥師佛的名號，如此將能夠接收到佛陀的教誨和智慧，從而引導眾生走向解脫與覺醒的道路。

既然「藥師如來名號」出現了高達十八次，我們在此也不厭其煩地提醒讀者，<u>「藥師如來名號」在整個經典中扮演著重要的角色。它是一個連結修行者與藥師佛之間的關聯，具有宇宙能量的象徵意義，並且可以被視為一個通往智慧和解脫的密碼。</u>

　　因此，我們可以透過聽聞、憶念和稱名禮讚的方式，來接觸及體驗這個密碼，從而啟發個人的內在心靈，走上屬於自己的佛道之旅。無論是在日常生活還是修行中，都可以用心去體會藥師如來名號的深層含義，以獲得內心的平靜、智慧和覺醒。

藥師的四個利益：加被、聞名、滅罪、慈悲施予

　　除了印順導師的科判，我們也可參考他的老師太虛大師的版本。在太虛大師的科判中，分析此處共有四個藥師利益，分別是：❶ 藥師加被益、❷ 聞名利益、❸ 滅貪吝罪益、❹ 得能施益。

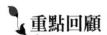 **重點回顧**

重點 1	重點 2
藥師如來名號的重要意義，全經出現高達十八次。	名號是宇宙能量，也是連結藥師佛的通關密碼。

重點 3	重點 4
整部龐大《藥師經》共有三種「接送」密碼的方式，分別是 ❶ 聽聞、❷ 憶念、❸ 稱名禮讚。	其中「聽聞」的次數最多，「聞」這個字有個耳，在佛經中的意思是「聽聞」，並非以鼻「嗅聞」。

經文提到了，畏懼再次回到惡道的人們，不再追求貪欲之樂，而是善行惠施，讚歎那些慷慨施捨的人。他們不再貪戀、吝嗇，樂意將財物施捨給乞求者，包括自己身體的部分，甚至是頭目、手足、血肉。最後施捨的身體結構，並非是現代醫療的器官捐贈，而是意味著不再眷戀肉身，遠離小我，投入大我的境態。

從這段經文可以看出，憶念藥師如來名號能帶來正面的影響，讓人們放下貪欲和吝嗇的心態，並樂於施捨及幫助他人。這種改變不僅體現在物質上的捨與施，也包括對內心的淨化，不再貪戀執著。這是藥師如來教導眾生的一個重要訊息。

藥師的四個利益

加被、聞名、滅罪、慈悲施予，是藥師的四大利益。

1. 藥師加被益	「加被」的意思是蒙受、受到保護，加被是藥師如來以慈悲心來加護眾生。
2. 聞名利益	聽聞藥師如來名號的利益。
3. 滅貪吝罪益	藥師如來名號可以滅除貪心與吝嗇的罪業。
4. 得能施益	能夠獲得慈悲施予他人的利益。

正式經文 23 出家眾「破戒、破儀軌」的嚴重後果

復次，曼殊室利！若諸有情，雖於如來受諸學處，而破尸羅；有雖不破尸羅，而破軌則；有於尸羅、軌則，雖得不壞，然毀正見；有雖不毀正見，而棄多聞，於佛所說契經深義，不能解了；有雖多聞而增上慢，由增上慢覆蔽心故，自是非他，嫌謗正法，為魔伴黨。如是愚人，自行邪見，復令無量俱胝有情，墮大險坑。此諸有情，應於地獄、傍生、鬼趣，流轉無窮。

白話翻譯

再說，曼殊室利！雖然一些眾生曾在如來身旁受持學習，卻違背了戒律，或者是雖然沒有違背戒律，卻違犯了儀軌法則。還有一種雖然對於戒律、儀軌沒有破壞，卻毀斥正見；或者是沒有毀壞正見卻遺棄多聞的教理，所以對佛陀所說的契合真理之經，無法了解。還有一種情形是，雖然多聞佛陀的教理，但還沒達到證悟境界卻驕傲自稱已經證悟，如此驕傲的增上心以致於覆蔽本然的心，自以為是而否定他人，嫌惡毀謗正法，與邪魔結黨為伴。這種愚人，不僅自己進行種種邪見，還要影響無量百億眾生，一起墮入險坑危境。這類人等將來應該會墮入地獄、畜生、餓鬼三惡道中，流轉不息，無有盡期。

關鍵詞彙

- **尸羅**：戒律，梵語 sila 的音譯。尸，音同「失」。
- **軌則**：儀軌法則。
- **契經**：「契」原來的意思是刻出來的文字，這裡可解釋成契合經文的義理。
- **增上慢**：一種傲慢，尚未證悟卻驕傲地自稱已經證悟。
- **俱胝**：一億，也有百億的說法，是梵語 koti 的音譯。
- **無量俱胝**：無數量的億。胝，音同「知」。

三類佛法修行者亦可能墮入惡道

即使是進入佛門而遠離世俗的僧侶，還是有追求智慧的生命障礙，這個單元提到出家眾的五個缺失。首先是「破壞尸羅與軌則」這兩點，其中，「尸羅」是梵語 sila 的音譯，意思是戒律；軌則是寺院裡的儀軌法則。再來是「毀壞正見與捨棄多聞」，這些是因為對於佛陀所說的契合真理的經文，無法了解而產生的錯誤。

最後一點是「增上慢」，是五種缺失中最嚴重者。這樣的修行者還沒達到證悟境界，卻驕傲地自稱已經證悟。驕傲的增上心會覆蔽本然的心，自以為是而否定他人，也就是「自是他非」的分別心。增上慢的修行者會嫌惡並毀謗正法，於是與邪魔結黨為伴。

寺院僧侶要注意自己的缺失會影響到信眾

《藥師經》的這段經文提醒著寺院僧侶，在修行過程中可能犯下的五個過錯，包括了破壞尸羅、違犯軌則、毀壞正見、拋棄多聞和陷入增上慢。這些指導眾生追尋智慧的僧侶們，身負重任且影響深遠，因此經文以相當嚴厲的語氣描述了他們的錯誤行為。

經文警告說，這樣愚昧的僧侶不僅自己迷失於邪見之中，還導致無數眾生陷入危險的境地。這些有情眾生將在地獄、畜生和餓鬼的惡道中無休止地輪迴。

然而，《藥師經》也提供了解決這些問題的方法，那就是回歸藥師如來的根本願望和祂的名號。如前所述，藥師如來的名號是宇宙能量，也是與藥師如來連結的通關密碼。透過念誦藥師如來的名號，可以淨化心靈、保持清明的正見，並遠離增上慢和其他邪見。這樣一來，僧侶們將能夠避免犯下那些過錯，並引導眾生遠離苦難，走上正確的修行道路。

因此，這段經文清楚地指出僧侶可能犯下的錯誤行為，並強調了修持藥師如來名號的重要性。這提醒著僧侶們要時刻警惕自己的行為和心態，以成為正確的引領者，並以正確的方法影響和幫助眾生。

出家眾的五個缺失

1 破尸羅（戒律）

2 違軌則

3 毀正見

4 棄多聞

佛說…

佛說…

佛說…

5 增上慢

借助如來的本願威力：
拯救墮入惡道的出家眾

　　若得聞此藥師琉璃光如來名號，便捨惡行，修諸善法，不墮惡趣。設有不能捨諸惡行，修行善法，墮惡趣者，以彼如來本願威力，令其現前暫聞名號，從彼命終，還生人趣，得正見精進，善調意樂，便能捨家，趣於非家。如來法中，受持學處，無有毀犯。正見多聞，解甚深義，離增上慢，不謗正法，不為魔伴，漸次修行諸菩薩行，速得圓滿。

白話翻譯

　　但若他們能聽到藥師琉璃光如來名號，就能夠立刻捨棄惡業罪行，轉為修習各種善法，不再墮落到三惡道。假使是無法捨離諸惡行，也無法修行善法，乃至於墮入惡道的人，只要憑藉藥師如來的根本願望的威力，在他們的面前能聽到藥師佛的名號，這樣就可以結束惡道中的日子，重返人道的世界，獲得正見，精進修習，善調意樂，捨棄俗家，轉入如來之家（即出家為僧侶）。跟隨如來的教法，受持學戒之處，沒有毀犯之壞。深信正見，多聞博學，了解佛法甚深之義；遠離驕傲的增上慢心，不謗正法，不與邪魔為伴，漸次勤修菩薩行，就能速得修證圓滿。

關鍵詞彙

· **本願威力**：根本誓願的威猛力量。

· **還生人趣**：近似先前的「還生人中」，還，恢復、返回。趣，趨近、靠近。還生人趣的意思是「恢復生命，趨近人間」。

· **非家**：遠離俗世之家。

· **菩薩行**：自利、利他的修行法門，終極目標是圓滿的佛果。

· **善調**：善調一詞出自於後漢時期《四十二章經》，是相當早期的佛教經典。該經選錄釋迦牟尼佛的四十二段話。善調是來自於修行的譬喻，認為修行如調琴，必須調適得好。

· **意樂**：梵語為 asaya，口語的意思是「意欲、志願」，於佛經被意譯成「意樂」。根據後魏《攝大乘論》記載，菩薩修習一切法門，皆須於內心作意欣樂，也就是「意樂」一詞的意思。

藥師如來名號與根本願力的神奇力量！
不墮惡道、已墮惡道兩者，均有合宜的因應

藥師如來的名號擁有著無比的神奇力量，它能夠使人遠離惡道的墮落，並且將已經墮入惡道的眾生引回人間。藥師如來的名號是解脫的鑰匙，是眾生得以重獲希望的關鍵。在《藥師經》中，我們可以清楚地看到這一點。

首先，對於還未墮入惡道的眾生而言，只要他們能夠聽到藥師琉璃光如來的名號，便能夠立即放下邪惡的行為，轉而修持種種善法。這個名號的力量能夠使他們遠離三惡道的苦難，不再墮落其中。

對於那些已經墮入惡道的眾生而言，情況或許更困難。他們無法輕易地放下那些邪惡的行為，也無法立即修行善法。然而，在這種情況下，他們仍然可以仰賴藥師如來根本願力的幫助。只要他們在惡道中聽到藥師佛的名號，根本願力的威力就會發揮作用，使他們能夠結束在惡道中的苦難生活，重新回到人間的世界。

可以看出，不論是尚未墮入惡道的眾生，還是已經墮入其中的眾生，藥師如來的名號都具有合適的因應方式。它具備強大的威力，是一種強大的法寶，能夠帶給眾生希望與解脫。因此，在修行道路上，我們應當認識到藥師如來名號的重要性，並且常常念誦、稱頌這個名號，以得到其神奇的力量。

全部的關鍵都在藥師如來的名號，經文結構呈現如下：

❶ 不墮惡道的情形（名號）：**只要能聽到藥師琉璃光如來名號**，就能夠立刻捨棄惡業罪行，轉為修習各種善法，不再墮落到三惡道。

❷ 已墮惡道的狀態（名號、根本願望）：假使無法捨離諸惡行，也無法修行善法，乃至於墮入惡道的人，**只要憑藉藥師如來的根本願望的威力，在他們的面前能聽到藥師佛的名號**，這樣就可以結束惡道中的日子，重返人道的世界。

藥師如來名號與根本願力的結合

藥師如來「名號」與「根本願力」的結合，是一種奇蹟般的力量，它超越了惡道的束縛，為眾生帶來了轉機與救贖。無論是否已墮入惡道，只要能夠聆聽到藥師佛的名號，這份神奇的力量就會注入修行者的心靈，引導其走向光明與解脫的道路。

因此，我們應珍視藥師如來名號的重要性，常常念誦、讚歎，並將其融入日常生活的修行中。無論身處何方、境遇如何，這個名號都能夠成為信仰能量的來源，帶給人勇氣和希望。始終相信著藥師如來名號與根本願力的神奇力量，並以此為我們的人生帶來光明與指引。

從惡道返還人道之後，由俗家前往如來之家

重返人間之後，獲得正見，精進修習，善調意樂，捨棄俗家，轉入如來之家。這段經文的「非家」，意思是遠離俗世之家，由惡道進入佛門，前者是負面的能量場，後者是清淨的神聖空間。一旦進入「如來之家」，在如來的教法之下，依序達到三個修行境態：

❶ **嚴守戒律**：跟隨如來的教法，精進受持戒律的好處，沒有毀犯的壞處。

❷ **正見多聞**：深信正見，多聞博學，了解佛法甚深之義。

❸ **遠離增上慢**：遠離驕傲的增上慢心，不謗正法，不與邪魔為伴，漸次勤修菩薩行，就能速得修證圓滿。

畜生或奴婢被驅使：永不安順自在

　　復次，曼殊室利！若諸有情，慳貪嫉妒，自讚毀他，當墮三惡趣中，無量千歲受諸劇苦。受劇苦已，從彼命終，來生人間，作牛馬駝驢，恆被鞭撻，飢渴逼惱；又常負重，隨路而行。或得為人，生居下賤，作人奴婢，受他驅役，恆不自在。

白話翻譯

　　再者，曼殊室利！如果有些眾生吝嗇貪心，嫉妒他人，稱讚自己卻毀謗他人，將來就會墜入三惡道之中，經歷無量千歲，遭受種種劇烈苦痛；承受劇苦之後，從惡道中結束，轉入人間，成為牛、馬、駝、驢等牲畜，經常被鞭打，承受飢渴的逼惱，又常背負重物，沿路而行；或者輪迴為人，也是出生於低賤地位，作他人的奴婢，受他人使喚驅役，永遠不能安順自在。

關鍵詞彙

- **慳**：音同「鉛」，吝嗇。
- **三惡趣**：趣，趨近、靠近。三惡趣的意思即是趨近於三惡道。

＊

針對「慳貪」再發展出更細膩的負面情緒

　　藥師如來的教誡對於人類的負面情緒提供更細膩的說明，揭示了慳嗇、貪心、嫉妒、自讚和毀他的弊端。這些負面情緒若不加以化解，人們在之後將成為被驅使的牛馬或奴婢。

　　在佛教中，慳嗇（慳貪）被描述為吝嗇、貪心的負面能量。而慈悲則能化解慳嗇、貪心、嫉妒、自讚和毀他等負面情緒，並引領人們走向智慧的道路。這是針對人類負面情緒的更細膩說明，由先前的 ❶ 慳、❷

貪（本章第21單元），再升級增加了 ❸ 嫉妒、❹ 自讚、❺ 毀他（本單元）共五種負能量。若一個人擁有如此負面能量，將輪迴轉世成受人驅使的牛馬或成為他人奴婢。

再次提醒，「慳」的意思是吝嗇。**慈悲與吝嗇是明顯相對的語詞。擁有慈悲，就可以化解吝嗇、貪心、嫉妒、自讚、毀他的負面能量，如此朝向智慧道路前進。**這呼應了大乘佛教的概念：慈悲是智慧的加速器，當慈悲與智慧結合是最圓滿的智慧狀態，也就是無上正等正覺。

從三惡道輪迴到人間的兩種狀態

1 轉生人間成為畜生（動物）

2 轉生卑賤地位（人類）

承受劇苦之後，從惡道中結束，轉入人間，成為牛、馬、駝、驢等牲畜，經常被鞭打，承受飢渴的逼惱，又常背負重物，沿路而行。

輪迴為人，也是出生於低賤地位，作他人的奴婢，受他人使喚驅役，永遠不能安順自在。

墮入三惡道之後的兩種發展

在這個單元中，釋迦牟尼佛繼續向文殊菩薩講述著，吝嗇、貪心、忌妒、驕傲和毀謗他人，將會墜入三惡道，並經歷無量千歲的苦痛。三惡道包括地獄道、餓鬼道等屬於鬼靈的空間，而動物（畜生）與人類共處於相同的空間。

根據經文的描述，輪迴回到人世間，會發展出兩種不同的狀態。

第一種狀態是轉生為畜生（動物），這些眾生在承受極大的苦痛之後，從惡道中脫離，轉生為牛、馬、駝、驢等牲畜。牠們常常被鞭打，承受飢渴的折磨，背負沉重的負擔，不斷地在道路上奔波。

另一種狀態是轉生為卑賤地位的人類，這些眾生再次投胎為人，卻出生在低下地位，成為他人的奴僕或婢女，被人驅使和命令，永遠無法享受真正的自由與舒適。

藥師名號破無明殼，竭煩惱河

若昔人中，曾聞世尊藥師琉璃光如來名號，由此善因，今復憶念，至心皈依。以佛神力，眾苦解脫，諸根聰利，智慧多聞，恆求勝法，常遇善友，永斷魔罥，破無明殼，竭煩惱河，解脫一切生老病死、憂悲苦惱。

白話翻譯

若是他們前世為人的時候，曾經聽聞世尊藥師琉璃光如來的名號，因為這個善因，現在再次憶念想起，得以致誠盡心地皈依。這時，因為藥師佛的神奇力量，讓他們的眾多痛苦都能獲得解脫，所有的根器（六根）轉成聰明伶俐、智慧多聞，最後獲得上勝佛法，常遇善友，永遠斷除邪魔的罥網（羅網），破除無明癡迷的矇蔽，枯竭煩惱之河，解脫一切生老病死的憂愁苦惱。

關鍵詞彙

· **人中**：人間。

· **佛神力**：佛陀的神通力。

· **魔罥**：魔網。罥，音同「眷」，意思是捕捉鳥獸的網。罥的延伸意義為困縛、糾纏。魔，佛教指修道的障礙、破壞者。《妙法蓮華經·卷二·譬喻品第三》：「我墮疑網故，謂是魔所為。」其中的魔、網，即可對應《藥師經》的「魔罥」一詞。

· **無明殼**：小鳥未出生前，在蛋殼內看不到光明，引申為無明、沒有智慧。而且以小鳥未出生前，來說明無明是「無始以來」。

· **煩惱河**：煩惱能流入三界（欲界、色界、無色界），人界與天界也是一樣，煩惱就像河流一般流入每個世界。

再次慎重說明名號的重要

　　本單元的簡短經文中，含藏的知識量不小，請讀者注意。先談名號，經文說，若是他們前世為人的時候，曾經聽聞世尊藥師琉璃光如來的名號，因為這個善因，現在再次憶念想起，得以致誠盡心地皈依。

　　此處再度強化名號的重要性與強大能量，全經總共有十八處出現關於名號的對談，其中以釋迦牟尼佛與文殊菩薩的對話最細膩。接著，名號出現在釋尊與阿難的對話，以及最後結尾處釋尊與十二神將的對話。此外，還有救脫菩薩與阿難談及名號的場合，此時釋迦牟尼佛與文殊菩薩並未參與。

　　精要的名號「藥師琉璃光如來」是經名的 **❶ 藥師、❷ 琉璃光、❸ 如來**本願功德經，集中於三個關鍵能量字語。至於完整名號是〈藥師咒〉的梵語音譯「薄伽伐帝、鞞殺社窶嚕、薜琉璃、鉢喇婆、喝囉闍也、怛他揭多耶、阿囉訶諦、三藐三勃陀耶」，意譯是「**❶ 世尊、❷ 藥師、❸ 琉璃、❹ 光、❺ 王、❻ 如來、❼ 應供、❽ 正等正覺**」。顯然短名號並未提及世尊、應供、正等正覺等意義。

藥師如來的佛神力

　　《藥師經》中，除了闡述藥師如來的根本願力外，還涉及到一些關鍵詞彙，其中包括佛神力、魔罥、無明殼和煩惱河。這些詞彙在經文中扮演著重要的角色，解釋了藥師如來對眾生的救度過程。

　　藥師如來擁有「佛神力」，這是佛陀所具備的神通力，超越了一般眾生的能力。透過這種力量，藥師如來能觀察眾生的痛苦，並以其智慧和慈悲來救度眾生。祂能幫助眾生解脫各種病苦，包括身體的疾病和心靈的困擾。

　　藥師如來的神通力使祂能夠施展智慧，讓眾生轉化根器，獲得聰明伶俐的智慧，並遇見善知識，修行上勝佛法。

傳神的比喻：魔罥網、無明殼、煩惱河

　　玄奘的精準翻譯，呈現出「斷、破、竭」三個強而有力的動詞，依序對應著魔罥、無明殼、煩惱河。在經文中，修道的障害、不知真理實相的原始愚癡、無盡煩惱，一一轉化成網、卵、河，成功地由「具象實體」來描述「抽象隱喻」。

　　首先，「魔罥」一詞指的是邪惡的力量和困縛。接著，就像小鳥未出生前被蛋殼困住，看不到光明一樣，無明殼代表著無明和無智慧的狀態。最後，煩惱河則指代煩惱的流轉，它像河流一樣流入三界，包括欲界、色界和無色界，並影響人間和天界。

　　藥師如來的神通力和智慧，能夠幫助眾生超越魔罥的困縛，消除無明的迷惑，並枯竭煩惱之河。透過藥師如來的救度，眾生能夠超越生老病死的束縛，解脫一切痛苦和困憂。

藥師如來的神通力與救度

藥師如來透過佛神力，解除眾生的痛苦，使他們獲得智慧和聰明，並超越魔胃、無明和煩惱的困縛。這樣的救度能夠使眾生解脫生老病死的苦惱，邁向無量的喜悅和自在。

永斷魔胃

魔胃網 ➡
魔障，修道的障害、破壞者

竭煩惱河

▶**煩惱河 ➡** 煩惱，無止境的煩惱

破無明殼

▲**無明殼 ➡** 無明，不能了知現象的真實性的原始愚癡

乖離鬥訟與魘魅蠱道的魔道幻術

復次,曼殊室利!若諸有情,好喜乖離,更相鬥訟,惱亂自他,以身語意,造作增長種種惡業,展轉常為不饒益事,互相謀害。告召山林樹塚等神,殺諸眾生,取其血肉,祭祀藥叉、羅剎婆等,書怨人名,作其形像,以惡咒術而咒詛之;魘魅蠱道,咒起屍鬼,令斷彼命,及壞其身。

白話翻譯

再者,曼殊室利!如有眾生,歡喜製造是非,離間他人,互相爭鬥訴訟,惱亂自己也惱亂他人,如此做下身、語、意的種種惡業,經常輾轉做出有害無益的惡事,互相謀害對方。或是他們利用幻術呼喚山林、樹木、塚墓間的鬼神,宰殺六畜眾生,取其血肉祭祀藥叉、羅剎婆(娑)等惡鬼;或是書寫仇人名字在草木做成的人體肖像上,以惡毒的咒術咒詛之;還有以惡夢鬼魅的邪術逼害,利用起屍鬼的僵屍幻術,奪取仇人的性命,毀壞仇人的身體。

關鍵詞彙

- **乖離**:違背、分離。
- **更相**:互相。
- **展轉**:輾轉,間接之意。
- **塚**:墳墓。
- **藥叉**:梵語 yakṣa(或 yaksha)的音譯。kṣ 的發音很接近 church 的 ch。藥叉原本是會傷害人類的鬼,又譯為夜叉。起初藥叉是山林間的鬼怪,後來在佛教中被賦予能量的轉換,成為以鬼為食的神。這時,藥叉由鬼怪晉升為神,成為天龍八部之一。但此處經文的藥叉,是指山林間的鬼怪。藥叉通常意譯為「能啖鬼」、「捷疾鬼」、「勇健」、「輕捷」等,捷疾、勇健、輕捷都是描述其特質,最特別的是「能啖鬼」一詞,說明鬼是他們的食物。
- **羅剎婆**:梵語 rākṣasa 的音譯,ā 發 a 的長音,kṣ 的發音很接近 church 的 ch。正確音譯是「羅剎娑」,因為古代傳抄筆誤將「娑」寫「婆」,成為羅剎婆。rākṣasa 的意思是暴惡、可畏,是惡鬼之總名,一種能行走,飛行快速,牙爪鋒銳,專吃人血、人肉的惡鬼。羅剎婆與藥叉都是山林的鬼怪,而後都轉換成為天龍八部的成員。

- **魘媚**：魘，音同「演」，惡夢。魅，鬼魅，迷惑。魘媚指傳說中作祟害人的鬼怪，或是假借鬼神，作法害人的一種妖術。
- **起屍鬼**：僵屍。對死屍念咒，讓屍體活動，再賦予武器，命令它們去殺害仇家性命。

＊

是非離間、爭鬥訴訟的身語意惡業

人世間的是非離間是一個常見的現象，當眾生陷入爭鬥訴訟之中，往往會產生種種惡業，不僅傷害自己，也傷害了他人。經文中提到了曼殊室利菩薩所指出的問題，描述了眾生因為喜歡製造是非、離間他人而互相爭鬥訴訟，這種行為對自己和他人都帶來了困擾及混亂。這樣的惡業經常以身、語、意的形式，不斷輾轉產生有害無益的惡行，最終可能導致互相謀害。

因此，經文中呼籲眾生遠離這種惡行，避免陷入爭鬥訴訟的漩渦中。這在科判被稱為「離鬥訟詛咒惡」，意味著要遠離爭鬥、訴訟、詛咒和惡行的不良行為。這是一個常見且重要的生命教訓，提醒眾生要遵循正確的道德價值觀，以和平、和諧及善意的態度相處。

其中的關鍵詞彙有，「乖離」表示違背、分離，指的是離間他人的行為；「更相」則表示互相，強調眾生之間的惡業互動；「展轉」則解釋為輾轉、間接，用來描述身、語、意的惡業不斷展開的過程。

人世間的是非離間是一個常見的現象，我們要遠離之。當面臨時，該如何呢？誦經、持咒是個很不錯的方法。

山林塚墓幻術、草木人體肖像咒術、起屍鬼幻術

本單元經文描述了三種害人幻術，分別是利用山林間的鬼神、使用

惡毒的咒術和邪惡的鬼魅妖術。這些幻術都屬於原始宗教中的巫術和符咒的範疇。

首先，經文提到了藥叉和羅剎婆，這兩種原本是山林間的鬼怪，後來被賦予神靈的身分，成為天龍八部的一員。藥叉擁有捷疾、勇健和輕捷的特質，而羅剎婆則以快速移動和鋒利的牙爪聞名。這種害人的幻術將會宰殺六畜眾生，並以其血肉祭祀，獻給這些惡鬼。

第二種幻術是透過書寫仇人的名字在草木製作的人體肖像上，並使用惡毒的咒術咒詛對方。這種咒詛具有邪惡的力量，旨在傷害仇人。

最後，經文提到了魘媚和起屍鬼。魘媚是指利用惡夢和迷惑的鬼魅來害人的邪術。起屍鬼則是指僵屍，透過對死屍念咒並賦予武器，控制屍體去殺害仇敵。

這些幻術和邪術通常被稱為「薩滿」（shaman）。薩滿信仰認為天地間存在著神靈，並透過薩滿巫師進行巫術儀式，與這些神靈進行溝通。薩滿信仰在印度、蒙古、西藏，以及中國中原地區和苗族等地廣泛存在，

超自然現象的神祕力量，以及佛陀的慈悲與智慧

《藥師經》的描述呈現了人們在古代對於超自然現象的恐懼和神祕力量的追求，對應佛教所提供的智慧和救度。

| 原始宗教 | 山林塚墓幻術、草木人體肖像咒術、起屍鬼幻術 |
| 佛教 | 慈悲與智慧 |

並形成了巫醫、術士、驅魔師、占卜師、亡靈巫師或靈魂行者等角色，他們透過與神靈的溝通和巫術，來解決人們的問題。

　　現代的宗教都強調要尊重、愛護、慈愛地對待地球所有的生命體，**佛教的《藥師經》則以藥師如來的慈悲和智慧來對抗這些邪惡力量，提供了一個解脫的出路。最終，藥師如來以其威神力和名號的力量，能夠驅散邪惡的幻術，幫助眾生解脫苦難，獲得平安和幸福。**

正式經文
28

憶念藥師如來的名號：
利益安樂，無損惱意

是諸有情，若得聞此藥師琉璃光如來名號，彼諸惡事，悉不能害。一切展轉皆起慈心，利益安樂，無損惱意及嫌恨心；各各歡悅，於自所受，生於喜足，不相侵凌，互為饒益。

白話翻譯

這些人若是能聽聞藥師琉璃光如來的名號，上述種種惡事全都不能造成任何傷害。人們相互之間的一切都會轉而生起慈悲之心，利益安樂，沒有損害他人的煩惱意與嫌恨心。人人歡悅，各自身受喜悅滿足，不相侵凌，而變得互為饒益。

關鍵詞彙

· **展轉**：輾轉，間接之意。

將負面因緣轉為正面因緣

此單元完整呈現出三種利益：❶ 藥師加被益、❷ 聞名利益、❸ 滅罪益（滅惱害罪得安樂益）。「加被」一詞即是保護、庇佑的意思，承蒙藥師如來的保護。

佛教教義中，將負面因緣轉成正面因緣，是一個重要的觀念。這意味著，即使面臨負面的環境或詛咒，**透過正面的力量和修持，我們可以轉化這些因緣，並獲得善美的結果和福報。**

在這段經文中，特別強調了藥師如來名號的重要性，其中提到：「彼諸惡事，悉不能害」，這意味著即使面臨山林塚墓幻術、草木人體肖像咒

術、起屍鬼幻術這三種惡法，藥師如來名號的力量能夠保護信徒免受惡法的侵害。

這三種幻術實際上是不同形式的詛咒，詛咒的力量可以來自名號和名字。無論是藥師如來的佛號還是惡毒幻術書寫的人名，都具有能量，其中包含著正面和負面的能量。**而藥師如來名號的善美能量，能夠完美對抗怪異術士和亡靈巫師的惡咒能量。**

從詛咒的概念來看，世間的「咒」即是「名」，無論是人、事、物、山川、海洋、鬼怪、神仙、魂靈等，只要具有名號，都會受到詛咒的束縛。唯有諸佛菩薩的名號才能解除這些詛咒。因此，只要我們念誦充滿慈悲能量的藥師如來名號，就能夠對治被詛咒的人。所以，經文特別強調藥師如來名號能夠調節詛咒的邪惡力量，並保護受詛咒之人。

在這個單元中，我們可以清楚看到三種利益的呈現。首先是「**是諸有情，若得聞此藥師琉璃光如來名號，彼諸惡事，悉不能害**」，這是所謂藥師加被益，獲得保護和庇佑的功德。藥師如來的名號能夠加被眾生，使其得到藥師如來的保護和加持。其次是聞名之後產生的慈悲利益：「**一切展轉皆起慈心，利益安樂，無損惱意及嫌恨心**」。當我們聆聽、念誦藥師如來名號時，都能夠得到這個名號所帶來的利益。最後是滅罪益，也就是滅除罪孽，獲得安樂的利益。「**各各歡悅，於自所受，生於喜足，不相侵陵，互為饒益**」，這表示藥師如來名號的能量能夠消除我們的惱害和罪孽，使我們獲得內心的平靜與喜悅。

八分齋戒：前往西方淨土

　　復次，曼殊室利！若有四眾：苾芻、苾芻尼、鄔波索迦、鄔波斯迦，及餘淨信善男子、善女人等，有能受持八分齋戒，或經一年，或復三月，受持學處。以此善根，願生西方極樂世界無量壽佛所，聽聞正法，而未定者。

白話翻譯

　　再者，曼殊室利！如果有四眾：比丘、比丘尼、男居士、女居士與清淨善信的善男子、善女人等，他們若能受持八分齋戒，或常年受持，或每年三個月的時間（註：一月、五月與九月），在受持學戒之處修習。透由這樣的善根，發願前往西方極樂世界無量壽佛的淨土，聽聞佛法。而未決定的人（註：尚未決定前往西方極樂世界，也可以前往東方淨琉璃世界）。

關鍵詞彙

· **苾芻**：梵語 bikshu（bhikṣu）的音譯，或譯比丘。男子出家受具足戒者的通稱。

· **苾芻尼**：梵語 bikshuni（bhikṣuṇī）的音譯，或譯比丘尼。女子出家受具足戒者的通稱。

· **鄔波索迦**：梵語 upasaka（upāsaka）的音譯，男居士。在家男性佛教信徒，能遵守在家五戒。

· **鄔波斯迦**：梵語 upasika（upāsikā）的音譯，女居士。在家女性佛教信徒，能遵守在家五戒。

· **八分齋戒**：一不殺生，二不偷盜，三不行淫，四不妄語，五不飲酒，六不著花鬘不以香塗身，七不歌舞唱伎及過往觀聽，八不坐高廣大床。

· **三月**：一、五、九這三個月。

往生益

本單元傳達大乘佛教重要的往生概念，可以選擇前往西方極樂世界或東方淨琉璃世界。不同的選擇代表著修行者嚮往的不同淨土，或是因為靈性目標的相應有所不同。前往無量壽佛西方極樂世界的人，將由觀世音菩薩和大勢至菩薩陪伴，觀世音菩薩代表慈悲和憐憫，大勢至菩薩則代表力量和智慧。如果還未決定，人們也可以考慮前往藥師如來的東方淨琉璃世界，這時將由八大菩薩陪伴，包括觀世音菩薩和大勢至菩薩在內，共八位菩薩。八大菩薩的詳細介紹可以參考下一個單元。

八分齋戒

在佛教中，出家人被稱作「苾芻」（bhikṣu）和「苾芻尼」（bhikṣuṇī），男女出家人受具足戒，成為正式的出家眾。在家信徒則被稱作「鄔波索迦」（upāsaka）和「鄔波斯迦」（upāsikā），他們能遵守在家五戒，也能持戒修行。

上述四眾，包括苾芻、苾芻尼、鄔波索迦、鄔波斯迦，以及清淨善信的善男子、善女人等，如果能受持八分齋戒，或常年受持，或每年三個月的時間（即一月、五月和九月）在受持學戒之處修習，透過這樣的善根，他們可以**發願前往西方極樂世界無量壽佛的淨土，聆聽佛法。而未決定前往西方極樂世界的人，也可以前往東方淨琉璃世界。**

八分齋戒是佛教中一項重要的修行方式，包括了八個戒律，每一個都具有深刻的意義和價值。八分齋戒是：一不殺生，二不偷盜，三不行淫，四不妄語，五不飲酒，六不著花鬘不以香塗身，七不歌舞唱伎及過往觀聽，八不坐高廣大床。

我們來看最容易被誤解的兩個戒律：第六「不著花鬘不以香塗身」和第八「不坐高大廣床」。「不著花鬘不以香塗身」的意思，是個人不要刻意打扮自己，不要貪圖虛榮的身體享受。花鬘是一種用花朵編織成的頭飾，塗香則是用來塗抹身體的香。這個戒律提醒我們，不要為了外表

而追求虛幻的華麗，不要著迷於對自己外在的追求，而忽視了內在的修行和發展。至於本章第35單元的經文「晨嚼齒木，澡漱清淨，以諸香華、燒香、塗香，作眾伎樂，供養形像」，這是為了表達寺廟的清淨與莊嚴的意義，與個人八分齋戒的「不著花鬘不以香塗身」的意義完全不同。

第八「不坐高大廣床」，這裡的床指的是禪修時所使用的座位，而非睡眠的床具。這個戒律告訴我們，在禪修時應該使用一般的椅子，而不是華麗高大的廣床。這是為了避免貪著華麗和奢華的心態，防止憍慢和貢高（驕傲自大）的情緒產生。**這樣的座位通常由草繩編織而成，提供一個適合禪修的平穩座位。**然而，由於古代經文的譯文不夠明確，後來的人誤解為禁止使用舒適的床具睡眠，事實上，睡眠並不違反這個戒律。

八分齋戒可以融入生活

八分齋戒是佛教修行的基礎，不會真的限制了我們的行為，重要的是幫助我們了解內心的渴望和執著，從而解脫自我束縛，實現真正的自由和內在的平靜。

這些戒律的目的，在於培養內心的平靜和專注，讓我們能夠超越對物質享受和虛榮的追求，專注於內在的修行和精神的提升。它們提醒我們，要擺脫貪欲和傲慢，以平和及謙遜的心態對待自己與他人。

如果以開放的心態接納，並去理解和遵守八分齋戒，不僅能夠豐富我們的修行體驗，也能夠在日常生活中培養出純淨、謙虛和專注的心態。透過不刻意打扮和追求虛幻華麗的外在形象，以及避免貪圖奢華和貢高的心態，我們能夠更加專注地修行，並逐漸超越對物質享受的執著。本經三次提及八分齋戒，詳見 PART 4 的第 3 單元。

30 臨終八大菩薩的接引：蓮花中自然化生而出

　　若聞世尊藥師琉璃光如來名號，臨命終時，有八大菩薩，其名曰：文殊師利菩薩、觀世音菩薩、得大勢菩薩、無盡意菩薩、寶檀華菩薩、藥王菩薩、藥上菩薩、彌勒菩薩。是八大菩薩，乘空而來，示其道路，即於彼界種種雜色眾寶華中，自然化生。

白話翻譯

　　如果聽到世尊藥師琉璃光如來的名號，到臨終時將有八位大菩薩前來接引。祂們的名號分別是：文殊師利菩薩、觀世音菩薩、得大勢菩薩、無盡意菩薩、寶檀華菩薩、藥王菩薩、藥上菩薩、彌勒菩薩。這八位大菩薩會乘空而來，指引道路前往東方琉璃世界，而修持者將在種種顏彩相間的蓮花中自然化生而出。

關鍵詞彙

· **得大勢菩薩**：梵語是 Mahāsthāmaprāpta，象徵力量，此菩薩的大智到達一切的空間，故又稱大勢至，菩薩的大智至一切處所。大勢至可以拆解為三個梵字：龐大（mahā）、氣勢（sthāma）、到來（aprāpta）。ā 是 a 的長音。

· **無盡意菩薩**：梵語是 Aksayamati，來自東方「不眴國」淨土，發心無盡，願力無盡，代表大願。眴（ksayamati）的意思是目眩，眴通「眩」，發音也一樣。

· **寶檀華菩薩**：梵語是 Ratnacandanapuṣpa，核心能量是：寶物（ratna）、檀香（candana）、花（puṣpa）。六供養中的三種能量。ṣ 的發音為 si。

· **藥王菩薩**：梵語是 Bhaisajya-raja，與藥上菩薩在前世是兄弟關係。藥王菩薩的前世是星宿光（兄），未來世將在地球成佛。

· **藥上菩薩**：梵語是 Bhaisajya-samdgata，前世是電光明（弟），未來世將在地球成佛。

· **彼界**：東方淨琉璃世界。（註：也有人認為彼界是指西方極樂世界，詳見後文。）

- **寶華**：寶花（珍寶般的花蔓），此處應指蓮花。
- **化生**：突然而生，變化而生，沒有懷胎受孕，突然而生的奇妙過程。說明詳見如後。

八大菩薩等同於宇宙八股智慧能量

當我們念誦八大菩薩的名號時，必須重新認識諸尊的真實意義，透過「梵語原意」來了解。同時，我們也要稍微了解呼喚的次序，因為八大菩薩的出場次序是有意義的。但最重要的是，我們必須以虔誠的心意呼喚這八個不同的宇宙能量，這樣念誦才能更有效！

這八位菩薩代表著八種宇宙能量的擬像化，可以分成三組能量場域（參見 Part 2 第 1 章第 10 單元）。因此，面對這八位菩薩時，我們必須超越傳統無意識（有口無心）的念誦方式，以宇宙能量「擬像化」的角度，重新詮釋這八位菩薩。

每位佛、菩薩的名號就是真言咒語。奉請這八大菩薩，等於一口氣呼喚八種宇宙能量，是非常偉大的能量啟動。此外，印順導師提出一個觀點，他認為東方淨土的八大菩薩可能取法於太陽系中的九大行星，這些行星與地球密切相關（註：古代僅有八大行星，後來才發現了冥王星，成為九大行星）。

奇妙的化生，突然而生、變化而生

「化生」是佛教術語，梵語為 upa-pāduka，指在虛空中自然地「突然」出現生命形象。佛界認為，生命的誕生有四種方式，稱為四生。其中以化生最為奇妙，這是一種無所依託的自然變化，並不是從其他三生（卵生、胎生或濕生〔由濕氣受生〕）中孕育而生的。**化生的生命形式可以由人、**

天、神或其他形式進行，而其奇妙的誕生過程常常被描述為一種奇蹟。

　　人也可以經歷化生嗎？是的，《藥師經》與《佛說阿彌陀經》都提到，在生命結束後，轉換出現於佛陀的淨土，此過程即是化生。這個概念在佛教中有著重要的地位，因為它傳達了生命的不可思議和佛法的深奧。所以「有八大菩薩，乘空而來，示其道路，即於彼界種種雜色眾寶華中，自然化生」。人類也可以在各種顏色的花蔓之中，沒有受胎、繁殖過程，如奇蹟般突然出現。《藥師經》的經文中，沒指名是蓮花，只說「雜色眾寶華」，意思是各種顏色的珍寶花蔓。但在《佛說阿彌陀經》中，清楚描述了這是各種顏色的蓮花。

　　關於本單元的「彼界」，兩種說法。有人認為「彼界」是東方琉璃淨土，也有人認為是西方極樂淨土。如果仔細推敲連續兩個單元的脈絡，當眾生對於發願往生極樂淨土沒有把握，後來聽聞並受持藥師佛的名號，八大菩薩可以接引往生者前往其中之一的淨土。所以「彼界」是東方琉璃淨土或西方極樂淨土，其實都是成立的，再加上經文中提到藥師如來淨土與西方淨土沒有差別，平等無二的（Part 2 第二章第 19 單元）。總而言之，眾生無論往生至哪一個淨土，都是由於自己所發的願力與所累積的功德力而成。

八大菩薩名號的變遷與實修效果

　　《藥師經》是佛教中一部極具影響力的經典，探討了藥師琉璃光如來的教法和慈悲力量。然而，根據資料顯示，唐代玄奘版的《藥師經》並未一一詳列本單元的八大菩薩的名號，這引發了一個問題：為何現在寺院流通的玄奘版本卻包含了八大菩薩的稱謂與名號？又從何而出呢？

　　進一步追溯，我們可以找到更早的《藥師經》版本，例如東晉時代由帛尸梨密多羅所譯的《灌頂拔除過罪生死得度經》，附在裡面的《灌頂大神咒經》中。有學者推測，這本經即是之後隋代慧簡法師所譯出的《藥師琉璃光經》。這兩本早期的譯本都可能詳細列舉了藥師八菩薩的名號，顯示這八位菩薩在當時的藥師信仰中扮演著重要的角色。

然而，隨著時間的推移，唐代玄奘版本的《藥師經》只提到「八大菩薩」（或經文所列的「八菩薩」）的總稱，並未逐一詳列每個菩薩的名號，也沒有完整的〈藥師咒〉單元。

對此，太虛大師提出一個觀點，最早期的兩本藥師譯本中，帛尸梨密多羅所譯的《灌頂拔除過罪生死得度經》詳細列舉了藥師八菩薩的名號，另一部慧簡法師的《藥師琉璃光經》（已佚失），**這兩部應該是以密部經典的姿態呈現的《藥師經》**。早期的時空背景中，相當重視佛菩薩的名號，畢竟密教世界中的名號即是真言咒語。**到了唐代玄奘時期，《藥師經》改以淨土宗的姿態呈現，自然拿掉八大菩薩的名號。**

太虛大師繼續描述著，之後來到義淨大師的時空背景，印度密教復盛，這時又有了變動，義淨將〈藥師咒〉放入經典，再次以密部經典的姿態出現。

以下將太虛大師的文章內容呈如下：「蓋帛尸梨密多羅來自西域，想其時西域密教已甚盛矣，而在印度、中國則未極流行。以宋、隋及唐玄奘時，印度中國皆大乘性相，法幢高建，故其譯此近淨土經也。及義淨時，印度密教復盛，故其譯時多添咒語，則此復屬密部焉。此在佛經翻譯史上，佛教因各處地域之異，各時趨勢之別，亦隨之而變易，然吾人亦正由是而可知佛教變遷之歷史與情勢矣。」

現代寺院流通版本

現代寺院流通版＝
❶玄奘大師譯版＋❷八大菩薩完整名號＋❸完整藥師長咒

在佛教中，諸佛菩薩的名號被視為一種咒語，是獲取宇宙智慧能量的最佳途徑。持誦或念誦菩薩的名號，被認為具有強大的力量，能幫助修行者獲得內在的平靜和智慧。

為了提供更好的實修效果，現代流通的《藥師經》版本，在玄奘譯本的基礎上增加了每位菩薩的具體名號（帛尸梨密多羅版本），再增加完

整的藥師長咒（義淨版本），是非常優秀的實修版本。實修意味著結合經咒，即將經文和咒語合二為一。修行者透過閱讀和持誦《藥師經》，同時結合每位菩薩的名號，可以更深入地體驗《藥師經》的教義，獲取更深層次的智慧和力量，也能更加理解《藥師經》的內涵，並提升修行的效果。

《藥師經》五版本

朝代	西元年代	譯者	經名	經典屬性歸類	八大菩薩完整名號	咒語
東晉	307	帛尸梨密多羅	《灌頂拔除過罪生死得度經》	密部經典	有	藥師心咒
劉宋	457	慧簡法師	《藥師琉璃光經》（已佚失）	無法確定		
隋	615	達摩笈多	《佛說藥師如來本願經》	※	無	無
唐	650	玄奘大師	《藥師琉璃光如來本願功德經》	淨土經典	無	無
唐	707	義淨大師	《藥師琉璃光七佛本願功德經》	密部經典	無	藥師長咒

1. 五個《藥師經》版本橫跨了四百年。
2. 太虛大師僅討論帛尸梨密多羅、玄奘大師、義淨大師三個譯本，並沒有達摩笈多版本，所以將其「經典屬性歸類」註記為 ※。
3. 針對達摩笈多版本，筆者仔細檢查經文內容，沒有八大菩薩每一位的完整名號，也沒有咒語。
4. 達摩笈多譯本的時間是西元 615 年，玄奘大師的譯本是 650 年，相距僅三十五年。合理推測該典「屬性歸類」應該是淨土經典。

正式經文 31　轉世於天上或來到人間成為輪王、剎帝利或婆羅門居士

　　或有因此生於天上，雖生天上，而本善根亦未窮盡，不復更生諸餘惡趣。天上壽盡，還生人間，或為輪王，統攝四洲，威德自在，安立無量百千有情於十善道；或生剎帝利、婆羅門、居士大家，多饒財寶，倉庫盈溢，形相端正，眷屬具足，聰明智慧，勇健威猛，如大力士。若是女人，得聞世尊藥師琉璃光如來名號，至心受持，於後不復更受女身。

白話翻譯

　　或有人因此生於天上，雖生天上，而本來的善根尚未窮盡，將不會再墜入惡道之中。當天上壽命終盡，他可以重返人間；或是轉世成為轉輪聖王，統攝治四洲，威德自在，安立無量百千眾生於十善道；或者是成為貴族剎帝利、祭司婆羅門、居士等等大家族，家財饒富，倉庫盈溢，身形端正，眷屬具足，聰明智慧，勇健威猛如大力士。如果是女人，聽到藥師琉璃光如來的名號，如能至誠受持的話，以後將不再轉世成女人身。

關鍵詞彙

· **輪王**：轉輪聖王。

· **四洲**：須彌山周圍鹹海中的四大洲，分別為東勝神洲、西牛賀洲、南贍部洲和北俱盧洲，這四洲分別住著四大天王。

· **十善道**：世間善行的總稱。

· **剎帝利**：梵語 ksatriya 的音譯，印度階級中的軍事貴族，屬於種性第二。

· **婆羅門**：梵語 brahmin 的音譯，印度階級的祭司貴族，屬於種性最高位階。

四種轉生境態

　　這幾個單元描述了在娑婆世界生命結束之後的狀態，分別是四種利益，印順導師的科判以「得〇〇益」來詳細陳述。這四種利益分別是：❶ 得往生淨土益（本章第 29、30 單元）、❷ 得上生天國益、❸ 得還生人間益、❹ 得轉生大丈夫益（本單元）。「往生」指的是前往佛國淨土，或者是東方淨琉璃世界；「上生」則指前往天神世界；「還生」指回到人道，而「轉生」則是指不再轉世為女性。

　　這些概念清晰地呈現了經文中所描述的四種轉生境態。**而其中的重要條件是，善根未窮盡的人不會再墜入惡道，甚至天上的壽命終盡後可以重新回到人間。** 整體來說：

1. **得往生淨土益**：往生淨土可以前往佛國淨土或東方淨琉璃世界。
2. **得上生天國益**：上生天國可以成為轉輪聖王，統治四洲並照顧眾生。
3. **得還生人間益**：還生人間可以成為貴族剎帝利、祭司婆羅門、居士等大家族的一員。
4. **得轉生大丈夫益**：若女性真誠地受持藥師琉璃光如來的名號，將不再轉世成為女性。

轉輪二義：戰輪與法輪

　　在印度神話中，當統一世界的君王出現時，天上將會出現一個旋轉金輪，作為他統治權力的證明。 擁有這個旋轉金輪的人，稱為轉輪王，將成為這個世界須彌四洲的統治者，他會以慈悲與智慧治理這個世界，開創轉輪聖朝（sarvabhauma）。無論佛教、耆那教或是印度教，都繼承了這個傳說。「轉輪王」這個稱號在印度孔雀王朝時代（約西元前 322 年至西元前 184 年）首次出現，該國的第二任國王賓頭娑羅與第三任國王阿育王，均被視為轉輪王。

　　轉輪王（梵語為 cakra-varti-rajan）也被稱為轉輪聖帝、轉輪聖王、

輪王、飛行轉輪帝、飛行皇帝。這些不同稱謂包含了三個重要元素，分別是❶ 輪、❷ 帝王、❸ 飛行。**其中最特殊的是飛行轉輪帝與飛行皇帝的稱謂，「飛行」一詞刻意強調聖王從天而降。**

　　轉輪王擁有七種寶物，包括輪、象、馬、珠、女、居士、主兵臣。此外，轉輪王還具備四種德性，包括長壽、無疾病、容貌出色、寶藏豐富等四種。在七種寶物與四種德性的協助下，轉輪王得以統一須彌四洲，以正法御世，其國土豐饒，人民和樂。

　　一般認為，轉輪聖王出現之說在釋迦牟尼時代就已經流傳，各種經論紛紛將釋尊與轉輪聖王相比，例如《雜阿含經》卷 27、《大智度論》卷

四種益：往生、上生、還生、轉生

印順導師精準用了「往、上、還、轉」四個動詞，完整分析此單元的經文。他深厚的文字功力實在令人讚佩。讀者請再搭配經文中的描述，將更清楚地了解其中所談到的四種轉生狀態和相應的利益。四個動詞對應不同的空間狀態，其中「還生」、「轉生」維持在人類的世界。

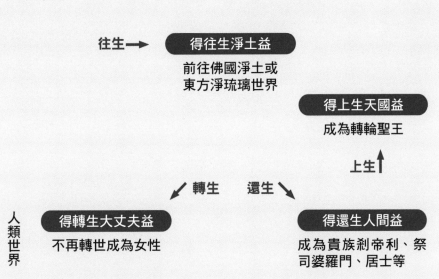

往生 ➡ **得往生淨土益**
前往佛國淨土或
東方淨琉璃世界

得上生天國益
成為轉輪聖王

上生 ↑

↙轉生　　還生↘

人類世界

得轉生大丈夫益
不再轉世成為女性

得還生人間益
成為貴族剎帝利、祭
司婆羅門、居士等

25 等，就將轉輪聖王的七種寶物及其治理能力，與釋尊的七覺支相提並論。由於轉輪聖王出現之說盛行的時間正是釋尊時代，剛開始人們只是將釋尊與轉輪聖王相比，到後來，佛教典籍認為轉輪聖王就是釋迦牟尼佛，並增加「法」字，稱他為「法輪王」。

轉輪聖王擁有的七種寶物是一個豐富的主題，其中以輪寶最為重要。佛教典籍《大毘婆沙論》及《法苑珠林》中均有詳細的記載。西元二世紀的《大毘婆沙論》認為，轉輪聖王的四個輪寶分別對應不同的菩薩行位。毘婆沙（vibhāṣā）是一種佛教文體，為針對阿毘達摩論書的註釋，而阿毘達摩論書則是屬於菩薩阿羅漢對佛經的見解和註疏。再看唐代的《法苑珠林》，又有對輪王的新見解，在卷 43 中記載輪王有法輪王（釋迦牟尼）、軍輪王（阿育王）與財輪王等。財輪王並未對應到歷史上的真實人物，但又可分成金、銀、銅、鐵四位輪王。

生理的承受，智慧的獲取

「於後不復更受女身」這句經文，引發人們對於佛教經典中兩性存在某些差異的聯想。實際上，這段經文對應著藥師如來的第八願，即讓眾生擺脫生老病死和輪迴的束縛，進入無上正等正覺的智慧狀態。

顯然，經文中提到了女性和男性的身體差異，我們必須承認女性在懷孕和生產等生理方面，承擔更大的負擔，而大部分男性的身體更為強壯。然而，當藥師如來達到佛陀的境界後，祂已經超越了肉體的限制，成為一個神聖的意識體，可以轉換成任何形式，完全超越了兩性的限制。

第八願中的「轉女成男願」和「於後不復更受女身」，並不是針對性別的刻意區分或是歧視，而是表達了超越生命繁衍限制的概念，希望眾生能夠獲得超越性別的智慧狀態，徹底解脫。

藥師滿足眾生祈願：根本願力的神奇力量

　　復次，曼殊室利！彼藥師琉璃光如來得菩提時，由本願力，觀諸有情，遇眾病苦，瘦攣、乾消、黃熱等病，或被魘魅、蠱毒所中，或復短命，或時橫死，欲令是等病苦消除，所求願滿。

白話翻譯

　　再者，曼殊室利！那位藥師琉璃光如來證得菩提時，由於根本願力能看到眾生所遭受的種種病苦，像是羸瘦畸形、乾枯削瘦、黃疸發燒等，或是受到魘魅、蠱毒的危害，或因短命，或時而橫死。藥師如來不僅會讓這些病苦消除，同時也會滿足眾生的祈願。

關鍵詞彙

・**攣**：ㄌㄩㄢˊ，手、足因抽搐而彎曲不能伸直。

・**乾消**：乾枯削瘦。

本願、本願功德、本願力、本願威力

　　本願（梵語為 pūrva-praṇidhāna）指的是藥師如來在菩薩道上立下的十二大願，也稱為根本願望。在《藥師經》中，本願延續發展出了「本願功德」和「本願力」的概念，「本願功德」一詞出現了五次，「本願力」出現了兩次，還有一個「本願威力」僅出現了一次，基本上這三個概念非常接近。根本願力是本書的核心！

　　一般而言，功德是指佛教中行善所帶來的利益。在《藥師經》中，功德包括 ❶ 禮佛、❷ 誦經持咒、❸ 布施、❹ 供養這四種行為，這些功德

在經文中被特別強調，多次出現在《藥師琉璃光如來本願功德經》中。至於，「本願力」是單純的願望力量，「本願威力」除了本願力，還包含神通的威力。

根本願力的神奇力量！本書的核心！

我們都是凡常人，無法立刻體會生死是幻象，唯有智者可以領悟無生無滅的智慧境態，於是釋迦牟尼佛透由此段經文，「先」協助眾生度過娑婆世界的難關，「再」引領眾生前往無上正等正覺的智慧領域。

我們以追求智慧的視角，來發掘這段經文的意義，本單元描述了藥師琉璃光如來證得菩提後，由於根本願力，祂能夠看到眾生所遭受的各種疾病和苦難，包括身體、精神和生命歲數等三個層面。所以，釋迦牟尼佛在說法過程中透由此段經文「先」協助眾生處理這些困擾。

1. **身體病痛**：羸瘦畸形、乾枯削瘦、黃疸發燒等症狀。
2. **精神苦痛**：受到魔魅和蠱毒的危害。
3. **生命歲數**：短命，或突然死亡（橫死）。

最後，經文中，釋尊強調藥師如來不僅能夠消除這些病苦，還能夠滿足眾生的祈願。

〈藥師咒〉正式登場，世尊入定

> 很重要！

時彼世尊入三摩地，名曰：除滅一切眾生苦惱。既入定已，於肉髻中，出大光明，光中演說大陀羅尼曰：「南無薄伽伐帝、鞞殺社窶嚕、薜琉璃、缽喇婆、喝囉闍也、怛他揭多耶、阿囉訶諦、三藐三勃陀耶、怛姪他、唵、鞞殺逝、鞞殺逝、鞞殺社、三沒揭諦、莎訶。」爾時光中說此咒已，大地振動，放大光明，一切眾生病苦皆除，受安隱樂。

白話翻譯

那時釋迦牟尼佛進入三摩地的禪定狀態，其名稱為「除滅一切眾生苦惱」。就在世尊入定之後，於其肉髻中，綻放大光明，在光中的籠罩下開始演說藥師大陀羅尼咒：「誠敬地將生命交付給世界所尊敬的藥師、琉璃、光、王、如來、應供、正等正覺。即說咒曰：『嗡！藥！藥！藥顯現出來！吉祥成就。』」這時釋迦牟尼在光芒中說完此咒，大地振動，放出大光明，照耀一切眾生，所有的病痛都被消除，臨受安穩的喜樂。

關鍵詞彙

- **三摩地**：梵語 samadhi 的音譯，意思就是「定」，更仔細的解釋是：住心於一境而不散亂。

- **陀羅尼**：梵語 dharani 的音譯，意思是真言，也就是宇宙的真實語言，通常指長咒，在此處就是指〈藥師咒〉。

- **薄伽伐帝**：梵語 bagavate 的音譯，意指「世尊」，佛陀的尊稱。

- **鞞殺社**：梵語 baisajya 的音譯，意指「藥」。

- **窶嚕**：梵語 guru 的音譯，意指「師」。

- **薜琉璃**：梵語 vaidurya 的音譯，琉璃。「琉」或見「瑠」、「璃」和「瓈」等字，它們在翻譯和使用上有不同的例子，可能因不同的譯者和經典版本而略有差異。

- **缽喇婆**：梵語 praba 的音譯，意指「光」。

- 喝囉闍也：梵語 rajaya 的音譯，意指「王」。在翻譯經典和稱呼時，通常會省略「王」字。
- 怛他揭多耶：梵語 tathagataya 的音譯，意指「如來」。
- 阿囉訶諦：梵語 arhate 的音譯，意指「應供」。
- 三藐三勃陀耶：梵語 samyaksambudaya 的音譯，意指「無上正等正覺」。
- 怛姪他：梵語 tadyata 的音譯，意指「即說咒曰」。
- 鞞殺逝：梵語 baisajye 的音譯，意指「藥」。
- 鞞殺社：梵語 baisajya 的音譯，意指「藥」。
- 三沒揭諦：梵語 samudgate 的音譯，意指「顯現」。
- 莎訶：梵語 svaha 的音譯，意指「吉祥成就」。
- 受安隱樂：受安穩樂。「隱」字還原成「穩」。意思是獲得安定和平靜的喜樂。

❋

釋迦牟尼佛進入三摩地的禪定狀態

　　這個單元是釋迦牟尼佛在藥師法會的關鍵時刻，說明世尊持咒治病的利益，共分四個階段：❶ 世尊由願觀苦（本章第 32 單元）、❷ 世尊入定說咒（本章第 33 單元）、❸ 世尊持咒滅苦（本章第 34 單元）、❹ 世尊結勸受持（本章第 34 單元）。請注意，這裡的「世尊」一詞是指釋迦牟尼佛。

　　釋迦牟尼佛準備進入神聖的智慧冥想狀態，稱為「三摩地」境界。三摩地是梵語 samadhi 的音譯，也經常音譯為「三昧」。三摩地的意思是讓心集中在一個地方，比較簡單的意思是「定」，所以常見的「入定」一詞，就是「入三摩地」。此外，三摩地還被翻譯成「等持」，這個譯法也非常重要，但必須仔細說明。「等」的意思是「平等、同等、不偏不倚地將心力集中於一處」，「持」的意思是「維持、保持專注不散亂的境態」。

接下來，要記住此刻釋迦牟尼佛的三摩地有個特別的專屬名稱：「除滅一切眾生苦惱」，意味著此三摩地與除滅一切眾生苦惱有著密切的關係。就在世尊入定之後，於其肉髻中，將會綻放大光明，釋放出巨大的智慧能量，照顧全體眾生。

請讀者注意，在不同經典中，只要是釋迦牟尼佛入定之後，即會發生種種神通。在《藥師經》中則展現出三個神通，分別是：❶ 大放光芒、❷ 大地振動、❸ 消除眾生的病痛。

凡常人的頭部，多出來的肉髻，
這兩個身體結構代表不同的智慧真理

相對於人類的頭部結構，凡常人並沒有多出的肉髻，在佛陀頭頂上的肉叢（肉髻）代表著不同的智慧真理。佛陀頭頂上隆起的肉叢，被稱為肉髻（梵語為 uṣṇīṣa），形狀類似髮髻，象徵著佛陀的智慧能量。

從圖像的解釋來看，一般人的頭部結構中儲存著世俗間的智慧，稱為「世俗諦」（conventional truth）。而佛陀不僅擁有世俗的智慧，還擁有超越世俗的宇宙智慧，稱為「勝義諦」（ultimate truth）。這個超越世俗的智慧就儲存於佛陀頭頂凸起的肉髻中，而一般人則沒有這個身體特徵。

所以，肉髻代表佛陀的超越世俗的智慧，與一般人所擁有的世俗智慧有所區別。**肉髻在圖像上是象徵與隱喻，學習時不要執著於是否符合真實人類的身體結構。**

大陀羅尼！藥師完整咒語

此處的「大陀羅尼」，意思是強大的咒語，也就是赫赫有名的藥師長咒：「南無薄伽伐帝、鞞殺社窶嚕、薛琉璃缽喇婆、喝囉闍也、怛他揭多耶、阿囉訶諦、三藐三勃陀耶、怛姪他、唵、鞞殺逝、鞞殺逝、鞞殺社、三沒揭諦、莎訶。」

陀羅尼（dharani）即是咒語，多半是指較長的咒語，就像完整的〈藥

佛陀肉髻的智慧光芒

經文顯示，當佛陀進入三摩地的禪定狀態（入定），突出的肉髻會放出強烈的智慧能量，大放光芒。接著，在光中的籠罩下，釋迦牟尼佛開始演說〈藥師大陀羅尼咒〉。在光芒的持續圍繞下，釋迦牟尼說完此咒。此時，大地振動，肉髻再次放出龐大光明，照耀一切眾生，所有眾生的病痛都被消除，臨受安穩的喜樂。因此，這個禪定狀態稱為「除滅一切眾生苦惱」。智慧光芒顯現的過程如下：

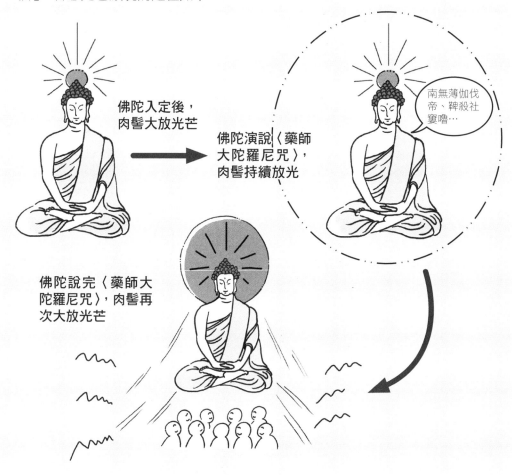

佛陀入定後，
肉髻大放光芒

佛陀演說〈藥師大陀羅尼咒〉，肉髻持續放光

南無薄伽伐帝、鞞殺社窶嚕…

佛陀說完〈藥師大陀羅尼咒〉，肉髻再次大放光芒

師咒〉（又稱〈藥師灌頂真言〉）屬於長咒，大致上可以拆解成以下三個結構：

❶ 藥師核心名號：「南無薄伽伐帝、鞞殺社窶嚕、薜琉璃鉢喇婆、喝囉闍也」，意思是誠敬地將生命交付給世界所尊敬（南無薄伽伐帝）、藥師（鞞殺社窶嚕）、琉璃光（薜琉璃鉢喇婆）、王（喝囉闍也）。這部分是呼喚藥師的最核心名號「南無藥師琉璃光王」。

❷ 佛陀的三種智慧能量境界：「怛他揭多耶、阿囉訶諦、三藐三勃陀耶」，意思是如來、應供、正等正覺。這三個咒字都是描述藥師達到佛陀境界的能量狀態，也是佛陀十大名號之三。

❸ 顯現（產生）藥：最後是「怛姪他、唵、鞞殺逝、鞞殺逝、鞞殺社、三沒揭諦、莎訶」，意思是即說咒曰：「嗡！藥！藥！藥顯現出來！吉祥成就。」此處是藥師的心咒。藥顯現出來，這個狀態宛若無中生有，「顯現」的梵語音譯為「三沒揭諦」（samudgate），原始意思還有產生、出生與生起（不是升起）的意思。三沒揭諦（samudgate）可說是藥師心咒最重要的咒字。

《藥師經》的版本背景及其內容的演變

本書採用的《藥師經》是一般寺院流通版的經典，95% 的內容取自於唐代大師玄奘的譯版。然而，需要注意的是，最初玄奘翻譯的原始版本，並沒有包含本單元完整的〈藥師咒〉，也沒有八大菩薩每一位的名號描述。

相同的音譯咒語版本，正式在明代的《藥師三昧行法》出現，此部分咒語的漢字音譯內容，幾乎與現今寺院的流通版本相同。在接下來的清代，《慈悲藥師寶懺》延續了這個傳統。

現今《藥師經》的特殊之處，在於它融合了玄奘原始版本的「經」和義淨版藥師如來的「咒」（註：其漢字音譯不同於流通版）。前者代表著人類的語彙，而後者則是佛菩薩的語彙。這種經咒合一的形式，使得《藥師經》具有了橫跨娑婆世界（地球）與宇宙虛空的智慧。

《藥師三昧行法》與《慈悲藥師寶懺》都是寺院著重於實修的藥師法門。有關《慈悲藥師寶懺》的說明，詳見 PART 4 第 16 單元。

　　這種版本的演變，展示了《藥師經》在不同時期的傳承和修訂。從唐代的《藥師如來本願功德經》，到明代的《藥師三昧行法》，再到清代的《慈悲藥師寶懺》，每一個版本都對《藥師經》進行了一定程度的增添和改變。這種演變的背後，是佛教教義的深化和傳播的需求。《藥師經》的經咒合一的形式，使得它逐漸演變為佛教信眾修持和崇敬的重要經典之一。

持咒滅病苦

很重要！

　　曼殊室利！若見男子、女人，有病苦者，應當一心為彼病人，常清淨澡漱，或食、或藥，或無蟲水，咒一百八遍，與彼服食，所有病苦悉皆消滅。若有所求，至心念誦，皆得如是，無病延年。命終之後，生彼世界，得不退轉，乃至菩提。是故曼殊室利！若有男子、女人，於彼藥師琉璃光如來，至心殷重，恭敬供養者，常持此咒，勿令廢忘。

白話翻譯

　　曼殊室利！如果看到有病苦的男子、女人，應當一心為病人持咒，經常清淨身體，洗澡漱口；然後認真為病人準備食物、藥品、無蟲的淨水，念誦這藥師咒一百零八遍之後再讓病人服用，所有一切病苦全都能消滅。如果有祈求，只要專心念誦此〈藥師咒〉，都能如願無病延年。在生命結束之後，即能前往東方琉璃世界，絕不會退轉人間，直到證得菩提。所以曼殊室利！男子、女人面對那藥師琉璃光如來，應該心誠意重；而恭敬供養的人，應該常常誦持藥師咒，不可廢忘。

關鍵詞彙

・**無蟲水**：煮過的開水，沒有蟲害細菌。
・**生彼世界**：意指轉生到東方琉璃世界。
・**殷重**：情意深重。

親友病重時，祈請藥師如來的方式正式登場！

　　「曼殊室利！若見男子、女人，有病苦者，應當一心為彼病人，常清淨澡漱，或食、或藥，或無蟲水，咒一百八遍，與彼服食，所有病苦悉皆消滅。」這段經文講述了，當親友病重時，應該如何祈請藥師如來

和持咒的方式。這是在前文中提到的〈藥師咒〉的實際應用方式。

首先，經文提到了「**應當一心為彼病人**」，這表示要專注且全心全意地為病人祈禱和持咒，這是「意業」的表現。其次，經文提到了「**常清淨澡漱**」，這表示要經常保持身體的清淨，包括洗澡和漱口，這是「身業」的表現。

最後，經文強調了持咒的重要性，咒語的重複讀誦，有助於連結藥師佛的智慧能量，並且將這份能量傳遞給病人，進而減輕他們的病苦，這是「語業」的表現。

這段文字強調了持咒和清淨身心的重要性，並將這兩者納入到為親友祈禱和病人療癒的過程中。它提醒我們，透過身、語、意三業的清淨和修行，可以更有效地達到祈禱和療癒的目的。

意識會影響物質與人體

這段經文中，提到了人的意識對物質和人體有著影響力，根據釋迦牟尼佛對文殊菩薩的解釋，為病人準備食物、藥品和淨水（無蟲水），並在念誦〈藥師咒〉後讓病人服用，這樣可以消除所有的病苦。「**或食、或藥，或無蟲水，咒一百八遍**」，表明了人的意識如何透過祈禱、祝福和念誦的方式，去影響食物、藥品和淨水的能量與品質，進而改變它們對人體的作用。**這暗示著人們的意識與精神能量，具有某種形式的影響力，可以將祝福和治癒的能量傳遞給物質和人體。**

這一觀點反映了心靈與身體的緊密聯繫，以及人的意識對整體健康和病痛的影響。透過正確的意識導向和祈禱，人們可以將積極的能量和意向傳遞給身體，促進康復和療癒的過程。這種觀點是基於信仰和靈性的層面，過去以科學角度的證據和解釋並不夠充分。然而，量子科學發現，意識對物質和人體的影響明確存在。在討論這個主題時，已經增加科學支持的觀點和證據。請參見《誦經與量子力學：從藥師經儀軌了解意識能量轉化的奧祕》一書。

冥陽兩利的藥師法門，民間習俗的擴展與延伸

「若有所求，至心念誦，皆得如是，無病延年。命終之後，生彼世界，得不退轉，乃至菩提」，這段經文提到了，「冥陽兩利」是藥師法門的核心要點之一，重點在於冥（死後）與陽（活著）這兩個生命階段。念誦《藥師經》，可以帶來「此生」無病延年和「未來」得不退轉，乃至菩提的利益。**意思是說，如果有祈求，只要專心念誦《藥師經》，就能達到無病延年的效果。而在生命結束後，能夠前往東方琉璃世界，不再轉回人間，直到證得菩提。**

因此，念誦《藥師經》所帶來的利益，包括了延長此生的健康與壽命，以及在來世前往藥師如來的淨土。這是修行的終極目標，即達到無上正等正覺的境界。

「冥陽兩利」這四個字是藥師法門的關鍵詞，在《藥師經》中非常重要。人們普遍認為，《藥師經》對於人類活著時的身心健康有幫助，其實它同時也能夠消除業障。不論是地獄還是人間，《藥師經》都能幫助眾生消除業障，解脫煩惱、痛苦和種種病苦。這個經文概念，明顯不同於民間習俗。

現今為往生者舉行佛事時，也會念誦《藥師寶懺》和《藥師經》，不一定只為亡者念誦《佛說阿彌陀經》和《地藏經》。尤其是因病苦而去世的往生者，容易有所羈絆，會特別為其念誦《藥師經》，有助於消除他們的業障，使其以健康的身體往生。

實際上，即使是原本應該前往地獄道或餓鬼道的眾生，經文也特別強調因聞藥師佛的聖號而得到解脫，免去地獄之苦。這一點在《藥師經》中有明確的陳述。

如果分析《藥師經》與民間習俗的關鍵性差異，《藥師經》經文**強調生前念誦的目的是**可證得菩提（獲取智慧）與免除地獄之苦（解脫），而民間習俗是進行**往生佛事**（死亡之後）與免除病痛（因疾病而離開世間）。兩者有相同之處，但又明顯不同。

融入生活，時時刻刻保持精進

最後一段經文寫著：「若有男子、女人，於彼藥師琉璃光如來，至心殷重，恭敬供養者，常持此咒，勿令廢忘。」前文提過，世尊持咒治病的利益，共分四個階段：❶ 世尊由願觀苦（本章第 32 單元）、❷ 世尊入定說咒（本章第 33 單元）、❸ 世尊持咒滅苦（本單元）、❹ 世尊結勸受持（本單元）。上面的經句即是最後的「世尊結勸受持」。

筆者對這段經文的重新詮釋是，將〈藥師咒〉融入日常生活，是一種精進的修行方法。以心平氣和、有口有心的方式念誦〈藥師咒〉，只需數分鐘，每天在疲憊時暫停工作，專注念誦幾次，具有相當的價值。

此外，念誦〈藥師咒〉還有助於消除負面情緒和想法，增強正念和

 《藥師經》與民間習俗的冥陽兩利之差異

《藥師經》的冥陽兩利	民間習俗的冥陽兩利
此生 專心念誦《藥師經》，可達到無病延年的效果。	誦念《藥師經》有助於消除業障，以健康的身體往生。
未來 生命結束後，能前往東方琉璃世界，不再轉回人間，直到證得菩提。	為往生者舉行佛事時，會運用《藥師寶懺》和《藥師經》。
未來 本應前往地獄道或餓鬼道的眾生，因聞藥師佛的聖號而得到解脫，免去地獄之苦。	針對病苦而去世的往生者，會特別念誦《藥師經》，以解除其羈絆。

平靜，使我們更能應對生活中的挑戰和困難。不妨在家中準備個小藥師佛像，當我們感到困憂或焦慮時，面對藥師佛念誦〈藥師咒〉，能夠轉化負面情緒，帶來更多平靜和安寧，也達到供養佛像的意義，也就是「像法轉時」，詳見下一個單元。

因此，念誦〈藥師咒〉不僅是一種修行方法，也是提升生活品質的方式。將〈藥師咒〉融入日常生活，我們能夠隨時隨地享受其中的益處，在生命旅程中獲得更多安慰和指引。

正式經文 **35** 修行供養！晨嚼齒木，澡漱清淨

　　復次，曼殊室利！若有淨信男子、女人，得聞藥師琉璃光如來、應、正等覺，所有名號，聞已誦持。晨嚼齒木，澡漱清淨，以諸香華、燒香、塗香，作眾伎樂，供養形像。於此經典，若自書，若教人書，一心受持，聽聞其義。於彼法師，應修供養，一切所有資身之具，悉皆施與，勿令乏少。如是便蒙諸佛護念，所求願滿，乃至菩提。」

白話翻譯

　　再者，曼殊室利！若有清淨正信的男子、女人，聽到藥師琉璃光如來、應供、正等覺等所有名號，聽了就念誦持咒；清晨刷牙漱口，洗澡以清淨身體；然後再敬獻各種香花，以及燒香、塗香，並且演奏音樂，以如此方式來供養藥師如來的佛像。對這部藥師經典，無論是自己抄寫，或教別人抄寫，應該一心誦念持咒，聽聞其義。對於那些法師們，應跟隨他們修習並且供養他們。將一切資養身體的物品，全部準備齊全（給法師們），勿使有所缺乏。如此就能蒙受諸佛的護念保佑，滿足所求的願望，乃至證得菩提。

關鍵詞彙

- **齒木**：潔牙木，古代的牙刷。齒木內含苦汁，略帶清香。據說民國二十三年時，部分寺院曾提供齒木，於受戒儀式作為清淨身語意之用。

- **塗香**：香是一種供物，為寺廟或古代的人們常拿來供養佛菩薩的物品。供物共有六種：花、塗香、淨水、燒香、飯食、燈明。日本京都的精神生活美學，直至今日依舊保存得相當完整，非常接近唐代的文化傳統。

- **書**：書寫，抄寫經文。

- **彼**：代名詞，那、那位。

- **資身之具**：資養身體的物品，意指日常生活的基本所需。

聞佛號、誦經、持咒

「得聞藥師琉璃光如來、應、正等覺，所有名號，聞已誦持」，這段文字強調了藥師如來的名號、《藥師經》的誦讀和〈藥師咒〉的持誦。對於有清淨正信的男子和女人來說，只要聽到藥師如來等名號，就能夠念誦持咒，進行修行。透過聆聽、誦讀和持誦，能夠增進修行的效果，讓修行更加深入。

清淨的身、心、環境

經文「晨嚼齒木，澡漱清淨」，指出在修持藥師如來法門之前，清淨身體也是非常重要的一環。清晨刷牙漱口、洗澡，能夠保持身體的清潔，讓心靈更加純淨，進入修行的狀態。再看「以諸香華、燒香、塗香，作眾伎樂，供養形像」，意思是除了清潔身體，也需要創造一個美好的環境，來供養藥師如來的佛像。敬獻各種香花、燒香、塗香是其中一種方式。燒香與塗香不僅可以帶來美好的感官狀態，還有助於提升自身的氣場與能量。在日本的京都，燒香與塗香也是一種美學的體現，人們喜歡利用不同香氣來營造出不同的氛圍，讓人心情愉悅，身心得到放鬆。

像法轉時，供養藥師如來

「供養」在佛教中扮演著重要的角色，透過提供香花、飲食等物品或善行，以表達對佛、法、僧或眾生的虔敬和感恩之情。這不僅能凝聚個人信仰，還能培養個人的善德和積累功德。

其中，供養佛像更是佛教中一個極為重要的方面。透過向佛像獻上香花、燈燭等供品，我們表達對佛陀的尊敬和感謝，同時也能進行內心的修持和專注。此外，供養佛像還帶來多重好處，包括增長智慧、消除障礙和淨化心靈等。**在供養佛像的過程中，我們創造一個美好的環境，例如燒香、塗香、演奏音樂等，以激發視覺、聽覺和嗅覺等感官，引導**

自己進入純淨、平靜和寧靜的境界。

此外，供養佛像也可以理解為「像法轉時」的過程。透過供養佛像，佛法的能量在世間得以流動，同時也能引導自己和他人走向正道，實現內在的平衡與和諧。**就像隨身碟可以儲存資料一樣，供養佛像也能儲存智慧能量。**

許多人未必理解為何要供養佛像？其實供養佛像是一種具有深遠意義的修行方式，透過與佛像的互動和供養行為，我們與祂們的智慧能量建立了聯繫，能夠深化信仰、提升修行境界，並獲得內在的寧靜和平衡。這是一個可貴且有益的修行實踐，值得我們融入在日常生活中。

抄經

「若自書，若教人書，一心受持，聽聞其義」，指出了在修行《藥師經》時，無論是自行抄寫或請他人抄寫，都應專心誦念並聆聽其義。抄經是逐字逐句地將佛經寫下來的行為，被視為一種修行方式，具有巨大的功德。透過抄經，人們可以熟悉佛經的內容並聆聽其義，並透過持咒、誦念等方式，加深對佛法的理解和信仰。接著經文寫著「一心受持」，其過程包括聽聞經典、思考經文，進而禪定實修。一心受持並非單純的佛教知識學習，而是專注於心的受持於法，供養於法。

上文說明了自書的緣由，那為何要請他人抄寫呢？在古代沒有印刷術的時代，手抄經書的數量畢竟有限。抄寫是保存佛經和普及佛教教義的唯一途徑。將佛經謄寫並收入寺院的藏經閣，有個專有名詞稱為「納經」，直接的意思是「納入藏經閣」。

無著菩薩也提到「抄經」有五種功德：❶ 親近如來，❷ 積累福德，❸ 同時是讚揚佛法和修行，❹ 獲得天人等的供養，❺ 消除罪業。因此，抄經被視為受持經典的一種良好方法之一。在《藥師經》、《金剛經》、《法華經》，乃至《地藏經》、《維摩詰經》、《佛說大乘無量壽莊嚴清淨平等覺經》等重要的大乘經典中，於經文都明確表明書寫佛經、受持誦讀和廣為傳播的重要性，並能帶來極大的功德。

睡夢之中名號的覺醒　中場總整理！

　　爾時，曼殊室利童子白佛言：「世尊！我當誓於像法轉時，以種種方便，令諸淨信善男子、善女人等，得聞世尊藥師琉璃光如來名號，乃至睡中，亦以佛名覺悟其耳。世尊！若於此經受持讀誦，或復為他演說開示，若自書，若教人書，恭敬尊重，以種種華香、塗香、末香、燒香、華鬘、瓔珞、幡蓋、伎樂而為供養。以五色綵，作囊盛之。掃灑淨處，敷設高座，而用安處。

白話翻譯

　　這時，曼殊室利童子稟告佛陀說：「世尊！我今發誓，願在『像法轉時』以種種善巧方便，讓清淨信心的善男子和善女人們，都能聽到藥師琉璃光如來的名號，甚至睡夢中耳邊也能聽到藥師如來的名號而有所覺悟。

　　（曼殊室利繼續說）世尊！若能受持誦讀這部經典，或是為他人演說開示，自己抄寫，或請別人抄寫，恭敬尊重，以種種花香、塗香、末香、燒香、花蔓花環、寶飾瓔珞、幡蓋、奏樂來供養藥師如來，再以五色綵緞製成錦囊，裝好經卷，並且灑掃潔淨處所，鋪設高座，安穩放置。

關鍵詞彙

- **末香**：粉末之香，灑於空中。猶如現在所燒的檀香粉，古印度則是將檀香粉直接灑在佛菩薩身上。請記住，末香的「末」是指粉末。

- **燒香**：猶如現在線香，一枝一枝的。或盤香，一盤圈成好幾環。

- **華鬘**：花蔓製成的花環或飾物。華，花的古字。鬘，音同「瞞」，原本的意思是頭髮秀美。兩字合併有了新的意義，華鬘是印度人的裝飾品。華鬘是花蔓製成的花環飾物，以線貫穿花草而成的花環，可以戴在頭頂或胸前。「鬘」與「蔓」是不同的兩個字，所以「華鬘（花鬘）」與「花蔓」兩個字詞容易混淆，前者是裝飾品，後者是花草的藤蔓。

- **瓔珞**：寶飾。

- **幡蓋**：幡與蓋。幡是古代將軍作戰時，顯揚軍威的扁長形旗幟，延伸為佛法戰勝魔道的象徵。蓋是「寶蓋」，又稱傘蓋、花蓋、圓蓋等。在大型法會中為德高望重的僧侶撐起寶蓋的儀式裡，用以莊嚴壇場並遮陽覆蔭。

- **伎樂**：音樂之意，梵語為 vādya。
- **敷設**：鋪設。

❋

睡夢之中名號的覺醒

「世尊！我當誓於像法轉時，以種種方便，令諸淨信善男子、善女人等，得聞世尊藥師琉璃光如來名號，乃至睡中，亦以佛名覺悟其耳。世尊！若於此經受持讀誦，或復為他演說開示，若自書，若教人書，恭敬尊重。」在這段經文中，描述了藥師琉璃光如來名號的重要性，以及名號能在睡夢中喚醒人們的覺悟。

首先，曼殊室利童子向佛陀發誓，願在「像法轉時」以各種善巧方便，讓具有清淨信心的善男子和善女人等，能夠聽到藥師琉璃光如來的名號。這表明名號的重要性，它被視為一種具有神聖力量的咒語，能夠引導人們走向清淨與信仰。

其次，這段經文提到，即使在睡夢中，人們也能聽到藥師如來的名號並且有所覺悟。這揭示了名號對於個人覺醒的影響力。**睡夢是人們心靈放鬆的時刻，而當人們在睡夢中能夠聆聽到藥師如來的名號**，意味著這個名號具有超越時間和空間的力量，能夠觸動人們內心最深處的覺醒。時間是指做夢時刻，空間是指夢境，依舊可以覺醒。現代科學（註：量子學說）認為，夢境和幻想的發生過程，可能會存在宇宙的另一個世界，因為人類意識的活動具備創造宇宙的可能性。人們在睡眠時不再專注於現實，因此有機會讓意識漂流到其他可能的平行世界，體驗所謂的夢境。這也與藏傳佛教的「睡夢瑜伽」相符合。

「睡夢瑜伽」是西藏特別修行的法門，它訓練修行者在睡眠和夢境中掌控心識，培養高度的覺知，並且能夠創造和改變夢境中的現象，甚至在夢中進行各種修持。幾百年來，睡眠和夢境對於西藏許多靈修大師

和瑜伽士來說，不僅是為此生解脫做好準備的重要方法，更是開悟的重要時刻。

因此，總結來說，經文中提到了對《藥師經》的尊重與執行方式，呼籲人們受持、誦讀這部經典，或是為他人演說開示，自己抄寫，或請別人抄寫，並表達了對經典的恭敬。**這種對經典的執行方式，強調了抄寫經典的修行價值**，並鼓勵人們透過持咒、誦念等方式，來深化對佛法的理解和信仰。

四香供養：華香、塗香、末香、燒香

這裡的經句延續前面的單元，再談供養，「以種種華香、塗香、末香、燒香、華鬘、瓔珞、幡蓋、伎樂而為供養。」供養在佛教中占有重要地位，它代表了對佛陀和菩薩的敬意與感激之情。在《藥師經》中，提到四種特別的香：華香、塗香、末香和燒香，**這些香的供養儀式是引領信眾進入嗅覺世界的重要環節。**

首先是華香，指的是華鬘的香氣，華鬘是由花蔓製成的花環或飾物。如前所述，「華」字指代花朵，而「鬘」則是頭髮秀美的意思，兩個字結合後形成了「華鬘」，是一種印度人的裝飾品，通常由線穿過花草而成，可以戴在頭頂或胸前。這樣的供養品不僅美麗，還能帶給人們嗅覺與視覺上的愉悅。

其次是塗香，這是將香塗在身體上，通常是手腕或腳踝。瓔珞是一種用來裝飾身體的寶石飾物，具有珍貴和奢華的特點，是供養中的一種重要元素，象徵著對佛陀和菩薩的尊敬與奉獻。

接下來是末香，這是一種粉末狀的香，被撒於空中，猶如現今我們所燒的檀香粉。**在古代印度，人們會將檀香粉直接撒在佛陀和菩薩的身上。**這樣的供養方式讓人聯想到濃郁的香氣彌漫在空氣中，讓人的心靈感受到一種寧靜與平和。

最後是燒香，燒香是供養中最常見的方式之一。燒香的香煙緩緩上升，象徵著人們心中的祈禱和敬意升向高處。這樣的供養方式可以淨化

心靈，帶來平靜和寧靜。

　　對於修行者來說，四香供養所代表的不僅是一種宗教儀式，更是一種心靈的體驗。筆者每日誦經時一定會燒香（在藥師像前點香），在日本參拜時會塗香於手腕（寺院可以買到），花香則是在幾個重要的齋戒日於家中供養，因此，每當筆者研讀《藥師經》時，這些供養的方式讓人感受到了佛教的智慧和美麗。每一種香氣都有著獨特的特質，能夠引領人們進入嗅覺的世界，在靜默中與自己的內在對話。**供養不僅是一種行為，更是一種心靈的修持。透過四香供養，可以進一步感受到佛教教義中的智慧和慈悲，並將這份美好的能量帶入自己的生活中。**這樣的修持不僅對個人有益，也能夠為環境空間帶來安穩與和諧。無論是華香、塗香、末香或燒香，都是一種對佛陀和菩薩的供養與敬意。

塗香與末香的差異

　　佛教供養中常提到塗香和末香，但這兩者有何不同呢？這部分經常被弄錯，請讀者注意。

　　首先，塗香是指將香塗抹在身體上的一種供養方式。通常，塗香會塗抹在手腕或腳踝等身體部位。它可以是一種膏狀的香料，具有特殊的香味。當修行者塗抹塗香時，香氣會隨著體溫散發出來，陪伴著修行者的修持過程。**塗香在佛教修行中有著特殊的意義，它可以提醒修行者保持專注和清醒的狀態。**至今，信眾在日本的寺廟仍然可以購買到膏狀的塗香來使用。

　　相較之下，末香在古代則是一種撒在寺廟環境空間中的粉末狀香料。末香的「末」字指的是粉末，使用方式不同於塗香，它不是直接接觸皮膚，而是讓香氣在空氣中彌漫，給人一種清新和淨化的感受。當人們進入寺廟或道場時，末香的香氣會迎接他們，使其自然進入寧靜和專注的境地。各種香的供養方式已經持續千年，展現了人們對於供養和修行的虔誠。（備註：有人將末香的「末」解釋成「抹香」，這是不正確的，於是造成抹香與塗香的混淆。）

幡、幢、蓋：探索這三種宗教器物的意義

佛教供養方式中，除了香以外，還有其他方式，其中包括「華鬘、瓔珞、幡蓋、伎樂而為供養」。這段經文由文殊菩薩傳授，提到了以花蔓花環、珍貴寶飾瓔珞、幡蓋和音樂，來供養藥師如來。華鬘和瓔珞相對容易理解，分別是指用花蔓製作的花環和珍貴的寶飾。然而，還有幡、幢、蓋三種供養，這些詞彙的意義相對較為模糊，讓我們來深入了解這三種宗教器物的意義和功能。

先談「幡」，它原本是古代將軍作戰時使用的旗幟，具有扁長的形狀，像一片細長的薄布。在《藥師經》中，特別重視「續命神幡」這個法器，它是藥師法會中非常重要的宗教器物。**續命神幡象徵著長壽和續命的神聖力量，其目的是為了祈求眾生的健康和延壽，明顯對應藥師如來的十二大願的功德。**這種幡通常被展示在法會場所的重要位置，為參與者帶來祝福和護持。

另一方面，「幢」也是古代將軍作戰時使用的旗幟，它的形狀是立體的圓形，可以想像成一個鐘形的布質宗教器物。在佛教中，**幢象徵著佛陀的教法，代表著戰勝魔道的力量。**因此，佛經上經常會看到「勝利幢」這個詞彙。勝利幢代表著佛陀的教法勝利，具有護持眾生和戰勝內心魔障的意義。

幢和幡在形狀與功能上有所區別，幡較接近平面型，強調續命與延壽，而幢則是立體的造型，強調說法與勝利。釋迦牟尼佛具有降伏魔軍的威神力，特別是說法的時刻。因此，**「佛陀說法」被稱為「建法幢」，或以「法幢高豎」來代表講經的殊勝。**同時也呈現「勝利」的關鍵概念，意思是佛陀說法的智慧可以戰勝每個人負面能量的心魔。

還有一個器物是「蓋」，它是寺廟中常見的一種裝飾，也被稱為傘蓋、華蓋（花蓋）或圓蓋等等。通常，「蓋」被放置在佛像的正上方，具有覆蓋的作用。在大型法會中，蓋具有兩種主要功能，一是「莊嚴壇場」，使法會場所更加莊嚴和神聖；二是「遮陽覆蔭」，為參與法會的僧侶聖者提供遮蔭和舒適的環境。**法會上對於重要的僧侶通常會有由隨行僧侶撐起**

寶蓋的儀式，這象徵著對佛法的尊崇和傳承。

　　在《藥師經》提到儀軌時，出現了幡蓋、幢幡、幡燈、神幡、綵幡等五種不同的組合，這些詞彙可能很容易讓人混淆，在此稍微解析一下，分別是：❶ 幡蓋，代表續命神幡和傘蓋；❷ 幢幡，代表勝利幢和續命神幡；❸ 幡燈，代表續命神幡和燈；❹ 神幡，代表續命神幡；❺ 綵幡，同樣代表續命神幡。

　　這些宗教器物都承載著特定的象徵意義和功用，在佛教的法會和供養活動中具有重要的角色。無論是續命神幡（延續生命）、勝利幢（戰勝魔道）還是寶蓋（莊嚴庇蔭），都呈現了佛陀教法的智慧和護持眾生的精神。透過對幡、幢和蓋的探索，可以更深入地了解這些宗教器物的意義和功能。它們不僅僅是供養佛菩薩的物品，更是佛教信仰中的象徵，提醒著修行的目標和價值觀。

珍貴的五色綵囊：現代對待文化遺產的慎重與珍重

　　在佛教經文中，可以找到最早有關印度五色綵囊的描述，記載在東晉時代由帛尸梨蜜多羅（Śrīmitra）所譯的《佛說灌頂經》。此作品大約是在西元 317 年至 322 年間完成，在卷 2、卷 10、卷 12 中，都提及保護經書的錦囊。《藥師經》則是有「*以五色綵，作囊盛之。掃灑淨處，敷設高座，而用安處*」等句，提到了使用錦緞製作的錦囊，它們是古代人用來珍藏詩稿或貴重物品的袋子。通過細緻閱讀這段經文，我們可以感受到對這部經文的珍貴、尊重和保存的態度。

　　古人以五色綵緞製作錦囊，將《藥師經》妥善地收納其中。他們對於錦囊所在之處進行嚴謹的潔淨灑掃，再鋪設高座，將這卷經典安穩地放置其中。這種對經典的保存和傳承的態度，彰顯了人們對於文化遺產的敬意及珍重。

　　這個傳統一直延續到現今的日本，不過，古代保存《藥師經》的五色綵囊，演變成了現在日本的納經錦袋。這些納經錦袋在寺廟中保存著特有的「御朱印」。在許多日本的寺院中，信徒仍然會前往寺廟抄寫經文，

認識幡、幢、蓋的區別

幡

幢

蓋

古代將軍作戰時，顯揚軍威的旗幟，平面扁長型。

古代將軍作戰時，顯揚軍威的旗幟，立體圓型。

佛像上常見有「寶蓋」。大型法會中，也會有隨行僧侶幫重要僧侶撐起寶蓋的儀式。

《藥師經》中的呈現

續命神幡
強調 ❶ 延壽、❷ 續命

勝利幢
象徵 ❶ 佛陀說法、❷ 戰勝魔道

寶蓋
在法會中，❶ 莊嚴壇場、❷ 遮陽覆蔭

以表達他們的祈福之意。信徒完成抄經後，寺廟會提供一份證明，這份證明主要由紅色字體寫著諸佛菩薩的名號，稱之為「納經印」。**隨著時間的演變，這個證明書「納經印」演變成了祈福的「御朱印」，已經不再包含「經」這個字。**因為現在的過程大多省去了抄寫經文的步驟，只提供朱印，做為參拜、奉納後的祝福與證明。然而，無論是抄經、納經印、御朱印還是五色綵囊，在日本仍然被珍重保存和使用。

　　日本這種對佛教文化遺產的慎重與珍重，是我們應該效法的態度。文化遺產代表著歷史、智慧和價值觀的傳承，我們有責任保護並傳承這些寶貴的資產。無論是《藥師經》經文中的錦囊、納經印還是御朱印，都是連接著過去與現在的紐帶，彰顯著日本對於唐代佛教信仰和文化的虔誠，也表現出佛教與日本文化融合一體的獨特風格。

延伸探究

陪伴前往淨土的御朱印：
神聖的印章，日本表彰抄經者的功德

　　在古代日本，經書大多數來自中國，由於缺乏印刷術，抄寫成為保存和普及佛經的唯一方式。古代這種將佛經謄寫下來的行為被稱為「納經」，意思是將這些抄寫的佛經納入寺院的藏經閣中。

　　在日本，為了表彰抄經者的功德，寺院會頒發一張印有寺院印鑑的認證書。這個印鑑使用朱紅色的印泥，在紙上留下明顯的印記，因此稱為「御朱印」。**在日本的佛教中，這枚朱印非常神聖，代表著寺廟的本尊佛或菩薩的分身，具有神力，平時可以保護信徒。當信徒身故入殮時，會帶著御朱印，藉此證明亡者在生前推廣佛教具有重大功德，可以直達極樂世界。**

　　當時抄寫佛經的信徒，常常在各地的寺院間旅行，為了方便攜帶，他們用一本簿子來收集各寺院頒發的御朱印。這本折頁形狀的簿子被稱為「御朱印帳」或「納經帖」，由於其中的御朱印相當於寺院本尊的分身，攜帶時需要恭敬對待，信徒通常會用布料或製作套子來包住它。回到家

後，也不能隨意擺放。如果家中有供佛的地方，就應將御朱印帳放在供桌上，一同接受每天拜佛時的香火和禮拜。等到下次參拜時，再恭敬地取下放入行囊中。

除了佛寺，神社也會向信徒頒發御朱印，儘管神社並沒有經書，但這個習俗源於佛教。隨著印刷技術的發展，御朱印逐漸變成對信徒感謝其護持佛法的方式，佛寺不再需要大家幫忙抄寫經文，因此御朱印成為一種感謝的象徵。（有關御朱印的介紹，詳見 PART 1 第 13 單元。）

以下是筆者進行京都十二藥師寺巡禮的御朱印。

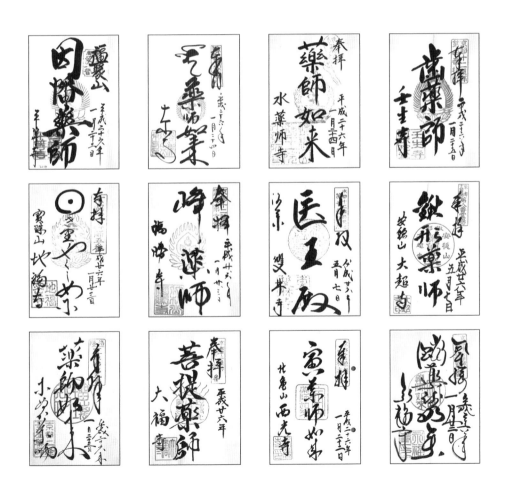

四大天王供養守護：
無復橫死、身心安樂

　　爾時，四大天王與其眷屬，及餘無量百千天眾，皆詣其所，供養守護。世尊！若此經寶流行之處，有能受持，以彼世尊藥師琉璃光如來本願功德，及聞名號，當知是處，無復橫死，亦復不為諸惡鬼神奪其精氣。設已奪者，還得如故，身心安樂。

白話翻譯

　　這時，四大天王和他們的眷屬們，還有其他無量百千天神，都前往此處，供養與守護藥師如來。世尊！如果在此經寶流行之處，能信奉受持，就能蒙受世尊藥師琉璃光如來根本願力的功德，都可聽到藥師如來的聖號，那麼經寶流行的地方將不再有橫死之事，不再被各種邪神惡鬼奪取精氣。即使被奪，也還能回復到原來的狀態，達到身心安樂的境界。

關鍵詞彙

・**詣**：前往，來到。
・**經寶**：珍寶般的經典，此處意指《藥師如來本願功德經》。
・**受持**：持守、修持、奉行法門或戒律。
・**橫死**：非前世之業果而命終，謂之橫死。《藥師經》裡總共描述了九種。
・**設**：揣測的語氣，假使。

四天王，保護與供養的守護者

　　根據玄奘的原始經文，四大天王及其眷屬，還有其他無量百千天神，都前往供養並守護藥師如來。這四大天王是佛教宇宙觀中欲界六天的一

部分。**他們居住在須彌山腰的一座小山上，稱為犍陀羅山，這座山有四座山峰，每位天王各居一峰**，護持著釋迦牟尼佛說法的世界。

在中國的寺廟塑像中，四大天王分別是東方的持國天王、南方的增長天王、西方的廣目天王和北方的多聞天王。持國天王身穿白色，手持琵琶；增長天王身穿青色，手持寶劍；廣目天王身穿紅色，手繞一條龍；多聞天王身穿綠色，右手持傘，左手持銀鼠。這些形象成為中國佛教中護法神的代表。

在經文中，四大天王的職責是供養與守護釋迦牟尼佛。他們與眷屬、無量百千天神一同前來，為釋尊提供供養。象徵著對釋尊的敬愛與虔誠，也彰顯了對佛教教義的信仰與尊重。

其實，對於四大天王的名號、住所、膚色、持物、守護區域、統領手下（部眾），以及二十諸天位置，都有明確的儀軌規定。筆者不建議記憶背誦，畢竟資料量不小，只要查詢後續表格即可。不過，在理解概念之後，會比較容易對照。六個概念如下：

1. **守衛戰將**：四大天王，每尊都身穿甲冑，非常容易辨識，代表戰士般的守衛。

2. **在中國佛教中的形象**：這部分可以透由持物去理解「風調雨順」四個關鍵。持國天王手持琵琶或阮琴，對應「調」。增長天王手握寶劍，寶劍的劍鋒對應「風」，因兩者同音。廣目天王手纏一條龍，取其龍體飛順流暢，對應「順」。多聞天王左手握銀鼠，右持寶傘（或作寶幡），寶傘對應「雨」。

3. **二十諸天或二十天的概念**：這是佛教二十位護法總稱。其大多來自於婆羅門教的天神，後來被佛教吸收成為護法。第一位、第二位分屬大梵天、帝釋天。接下來，第三位即是多聞天王、第四是持國天王、第五是增長天王，第六是廣目天王。請注意，多聞天王是四大天王之首，詳述於下列。

4. **四天王之首**：多聞天王又稱北天王，在藏傳佛教是四大天王之中唯一一位經常單獨出現的天王。他騎乘白獅、手握肥鼠、口吐財

寶、肩倚寶傘或寶幡，此時多聞天王又稱「財神護法」或「財寶天王」，這樣的身形經常可在立體雕像或是平面的西藏唐卡看見。而當四大天王四尊同時呈現時，多聞天王展現的是印度最原始的守衛身形，手掌拖著一個寶塔，所以又稱「托塔天王」。**簡言之，多聞天王、北天王、財寶天王、財神護法、托塔天王，均是同一尊護法。相關持物包含寶傘、寶塔，與象徵財富的寶鼠。**

5. **空間概念**：四位天王居住的地方依序是須彌山白銀埵、須彌山琉璃埵、須彌山水晶埵、須彌山黃金埵。「埵」的意思是堅硬的土，指的是須彌山腰的小山，稱為犍陀羅山。這座山有四座山峰，屬於白銀、琉璃、水晶、黃金等珍貴材質。每位天王各居一峰，護持著釋迦牟尼佛說法的世界。

最重要的是南方增長天王居住在須彌山的琉璃埵，這是最靠近人類的方位（南瞻部洲）。印順導師分析，這就是為何我們看到琉璃光的原因（參見 PART 4 的第 15 單元）。

6. **統領的部眾**：總共有八部眾，又稱八部、八眾。部眾是指四天王所率領的八種鬼神，即八部鬼眾，分別為乾闥婆（樂神）、毘舍闍（食血肉鬼、啖精氣鬼）、鳩槃茶（甕形、冬瓜鬼）、薜荔多（餓鬼、祖父鬼）、那伽蛇神（神龍）、富單那（熱病鬼）、夜叉（勇健鬼）、羅剎（捷疾鬼）。他們的身形活躍於許多佛教經典，像是著名的《楞嚴咒》。八部眾共同成為佛教世界重要的鬼神眾，然而篇幅有限，筆者無法一一詳述。

經寶流行之處，藥師如來聖號的能量可使人遠離橫死

在佛教教義中，經寶具有深遠的意義，宛若個人的護身符，透過持誦經典，可以累積佛菩薩的智慧能量。**而這裡所提到的經寶，指的是珍貴的《藥師如來本願功德經》。**這部經典中描述了九種橫死，指的是非前世之業果而命終的情況。然而，經文中也帶來了希望和救贖。如果能真心信奉並持誦此經寶，就能蒙受世尊藥師琉璃光如來「根本願力」的功

德。根本願力即是藥師十二大願，其中包含了慈悲、救度眾生的強大力量。在經寶流行的地方，只要聆聽藥師如來的聖號，就能遠離橫死的威脅，不再被邪神惡鬼奪取精氣。

經文中明確提到，即使精氣被奪，也能夠回復到原本的狀態，達到身心安樂的境界。這是藥師如來慈悲智慧的體現，彰顯了佛教的救度力

四大天王

	東方	南方	西方	北方
名號	持國天王	增長天王	廣目天王	多聞天王
梵名	Dhṛtarāṣṭra	Virūḍhaka	Virūpākṣa	Vaiśravaṇa
名號意義	「持國」的意思是慈悲為懷，保護眾生，護持國土。	「增長」的意思是能傳令眾生，增長善根，護持佛法。	「廣目」的意思是能以淨天眼隨時觀察世界，護持人民。	「多聞」的意思是頗精通佛法，以福、德聞於四方。
住所	須彌山白銀埵	須彌山琉璃埵	須彌山水晶埵	須彌山黃金埵
服飾	白色	青色	紅色	綠色
印度式造像	手持寶刀	手持戟	手持書與筆	托寶塔
中國佛教中的形象	手持琵琶或阮琴	手握寶劍	手纏一條龍或蛇	左手握銀鼠，右持寶傘（或作寶幡）
風調雨順	調（琵琶）	風（劍鋒）	順（龍）	雨（寶傘）
守護區域	東勝神洲	南瞻部洲	西牛貨洲	北俱蘆洲
部眾	以乾闥婆、緊那羅、富單那、毗舍闍等為部眾，多是音樂神。	以鳩盤荼、薛荔多等為部眾。	以龍王等為部眾。	以夜叉與羅剎為部眾。
二十諸天位置	二十諸天中的第四天，用音樂來使眾生皈依佛教。	二十諸天中的第五天，保護佛法。	二十諸天中的第六天，有世間多變之意。	二十諸天中的第三天，也是四天王的首領，保護人民的財富。

量。在這個過程中，四大天王扮演著重要的角色，他們身為守護者和護法神，負責保護佛教教法和眾生。四大天王的存在象徵著善良、正義和道德價值的追求，提醒修持者在修行的道路上保持警覺和堅定，並保護眾生免受邪惡勢力的侵害。

因此，當在經寶流行之處持誦《藥師經》、聆聽藥師如來的聖號時，修行者不僅可以獲得藥師如來的加持與庇佑，遠離橫死之災，也能經歷身心的平安和樂福。同時，四大天王作為守護者，將一直陪伴眾生，保護修行道路上的安全和順利。

兩種護持

本章第 36 單元與本單元，其實可以同時討論。前者是「曼殊室利」菩薩層級的護持，後者是「四大天王」護法層級的護持（含其眷屬，及餘無量百千天眾）。曼殊室利是以各種方便，令人得聞藥師聖號。護法諸天則是護持修學藥師法門的人。請讀者參考下表兩種不同護持方式，就可以知道《藥師經》的經文安排相當細膩。

名號	層級	護持方式	對應經文
曼殊室利（本章第36單元）	菩薩	以各種方便，令人得聞藥師聖號。	曼殊室利童子白佛言：「世尊！我當誓於像法轉時，以種種方便，令諸淨信善男子、善女人等，得聞世尊藥師琉璃光如來名號，乃至睡中，亦以佛名覺悟其耳。」
四大天王（本章單元）	護法，含眷屬、諸天	護持修學藥師法門的人。	四大天王與其眷屬，及餘無量百千天眾，皆詣其所，供養守護。世尊！若此經寶流行之處，有能受持，以彼世尊藥師琉璃光如來本願功德，及聞名號，當知是處，無復橫死，亦復不為諸惡鬼神奪其精氣。設已奪者，還得如故，身心安樂。

正式經文 38　造立佛像，敷清淨座，意、語、身的清淨

　　佛告曼殊室利：「如是！如是！如汝所說。曼殊室利！若有淨信善男子、善女人等，欲供養彼世尊藥師琉璃光如來者，應先造立彼佛形像，敷清淨座而安處之。散種種華，燒種種香，以種種幢幡，莊嚴其處。七日七夜，受八分齋戒，食清淨食，澡浴香潔，著清淨衣。

白話翻譯

　　佛告曼殊室利：「是的！是的！如你所說的。曼殊室利！如果有淨信的善男子、善女人們，想要供養世尊藥師琉璃光如來的話，首先應當造立藥師如來佛像，接著佈置清淨高座，安置其上。然後撒各種鮮花，燒各種香，再用各種幢幡與莊嚴裝飾。接下來的七日七夜，受八分齋戒（意業淨），吃清淨食物（口業淨），沐浴清香潔淨，穿著清淨的衣服（身業淨）。

關鍵詞彙

- **敷清淨座**：鋪設清淨佛座。
- **散種種華**：撒種種花。
- **食清淨食**：素食。

供養藥師如來的方式之一：寺院佛堂的淨化

　　在供養藥師如來的儀式中，首要步驟是造立藥師如來佛像。這個佛像代表了藥師如來的形象，並具有象徵性的意義。**在更正式的儀軌中，甚至會使用七尊藥師如來佛像**，並將它們安置在清淨的高座上，藉此營造一個神聖的空間。接下來是撒花與燒香的儀式。這兩個步驟都與嗅覺

有關，帶給人們愉悅的香氣感受。散種種華，即是指散撒各種鮮花，這種供養的方式，也代表著對藥師如來的敬意和讚美。而燒香則是一種常見的供養方式，透過香氣的上升，表達對佛菩薩的虔敬和敬意。

在進行供養儀式時，還要莊嚴佛像的空間，例如懸掛幢幡。幢幡在佛教中具有特殊的象徵意義。其中，勝利幢象徵著釋迦牟尼佛的說法能夠戰勝外在和內在的邪魔，表達佛法的力量與智慧。另一方面，藥師儀軌中特殊的續命神幡，則代表著一種延續生命的法門，具有獨特的意義。

供養藥師如來的方式之二：個人身口意的清淨

供養藥師如來的過程，不僅涉及供養環境的清淨，更包括個人身、口、意的清淨。在這個過程中，經文的次序稍有不同，依次是清淨意業、清淨口業和清淨身業。

首先是清淨意業的過程，持續七天七夜，受八分齋戒。透過守護心靈的戒律，淨化內心的意識和念頭。這是一個對內在修行的呼籲，藉著持續的節制和自我約束，達到清淨心靈的目的。

接著是清淨口業的過程，即飲食清淨。這意味著食用素食，避免傷害其他生命。素食的選擇不僅符合慈悲與非暴力的佛教原則，也能保持

身體的清淨與健康。這個過程是對外在行為的修正，透過節制飲食，達到口業的清淨。

最後是清淨身業的過程，沐浴清香潔淨象徵著身體的潔淨，並透過穿著整潔的衣服，來表現外在的整齊和尊重。這個過程呼籲人們在外在表現上保持清潔和端正，以示對供養藥師如來的尊重。

總結來說，**供養藥師如來不僅是提供環境和物質的供養，更強調個人身、口、意的清淨。透過這樣的供養過程，人們可以在行動、言語和意念中展現對佛法的尊敬與奉獻。**

同時，這也是一種修行的機會，透過清淨身口意的實踐，提升個人的修行成就，並獲得藥師如來的加持和庇護。

智心與悲心：四求皆遂

應生無垢濁心，無怒害心。於一切有情，起利益安樂、慈悲喜捨、平等之心。鼓樂歌讚，右繞佛像。復應念彼如來本願功德，讀誦此經，思惟其義，演說開示。隨所樂求，一切皆遂。求長壽得長壽，求富饒得富饒，求官位得官位，求男女得男女。

白話翻譯

還要內心生起無垢濁之心，和無怒害他人之心。對一切眾生要生起利益安樂、慈悲喜捨、平等之心。然後鼓樂歌頌讚唱，繞著佛像右轉，念誦著《藥師如來本願功德經》。讀誦此經時，要能思惟其義理，還要能演說開示。如此隨心喜樂祈求，一切祈求都能如願以償。求長壽的得長壽、求富饒的得富饒、求官位的得官位、求子女的得子女（四求皆遂）。

關鍵詞彙

· **無垢濁心**：指純淨的心靈，沒有被汙染、玷汙的心。

· **無怒害心**：指不生氣、不加害他人的心境，充滿和平與寬容。

· **安樂**：指內心的平靜、安定，遠離煩惱與痛苦，感受到喜樂。

· **慈悲喜捨**：四種心境，包括慈愛心、悲憫心、喜悅心和捨離心，需要將這四種心境擴展至無限，成為一種廣泛、無私、普遍的心境，稱為四無量心或四無量觀。

· **平等之心**：證悟到一切法都平等無差別的真理，對待眾生時不會有所偏好、差別或歧視，而是懷有平等的慈悲心來對待所有眾生。

· **遂**：實現、達成、完成。

智心與悲心

智心代表智慧之心，而悲心則是慈悲之心，近代著名藝術家暨佛教僧侶弘一大師（1880~1942），也為《藥師經》發表過多篇文章。1939年五月，他於永春普濟寺的一場演講，題目是《藥師如來法門一班》，由王世英記錄。

在演講中，弘一大師認為「無垢濁心」是智心，「無怒害心」是悲心。又說，慈悲喜捨、平等之心也可以透由智慧與慈悲來分析，「捨」與「平等之心」都是智心，其餘則是悲心。他繼續說：「悲智為因，菩提為果，乃是佛法之通途。凡修持藥師法門者，對於以上幾句經文，尤宜特別注意，盡力奉行。」

弘一大師認為，要特別注意「應生無垢濁心，無怒害心。於一切有情，起利益安樂、慈悲喜捨、平等之心」這段經文，依此發起「悲智」的弘願。假使如此，則能以出世的精神來做世間的事業，也能得上品圓滿的戒，能往生上品，將來速得成佛可無容疑了。

慈悲喜捨四無量心

此外，我們還要內心生起無垢濁之心，和無怒害他人之心；對一切眾生要生起利益安樂、慈悲喜捨、平等之心。其中，慈悲喜捨的心可以單獨討論。**四梵住（catvāri brahmavihārāḥ）是佛教中的修行與實踐概念，包括慈、悲、喜、捨四種心境，起源於古印度婆羅門教，後被佛教所採用。**修行者需要將這四種心境擴展至無限，因此也稱為四無量心、四無量觀。其中的「慈心觀」可作為修行四梵住的入門方法，也可作為統攝四梵住的法門。

讓我們進一步延伸分析慈悲喜捨和四無量心的意義與修行。

首先，「無垢濁心」指的是純淨的心靈，沒有被汙染和玷汙的心。這意味著要培養一顆清淨的心，擺脫貪婪、瞋恚和無明等煩惱的束縛，以達到內心的平靜和安定。其次，「無怒害心」指的是不生氣和不加害他人

的心境，充滿和平與寬容。這提醒著眾生，要以和諧的態度對待他人，不產生敵意或傷害他人的念頭，而是以友愛和寬容的心態與眾生相處。

接著經文從「應生無垢濁心，無怒害心」，發展到更高層次的心，達到無私、無我的核心概念，也就是**利益安樂、慈悲喜捨和平等之心，這是指四種重要的心境。**慈心是對一切眾生抱持無私、無限的愛與慈悲心；悲心是對眾生的苦難和困境，產生深切的同情與憐憫之心；喜心是對他人的成功和喜悅，感到高興與滿足的心情；捨心是超越執著和貪欲的無私及無我心態。這四種心境需要人們將其擴展至無限，成為一種廣泛、無私、普遍的心境。

最後，平等之心是指證悟到一切法都平等無差別的真理，對待眾生時不會有所偏好、差別或歧視，而是懷有平等的慈悲心對待所有眾生。這提醒了我們，要超越身分、種族、社會地位和其他差異，以平等的態度對待每一個眾生。

四求皆遂

在《藥師經》中，這段經文描述了隨所樂求，一切皆遂的情境。「遂」的意思是實現、達成、完成。**四個具體的求願，包括了求長壽、求富饒、求官位和求男女。**讓我們進一步分析這段經文的意義和背後的修行觀念。

首先，關於寺院儀軌的進行過程，經文提到鼓樂歌頌讚唱，繞著佛像右轉，並念誦著《藥師如來本願功德經》。這個儀軌在古代的目的是為了幫助眾生深入理解《藥師經》中的義理，並使眾生能夠演說開示，將這些教義融入修行實踐中，以便在修持過程中有所體悟和增長智慧。

然後，經文提到了隨心所欲地祈求。這裡所謂的隨心所欲，並不是指隨波逐流或追求世俗欲望的意思，而是指在修行者具備正確的理解和心態之下，能夠根據自身的需求和修行目的，提出願望與祈求。這些願望包括求長壽、求富饒、求官位、求男女等。

然而，需要注意的是，這些屬於世俗的願望，明顯不同於追求菩提心的境態。**菩提心追求的是對眾生的利益和解脫，而這四種願望是與個**

人的生活和社會地位相關的世俗願望。儘管如此，經文中仍然表示「復應念彼如來本願功德，讀誦此經，思惟其義，演說開示。隨所樂求，一切皆遂」。修行者可以得到這些願望的實現，但經文的意義在於提醒修行者，無論是在修行的道路上還是在日常生活中，都應該保持正確的心態和修行觀念，勿忘如來的本願功德與讀誦此經、思惟其義。

八種心

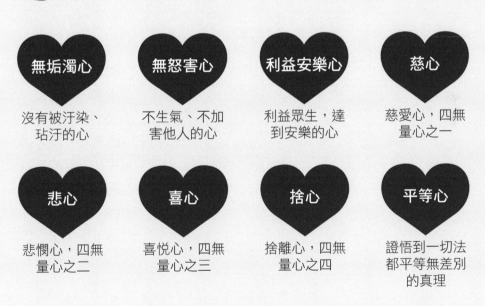

無垢濁心	**無怒害心**	**利益安樂心**	**慈心**
沒有被汙染、玷汙的心	不生氣、不加害他人的心	利益眾生，達到安樂的心	慈愛心，四無量心之一
悲心	**喜心**	**捨心**	**平等心**
悲憫心，四無量心之二	喜悅心，四無量心之三	捨離心，四無量心之四	證悟到一切法都平等無差別的真理

‧說明：這個單元的知識量非常豐厚，短短經文「應生無垢濁心，無怒害心。於一切有情，起利益安樂、慈悲喜捨、平等之心。」總共談到了八種心，最後還能達到四求皆遂。

怪鳥惡夢、凶險猛獸

　　若復有人，忽得惡夢，見諸惡相，或怪鳥來集，或於住處，百怪出現。此人若以眾妙資具，恭敬供養彼世尊、藥師琉璃光如來者，惡夢惡相，諸不吉祥，皆悉隱沒，不能為患。或有水、火、刀毒、懸險、惡象、獅子、虎、狼、熊、羆、毒蛇、惡蠍、蜈蚣、蚰蜒、蚊虻等怖，若能至心憶念彼佛，恭敬供養，一切怖畏皆得解脫。若他國侵擾，盜賊反亂，憶念恭敬彼如來者，亦皆解脫。

白話翻譯

　　還有些人，忽然在惡夢中看見種種惡相，像是怪鳥聚集包圍，或是在住處出現百種怪異現象。那麼，此人如果用種種上好美妙的資具，恭敬地供養世尊藥師琉璃光如來，那麼惡夢、惡相等種種不吉祥的現象，全都隱沒消失，無法造成患害。或者有水災、火災、刀災、毒害，懸崖險境，凶象猛獅、虎狼熊羆等野獸，還有毒蛇惡蠍、蜈蚣蚰蜒、蚊虻昆蟲等恐怖生物，只要能至誠地憶念藥師如來，恭敬地供養，一切恐怖和災難都可以獲得解脫。或是國家遭到他國侵擾，盜賊反叛動亂，若能恭敬憶念藥師如來，亦可獲得解脫。

關鍵詞彙

・**羆**：音同「皮」，一種大熊。毛皮呈黃白雜紋。能爬樹、游泳，擁有強大力氣。（不過，這與印度和中土的物種及稱謂不盡相同。）

・**蚰蜒**：音同「由延」，多足節肢動物。

・**虻**：音同「蒙」，昆蟲綱雙翅目虻科動物的通稱。頭闊、眼大、體粗壯多毛，小者體型如家蠅，大者體型如熊蜂，有刺吸式口器，會吸食牛等牲畜的血液，有時也吸食人血。

惡夢惡相，怪鳥百怪

在這段文字中，可以看到對於「惡夢惡相」和「怪鳥百怪」的描述和分析。這些詞語在文學作品中被用來表現不祥的預兆或災難即將來臨的情景。

首先，「惡夢惡相」描述了一種不好的夢境和不吉祥的相狀。夢境被認為可以反映人們的心理狀態和未來的預兆。當經歷到不好的夢境時，它可能暗示著一些不好的事情即將發生。同樣地，夢境「惡相」則是指夢到事或物有不祥的徵兆，可能預示著個人或周遭環境的不幸或困難。

接著，「怪鳥百怪」描述了各種奇怪的鳥類。在傳說中，鳥類經常被用來象徵特定的意義和預兆。這些奇怪的鳥類可能代表著不尋常，並暗示著奇特怪異的事件即將發生。這種形象的使用，可以增強經文情節中的神祕感和不穩定感。

然而，需要注意的是，「怪鳥來集」並不一定代表凶兆。**這種聚集可能是為了描繪一個不尋常的場景或展示多樣性，代表著一種多元和變化的狀態。**

供養藥師如來，就可解除惡夢與災難的力量

在生活中，有時我們可能會遇到各種不吉祥的現象，如惡夢中的可怕景象，或是周圍突然出現奇怪的事物。這些現象常常給人帶來恐懼和困擾。然而，根據《藥師經》的教導，供養藥師如來可以帶來解脫和保護，使我們擺脫這些不祥的現象。

首先，當我們的夢中出現惡相和怪鳥聚集等不吉祥的景象時，透過運用種種上好美妙的資具，恭敬地供養世尊藥師琉璃光如來，可以消除這些惡夢和不吉祥的現象。供養的力量可以阻止它們對我們造成患害，讓我們得以享受平安和安寧。

不僅如此，當面臨規模小的外來災難時，如水災、火災、刀災、毒害，或者遭遇陡峭的懸崖和凶猛的野獸，甚至是各種恐怖的昆蟲，只要能至

誠地憶念藥師如來並恭敬供養，就可以從這些困境中解脫出來。於此，藥師如來的力量可以保護眾生遠離恐懼和危險。

此外，當面臨更大規模的災難，如國家遭受外國入侵、盜賊反叛和社會動亂等困境時，同樣地，只要能恭敬憶念藥師如來，即可獲得解脫和保護。藥師如來的力量可以幫助我們度過這些艱難時刻，保護國家和社會的和平與穩定。

歸納上文，本單元的經文擁有兩個重點：❶供養藥師如來、❷憶念藥師如來名號，即可安穩面對「百怪出現難」、「一切怖畏難」、「內亂外患難」。

僧侶的戒律：恭敬供養，不受惡趣

　　復次，曼殊室利！若有淨信善男子、善女人等，乃至盡形，不事餘天，唯當一心歸佛、法、僧，受持禁戒，若五戒、十戒、菩薩四百戒、苾芻二百五十戒、苾芻尼五百戒，於所受中或有毀犯，怖墮惡趣，若能專念彼佛名號，恭敬供養者，必定不受三惡趣生。

白話翻譯

　　再者，曼殊室利！若有淨信的善男子、善女人們，直到形體到了盡頭，生命結束之時，也不去信奉其他天神；而是一心皈依佛法僧，受持禁戒，例如：五戒、十戒、菩薩四百戒、比丘二百五十戒、比丘尼五百戒等。在所受的戒中，如有毀犯而害怕會墮入惡道，只要是能至誠專心念誦藥師琉璃光如來的名號，或是恭敬地供養的人，肯定不會墮入三惡道。

關鍵詞彙

・**盡形**：指的是生命結束，形體不復存在。

・**不事餘天**：表示不信仰其他的神明，只尊崇佛陀及他的法教。

・**苾芻**：佛教的僧侶，通常是指男性比丘。

・**苾芻尼**：女性比丘，也就是女尼。

・**受**：在此指的是遭受或遭遇，可以是好的或不好的經驗或事件。

佛經中常見兩性不平等的描述，隨著時代變化，可形成新的思想概念

　　本文主要探討佛教戒律中的性別觀和時代變化的思想概念。「戒」是宗教上約束禁止某些行為的規條，或泛指禁止做的事，如佛教的「十戒」、

「破戒」、「戒律」。在本段經文中，看到了五戒、十戒、菩薩四百戒、比丘二百五十戒、比丘尼五百戒等。我們會發現，身為女性的比丘尼，須遵守的戒律最多、最嚴格。**我們必須承認，經文中經常出現兩性不平等的現象，而且不算少見。**於是，筆者不免想探討佛教戒律中的性別觀和時代變化的思想概念。

不僅是漢傳佛教，在藏傳佛教、日本佛教，甚至基督教、伊斯蘭的宗教世界，在特有文化的影響下，所呈現的經典中也有這種兩性不平等的現象。不過，很多時候，我們發現原始經典並未有這種傾向，但隨著時代演進與男性文化現實，發生了經典轉譯或重新詮釋之下的偏誤。

回顧釋迦牟尼佛時代的性別觀，當時印度的性別制度重男輕女，也有種姓制度，而這樣的觀念殘留在佛經裡。但是，如果當時的性別觀是不平等的，佛法就會加以補救濟度。因此，修習佛法後，也很自然會接受這個時代講求平等的性別觀，甚至對不平等的部分加以釐清。

在佛教流傳的過程中，受到印度等當地社會性別觀的影響，沾染了男尊女卑的觀念。然而，佛教的核心性別觀是大道無男女（之別），凡所有相皆是虛妄，諸法平等，女相男相無非別。修行悟道是不分男女的，一切存在是平等的。所以，對於經文中的比丘二百五十戒、比丘尼五百戒的兩性平權問題，我們就可以寬容來看待，了解那是時空背景不同的現象，是印度重男輕女、種姓制度的影響。

菩薩四百戒，數字從何而來？

菩薩戒是修學大乘菩薩應受持的戒律，不過，有關菩薩戒的內容，諸經律論的說法，不同時代互有差別。

流傳到中國的是「梵網」和「地持瑜伽」兩種，其中以梵網為主流。中國比丘除了受比丘戒外，一般也會受菩薩戒（又稱「大乘菩薩戒」、「大乘戒」）。一般常見的戒本是：❶ 梵網經戒本、❷ 菩薩地持經戒本、❸ 瑜伽菩薩戒本、❹ 菩薩善戒經戒本。

《藥師經》在本段經文提及「菩薩四百戒」，但未見其列出四百戒的

條目。實際上，菩薩戒的內容是包羅一切的，不能以條文數字來標列。若可一一條列限定範圍，便成了有限。於是，不同戒本的菩薩戒，數字是不一樣的。由於眾生的根基（秉賦）與身分之不同，所以各個佛所化度的世界中就有「無限多種」版本內容，但是其行菩薩道的基本精神是一樣的，也就是自利、利他的大願，追求無上的覺悟境界。

這裡必須強調，每個人都有一個真實的本質（或根器），而行為應當符合這個本質所代表的真理。**<u>因此，針對不同經本、不同根基、不同身分所設定的戒，是不一樣的。</u>**

乃至盡形，不事餘天

《藥師經》提到「**乃至盡形，不事餘天**」的說法，「盡形」一詞指的是生命結束，形體不復存在。「不事餘天」表示不信仰其他的神明，只尊崇釋迦牟尼佛及他的法教。然而，不同宗教各有其偉大的神聖信仰，我們該如何看待呢？

這段文字強調了在修行的過程中，要專心致志地依從釋迦牟尼佛的教誨，不去信仰其他神明或偏離佛教教義的信仰。不過，尊重不同宗教在現代是一個重要的人類態度，對於任何一種宗教而言，信仰都是核心價值之一。

因此，在這個問題上，我們應該尊重自己的信仰自由，也應該保持開放的心態去理解和學習不同的宗教信仰，以這樣的態度念誦《藥師經》，將開啟更寬闊的領悟。在本章第 39 單元的「**於一切有情，起利益安樂、慈悲喜捨、平等之心**」，即闡述了平等之心的重要，也就是這個意思。

女產安穩，生子健敏

　　或有女人，臨當產時，受於極苦，若能至心稱名禮讚，恭敬供養彼如來者，眾苦皆除。所生之子，身分具足，形色端正，見者歡喜，利根聰明，安隱少病，無有非人奪其精氣。

白話翻譯

　　或者有的女人，臨產時忍受極度的痛苦，如能至心稱念藥師如來名號，並禮拜、讚頌，恭敬供養藥師如來，如此種種痛苦都會消除。她所生的子女，身體各部分都很健全，形體容貌端正，看見的人都會歡喜，根器敏銳聰明，平安穩定而少有疾病，而且沒有鬼神會前來奪取精氣。

關鍵詞彙

· **身分具足**：身體各部分都很健全。

· **利根**：根器（秉賦）敏銳。

· **安隱**：安穩。

· **非人**：鬼神，此處單指鬼魅。

沒有鬼神會前來奪取精氣

　　這段經文講述了一個女人在臨產時持《藥師經》所能得到的利益。如果她能夠真心誠意地稱念藥師如來的名號，並且恭敬地供養藥師如來，那麼她所受到的痛苦都會消除。她所生的孩子會非常健康，有著端正的外表和敏銳聰明的根器（秉賦），而且很少生病。此外，鬼神也不會來奪取孩子的精氣。

這段經文的結構包括了四個部分。第一部分是描述女人臨產時所受到的極度痛苦；第二部分是提出了一個解決之道，即稱念藥師如來的名號和恭敬供養藥師如來；第三部分是描述女人所生的孩子具備的身體條件和智慧；第四部分是闡述孩子不會受到鬼神來奪取精氣的困擾。

供養、憶念、專念、稱名禮讚

本章第 40 到 42 單元，總共提及五種災難，我們將看似複雜的經文予以分析，即可清晰看到對應的方法，分別是 ❶ 供養、❷ 憶念或 ❸ 專念藥師如來，以及 ❹ 稱名禮讚藥師如來。

五種災難的對應方法

災難種類	經文對應法門	分析	出處
百怪出現難	以眾妙資具，恭敬供養	供養	本章第 40 單元
一切怖畏難	至心憶念彼佛，恭敬供養	憶念、供養	本章第 40 單元
內亂外患難	憶念恭敬彼如來	憶念	本章第 40 單元
毀犯墮落難	專念彼佛名號，恭敬供養	專念、供養	本章第 41 單元
女人生產難	至心稱名禮讚，恭敬供養彼如來	稱名禮讚、供養	本章第 42 單元

阿難登場，諸佛甚深行處、諸佛身語意業清淨！

爾時，世尊告阿難言：「如我稱揚彼世尊藥師琉璃光如來所有功德，此是諸佛甚深行處，難可解了，汝為信不？」阿難白言：「大德世尊，我於如來所說契經，不生疑惑。所以者何？一切如來，身語意業，無不清淨。世尊！此日月輪，可令墮落，妙高山王，可使傾動，諸佛所言，無有異也。

白話翻譯

這時，釋迦世尊告訴阿難說：「如我讚揚世尊藥師琉璃光如來的所有功德，這是諸佛修行甚深幽微的境界，一般修行者是難以了解的，你信不信呢？」阿難答道：「大德世尊！我對如來所說的契經，深信無疑，為什麼呢？因為一切如來的身、語、意三業無不清淨的。世尊！即使太陽、月亮可從天空殞落，至高無比的須彌山可以傾倒移動，但對諸佛所說，我無有異語，完全相信。

關鍵詞彙

· **甚深**：意指佛法的甚深幽微。

· **汝為信不**：汝為信否。

· **白言**：稟告。

· **妙高山王**：梵語為 sumeru，一般音譯成「須彌山」，原始的意思是「妙高」，超越人類所能理解的高。

至誠深信

在佛教中，信仰是非常重要的，對於信仰不夠堅定的人來說，他們的修行就可能受到干擾或阻礙，因此經文中特別強調阿難對佛法的堅定

信仰。首先，世尊向阿難提出了一個問題，問他是否相信諸佛修行甚深幽微的境界，這是一般修行者難以理解的。世尊稱讚了藥師琉璃光如來的所有功德，暗示著這種修行的境界是非常深奧和微妙的。這個問題挑戰了阿難對佛法的理解和信仰，看他是否能理解世尊所指的深奧之處。

阿難回答世尊的問題時表示，他對如來所說的契經深信無疑。他相信一切如來的身、語、意三業都是清淨的，沒有一絲一毫的瑕疵。身、語、意業是佛教思想非常重要的概念，在《華嚴經》、《法華經》、《瑜伽師地論》等經典中都有詳細的探討。

阿難對釋尊的信仰是堅定的，因為他相信佛陀所說的佛法。這段經文展示了阿難對佛法的絕對信仰和敬重。**他相信諸佛的修行是深奧而微妙的，超越一般修行者所能理解的範疇。**阿難透過印度古人對於地球上最高的山，以及宇宙中最為熟悉的星體的理解，來比喻對釋尊說法的完全信任。即使太陽、月亮從天空落下或須彌山倒塌（這些皆為不可能之事），阿難仍對佛陀的教法絲毫不生疑問，持有完全的信心。

這種堅定的信仰是阿難修行的基石，也是他能夠持續追求智慧和解脫的重要因素。他的信仰使他能夠全心投入於佛法的實踐，並對諸佛所示範的道路，抱持絕對的信賴和奉行。

智慧的差異和信心的堅固

人世間的智慧與宇宙智慧是不同的，《法華經》指出，一般修行者只能依靠有限的智慧來理解佛法，而諸佛菩薩則擁有超越凡夫的智慧，更能深入領悟《法華經》的深意。

然而，對於一般修行者來說，信心的堅固也是至關重要的。根據《法華經方便品第二》：「諸餘眾生類，無有能得解，除諸菩薩眾信力堅固者」，意思是說諸餘眾生類無法完全理解《法華經》的教義，除非是信力堅固的菩薩眾。信力堅固意味著心念不變不動、堅定不移地持守信心。這種信心的堅固是修行菩薩道的關鍵。

我們再比對《藥師經》，其中以不同方式表達了「至誠深信」的概念，

這種深信指的是對佛陀所說的教法持有完全的信任和堅定的信心。如前所述,透過比喻人類所熟悉的須彌山和太陽、月亮的崇高,對照阿難對佛陀教法的全然信任。

信心是佛教修行中不可或缺的要素,它是修行道路上的基石和動力。在《法華經》和《藥師經》中,都可以找到對信心的深入見解和價值。其實,不只是佛教,其他宗教或是攸關人類歷史發展的偉大運動,像是保護地球生態、愛惜弱小動物,都需要堅固的信心。

不信、誹謗者：失大利樂，墮諸惡趣

世尊！有諸眾生，信根不具，聞說諸佛甚深行處，作是思惟：云何但念藥師琉璃光如來一佛名號，便獲爾所功德勝利？由此不信，返生誹謗，彼於長夜，失大利樂，墮諸惡趣，流轉無窮。」佛告阿難：「是諸有情，若聞世尊藥師琉璃光如來名號，至心受持，不生疑惑，墮惡趣者，無有是處。」

白話翻譯

世尊！有些眾生沒有完備的信仰根基，聽到諸佛修行到甚深行處，有了這樣的遲疑念頭：『為何只要念誦藥師琉璃光如來一佛的名號，就能獲得如此的功德勝利呢？』因此不信，反而產生誹謗，如此將落入黑暗長夜，失去諸大利益安樂，還可能輪迴而墮落到地獄、餓鬼、畜生的惡道，流轉輪迴，無窮無盡。」

釋迦佛告訴阿難說：「那些眾生如果聽到藥師琉璃光如來的名號，至心受持，不再疑惑，就不會墮落到三惡道。」

關鍵詞彙

· **但念**：只要念誦。

· **返生誹謗**：反而產生毀謗。

· **利樂**：利益安樂。

更深層的意義是再去引動宇宙的智慧能量

「云何但念藥師琉璃光如來一佛名號，便獲爾所功德勝利？」這段經文描述了一些眾生對佛法的懷疑和不信任，以及佛陀告訴阿難，那些

至心受持佛名的人不會墮入惡道的教誨。從宇宙能量的角度來詮釋這段經文，確實可以感受到一種自然的善美能量。然而，需要注意的是，這段經文的主要目的是教化眾生，信仰佛法、持誦佛名，更深層的意義是再去引動宇宙的智慧能量。

名號、佛號等在佛教中是非常重要的，它們等同於下載宇宙智慧的密碼。這是本書的關鍵概念，筆者不厭其煩地提醒讀者。名號、佛號代表著佛的智慧和聖潔，能夠引導人們超越煩惱和疑惑，獲得平靜及解脫。因此，在佛教中，念佛名號是一種十分重要的修行方法，可以被看作是一種呼喚宇宙能量、吸引善能量的行為，能夠引導人們靠近佛法的智慧和慈悲，從而獲得利益。

反之，「由此不信，返生誹謗，彼於長夜，失大利樂，墮諸惡趣，流轉無窮」，這段經文說明毀謗懷疑佛經等行為，可能會引來負面的能量，將落入黑暗長夜，失去諸大利益安樂，還可能輪迴而墮落到地獄、餓鬼、畜生的惡道，流轉輪迴，無窮無盡。

如何透過修行方法來超越煩惱和疑惑，達到解脫的境界？答案再次回到了信仰佛法、持誦佛名「藥師琉璃光如來」。

一生所繫菩薩才能信解：三難得

阿難！此是諸佛甚深所行，難可信解，汝今能受，當知皆是如來威力。阿難！一切聲聞、獨覺，及未登地諸菩薩等，皆悉不能如實信解，唯除一生所繫菩薩。阿難！人身難得；於三寶中，信敬尊重，亦難可得；聞世尊藥師琉璃光如來名號，復難於是。

阿難！彼藥師琉璃光如來，無量菩薩行，無量善巧方便，無量廣大願。我若一劫，若一劫餘而廣說者，劫可速盡，彼佛行願，善巧方便，無有盡也！」

白話翻譯

阿難！此諸佛的甚深所行，凡常人是很難相信理解的，而你現在卻能如此受持，當知全都是如來威力的加被。阿難！一切聲聞、獨覺的修行者，和未登十地的諸菩薩等，都還不能如實信解，唯有即將成佛的菩薩，才能如實信解。阿難！輪迴成為人身是很難得，而對佛、法、僧信敬尊重也是很難得的，能聽聞世尊藥師琉璃光如來的名號，則更是難得。

阿難！藥師琉璃光如來，在成佛之前是無量的菩薩行（實踐），無量的善巧方便（方法），與無量的廣大本願（願望）。如果我用一劫或一劫多的時間來廣為說明，即使是一劫長的時間也會很快過去。然而藥師如來的行願（實踐、願望）與善巧方便（方法）是沒有窮盡，是說不完的！」

關鍵詞彙

· **聲聞**：釋迦牟尼佛在世時，親自聽聞釋迦牟尼佛說法而覺悟的人。當時聽聞的主要內容就是四諦法，梵語是 Sravaka。

· **獨覺**：靠自己覺悟的力量而脫離生死的人。梵語為 Pratyeka，也音譯為「辟支」，意思是緣覺，觀修因緣法而覺悟。

· **未登地菩薩**：尚未登十地的菩薩。十地是指證悟層次的十種階段，詳見內文。

· **一生所繫菩薩**：繫，指聯綴、連接、牽繫。一生，指最後一次的輪迴生命。一生所繫菩薩，是指只剩下這一生還牽繫在欲界的世界裡，其成就已經大徹大悟，到達即將成佛的狀態，其境界等同於「一生補處菩薩」，為盡此

一生就能補到佛位的意思，是「最後身菩薩」的別號，如現在居於兜率天的彌勒菩薩，就是一生補處菩薩。

・**菩薩行**：自利、利他，最後達「圓滿佛果」的修行方法。
・**善巧**：各種巧妙的度人方法。
・**方便**：隨方因便，以利導人。
・**廣大願**：藥師如來的大願。

四種修行境態

四類走在智慧道路上的聖者與智者，分別是 ❶ 聲聞乘修行者、❷ 獨覺乘修行者、❸ 未登十地的諸菩薩、❹ 一生所繫菩薩。佛陀告訴阿難說：「這是諸佛的甚深所行，難以相信和理解，但你現在卻能如此受持，你應該知道這都是如來威力的加被。阿難！所有聲聞、獨覺和未登十地的諸菩薩等修行者，都還不能完全理解和相信，只有即將成佛的菩薩（一生所繫菩薩）才能夠完全理解和相信。」

經文最核心的概念是「**此是諸佛甚深所行，難可信解，汝今能受，當知皆是如來威力。**」這是告訴阿難（或是修行者），<u>唯獨在如來的威力之下，才能如此受持。</u>

三難得：人身難得、三寶中信敬尊重的難得、 聞世尊藥師名號的難得

釋迦牟尼佛開示阿難，人身的難得程度有三種。第一種是成為人身本身就很難得，因為在六道輪迴中，能夠轉世成人的機率非常低。第二種是在三寶中，能夠對佛、法、僧三寶產生信敬尊重，也很難得。第三種是聽聞世尊藥師琉璃光如來的名號，更是難得到極點。此處再次強調

名號是多麼重要，這是連結宇宙智慧能量的密碼。

　　這裡所提到的三寶，是指佛、法、僧三者。「佛」是宇宙智慧能量的神聖意識體，「法」是宇宙運轉的規則，「僧」是傳達修行法門的老師。對三寶的信敬尊重，不僅能夠幫助我們更快地修行，還能保護修行者免受外界的干擾。（註：此處的僧，與「皈依僧」的「僧」不同，後者是原始梵文的轉譯，意思是和合〔和佛、法融合在一起〕。）

　　最後，因為人身的難得，才有機會閱讀佛經，學習念誦咒語，以及修行成佛。讓眾生珍惜這難得的人身，好好利用時間，努力修行，以便早日證得涅槃。

 四種修行者

聲聞乘修行者

獨覺乘修行者

 修行途逕　親自聽聞釋迦牟尼佛說法而覺悟的人　　　靠自己覺悟的力量而脫離生死的人

 修行方式　四諦法　　　十二因緣法

未登地菩薩

一生所繫菩薩

 修行途逕　尚未登十地的菩薩（連最初階的地都未達到）　　　即將成佛的菩薩

 修行方式　初始菩薩行　　　甚深菩薩行

（註：菩薩行的內容是具備自利、利他的大願，追求無上的覺悟境界。）

《藥師經》的三無量：無量菩薩行，無量善巧方便，無量廣大願

本段經文的另一個重點是菩薩行，比較需要解釋的是善巧與方便。「善巧」是指各種巧妙的度人方法。「方便」是隨方因便，以利導人。《藥師經》的「三無量」分別是無量菩薩行、無量善巧方便、無量廣大願。**其概念是架構在無限量的願望，而後形成無限量的方法，最後發展成充滿無限創意的實踐。** 釋迦牟尼佛對阿難詳細解釋了藥師琉璃光如來在成佛之前，修行的路程是無量的，包含了無量的實踐、善巧的方法，以及廣大的願望。

釋迦牟尼佛還說明，藥師法門的行者路徑、修行方法和願望是多麼浩瀚偉大，「劫」（kalpa）是一個極為長久的時間單位。「我若一劫，若一劫餘而廣說者，劫可速盡，彼佛行願，善巧方便，無有盡也！」即使用一劫或一劫多的時間來說明，劫也會很快過去。因為藥師法門是如此的廣大、深奧，說不盡也講不完。透由「一劫」與「無有盡也」形成強烈的時間比對。藥師如來的十二願望也是無量廣大的，祂想要度盡一切眾生，讓他們都能夠得到解脫、成就菩提。這些無量的行、無盡的方法、無邊的願望，都展現了藥師如來的菩薩精神。

十地菩薩、一生所繫菩薩、一生補處菩薩

未登地菩薩都還不能如實信解，對應十地菩薩的修行境態是非常遙遠的。「地」是修行的境態或境界。菩薩的修行分成十個境界，對應證悟層次的十種階段，總共有十地。依序為極喜地、離垢地、發光地、焰慧地、難勝地、現前地、遠行地、不動地、善慧地、法雲地。其中，**第十地為菩薩境界中僅次於佛果的最高階段，稱為「法雲地」**，這與古代印度的儀式有關。在印度，若要舉行灌頂禮，必須取四大海之水，澆灌在王子的頂上，登位禮就告完成，如同加冕禮。法雲地的境態，如王子冊封後即將正式登位，象徵成佛。再透由「澆灌」一詞，其含意連結到法雲的「雲」，

可以滋潤萬物、守護眾生。「法雲」的字義包含佛法與雲。法雲地的意涵是智慧與慈悲的合一，就如同雲能夠滋潤萬物一樣，法雲地的境界能夠滋潤眾生，解除眾生的熱惱，讓他們得到智慧與慈悲的滋潤。

「法」對應智慧，「雲」對應慈悲。法雲的連結，即是智慧與慈悲的結合。對於修行者而言，法雲地的境界是非常高深的，只有即將成佛的菩薩才能如實信解。因此，佛教徒在修行的過程中，需要不斷努力修行，提升自己的境界，逐漸接近法雲地，以達到成佛的境界。**法雲地菩薩可以說是接近一生所繫菩薩或一生補處菩薩。**

四種菩薩的差異

一生所繫菩薩

 強調重點 繩索

繫，指聯綴、連接、牽繫。一生，指最後一次的輪迴生命。
一生所繫菩薩只剩下這一生還牽繫在欲界的世界裡（註：關心欲界眾生的苦難）。其成就已經大徹大悟，到達即將成佛的狀態，其境界等同於一生補處菩薩。

一生補處菩薩

 強調重點 補位

補，指填入空缺的職位、候補、遞補。盡此一生就能遞補到佛位的意思，是「最後身菩薩」的別號。例如，現在居於兜率天的彌勒菩薩，就是一生補處菩薩。

未登地繫菩薩

 強調重點 地，修行境階

未登地菩薩是指未達到十地菩薩的境態；連最初階的地都未達到。

十地菩薩

 強調重點 地，修行境階

菩薩修行有十個境界，最高是法雲地菩薩，僅次於佛果。

救脫菩薩正式登場：
與死神琰魔法王相遇

　　爾時，眾中有一菩薩摩訶薩，名曰救脫，即從座起，偏袒右肩，右膝著地，曲躬合掌，而白佛言：「大德世尊！像法轉時，有諸眾生，為種種患之所困厄，長病羸瘦，不能飲食，喉唇乾燥，見諸方暗，死相現前，父母親屬、朋友知識，涕泣圍繞。

　　然彼自身，臥在本處，見琰魔使，引其神識，至於琰魔法王之前。然諸有情，有俱生神，隨其所作，若罪若福，皆具書之，盡持授與琰魔法王。爾時，彼王推問其人，計算所作，隨其罪福而處斷之。

白話翻譯

　　這時眾中有位大菩薩，名叫救脫，從座位起來，袒露著右肩，右膝著地，曲身恭敬合掌，稟告佛陀說：「大德世尊！在以佛像傳法的時期，有些眾生為種種病痛困擾，長病之下身體羸瘦，無法進食，喉唇乾燥，視力衰退，只見四周黑暗，這時病人顯現出死亡跡象，父母親屬和朋友們都圍著他泣涕。

　　然而他自己躺臥在病床，見到琰魔王的使卒前來，牽引他的神識，前往琰魔法王的面前。由於眾生都有個與生俱來的神識，隨著個人作為，或罪或福全都被記錄下來。現在來到命終，所有生命經歷的內容送到琰魔法王的面前。這時，法王會推斷審問他，計算其一生的所作所為，根據罪福的輕重，處理論斷其業報。

關鍵詞彙

· **救脫**：梵語為 moksha，英譯為 The Bodhisattva Seeker of Salvation，拯救眾生、解脫痛苦的菩薩。

· **羸**：音同「雷」，指瘦弱。

· **知識**：在佛經裡的「知識」一詞，即代表著朋友。

· **琰魔**：音同「演魔」，梵語 yama 的音譯，或譯「閻摩」。意思是死亡之神，也就是一般人熟悉的閻羅王。

· **琰魔使**：閻羅王的使者。

- **神識**：靈魂意識。
- **琰魔法王**：或譯閻摩法王、閻羅王。
- **俱生神**：與生俱來的神識。
- **皆具書之**：全都被記錄下來。

※

救脫菩薩指導藥師儀軌

救脫菩薩（Moksha）是本經文中的一位菩薩，祂的名字意味著拯救眾生、解脫痛苦。救脫菩薩以祂的慈悲心和智慧，指導著藥師儀軌，為眾生提供救贖的指引。這位菩薩是眾生解脫的追尋者，關懷著每一位身陷苦難的人。

在藥師儀軌中，救脫菩薩以特定的儀式和動作展現著他的教導。祂起身，偏袒右肩，右膝著地，曲身恭敬合掌，向佛陀稟告有關病人的情況。**這個舉動展現出祂對佛陀和這項救贖工作的虔敬及專注。**

琰魔使扮演著將死者的業報交給琰魔王（Yama）的角色。在這個關鍵的時刻，搜集重要的資訊交給琰魔王，以便評斷病人的命運。這些資訊被稱為「俱生神」，即是「與生俱來的神識」，記錄了每個人的業力和因果。這些資訊的重要性不容忽視，因為它們會影響病人的未來。

救脫菩薩在藥師儀軌過程中，陪伴病人面對著琰魔使與琰魔法王。救脫菩薩的指導和儀軌的實踐，確保了這些資訊被完整記錄下來，以便準確評斷和裁決。這是一個嚴謹而公正的過程，確保每個人都獲得應有的結果。在救脫菩薩的指導之下，病人的靈魂意識能夠獲得救援和解脫的機會。這裡有個重要概念，**梵語 Moksha 與 Yama 的意思是拯救解脫與死亡，這是兩個對立的能量，在經文中分別被擬像化成救脫菩薩與琰魔法王。**

對於華人而言，非常忌諱談論死亡，《藥師經》則是完全沒有閃躲，

我們應該以智慧的視角發掘本單元充滿離奇現場的意義。凡常人無法立刻體會生死僅是幻象，唯有智者可以領悟無生無滅的智慧境態，於是在釋迦牟尼佛的啟動之下，救脫菩薩「先」協助眾生度過娑婆世界的難關，「再」由藥師如來引領眾生前往無上正等正覺的智慧領域。

琰魔法王論罪

「有諸眾生，為種種患之所困厄，長病羸瘦，不能飲食，喉唇乾燥，見諸方暗，死相現前」，這段經文提到，病人身體羸弱，長期受到種種疾病的困擾，當病情加重，病人會出現死亡的跡象，身邊的親友會哀傷萬分，描述了一場生死戲劇，病人處於生命危難狀態，緩緩在前往死亡的路徑上。

此時，病人的靈魂意識會被牽引到琰魔法王的面前，法王會審問他，計算其一生的所作所為，根據罪福的輕重，處理論斷其業報。「然諸有情，有俱生神，隨其所作，若罪若福，皆具書之，盡持授與琰魔法王」，這段經文顯示人類的行為會影響其業報，而這些行為都會被記錄下來。這樣的俱生神的描述，非常接近《西藏生死書》的「業行記錄簿」，我們可以將之比擬成行車紀錄器的運作。

《西藏生死書》（正確名稱為《中陰聞教救度大法》），充滿著神祕的內涵，就像是一個等待解碼的生命密碼。在古代，西藏的喇嘛們以口述的方式將其傳承下來，並沒有文字的記載。直到近個幾世紀才被書寫成經文形式，並在二十世紀初由藏文翻譯成英文，進而傳播到全世界。《西藏生死書》與《藥師經》中的琰魔王不同，它描述了兩位審判官，分別為司善判官和司惡判官。這兩位判官記錄著亡靈一生中所做的善行和惡行。

續命法：七層明燈、五色續命神幡

時彼病人親屬、知識，若能為彼皈依世尊藥師琉璃光如來，請諸眾僧，轉讀此經，然七層之燈，懸五色續命神幡。或有是處，彼識得還，如在夢中，明瞭自見。或經七日，或二十一日，或三十五日，或四十九日，彼識還時，如從夢覺，皆自憶知，善不善業，所得果報。由自證見業果報故，乃至命難，亦不造作諸惡之業。是故淨信善男子、善女人等，皆應受持藥師琉璃光如來名號，隨力所能，恭敬供養。

白話翻譯

這時病人的親屬朋友，如果能為他皈依藥師琉璃光如來，請僧眾轉讀這部《藥師經》，點燃七層明燈，懸掛五色續命神幡。或許他的神識得以還復，發生的過程宛如夢境，他也明瞭自己見到的一切。或許經過了七天，或二十一天，或三十五天，或四十九天，當他的神識回來時，宛如大夢初醒，而自己還都能回憶起當時的審判過程，明瞭善業和不善業所得的果報。由於他親自證見業力果報，所以往後即使生命受到威脅危難時，也不會造作任何惡業。所以淨信的善男子、善女人們，都應受持念誦藥師琉璃光如來名號，隨自己的能力，恭敬供養。

關鍵詞彙

· **轉讀**：讀誦經典，以特定的曲調來誦讀佛經。

· **然七層之燈**：燃七層之燈。

· **五色**：代表宇宙不同場域的五種智慧能量，分別是白（中央）、深藍（東）、黃（南）、紅（西）、綠（北）。

· **還**：返回，彼識還時的還。

七層明燈與五色續命神幡：續命法

這段經文敘述了一個關於藥師琉璃光如來的經典儀軌，稱為「續命法」。其過程如幻似夢，病人在鬼門關走一遭。當病人的家人或朋友能夠請求僧眾為他們祈禱，並持誦《藥師經》，燃起七層明燈，並懸掛五色續命神幡，可以讓病人的神識得以還復，並能回憶起當時的情景，明瞭自己見到的一切。「時彼病人親屬、知識，若能為彼皈依世尊藥師琉璃光如來，請諸眾僧，轉讀此經」，顯示參與續命法的是病人的親屬、知識（朋友）與僧眾，並非病人自己。

要改變觀念或是習氣，真的很不容易，我們都聽過「心轉境轉」這句話，在生活中必須靠時間才能改變習氣。然而，當經過如幻似夢的鬼門關，那可就是心歷其境的感受。當病人回憶起自己的善業和不善業，以及所得的果報，「由自證見業果報故，乃至命難，亦不造作諸惡之業。」**即使往後生命受到危難威脅，也不會造作任何惡業。**因此，淨信的善男子和善女人都應該受持藥師琉璃光如來的名號，盡自己所能，恭敬供養。整個習氣與心態就徹底改頭換面了。

續命法的起源與發展：阿育王時代

續命法是一種修法，目的是為了得到延命增壽的益處。這種修法最早是透過向藥師如來祈禱時所用的五色神幡來實現。據《法苑珠林》卷36、《經律異相》卷6等文獻記載，阿育王曾在重病之時，立了一千兩百塔，其上懸掛金縷之幡，因此得以延壽二十五年。**請注意，這時僅出現神幡並無七層明燈，而且是金線編製的神幡。**

在《藥師經》中，關於續命法的記載更為細膩。內容明訂神幡的顏色是五種，再增加七層明燈；也就是本單元中所提到的，親屬或知識能夠為病人皈依藥師琉璃光如來，並請眾僧轉讀此經，燃七層之燈，懸著五色續命神幡，就有可能使病人得到延壽增壽的效果。

記載續命法的文獻，主要來自諸多佛教經典，其中《法苑珠林》是

一部重要的參考書籍。這本書共 120 卷，由唐代名僧釋道世所撰，主要內容之一是談罪業與福德的原由，旨在讓人們對佛法產生敬信的善念。釋道世於唐代赫赫有名的青龍寺出家，精通律宗。他曾經參與玄奘翻經行道，生平最知名的事蹟是奉詔入西明寺輔道、講經說法。西明寺是另一座唐代名寺，由唐高宗於西元 658 年所立。

　　「五色」神幡的顏色，代表宇宙不同場域的智慧能量，分別是白（中央）、深藍（東）、黃（南）、紅（西）、綠（北）。「綵」是五彩的絲織品，「縷」是線、麻線。出現於本經的「五色」一詞頗多，分別是五色綵（作囊盛之）、五色神幡、五色綵幡、五色縷（五色線）等等。全經描述的用詞雖然很多，但總結可歸納出三種宗教物品，分別是收納的《藥師經》的五色綵囊、續命法的五色神幡（或五色綵幡）與最後的十二神將專屬的五色縷。

🎋五色宗教物品

五色綵囊

收納《藥師經》的袋子（見本章第 36 單元）

五色綵幡

續命法使用的儀軌物品（見本章第 47 單元）

五色縷

結十二神將名號的五色線（見本章第 53 單元）

救脫菩薩向阿難指導藥師儀軌：
最完整的一次指導

　　爾時，阿難問救脫菩薩曰：「善男子！應云何恭敬供養彼世尊藥師琉璃光如來？續命幡燈，復云何造？」

　　救脫菩薩言：「大德！若有病人，欲脫病苦，當為其人，七日七夜，受持八分齋戒。應以飲食，及餘資具，隨力所辦，供養苾芻僧。晝夜六時，禮拜行道，供養彼世尊藥師琉璃光如來，讀誦此經四十九遍。

　　然四十九燈，造彼如來形像七軀，一一像前，各置七燈，一一燈量，大如車輪，乃至四十九日，光明不絕。造五色綵幡，長四十九搩手，應放雜類眾生，至四十九，可得過度危厄之難，不為諸橫惡鬼所持。

白話翻譯

　　這時，阿難請問救脫菩薩道：「善男子，應當如何恭敬供養藥師琉璃光如來？又該如何製作續命幡燈？」

　　救脫菩薩說：「大德！如果有病人想要解脫病苦，應當為他受持七天七夜的八分齋戒，應當準備清淨飲食與其餘生活資具，隨個人能力去籌辦，以此供養僧眾比丘。白天與夜晚總共六小時，虔誠禮拜，恭敬供養藥師琉璃光如來，持續讀誦這部《藥師經》四十九遍。

　　點燃明燈四十九盞，製作藥師如來的聖像七尊。在每尊像前各放七盞燈，每盞燈的光量如車輪那麼大。燃燈過程前後進行四十九天，光明不絕。再製作五色綵幡，長四十九搩手，還應放生各類動物等四十九個，這樣可以度過危厄災難，不被種種橫禍惡鬼夾持。

關鍵詞彙

- **八分齋戒**：詳見本章第 29 單元的說明。

- **齋戒**：清除「心的不淨」叫做齋，禁斷「身的過非」叫做戒，齋戒就是守戒以摒絕一切嗜欲的意思。

- **資具**：供養僧眾的物品，類似束脩的概念。

- **晝夜六時**：寺院修行的「時間」，指白天三時、晚上三時，合稱晝夜六時。「初日分」為早晨，「中日分」為中午，「後日分」為下午，「初夜分」為黃昏，「中夜分」為半夜，「後夜分」為四、五更。

- **搩**：音同「折」，手掌張開時，拇指到食指的距離。
- **應放雜類眾生**：雜，指各式各樣。「應放雜類眾生」的意思是放生各類動物。

全經最完整的藥師儀軌之說明

整部《藥師經》登場的人物大約是釋迦牟尼佛、文殊菩薩、阿難、救脫菩薩、十二神將。在不同人物的組合狀態下對談《藥師經》，也不厭其煩地說明藥師儀軌，其中最重要的應該是五綵神幡與續命明燈。

這個單元是阿難請教救脫菩薩，如何恭敬供養藥師琉璃光如來，又該如何製作續命幡燈。救脫菩薩回答總共有九個要項，堪稱全經最完整的藥師儀軌之說明。儀軌在數量上有明確的規定，我們可以看到 5（五色綵幡），6（晝夜六時），7（七天七夜、七尊聖像、七盞明燈），8（八分齋戒），49（四十九次誦經、四十九盞明燈、四十九搩手、四十九天燃燈）。整理於下表

救脫菩薩指導續命法的規範數字

儀軌項目	內容
1. 七天七夜、八分齋戒	為病人受持七天七夜的八分齋戒，淨化身語意。
2. 供養僧侶（無特別數字）	準備清淨飲食與生活資具，供養僧眾比丘。
3. 四十九次誦經	虔誠地讀誦《藥師經》四十九遍，供養藥師琉璃光如來。
4. 四十九盞明燈	燃點四十九盞明燈，照亮虔誠供養的場所。
5. 七尊聖像	製作七尊藥師如來的聖像，供奉在供養的場所。
6. 七盞明燈	在每尊像前放置七盞明燈，象徵著光明與智慧。
7. 四十九天的燃燈	持續點燃燈四十九天，讓光明不斷照亮供養場所。

儀軌項目	內容
8. 五色綵幡、 　四十九搩手	製作五色綵幡，長度為四十九搩手，裝飾供養場所。
9. 四十九次 　慈悲放生	進行四十九次慈悲放生，解救各類動物的生命。

藥師如來的造像

在《藥師經》的儀軌中，可以看到一系列的宗教儀式，其中包括了：❶ 七尊藥師如來聖像、❷ 七盞明燈、❸ 五色續命神幡，這些都具有深刻的意義，可以讓人的心境平靜安穩。將七尊藥師如來聖像成列組合後，於每尊像前都會放置七盞明燈，燈光散發出的光芒如同車輪般環繞著佛像，而五色續命神幡則是《藥師經》特有的神聖器物，具有超凡的能力，宛若個人護身符的巨大化、極限化，所以五色續命神幡不僅守護個人，也擴及整座寺院。

藥師如來的造像並未出現在玄奘所譯的《藥師琉璃光如來本願功德經》，不過，藥師如來在中國的造像中，常常被描繪為左手持有藥缽和藥壺（亦有雙手捧持）。這些器具的名稱並未出現在相關「藥師儀軌」中，但藥缽和藥壺在古代被稱為「藥器」，又稱為「摩尼寶珠」或「無價珠」。

漢傳佛教的藥師如來造像，通常是左手或雙手捧持藥器或藥缽；至於藏傳佛教的藥師如來造像，則是左手持缽盛滿甘露或訶梨勒果，右手持帶有枝葉的訶梨勒果。

什麼是訶梨勒果呢？佛教經典《金光明最勝王經》記載：「訶梨勒一種，具足有六味，能除一切病，無忌藥中王。」訶梨勒的梵文是Haritaki，意思是「帶走所有的疾病」。藥師如來對眾生應病允藥，而以此施予治療，帶走所有的疾病。

除了藥缽、藥壺、藥器、訶梨勒果等持物，藥師如來也有手持藥塔，其造型如同舍利塔。不過，捧持舍利塔形式的藥師像，只在「近代」中國的寺院中被發現。有一種說法認為，在藥師如來像周圍繞塔，能夠帶

來除障招福等功德；另一種說法認為，手持藥塔的造型是象徵佛德，被譽為法界圓塔。這些造像不僅展現了藥師如來的形象和力量，也代表著佛教對健康和心靈的重視。

藥師如來造像的持物

藥缽、藥壺

單純的器皿造型

漢傳佛教

藥器、無價珠、摩尼寶珠

單純的圓珠造型

漢傳佛教

訶梨勒

幾乎都是右手握持，除了單獨長橢圓形的果實造型，也可以是果、葉、莖梗都呈現出來。

藏傳佛教居多

甘露果或訶梨勒果置於圓缽

內含帶葉或不帶葉果實的圓缽

藏傳佛教

藥塔

多層琉璃佛塔造型

近代漢傳佛教

七燈、五色綵幡

　　七盞明燈在佛教中代表智慧和力量的顯示，七盞明燈點燃後，光芒照耀，可摧芸芸眾生種種之煩惱、破人世種種之陰暗。燈作為佛教六種供具之一，與香花、飲食等均被廣泛地用於供養尊儀之資具。此外，燈也可分為僅用於禮拜、誦經時的燈，以及不分晝夜恆常點燃的「長明燈」，又稱「無盡燈」。

　　五色續命神幡、七尊藥師如來聖像和七盞明燈都有著特殊的意義，可以除滅一切無明癡闇，照破暗晦惡法，光明遍滿法界。

　　如前所述，在寺院裡舉辦藥師法會的五色續命神幡，就像是巨幅的護身符，擁有五種色彩的能量，在進行過程中，除了可以守護個人，也可以保護寺廟，甚至整個城市。

　　「續命燈」是延續生命的能量場，透由寺廟的點燈儀式，連結到宇宙智慧體的功能，在《藥師經》裡，最重要的宇宙光能即是琉璃光、日光與月光。透由儀軌中寺院的續命燈與此三種宇宙光能相呼應，陪伴生死交逼的病人，在黑夜中感受宇宙光能，歷經死亡的威脅後重返人間，再次綻放生命。

　　整個藥師法門是獲取智慧光明的一場法會，可以啟動眾生內在的靈魂意識，而非沒有意義的宗教儀式。

　　在佛教中，各式各樣的器物都具有深刻的涵義，它們以形象表達法義，用以除去一切無明的愚昧，照亮黑暗中的邪法，讓光明充滿法界。這些儀軌中所呈現的符號和儀式，以及其中的意義和用途，都展現了佛教的智慧與慈悲。透過這些儀軌的實踐，信眾能夠感受到救脫菩薩的引導和藥師如來的加持，並希望達到解脫和利益眾生的目標。

大規模社會、群眾層級的災難：領導者的慈悲心

「復次，阿難！若剎帝利、灌頂王等，災難起時，所謂人眾疾疫難，他國侵逼難，自界叛逆難，星宿變怪難，日月薄蝕難，非時風雨難，過時不雨難。彼剎帝利、灌頂王等，爾時應於一切有情，起慈悲心，赦諸繫閉。依前所說供養之法，供養彼世尊藥師琉璃光如來。

由此善根，及彼如來本願力故，令其國界，即得安穩。風雨順時，穀稼成熟。一切有情，無病歡樂。於其國中，無有暴惡藥叉等神，惱有情者。一切惡相，皆即隱沒。而剎帝利、灌頂王等，壽命色力，無病自在，皆得增益。

白話翻譯

再者，阿難！如果國家領導者如剎帝利、灌頂王等遭遇國家災難時，或是所謂的大規模流行的疾疫災難，還有遭遇他國侵略的災難、國內叛亂；天體運轉星宿變化的災難、日蝕月蝕；不適時的風雨災難，過時不雨的旱災。剎帝利王族和灌頂王等這時應該於一切有情眾生發起慈悲心，大赦獄囚。再依據前面所說的供養之法，來供養藥師琉璃光如來。

由此善根，加上藥師如來的根本願力，於是國家安穩，風調雨順，穀稼成熟。所有的有情眾生都可遠離病痛，平安歡樂。在這些國度裡，沒有暴惡夜叉等邪神前來惱亂眾生。一切惡相全都隱沒消失。而剎帝利王族和灌頂王，福壽長命，形美力強，無病自在，皆得增益。

關鍵詞彙

- **剎帝利**：梵語為 ksatriya，軍事貴族。
- **灌頂王**：印度國王的太子，在即位時會由轉輪聖王取四海之水盛在金瓶裡，灌灑太子的頭頂，做為登上太子位的儀式，以後就稱灌頂王。（備註：圍繞須彌山四方之外的海，即為四海。）
- **自界**：自己國內。
- **赦諸繫閉**：繫，綑綁，通「繫」。赦免關閉於囚牢的罪犯。
- **壽命色力**：福壽長命，形美力強。

六難的解決：大規模社會、群眾層級的災難

這段經文總共有六難，影響的層面極廣，拆解經文條列如下：❶「人眾疾疫難」（大規模疾疫災難），❷「他國侵逼難」（戰爭），❸「自界叛逆難」（內戰），❹「星宿變怪難，日月薄蝕難」（天體災難），❺「非時風雨難」（風災），❻「過時不雨難」（旱災）。

在此，救脫菩薩告訴阿難，當國家領導者如剎帝利王族或灌頂王等，遭遇到國家災難，比如大規模的流行疾病、他國的入侵、國內的叛亂、天體運行的異常、日蝕月蝕，以及缺乏水源的旱災等，那麼剎帝利王族和灌頂王等應該發起慈悲心，對所有有情眾生大赦獄囚。同時，他們也應該按照之前所提供的方式，供養藥師琉璃光如來。**整段經文的重點為，大規模社會、群眾層級的災難的解決之道，是慈悲心與供養藥師如來。**

壽命色力：元首發揮引領作用

請特別注意，剎帝利王族指的是軍事貴族，而灌頂王則是指印度國王的太子。當灌頂王即位時，轉輪聖王會取四海之水盛在金瓶中，灑在太子的頭頂，做為即位儀式，後來便被稱為灌頂王。而這裡所說的四海，指的是圍繞須彌山的四方海域。

「而剎帝利、灌頂王等，壽命色力，無病自在，皆得增益」，其中「壽力色命」指的是福壽長命、形美力強的狀態，色指身體的形象，力指身體的健康和能力。由於善根和藥師如來的根本願力，國家得以繁榮安穩，人民免於疾病之苦，並且國家中的**領袖剎帝利王族和灌頂王，也都能夠享有福壽長命、形美力強的境界，並且增益壽命和健康能力。**

宮廷帝后、丞相宮女、百官黎庶：放生與橫死

阿難！若帝后妃主、儲君王子、大臣輔相、中宮綵女、百官黎庶，為病所苦，及餘厄難，亦應造立五色神幡，然燈續明，放諸生命，散雜色華，燒眾名香，病得除愈，眾難解脫。」

爾時，阿難問救脫菩薩言：「善男子云何已盡之命，而可增益？」

救脫菩薩言：「大德！汝豈不聞如來說有九橫死耶？是故勸造續命幡燈，修諸福德；以修福故，盡其壽命，不經苦患。」

白話翻譯

阿難！還有帝后、妃主、儲君、王子、大臣、輔相、宦官、宮女、百官、民眾，他們因病而苦，或是遭遇種種厄難，這時也應該製作五色神幡，燃燈維續光明，放生種種動物，撒各色花蔓，燒種種名香，那麼即可消除疾病獲得痊癒，解脫種種災難。

這時，阿難問救脫菩薩道：「善男子，為什麼生命已盡，死相現前的人，還可以得救而延長壽命呢？」

救脫菩薩說：「大德！你難道沒有聽說過如來提及九種『橫死』嗎？所以要勸請懸掛續命神幡與點燃長命慧燈，修諸福德；如此以修福的功德可以竭盡他的壽命（註：即延續他不應當盡而盡的壽命），不經過苦難的禍患。」

關鍵詞彙

- **帝后**：帝王君主的元配夫人。

- **妃主**：帝王君主的其他妻妾。

- **儲君**：候補王位的太子。

- **王子**：太子的兄弟輩。

- **中宮**：皇后住的宮殿中負責管理者，即是宦官。

- **綵女**：宮女。

- **黎庶**：百姓、民眾。

- **橫死**：非前世之業果而命終，謂之橫死。

放生與橫死首見於本經，兩者都是與壽命相關

放生和橫死在《藥師經》中都是與壽命相關的概念。放生是一個佛教的行為，尊重生命，將被捕捉或準備被宰殺的動物放生，以積累善德和福報。相對地，其他習俗的宰殺動物、祭祀鬼神等，就被視為殘害生命，與佛教的放生觀念背道而馳。

走進寺院時，每個佛教徒在師父的指導薰習之下，多少會被喚起良知，要去尊重其他動物的生命權。**適當地進行素食，遠離為了美食享受或是過度飲食，而帶給其他生命體的痛苦。**

此外，在《藥師經》中，先前提到的剎帝利、灌頂王等有著壽命色力，意味著他們的壽命旺盛，身體健康。而「九橫死」則是在《藥師經》中首次提到，暗示了生命備受威脅的可能性。這些概念的相互對比，強調了佛教對於生命的重視和保護。也呈現出《藥師經》的因應對策。

橫死不是正常業力的死亡過程

在佛教的觀念中，橫死不是一個正常的死亡過程，而是指因為違反正常業力等原因，在生命尚未到盡頭的情況下，遭遇意外或突然死亡的狀態。根據「藥師儀軌」所說的，橫死共有九種，而這個狀態可以透過修福、製作續命神幡、點燃長命慧燈、放生救命、散花燒香等方式得到救助，來消除病痛和解脫困難。

在西藏密教與漢傳佛教，因為物質區域性與文化差異，儀軌的過程略有不同，但整個祭祀儀軌的核心，依舊圍繞著驅邪除煞。更完整的「藥師儀軌」，比起玄奘版本的《藥師經》擁有著更細膩的法壇設置與咒語程序，明確規範了整個儀軌的流程。

從現代的角度來看，橫死通常指因自殺、被害或意外事故等原因而死亡，這些都是突發事件或不正常的死亡狀況。而在寺院中點燃長命慧燈，以及利用宇宙能量中的琉璃光、日光、月光、燃燈之光等加持神幡，都是以信仰的方式來尋求幫助和庇佑。

恐怖九橫：不應該死卻橫死

阿難問言：「九橫云何？」

救脫菩薩言：「若諸有情，得病雖輕，然無醫藥及看病者，設復遇醫，授以非藥，實不應死而便橫死。又信世間邪魔外道，妖孽之師，妄說禍福，便生恐動，心不自正，卜問覓禍，殺種種眾生，解奏神明，呼諸魍魎，請乞福祐，欲冀延年，終不能得。愚癡迷惑，信邪倒見，遂令橫死，入於地獄，無有出期，是名初橫。

二者，橫被王法之所誅戮。三者，畋獵嬉戲，耽淫嗜酒，放逸無度，橫為非人奪其精氣。四者，橫為火焚。五者，橫為水溺。六者，橫為種種惡獸所啖。七者，橫墮山崖。八者，橫為毒藥、厭禱、咒詛、起屍鬼等之所中害。九者，飢渴所困，不得飲食，而便橫死。

是為如來略說橫死，有此九種，其餘復有無量諸橫，難可具說。

白話翻譯

阿難又問：「有哪九種橫死？」

救脫菩薩說：「像是有的眾生，得病雖輕，然而無醫無藥，或是看病時，遇到庸醫供應不合適的藥，實不該死，卻不幸橫死。還有一些人相信世間邪魔外道的妖孽術師，聽信其妄說禍福，心生恐懼動搖，心自然不正；占卜問事，反招來禍患；宰殺動物祭禱鬼神，或是召喚山川鬼靈，藉此乞福求佑；雖然想要延長壽命，終究還是得不到。如此愚癡迷惑，信邪倒見，結果反而遭致橫死，入於地獄道，永無出離之日，這是第一種橫死。

第二種橫死，因犯罪接受國家法律誅戮。第三種橫死，田獵嬉戲，荒淫嗜酒，放逸無度，被鬼神奪其精氣而死。第四種橫死，死於火災。第五種橫死，死於溺水。第六種橫死，是被種種猛獸咬食而死。第七種橫死，是失足墜崖。第八種橫死，被下藥毒死，或是用邪術魘禱詛咒，與利用起屍鬼（殭屍）迫害。第九種橫死，飢渴所困，沒有飲食而死。

以上是釋迦佛約略說過的橫死，共有九種，但還有其他無量的橫死，難以一一都說明。

- **卜問**：就是占卜問事的意思。

- **解奏神明**：屬道士的施法作為，寫上疏文，作法祈請天神。「奏」就是呈奏給天上神明。

- **魍魎**：音同「往兩」，山川中的木石精靈。

- **初橫**：指第一種橫死。

- **畋獵**：狩獵。畋，音同「田」。

- **非人**：鬼神。

- **禱**：是指祭祀神明而得到幫助的行為。

- **厭禱咒詛**：魘禱詛咒，指具有惡意的祈求和詛咒。

- **起屍鬼**：指類似殭屍的存在。

❋

龐大的初橫

在這個經文中，「初橫」意指「不應該死卻橫死」的情況。而這種情況具體可分成六種：

第一，得病雖輕，卻因無法獲得醫治或藥物而不幸橫死；第二，在得到醫治或藥物時，卻因醫治不當或藥物不適合而不幸橫死；第三，聽信邪說而心生恐懼、動搖，從而走上不幸的橫死之路；第四，卜問神明或問事占卜，反而招來禍患；第五，宰殺動物祭禱鬼神，或在祭禱活動中殺生，從而不幸橫死；第六，召喚山川鬼靈，藉此求福求佑，卻不慎招來不測之災，而不幸橫死。

由此可見，「初橫」的範疇非常廣泛，涵蓋了許多不同的情況。而這種死亡方式的發生，通常都是因為人們對疾病、醫療、信仰等方面的認識不足，或是出於無知、輕率、迷信等原因，做出了錯誤的決定，最終導致不幸的橫死。

因此，以現代的科學角度來看，人們應當加強對這些問題的學習和認識，避免不必要的悲劇發生。

兩個悲慘結局

在這段經文中，救脫菩薩提到了占卜、祭祀和求助鬼神的做法。這些行為在當時的中國文化中非常普遍，人們認為這麼做能夠幫助他們獲得好運和解決問題。然而，救脫菩薩指出，這些行為在某些情況下會導致橫死。例如，當人們信奉世間邪魔外道、妖孽之師時，可能會迷失自己，甚至卜問覓禍，殺害眾生，最終導致橫死。

因此，雖然古代人認為占卜、祭祀和求助鬼神在某些情況下是有用的，但人們必須謹慎行事，以免因此而招致禍患。最後的兩個結局是：

🍃 初橫的六種情況

情況	說明
1. 無醫無藥	雖是輕微的疾病，卻無法獲得適當的醫療和藥物治療。
2. 遇到庸醫	在就醫過程中遇到不稱職的醫生，被給予不適當的藥物，導致本應康復的病情惡化，甚至意外身亡。
3. 相信邪術師	有些人相信邪教邪術師的說辭，聽信他們的謬論，導致心生恐懼和動搖，從而使心靈不正。
4. 占卜問事	依賴占卜來解答問題，反而招來困擾和不幸。
5. 殺生祭神	以宰殺動物做為祭祀鬼神的方式，傷害生命。
6. 召喚自然靈體	透過召喚山川鬼靈，來祈求福祉和保佑。

1. 「請乞福祐，欲冀延年，終不能得」：雖然想要延長壽命，終究還是得不到。
2. 「愚癡迷惑，信邪倒見，遂令橫死，入於地獄，無有出期」：如此愚癡迷惑，信邪倒見，結果反而遭致橫死，入於地獄道，永無出離之日。

其他橫死

後續的橫死情況，大部分都很常見且淺顯易懂，分別是火難、水難、獸難、失足難、飲與食難，只有三橫與八橫需要說明。

「三者，畋獵嬉戲，耽淫嗜酒，放逸無度，橫為非人奪其精氣。」這是因為被鬼神奪取精氣而死。佛教認為，獸性和魔性的成分都存在於人性中，當人被獸性和魔性掌控時，就會放逸無度、沉湎於各種嗜好。這種行為會傷害自己的身體和精神，也會惹怒鬼神。被鬼神奪取精氣，會使人的身體變得虛弱，最終死亡。

「八者，橫為毒藥、厭禱、咒詛、起屍鬼等之所中害。」這是因為毒藥、邪術魘禱、詛咒等黑暗力量的存在而死。「禱」原本是指祭祀神明而得到幫助的行為，但「厭禱咒詛」即是「魘禱詛咒」，卻成為有惡意的祈求和詛咒。此外，一些人還會使用起屍鬼（殭屍）來迫害他人，也可能導致死亡。

正式經文 52

琰魔法王的審判：
掌控人類生死的神祇

　　復次，阿難！彼琰魔王主領世間名籍之記，若諸有情，不孝五逆，破辱三寶，壞君臣法，毀於性戒，琰魔法王隨罪輕重，考而罰之。是故我今勸諸有情，然燈造幡，放生修福，令度苦厄，不遭眾難。」

白話翻譯

　　再者，阿難！那琰魔王掌管世間有情眾生的名籍紀錄，若有不孝五逆，破壞侮辱佛、法、僧三寶，違壞國家法律，毀壞性戒，琰魔法王會依據罪業的輕重，審考懲罰。所以我現在勸請有情眾生，燃燈造幡，放生修福，脫離苦厄，不再遭受種種災難。」

關鍵詞彙

- 五逆：即殺父、殺母、殺比丘、殺阿羅漢、破和合僧（破壞僧團和諧）。
- 性戒：意指守持「殺、盜、邪淫、妄語」等四種性戒。性戒代表人性本質可以理解的戒律，無須佛教特意制約。遵循的人可以獲得福報，違犯的人則帶來罪業。

　　在佛教中，琰魔王是掌管地獄的王，也負責記錄世間眾生的名籍。根據原始經文，琰魔王會審判有違法律、不孝五逆、破壞佛法僧三寶、毀壞性戒的罪犯，並依據罪業的輕重予以懲罰。因此，勸請有情眾生燃燈造幡、放生修福，以脫離苦厄，避免遭受種種災難。延續先前的單元，**最後來到生命終結的審判日子，其結果與解決之道依舊是燃燈造幡、放生修福。**

五逆是指殺父、殺母、殺比丘、殺阿羅漢、破和合僧，是佛教中嚴重的罪行。「破和合僧」的意思是破壞僧團（sangha）的和諧，英文的解釋很清楚：to destroy the harmony of the sangha。而「性戒」則是指殺、盜、邪淫、妄語，這四種戒律其實不需佛教另外規定。若能遵守這四條戒律，就會獲得福報，反之就會招致罪業。

十二藥叉大將登場：
五線縷、解開惡結

　　爾時，眾中有十二藥叉大將，俱在會坐，所謂：宮毗羅大將，伐折羅大將，迷企羅大將，安底羅大將，頞你羅大將，珊底羅大將，因達羅大將，波夷羅大將，摩虎羅大將，真達羅大將，招杜羅大將，毗羯羅大將，此十二藥叉大將，一一各有七千藥叉以為眷屬，同時舉聲白佛言：「世尊！我等今者，蒙佛威力，得聞世尊藥師琉璃光如來名號，不復更有惡趣之怖。我等相率，皆同一心，乃至盡形歸佛、法、僧，誓當荷負一切有情，為作義利，饒益安樂。隨於何等村城、國邑、空閑林中，若有流布此經，或復受持藥師琉璃光如來名號，恭敬供養者，我等眷屬，衛護是人，皆使解脫一切苦難；諸有願求，悉令滿足。或有疾厄求度脫者，亦應讀誦此經，以五色縷，結我名字，得如願已，然後解結。

白話翻譯

　　這時，在群眾中有十二藥叉大將，一起在這場盛會中，所謂：宮毗羅大將，伐折羅大將，迷企羅大將，安底羅大將，頞你羅大將，珊底羅大將，因達羅大將，波夷羅大將，摩虎羅大將，真達羅大將，招杜羅大將，毗羯羅大將，此十二位藥叉大將各有七千藥叉作為眷屬，他們同聲地向釋迦佛宣誓：「世尊！我們現在承蒙佛威神力，能聽到藥師琉璃光如來的聖號，將不再畏懼惡道。我等互相遵循，全都一心皈依佛、法、僧三寶直到形體終盡、生命結束之時。誓願共同肩負責任，為一切眾生謀求義利，饒益安樂。隨於任何村莊、城市、國都，甚至空曠山林，只要那裡流通傳布這部《藥師經》，或是受持藥師琉璃光如來名號與恭敬供養的人，我等十二藥叉與眷屬，將保護守衛此人，讓他能夠擺脫一切苦難；而所有祈願，也全都能獲得滿足。如有疾病和苦難需要度化解脫的人，應當誦念這部《藥師經》，可用五色線結出我等名字，實現自己的願望，然後得以消除厄難、解開惡結。

關鍵詞彙

‧**藥叉**：梵語 yaksha 的音譯，原始的意思是「以鬼為食的神」，意譯為「能啖鬼」，啖即是吃，此外，還有勇健、輕捷等意思。

- **盡形**：形體終盡、生命結束。
- **饒益**：富有豐足。
- **義利**：義與利相應，有義必有利。
- **五色縷**：五色線。縷，音同「呂」。
- **解結**：消除厄難，解開惡結。

＊

這時，在群眾中有十二藥叉大將，分別是：
- 宮毗羅大將，伐折羅大將，迷企羅大將
- 安底羅大將，頞你羅大將，珊底羅大將
- 因達羅大將，波夷羅大將，摩虎羅大將
- 真達羅大將，招杜羅大將，毗羯羅大將

十二位藥叉大將的龐大組織結構與謀求義利的任務

在佛教中，藥叉的形象經常被描繪成具有神勇力猛、精明輕捷等特質的護法神，能夠擊退邪魔、保護眾生，而他們在《藥師經》中也有助於治療疾病。這樣的轉化背後，反映出了佛教對於這些原本被認為是負面神祇的一種「淨化」和「轉化」的思想。

在佛教中，一切眾生都有成佛的潛力，包括那些原本被認為是負面的神祇。**佛教教義認為，這些山林精怪雖然具有負面的力量，但也具有正面的潛力，只需要透過修行和淨化，就能夠轉化為護法神，成為保護眾生的力量。**

因此，藥叉被轉化為護法神，既是佛教對於這些神祇的一種淨化，同時也是佛教對於疾病的一種治療方式。《藥師經》認為，疾病的形成是由於眾生的前世業力或現世的貪、瞋、癡等負面情緒所導致的，透過信仰、參拜等方式來尋求護法神的庇佑，能夠幫助我們排除負面情緒、修

復身心健康。

總的來說，藥叉在《藥師經》的轉化，體現了佛教對於一切眾生皆有淨化和成佛潛力的思想，同時也為佛教信眾提供了一種尋求庇佑和治療的方式。而且，藥叉是一群龐大山林精怪的能量場，共同凝聚形成一個正面的組織結構，經文說到十二位藥叉大將各有七千藥叉作為眷屬，而他們徹底轉化成正面能量之後，同聲向釋迦牟尼佛宣誓，**這一切源自於佛陀的威神力、聖號之下，才免除惡趣之畏。意思是說，十二位藥叉原本處於惡趣的怖畏恐懼，現在他們不再害怕了。**而且十二位藥叉互相遵循，登高一呼，全都一心皈依佛、法、僧三寶，直到形體終盡、生命結束之時。這段對話讓人聯想到奇幻史詩電影《魔戒》的精靈們歃血為盟，決心保護佛羅多（Frodo）的神聖旅程。

經文內容說，誓願共同肩負責任，為一切眾生謀求義利，饒益安樂。「義利」是佛教術語，簡單來說指的是「名」和「利」，也就是語辭和實際利益。如果再深探，在佛教概念中，名和利是相對的，指的是人類的話語文字和所得到的利益之間的關係。**「義利」可拆解成名義與利益。「名義」通常是指世間的名譽和地位，而「利益」是指物質層面的利益。**此外，「出世名義」和「出世利益」則是指修行所得到的精神和靈性上的利益。所以，十二位藥叉大將的任務是協助眾生在世間的「義利」。至於空性智慧，就交給諸佛菩薩來引領眾生。

受到保護的地球空間與受持名號的眾生

經文提到，隨於任何村莊、城市、國都，甚至空曠山林，只要那裡流通傳布這部《藥師經》，或是受持藥師琉璃光如來名號與恭敬供養的人，我等十二藥叉與眷屬，將保護守衛此人，讓他能夠擺脫一切苦難。其中，❶「流通傳布《藥師經》的空間」受到保護、❷「受持藥師如來名號」受到保護、❸「恭敬供養者」受到保護，**呈現出三種保護。這種保護是基於藥叉大將的護法身分，他們已經由精靈鬼怪升格成協助藥師如來的護法神，負責守護佛法和保護眾生。**這種保護不僅是生理上的保護，也是

心靈上的保護，可以幫助信眾得到內心的平靜和安寧。

　　本單元的十二神將，都是來自地球的空、山、林、海的自然界能量，在藥師如來的引領之下，宛若地球神祕力量的總動員。他們信仰著藥師如來的力量，領略佛陀的智慧，以慈悲共同守護地球的所有生命體。

五線縷的一語雙關：解開惡結、結十二藥叉的名號

　　如前所述，「藥叉」原本是梵語 yaksha 的音譯，最初是印度教神話中的一類神祇，被認為是「能啖鬼」的山林精怪，意思是他們以鬼靈為食物。來到佛教中，藥叉轉化成守護神，也是藥師如來的隨行助理，具有保護信眾和消除疾病的功德。

　　「以五色縷，結我名字，得如願已，然後解結」，在進行這個儀式時，「結我名字」的「我」指的是十二位藥叉大將，所以是要結十二藥叉大將的名字。此外，此句的兩個「結」字擁有不同的意義，首先，其目的是用五色縷來結藥叉的名字，再來是為了消除困難，解開惡結。整個儀式叫做「解結」，解開怨結、惡結。

　　重要的五色結是佛教的隨身文物，**十二藥叉五色結有兩種結法：實體名字與簡易象徵法。**第一種是使用五色絲線，逐一結出十二藥叉大將的名字，顯然這是高難度的結法，只有工藝師傅可以完成。第二種是簡易象徵法，在念誦每一位藥叉大將的名字時，就用五色絲線打一個結，這樣依序念誦十二藥叉大將的名字，便可以完成十二個結的儀式。透過解結這樣的儀式，藥師法門可以消除生活中的困難，並解開種種因素所造成的糾結和阻礙。

《藥師經》的三個結字，共有四種涵義

以五色縷，結我名字，得如願已，然後解結

結我名字	**然後解結**
↓ 涵義	↓ 涵義
結十二神將名號	解開怨結

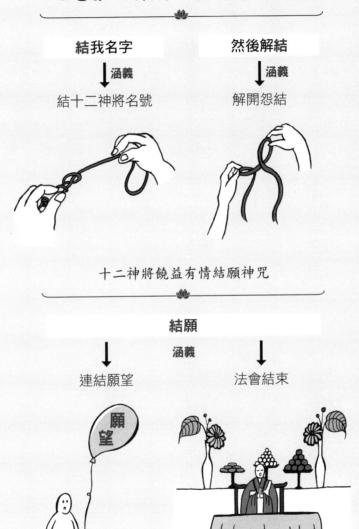

十二神將饒益有情結願神咒

結願

涵義

↓	↓
連結願望	法會結束

藥師法門三稱謂：功德、神咒、除障

　　爾時，世尊贊諸藥叉大將言：「善哉！善哉！大藥叉將！汝等念報世尊藥師琉璃光如來恩德者，常應如是利益安樂一切有情。」

　　爾時，阿難白佛言：「世尊！當何名此法門？我等云何奉持？」

　　佛告阿難：「此法門名說『藥師琉璃光如來本願功德』，亦名說『十二神將饒益有情結願神咒』，亦名『拔除一切業障』，應如是持。」

白話翻譯

　　這時，釋迦世尊稱讚藥叉大將說：「善哉！善哉！大藥叉將！你們為了感念報答世尊藥師琉璃光如來的恩德，應該經常如此利益安樂於一切眾生。

　　這時阿難請教佛陀：「世尊，請問如何稱呼這個法門？我等該如何信奉受持？」

　　釋迦佛告訴阿難：「這個法門的名稱為『藥師琉璃光如來本願功德』，也可以稱為『十二神將饒益有情結願神咒』，或者叫『拔除一切業障』，應該如此奉持。」

關鍵詞彙

· **有情**：梵語是 sattva，音譯「薩埵」，舊譯曰眾生。代表有情識、有愛情的生命體，其關鍵是擁有意識。有情包括天、人、阿修羅、畜生、餓鬼、地獄六道輪迴的各種生命體或意識體。

· **本願**：根本誓願。

· **饒益**：富有豐足。

三種稱謂：兩經一神咒

　　這個單元非常特殊，呈現出同一個藥師經典有三個稱謂，意味著它

擁有三個重要的法門，分別是《藥師琉璃光如來本願功德經》、《十二神將饒益有情結願神咒》、《拔除一切業障經》。

1.《藥師琉璃光如來本願功德經》

強調藥師琉璃光如來的根本願望與功德，經文中以慈悲和智慧治療眾生的痛苦與疾病，展開藥師如來還是菩薩身分的十二大願，呈現出菩薩對眾生的憐憫和關懷。這說明奉持此經典可以獲得藥師琉璃光如來的加持和庇佑，並且有助於治療身心疾病。

2.《十二神將饒益有情結願神咒》

這部神咒是關於結尾處十二位神將的部分。十二神將的名號即是結願神咒，「結願」的意思就是連結願望，透由念誦他們的名號，以獲得十二神將的加持和庇佑，可饒益有情、消除障礙、實現願望。

3.《拔除一切業障經》

這部經典強調了業障的概念，業障是由過去與此生所作所為而產生的障礙，會帶來厄運甚至橫死，也使人無法達到心願。奉持此經典可以幫助消除業障，讓個人能夠實現心願，並且通過修行達到解脫的境地。

結願的意思是什麼？法會結束時的願望或是連結願望

《藥師經》的第二個稱謂是「十二神將結願神咒」，其中「結願」的「結」，是「結束」的意思，還是「連結」的意思？

在佛教裡，「願」是指一個人的意願、希望、願望。在修行的過程中，修行者會發起種種的願望，例如願修成佛、願度眾生、願生西方極樂世界等等。而「結願」則是指願望達成、實現的「結束時刻」。在這個意義上，**「結願」一詞指的是法會結束時修行者所發的願望得以實現，也就是一個功德完滿的時刻。所以，筆者查詢佛學辭典，看到結願的解釋是「法**

會結束時」，強調結束，以上是根據這個觀點的論述。

　　不過，當來到《藥師經》的三種稱謂：「藥師琉璃光如來本願功德」、「十二神將饒益有情結願神咒」和「拔除一切業障」，這些稱謂都是描述佛教佛、菩薩與護法所發起的願望得以實現的經文和神咒。其中「結願」一詞所代表的含義，因文脈和背景而有所不同。在「藥師琉璃光如來本願功德」和「十二神將饒益有情結願神咒」中，「結願」被理解為佛、菩薩、護法們守護眾生的願望得以實現的時刻。

　　而在「拔除一切業障」中，「結願」則更強調了修行者的願望（拔除自己業障）與聖者的願望（拔除眾生業障）一起實現，透過這種連結實現「彼此」的願望。<u>因此，從《藥師經》的三個稱謂這個角度來看，筆者認為，「結願」也可以被理解為「連結願望」。</u>

神聖力量大結局：圓滿的終曲

　　時薄伽梵說是語已，諸菩薩摩訶薩，及大聲聞、國王、大臣、婆羅門、居士、天、龍、藥叉、健達縛、阿素洛、揭路荼、緊捺洛、莫呼落伽、人、非人等，一切大眾，聞佛所說，皆大歡喜，信受奉行。

白話翻譯

　　此時釋迦世尊演說完畢，諸位大菩薩和大聲聞、國王、大臣、婆羅門、居士、天、龍、藥叉、健達縛、阿素洛（阿修羅）揭路荼（迦樓羅）、緊捺洛（緊那羅）、莫呼落伽、人和鬼神等一切與會大眾，聽了佛陀所說的法門，皆大歡喜，深信領受奉持。

關鍵詞彙

· **薄伽梵**：梵語 Bhagavad 的音譯，意思是世尊，也就是為世人所尊重。

· **天**：梵語為 deva。

· **龍**：梵語為 naga。

· **健達縛**：梵語 gandharva 的音譯，又譯乾闥婆，意譯為香神。印度神話中的男性神靈，不食酒肉，只尋香氣做為滋養，身上會發出香氣。此外，他們負責為眾神在宮殿裡奏發美麗的音樂。健達縛代表嗅覺與聽覺之美。

· **阿素洛**：梵語 asura 的音譯，或譯為阿修羅，是半神半人的大力神。印度神話中，阿素洛易怒好鬥，驍勇善戰。

· **揭路荼**：garuda，大鵬金翅鳥。

· **緊捺洛**：kimnara，人身馬頭，歌神。（註：也有人頭馬身者。）

· **莫呼落伽**：梵語 mahoraga 的音譯，又譯摩侯羅伽，指大蟒蛇。

· **非人**：鬼神。

集聚一堂，歡樂説再見！真是美好的演講！幸福的眾生！

劇終了嗎？我們看到一場盛大的集會，聚集了眾多不同的眾生，包括了菩薩（諸菩薩摩訶薩）、人類（大聲聞聖者、國王、大臣、婆羅門、居士）、神鬼（天龍八部）等等。這個場景是佛陀美好演講的圓滿結束，參與此盛會的眾生都感到了無盡的幸福與歡喜。在這裡聆聽了釋迦牟尼佛的教誡，深信不疑，並決心實踐佛法。

終尾場景在佛教中具有深刻的意義。經文展示了佛法的普遍性，不論你來自哪裡、你是誰，都可以透過學習佛法，實現內心的和諧與平靜。而這個場景所展示的歡聚一堂的景象，也呼應了佛教中「圓滿」的概念。圓滿的含義是不分別、不偏執，將所有的生命意識體都包含在內，不論是菩薩、人類還是神鬼，只要願意，就可以聚集在佛法的周圍，呼應了智慧、慈悲與普及精神。

天龍八部

天龍八部描寫了八種神聖意識體，以天神與龍神為首，是一群具有神性或超自然力量的神鬼（或稱非人）。

其中，天（deva）擁有高貴、神聖的身形，含藏著人類心中對於天空能量的神性崇拜。龍（naga）則代表著神祕、力量強大的神獸，能夠興雲降雨，是一種象徵著氣勢、威猛的生物。藥叉（yaksha）是以鬼為食的神，具備勇健、輕捷的神奇特質，即《藥師經》的核心要角十二神將。揭路荼（garuda，又譯迦樓羅）是大鵬金翅鳥，代表地球最龐大的鳥神，具有極強的力量和飛行能力。

緊捺洛（kimnara，又譯緊那羅）是半人半馬的歌神，代表著音樂藝術和喜樂，能夠帶來心靈上的寧靜和愉悅。莫呼落伽（mahoraga，又譯摩侯羅伽）則是代表著隱祕和危險的能量，因為牠是一條大蟒蛇。阿素洛（asura，又譯阿修羅）是半神半人的大力神，具有超凡的能力和驍勇善

戰的個性。健達縛（gandharva）則是香神，以聞香和聽音樂為樂，代表
著香氣和音樂之美。

　　這些非人即是地球娑婆世界的鬼神，他們具有神祕的力量和超自然
的能力，隱喻著人類對於超自然世界的好奇和渴望。《藥師經》結尾處，
天龍八部的角色代表著人類心靈中的各種渴望以及對世界的探究。他們
各自擁有獨特的能力和個性，同時也代表著佛教文化和印度神話中的各
種神靈與超自然的奇幻神獸。

天龍八部的角色及其特質

相貌	角色名稱	梵語名稱	特質
人形	天	deva	天神，高貴神聖。
	藥叉	yaksha	山林精怪，勇健敏捷。
	健達縛（乾闥婆）	gandharva	香神，香氣和音樂之美。
	阿素洛（阿修羅）	asura	大力神，驍勇善戰。
動物	龍	naga	龍神，興雲降雨。
	揭路荼（迦樓羅）	garuda	大鳥神，飛行能力。
	莫呼洛伽（摩侯羅伽）	mahoraga	蛇神，隱祕和危險的能量。
半人半獸	緊捺洛（緊那羅）	kimnara	歌神，半人半馬，音樂藝術和愉悅。

第 3 章

後續儀軌

藥師灌頂真言：守護你的身、心、靈

南謨薄伽伐帝。
鞞殺社窶嚕。薜琉璃。鉢喇婆。喝囉闍也。
怛他揭多也。阿囉喝帝。三藐三勃陀耶。
怛姪他。
唵。鞞殺逝。鞞殺逝。鞞殺社。三沒揭帝。莎訶。

〈藥師灌頂真言〉，即〈藥師咒〉，出自於《藥師經》的以下內容：

時彼世尊入三摩地，名曰：除滅一切眾生苦惱。既入定已，於肉髻中，出大光明，光中演說大陀羅尼曰：「南無薄伽伐帝、鞞殺社窶嚕、薜琉璃、缽喇婆、喝囉闍也、怛他揭多耶、阿囉訶諦、三藐三勃陀耶、怛姪他、唵、鞞殺逝、鞞殺逝、鞞殺社、三沒揭諦、莎訶。」

〈藥師咒〉：宇宙的治療力與祈禱之光

〈藥師咒〉即「藥師琉璃光如來陀羅尼」，是《藥師經》中的重要法門。此陀羅尼是藥師長咒，充滿了宇宙精彩的音韻與節奏，孕育著宇宙的治療力。

藥師法門認為，念誦〈藥師咒〉的聲音振動所產生的能量，最適合人體的頻率，可以影響到身體的每個細胞，也會影響到我們的心靈。在梵語中，「陀羅尼」一詞是 dharani 的音譯，意思是真言，代表著宇宙的真實語言。在修行中，真言有時分為長咒和短咒，dharani 通常指的是長咒，而短咒則是稱為 mantra。

傳統上，在生病或受傷時建議念誦長咒，透過藥師長咒的引導，能充分喚起藥師佛的能量與聖藥（baisajye）的力量，從而提升身體的療癒力。修行者不僅可以提升自己的生理機能，也能祈求藥師佛的「加持」，

幫助病人早日康復。**這個傳統一直延續至今，寺院法師會帶領病人的親友於寺廟佛堂前供應食物或清淨飲水，虔誠地誦念一百零八遍，加持後再給病人服用。**

〈藥師咒〉的力量與護佑

藥師長咒與藥師佛的能量相應，不僅能夠讓自己在生命結束時前往藥師如來的佛國琉璃世界，家屬也能為臨終者誦念藥師長咒，呼喚《藥師經》中八大菩薩的協助，陪伴他們前往琉璃淨土。

需要注意的是，**不同經典中的八大菩薩可能略有差異，例如《藥師經》與《佛說阿彌陀經》中的八大菩薩形式不同**，其關鍵在於呼喚的宇宙能量形式有所不同，但都具有同樣的目的，即為修行者和臨終者帶來慈悲與庇佑。

〈藥師咒〉是佛教中一個重要的法門，具有強大的治療力量和祈禱的能量。念誦〈藥師咒〉不僅能夠影響身體的健康，還能夠觸動心靈的淨化。透過修持〈藥師咒〉，可以體驗到宇宙的奧祕和慈悲的力量，並獲得內在的平靜與智慧。

真言咒語：意義與感受的共鳴

在修行佛法的過程中，常常會在佛教經典中遇到一些冷澀且罕見的漢字，大多數的修習者難以理解其意義，更不用說念出正確的發音了。例如，現今玄奘版翻譯的「怛姪他、唵、鞞殺逝、鞞殺逝、鞞殺社、三沒揭諦」等字句。這些字看起來陌生而晦澀，對於大多數人來說是無法理解的。

在傳統上，有些人認為無須深入理解咒語的意義，只需依靠直覺意識，感受咒語所帶來的能量振動，即可領悟其中的咒字。他們認為，咒語就像一股氣體或能量，在傳遞的過程中引動修行者的意識，成為啟動靈性能量的導體，所以無需知道其具體涵義。

然而，隨著新時代的來臨，人們對於真言咒語的看法也有所不同。現今的修行者除了認真學習真言咒語的意義，也注重身體感受音韻的能量振動，並進一步體會真言咒語所蘊含的心靈意義。

就像聆聽一首動人的外語情歌，旋律優雅的音韻能夠觸動直覺意識，讓我們感受到其中的美麗，似乎無需理解其具體詞義，只需跟著唱就能被深深感動。**然而，如果能理解歌詞的意義，深入了解其背後的內涵，那將是一種更加深入的領悟。**

當你明白真言咒語的意義時，就能夠更深層地與之共鳴，更容易記住這些咒語。老實說，一般人面對「怛姪他、唵、鞞殺逝、鞞殺逝、鞞殺社、三沒揭諦」等字句，是非常難記住的。在這個單元中，我們將進行完整的分析，深入學習〈藥師咒〉，也許有些上師認為無需了解咒語的意義（甚至很堅持），但在新時代，我們可以開展個人修習的新層面。

無論是透過直覺意識感受真言咒語的能量振動，或是深入理解其意義，真言咒語都是一種與心靈共鳴的修行方式。這個過程不僅讓我們獲得能量的引導，也幫助我們更深入地理解佛法的智慧。藉由真言咒語，我們能夠連結宇宙的無限力量，並在修行的道路上獲得更深的體驗。

筆者將藥師長咒拆解成以下「歸敬文」與「核心咒語」兩部分，同時，歸敬文再依據能量意識分三個階段說明：❶ 皈依藥師如來、❷ 擷取宇宙琉璃光、❸ 達到正等正菩提，而核心咒語再以經典組合分享常見的「咒語格式」，包含核心咒語之首（om）、核心咒語本體與核心咒語之尾（svaha）。

音譯表格對照　重要！

說明	玄奘版漢字音譯	羅馬音譯	意譯
皈依藥師如來	南無	namo	皈依、歸命
	薄伽伐帝	bagavate	世尊
	鞞殺社	baisajya	藥
	窶嚕	guru	師

說明	玄奘漢字音譯	羅馬音譯	意譯
擷取宇宙琉璃光	薜琉璃	vaidurya	琉璃
	鉢喇婆	prabha	光
	喝囉闍也	rajaya	王
達到正等正菩提	怛他揭多耶	tathagataya	如來
	阿囉訶諦	arhate	應供
	三藐三勃陀耶	samyaksambudaya	正等正覺
咒語的分水嶺	怛姪他	tadyata	即說咒曰
核心咒語之首	唵	om	宇宙的聲音
核心咒語本體	鞞殺逝	baisajye	藥
	鞞殺逝	baisajye	藥
	鞞殺社	baisajya	藥
	三沒揭諦	samudgate	產生、生起
核心咒語之尾	莎訶	svaha	吉祥、成就

歸敬文

namo bagavate baisajya guru vaidurya prabha rajaya
tathagataya arhate samyaksambudaya

一開始是歸敬文,「南無、薄伽伐帝、鞞殺社、寠嚕、薜琉璃、鉢喇婆、喝囉闍也、怛他揭多耶、阿囉訶諦、三藐三勃陀耶」,我們將這些難誦難懂的漢字轉變成羅馬拼音,以方便讀者念誦與記憶:「namo bagavate baisajya guru vaidurya prabha rajaya tathagataya arhate samyaksambudaya」。更重要的是,要切入其核心意義,這些梵字除了 namo(南無)之外,每個字詞都是在呼喚藥師如來的名號。

在學會之後,還可以應用於其他宇宙佛陀的呼喚,例如阿彌陀佛也是使用相同的真言念誦。

接下來,先條例式整理每個字詞,以方便記憶。

歸敬文的七個真言咒語

	屬性	說明
namo	強大的真言咒語	這是最簡單但也最重要的真言咒語，音譯為「南無」，意思是祈請宇宙智慧的保護，誠信地信賴宇宙的智慧能力，而且將生命交付給祂，在傳統佛教典籍中翻譯為「皈依、歸命」。namo 看似簡單，但被認為是宇宙強大的真言咒語。
bagavate	佛陀的十大名號	意思是值得尊敬的、可敬的。傳統翻譯成「世尊」，在《藥師經》中音譯為「薄伽梵」，代表世間（物質世界）及出世間（超越物質之外的世界）所共同尊崇的聖者或是宇宙能量。
baisajya guru	藥師如來的名號	baisajya 是指藥，guru 是指導師，baisajya guru 則是提供宇宙聖藥的導師。
vaidurya prabha rajaya	藥師如來的名號，光芒能量	vaidurya 的意思是琉璃，在古代是純淨清透的藍色寶石，用來描述琉璃光的顏色。prabha 是光芒能量。rajaya 的意思是「王」。vaidurya prabha rajaya 即是說明琉璃光的能量達到極致，是光能之王，所以藥師如來又稱為「琉璃光王」。
tathagataya	佛陀的十大名號	如來，這是達到佛陀境界的稱謂之一。除了藥師如來，宇宙西方的阿彌陀佛、娑婆世界的釋迦牟尼或是宇宙中央方位的大日如來，也都達到了如來的境界。
arhate	佛陀的十大名號	音譯為「阿日哈碟」，或是「阿羅漢」。意譯為「應供」，其概念是「佛陀應受人類與天神的供養」，簡略成「應供」兩個字。
samyaksambudaya	佛陀的十大名號	samyak 在傳統佛經中音譯為「三藐」，意思是正確的、徹底的、完整的。sambudaya 在傳統佛經中音譯為「三菩提」，意思是正覺。完整的音譯「三藐三菩提」，代表著佛陀到達的菩提狀態，是正等正覺的覺知狀態。

歸敬文 1：虔誠地皈依藥師如來 namo bagavate baisajya guru

讓我們以情境式的描述來了解這四個咒字，當身體能量虛弱或是親人生病時，念誦藥師如來的咒語是一個很好的選擇。在咒語開始的歸敬文中，以至誠的心將自己的意識奉獻（namo）給這位被世人尊敬（bagavate，世尊）的智慧泉源。讓自己的心停留在純然祥靜的境界，然後持續地念誦咒語，不帶任何價值判斷，也沒有是非對錯的邏輯判斷，只是感受著身體內部的反應。請啟動直覺力，專心念誦，祈請著藥師（baisajya-guru）的指導與保護。

藥師如來是一個神聖的意識體，其抽象的意念超越了人類的理性思考。祂的意識能量是一種靜觀一切、超然存在的境態。透過虔誠地皈依祂，可以讓修行者的心智發揮更大的極限，將善美的意識能量以咒語「namo bagavate baisajya guru」來啟動下載，灌注到自己的身體中。這樣的能量振盪啟動了意識與身體的原動力，能修護受傷的生命細胞，恢復原本就具備的活動力與生命力。藥師如來的指導與保護，讓修行者能夠面對生命中的困難和挑戰，並尋找到內在的平靜及和諧。

歸敬文 2：擷取宇宙琉璃光 vaidurya prabha rajaya

透過咒語的聲韻，修行者能夠進入無形無相的境界，尋求真正解脫的智慧，並且真誠地皈依給這位琉璃光王（vaidurya-prabha-rajaya）。

琉璃在梵語中被稱為 vaidurya，發音接近「外度里亞」。在古代印度，這個詞指的是一種藍色寶石，被稱為「青金石」（lapis lazuli）。這恰好與藥師如來的藍色身形相符合，尤其是在藏傳佛教中，藥師佛的形象以藍色為主。

當修行者專注於持咒時，在不斷重複的聲韻振動下，會忘卻了思維的運作。這樣的狀態超越了自身的限制以及邏輯思考的認知，並融入藥師如來的智慧明光（prabha）之中。藥師如來的智慧是無形的境態，超越了語言文字所能描述的光芒能量。它已經達到了宇宙能量的最高境界，因此被稱為琉璃光之「王」（rajaya）。

在念誦咒語的過程中，將自己的心意交給琉璃光王，尋求著祂的智慧和指引。透過擷取宇宙琉璃光的能量，可以讓人得到內在的平靜與智慧，並且獲得藥師如來的加持與保護。

歸敬文 3：祈請如來的能量到達地球保護我們，我們敬愛祂，祈請正等正覺的菩提狀態 tathagataya arhate samyaksambudaya

為了讓如來的智慧能量能夠到達任何宇宙空間，我們虔誠地祈請藥師如來（tathagataya）的加持與庇佑。藥師已經達到覺悟成就的智慧狀態，可以自由遊走於超越世俗的寂靜領域。當祂以慈悲之心照顧眾生時，將降臨到這個娑婆世界，以智慧和慈悲之力來療癒眾生身心的苦痛。

藥師如來的療效能力和對眾生的慈悲守護，值得人類與天神的供養，因此尊稱祂為「應供」（arhate），或者以傳統拼音表示為「阿羅漢」。祂的智慧已達到完美的證悟境界，深入了解宇宙的真理，解脫了一切煩惱，佛教尊稱這樣的智慧境界為「正等正覺」（samyaksambudaya）。

歸敬文 1、2 和 3 的完整意思是：至誠地皈依奉獻（namo）給世尊（bagavate）藥師（baisajya guru）琉璃光王（vaidurya-prabha-rajaya）如來（tathagataya）、供養應受（arhate）正等正覺者（samyaksambudaya）。這六種不同的尊稱，代表了藥師如來不同的特質。

原始佛經的漢音咒語非常冷澀，且難以記憶。<u>**因此，筆者強烈建議使用羅馬音譯來學習咒語，更容易理解和記憶。**</u>藥師如來的能量是純淨且無所不在的，讓我們祈請著，讓祂的能量到達地球，保護我們。

進入咒語核心，呼喚藥師如來的能量：
tadyata om baisajye baisajye baisajya samudgate svaha

〈藥師咒〉的下個階段，是七個真言：「怛姪他、唵、鞞殺逝、鞞殺逝、鞞殺社、三沒揭諦、莎訶」。<u>**其中「怛姪他」（tadyata）是咒語的關鍵分水嶺，從此之後由歸敬文正式轉入核心咒語。**</u>漢字的音譯不易念誦，

為了讓讀者更容易記誦，筆者改用羅馬拼音如下：「tadyata om baisajye baisajye baisajya samudgate svaha」。在仔細閱讀每個核心咒字之意義的解說後，你會發現它們並不難記。

請注意，梵音咒字通常以兩個字母、三個字母的方式斷開，比較好念誦，有時也只有一個字母。例如「baisajye」，斷字成「bai-sa-jye」，發音為「拜莎傑」。再來看「samudgate」，斷字成「sa-mud-ga-te」，發音近似「薩母德嘎碟」。這個咒語的核心是為了呼喚宇宙東方的療癒能量，期望產生（samudgate）淨化身體與心靈的宇宙聖藥（baisajye）。因此，「samudgate」和「baisajye」是這個咒語中非常重要的兩個咒字。

核心咒語的五個真言咒字

	說明
tadyata	即說咒曰，咒語的分水嶺。
om	宇宙的聲音，是一切咒語的根本。
baisajye	藥。
samudgate	出生、產生、生起。
svaha	音譯為「斯瓦哈」，代表吉祥和成就。

核心咒語：讓藥顯現出來 om baisajye baisajye baisajya samudgate

當進入咒語的核心時，立即呼喚宇宙中強大的聲韻——「嗡」字（om），這是啟動後面最關鍵的咒字——「藥」（baisajye、baisajya）——的力量。我們以「拜莎傑」和「拜莎賈」的發音，連續呼喚「藥！藥！藥！」。

接下來的咒字是「samudgate」，它是一個動態的詞彙。除了表示產生和生起的意思外，也意味著顯現和顯露。或者可以用「無」中生「有」來形容這個咒字，如此讀者便可以更容易地感受到「samudgate」這個真言的意義。因此，「samudgate」的力量是讓原本存在於虛空宇宙中的藥，

顯現在地球的物質世界。它從無形無相的「空」轉化為有形有相的「色」，成為人類感官意識能夠認知的物質。這個咒字的發音接近「薩母德嘎碟」。

　　當這些咒字與「嗡」字的偉大能量結合時，可以祈請藥師如來讓藥顯現出來，讓祂在我們所居住的娑婆世界中出現。因此，「om baisajye baisajye baisajya samudgate」的意思是：「嗡！藥、藥！讓藥顯現出來！」**同時，這也是〈藥師咒〉的心咒，當遇到緊急情況時，無需念誦完整的藥師長咒。**這個核心咒語的能量和意義是極其重要的，它呼喚著藥師如來的智慧（om baisajye baisajye）和療癒能力，並希望讓藥的力量在生命中顯現出來（baisajya samudgate）。

核心咒語的重要結尾：讓能量維持而不退轉 svaha

　　當完成咒語的念誦任務時，即達到終尾「成就」的狀態，這時候要圓滿地念誦一個咒字「莎訶」（svaha），較常見的佛經音譯是〈大悲咒〉中的「娑婆訶」。這個字詞代表「吉祥成就」，也可以理解為「吉祥圓滿」，是許多真言咒語的結尾詞。

　　svaha 的發音接近「斯瓦哈」，不是娑婆訶。svaha 不僅是用於咒語結尾的祝福詞，古代印度也將其用作「以手捧供物給諸神」時的感歎詞和讚歎詞。它的意思是「好好地放置」或「安住不退轉」，這可以被解釋為好好地安置這些咒語，讓這些咒語的能量安住不退轉。這樣一來，藥師如來的療癒能量將源源不斷地流動，持續滋養修行者的身心。

　　這個咒語的結尾詞「斯瓦哈」不僅是一個祝福，更是一種宣言和許願。當念誦完咒語時，以心意將這些能量安置在宇宙中，可確保它們能夠持續維持而不退轉。

解冤偈：解了多生冤和業

解結解結解冤結　解了多生冤和業
洗心滌慮發虔誠　今對佛前求解結
藥師佛　藥師佛　消災延壽藥師佛　隨心滿願藥師佛

　　本單元將分析〈解冤偈〉的三個結構，請注意，第三段「藥師佛　藥師佛　消災延壽藥師佛　隨心滿願藥師佛」並不被視為偈的一部分，而且引起一些大德對其有所意見（詳細內容請見下一個單元）。

　　然而，筆者認為，「隨心滿願」正好點出了《藥師經》的根本願望，即隨順自己的心意，同時能夠圓滿實現願望。這體現了佛教中重要的價值觀念，讓人們明白自己的心意是修行和實現目標的關鍵。

　　另一方面，「消災延壽」則是《藥師經》中明確的功德之一，代表了消解災厄和延續生命等兩項重要功德。儘管有些觀點認為「消災延壽藥師佛」這個稱呼不適合使用，仍然不能否定其在〈解冤偈〉中的意義，也彰顯了藥師佛的慈悲與救度。

關鍵詞彙

・**偈**：梵語 gatha 的音譯，意譯為「頌」，有著讚美、讚頌的意思。佛經儀軌中的偈，等同於佛教文學的詩歌，是吟詠讚美的文字。
・**解結**：解開怨結或冤結。
・**冤與業**：前世作惡所招致的冤屈、業報，代表多個過往生命過程的冤與業。

偈的基礎概念分析

佛教經典中的「偈」是一種吟詠讚頌的文字，代表著對佛法的讚美和頌揚。在《藥師經》中，有一首名為〈解冤偈〉的偈頌，點出了這本經典的核心要義。後續儀軌中，包含了咒、偈、讚和迴向文的「總結集」，這些都是古代智者對《藥師經》所做的重點摘要，讓修行者在念完《藥師經》之後，進行簡短而精要的總複習。

〈解冤偈〉中的「偈」一詞是梵語 gatha 的音譯，意思是「頌」，代表著讚美和讚頌的意思。請注意，「偈」是一個外來語的音譯，在佛教文學中，「偈」相當於詩歌，是一種吟詠讚美的文字形式。

偈的形式並不一定要求押韻，但通常是由四句組成的偈頌，例如《金剛經》中的第三十二品：「一切有為法，如夢幻泡影，如露亦如電，應做如是觀。」而〈解冤偈〉則是《藥師經》的精要總整理，以偈的形式吟詠出「懺悔」的內容。

透過偈頌的形式，修行者可以用詩歌般的方式，表達對佛法的讚美和敬意，同時也能更深入地理解和回顧所修習的經典。偈的簡潔明瞭，讓人易於記憶和領悟，它成為修行者在日常生活中念誦和回顧佛法的重要工具。

〈解冤偈〉的結構與意義

〈解冤偈〉是一首以「偈」形式吟唱的佛教經文，由三個段落組成，旨在表達解開前世冤屈與業報的重要性，並祈求藥師佛的庇佑，消除災難並延續生命。

第一段以「**解結解結解冤結，解了多生冤和業**」為開頭，強調解冤解結的重要性，指出前世的冤屈和業報會影響未來的生命。這段表達了自我懺悔的意義，希望能夠解開過往的冤屈與惡業（註：即使不是此生所造成的）。〈解冤偈〉中的這兩句偈語，對應了《藥師經》的另外兩個經名：《十二神將饒益有情結願神咒》與《拔除一切業障》，經文中透過

十二神將來實現解結與解除業障的任務。透過這首偈，人們更容易理解佛法中解除業力影響的重要性，同時累積善緣，增長智慧和慈悲心。

第二段以「洗心滌慮發虔誠，今對佛前求解結」為主題，呼籲修行者要虔誠地洗淨心靈，在佛前祈求解冤解結，化解冤屈。這體現了佛教懺悔的精神，強調在後續儀軌中祈求的重要性，同時也呈現了《藥師經》的懺悔核心，闡述了娑婆世界存在的生命體的意識汙染和垢重，無論人類還是動物都受到源自於惡業的輪迴果報之影響。

第三段以「藥師佛、藥師佛、消災延壽藥師佛、隨心滿願藥師佛」結尾，呼喚藥師佛幫助信眾消除災難並延續生命。這代表了信眾對藥師佛的虔誠信仰，並期待藥師佛能夠實現他們的願望。然而，一些大德提醒我們要謹慎使用「消災延壽藥師佛」這個稱呼，並建議回歸到《藥師經》，使用正確的「藥師琉璃光如來」的名號。

消解病咒：輔助真言是強大的助手

嗡。喳哩哆。喳哩哆。渾吒利。莎婆訶

輔助真言的意義

「嗡、喳哩哆、喳哩哆、渾吒利、莎婆訶」（om shrita shrita kundali svaha）是一個重要的真言，在藥師灌頂儀軌中扮演著「輔助」的角色，在咒語的領域被歸類為「輔助真言」。類似的情況也可以在其他經典中找到，例如《金剛般若波羅蜜經》中的〈般若無盡藏真言〉和〈金剛心真言〉都是輔助真言。輔助真言同樣具有靜心和冥想的功效，只要念誦真言就可以讓人達到內心平靜的狀態。

每一次誦經或持咒，都有助於獲得新的智慧能量。雖然念誦者可能無法立即察覺到其效果，但隨著時間的累積，他們將逐漸發現自己具備了比過去更多的智慧能量。人類一生難免遭遇病痛，念誦〈藥師咒〉，再加上〈消解病咒〉的輔助，處於病痛的身體就有轉機。

關鍵詞彙

· **嗡**：梵音為 om，代表宇宙充滿能量的聲韻。

· **喳哩哆**：梵音為 shrita 或 srita，在本咒中重複兩次，但其意義並非十分明確，它有遠離（detach from）、粉碎（shattered）、溶解（dissolved）等意思，可能是遠離病厄，或是粉碎病厄的意思。

· **渾吒利**：梵音為 kundali，赫赫有名的「軍荼利明王」的梵音名號，能量非凡。原本的意思是「瓶」，可以儲藏用之不竭的生命能量。在密教裡，瓶往往是甘露的象徵，所以「渾吒利」一詞後來也連結到甘露的意思。

· **莎婆訶**：梵音為 svaha，常與「嗡」連用，表示提供養分和祈願的意思。

「喳哩哆」與「渾吒利」兩咒字

〈消解病咒〉是《藥師經》後續儀軌中被廣泛使用的咒語，據信能夠消除疾病和詛咒的影響。這個咒語由五個字組成，包含了一些具有特殊意義的詞語，以下特別解釋「喳哩哆」和「渾吒利」這兩個咒字。

在梵文中，「喳哩哆」（shrita 或 srita）並沒有明確對應的詞語，但它可能代表著遠離、粉碎或溶解的意義，因此可以解釋為消解病痛的效果。

另一個重要的詞語是「渾吒利」（kundali），這個詞在梵文中有著非凡的能量，其意義可以透過對梵文的分析來理解。**根據解讀，「渾吒利」可以解釋為「流注甘露水，以洗滌眾生之心地」。**這個詞語源於佛教明王法門中赫赫有名的「軍荼利明王」的梵音名號，具有著深遠的意義。

除了「喳哩哆」和「渾吒利」，這個咒語還包括了「嗡」和「莎婆訶」。「嗡」（om）代表著宇宙充滿能量的聲韻，而「莎婆訶」則是常見的 svaha 的另一個音譯，它好比一個引擎助燃器，能夠推動整個咒語的力量。整個咒語的結構就像一架結合式的宇宙飛行器，由「嗡」和「莎婆訶」組成前後結構，而「喳哩哆、喳哩哆、渾吒利」則是核心咒語的本體，具有深厚的意義和能量。〈消解病咒〉是一個重要而神奇的咒語，提供了對抗疾病和詛咒的力量。

訶黎勒果與渾吒利

在密教中，軍荼利明王被尊崇為五大明王之一，亦稱為「甘露軍荼利明王」，多了「甘露」兩個字。透過其智慧光芒，軍荼利明王能夠化度惡神惡鬼，因此，念誦軍荼利明王的神聖咒語，能夠驅散負面能量帶來的障礙。此外，「軍荼利」和「渾吒利」都是「kundali」常見的音譯。甘露軍荼利明王的名稱中，甘露是一個不可分割的元素，其梵語為「amrita」。甘露被形容為一種味道甘美如蜜的神聖寶藥，既是天酒也是美露，被天人所食用。

甘露是軍荼利明王的重要象徵，原因是：**若追溯「軍荼利」一詞，**

它原本的意思是「瓶」，可以儲藏用之不竭的生命能量（amrita）。換句話說，軍荼利扮演著存放甘露的容器或角色。於是，在密教中，「瓶」與「甘露」兩個象徵都代表軍荼利明王，這擴展了 kundali 的原義，深化了生命能量的概念。

在密教中，軍荼利明王以其慈悲的智慧能量照耀著修行者。祂的智慧能量能夠像甘露水一樣注入，淨化眾生的心靈。因此，在《藥師經》的後續儀軌中，〈消解病咒〉真言提供了藥師法門的第二個聖藥，首先是〈藥師灌頂真言〉的藥，傳統上視為「訶黎勒果」（haritaki），即藥師果；再加上軍荼利明王在〈消解病咒〉中提供的「甘露」（amrita），這兩者一起慈悲地護持著念經持咒者的身心。

藥師法門提供的雙重聖藥

持有者	象徵持物	提供的聖藥
藥師如來	藥、藥師果	「訶黎勒果」（haritaki）
軍荼利明王	瓶、甘露	「甘露」（amrita）

後續儀軌 04 藥師偈：誦經後的總複習，如來教誨的全程回顧

藥師如來琉璃光　焰網莊嚴無等倫
無邊行願利有情　各遂所求皆不退

南無　東方淨琉璃世界消災延壽藥師佛
南無　消災延壽藥師佛（七稱）
南無　日光遍照菩薩（三稱）
南無　月光遍照菩薩（三稱）

　　偈是整本經文的重點提示，也是誦經後的總複習。之前我們討論的〈解冤偈〉，強調解除業力的負面影響，其內容是：「解結解結解冤結，解了多生冤和業，洗心滌慮發虔誠，今對佛前求解結。」而本單元要討論的〈藥師偈〉，則集中在琉璃光芒的綿密串結、十二大願以及四遂皆得。這些都是《藥師琉璃光如來本願功德經》的重要內容，也是誦經後的總複習。

藥師如來散放琉璃光，形成火焰能量網

〈藥師偈〉
藥師如來琉璃光　焰網莊嚴無等倫

《藥師經》十二大願的第二願
願我來世得菩提時，身如琉璃，內外明徹，淨無瑕穢，光明廣大，
功德巍巍，身善安住，焰網莊嚴，過於日月；
幽冥眾生，悉蒙開曉，隨意所趣，作諸事業。
（PART 2 第 2 章第 7 單元）

《藥師經》的第二願和〈藥師偈〉，描述了藥師如來所散發的琉璃光，這些光芒連結形成一個巨大的火焰能量網，展現莊嚴無比的景象。在宇宙中，許多神聖智慧體都以光芒的形式呈現，如無量壽佛和大勢至菩薩。無量壽佛散發出無限量的光芒，稱為「無量光」；大勢至菩薩則散發無邊際的光芒，稱為「無邊光」。藥師如來也是如此，祂的智慧能量以藍色琉璃光綻放，並散發出像焰火般閃耀的光芒，這些光芒相互連結，形成火焰網絡，展現著極度莊嚴的境態。

　　從「光明廣大」到「光焰網莊嚴」，《藥師經》中的光能網絡呈現出密集的連結，這種景象與《華嚴經》中所描述的因陀羅網（Indra Net）非常相似。在《華嚴經》中，天神因陀羅（Indra）所掌管的神聖領域，被形容為宇宙網的起源處：「在遙遠天界的因陀羅的天宮之中，巧匠掛起了一張朝向四面八方無盡延展的寶網，即為因陀羅網。」〈藥師偈〉的「焰網莊嚴」正是藥師如來宇宙能量的體現。《藥師經》中描述祂的身形如琉璃一般，內外明徹，純淨無瑕穢。其光明是廣大的，功德巍巍，安住於善美的狀態。充滿能量的藥師光芒，還會去照耀幽冥地獄裡的暗黑眾生，而且此願期盼眾生能隨著自己的意趣，進行生命事業。

菩薩乘的慈悲精神，各遂所求皆不退

〈藥師偈〉

無邊行願利有情　各遂所求皆不退

《藥師經》

應生無垢濁心，無怒害心。於一切有情，起利益安樂、慈悲喜捨、平等之心。鼓樂歌讚，右繞佛像。復應念彼如來本願功德，讀誦此經，思惟其義，演說開示。隨所樂求，一切皆遂。求長壽得長壽，求富饒得富饒，求官位得官位，求男女得男女。（PART 2 第 2 章第 39 單元）

　　《藥師經》及〈藥師偈〉強調了菩薩乘的慈悲精神，追求利益眾生

並滿足眾生的願望，而且願望實現後不退。經文表示，菩薩願意無限地幫助眾生，使其處於心無垢濁、無怒害他人的狀態，並發起利益、安樂、慈悲、喜捨和平等之心。而〈藥師偈〉的「無邊行願利有情」這句話，概括了《藥師經》對菩薩精神的描述，強調菩薩樂於利益一切有情。偈的「各遂所求皆不退」，呼應經文中長壽、財富、職位和子女等願望，都能獲得圓滿的回應。

〈藥師偈〉的收尾，呼喚宇宙三股能量，與弘一大師的提醒

南無　東方淨琉璃世界消災延壽藥師佛
南無　消災延壽藥師佛（七稱）
南無　日光遍照菩薩（三稱）
南無　月光遍照菩薩（三稱）

　　〈藥師偈〉的要點提示，除了注重心靈層面，菩薩乘無私的心也回應世俗面的期盼，符合人世間的願望。最後要叮嚀，許多的偈會稍微變動正確名號（佛號），例如上述四段文字，並不屬於偈的範圍，而是虔誠地呼喚藥師三尊。「南無東方淨琉璃世界消災延壽藥師佛」點出空間在東方淨琉璃世界，功能為消災延壽，後三句則呼喚藥師琉璃光、日光和月光這三道宇宙光芒。

　　〈藥師偈〉中的「南無消災延壽藥師佛」，引發相關學者對於稱謂的修正和正確念誦的討論。近代著名藝術家暨佛教僧侶弘一大師，提出了應該更正確地呼喚藥師如來的觀點。他認為，「藥師」二字是藥師如來的真正佛名，而「消災延壽」四字則代表藥師如來的功德，根據經文的正確稱呼為「藥師琉璃光如來」。其意思是，「南無消災延壽藥師佛」這個稱謂雖然點出藥師如來的功德，**但在「真正連結」藥師如來的智慧能量上可能會有偏差，無法與祂真正地相呼應**。因此，他強調在祈請時應該正確念誦漢譯的「南無藥師琉璃光如來」，或者使用梵語羅馬拼音。

三皈依：佛教徒早晚課的智慧叮嚀

自皈依佛　當願眾生　體解大道　發無上心
自皈依法　當願眾生　深入經藏　智慧如海
自皈依僧　當願眾生　統理大眾　一切無礙

和南聖眾

在本單元中，我們將詳細解說佛教世界中重要的〈三皈依〉。這個念誦適用於所有佛經，讀者不妨認真學習，特別是 ❶ 體解大道、❷ 統理大眾、❸ 一切無礙、❹ 和南聖眾這四個名詞。在寺廟裡，僧侶們每天的早晚課中都會誦念〈三皈依〉，並以迴向做為結尾。相較於常見的四句偈，這是一首文字較多的八句偈。

那麼，〈三皈依〉到底意味著什麼呢？為什麼佛教徒在早晚課時都要念誦它呢？首先，〈三皈依〉的核心目的，是祈求宇宙神聖智慧體的幫助，同時提醒學佛者要以佛、法、僧三寶為最終歸依。

不論是出家僧侶、在家的凡夫俗子，還是在家的禪行居士，都適合念誦〈三皈依〉。這段文字的來源是《大方廣佛華嚴經》（簡稱《華嚴經》）卷六的《淨行品第七》，由東晉天竺三藏「佛馱跋陀羅」（Buddhabhadra，359~429）所譯。

關鍵詞彙

‧ **自**：指自力。首先，我們要依靠「自力」，接著要「信賴」佛、法、僧，相信佛、法、僧的力量，並祈求他們的保護。

‧ **體解**：即體悟與理解。

‧ **大道**：代表覺醒的道路。

‧ **發無上心**：發心追求無上的覺醒。

- **深入經藏**：深入佛陀講說的經典。

- **僧**：僧團、僧侶。「僧」字源自於梵語中的 samagra，原始意思是「和合」，意味著和諧地合併在一起（unified, harmonized, combined）。也就是說，在修行的過程中，我們要與佛、法和諧地合而為一，建立連結。

- **統理大眾**：統理，統合治理。大眾，包括內在的自己和外部的他人。不僅要統治外在的眾生，更重要的是統治自己內在的眾生，妥善管理貪、瞋、癡、慢、疑等負面能量。

- **和南**：梵語 vandana 的音譯，簡單來說就是「敬禮」的意思（註：da 在漢音中未被譯出）。

自皈依佛、自皈依法、自皈依僧

在佛教中，皈依三寶是修行的基本要求，而其中〈三皈依〉的偈子更是實踐佛教教義的核心。讓我們來深入探討這段偈子的重點意義。

首先，偈子中提到了「自皈依佛」、「自皈依法」和「自皈依僧」。這裡的「自」意味著我們應該先依仗自己的力量，然後再信賴佛、法，相信佛、法的力量，並祈求佛、法的保護。這種由自力連結他力的修行方式，可以加速獲取智慧的效果。

自力和他力的差異在於，自力是指自己的努力，而他力則是佛、菩薩的智慧能量，也就是宇宙的神聖智慧。於是，他力等同於透由佛、菩薩的能量，連結上宇宙法則的運轉。

關於**佛、法、僧三位合一**，更精準的說明是：佛代表「覺知」，法是「法軌」，僧代表「和合」。「和合」的梵語是 samagra，意思是和諧地合併在一起，也就是修習過程中要與佛、法和諧地合併在一起，連結在一起，延伸至字句簡潔的「自皈依佛、法、僧」。

深入《華嚴經》，認識統理大眾

在《華嚴經‧淨行品》中，我們找到了「統理大眾，一切無礙」的重要概念。這一句表達了一種統合治理的意義，它包括了內大眾與外大眾的統理。而這種統理不僅限於外在世界的事物，更重要的是統理我們內在的眾生，也就是內心中的貪、瞋、癡、慢、疑等負面能量。只有當我們能夠有效地統理好這些負面情緒，不起貪念、瞋恨、愚癡的心，才能達到一切無礙的境界。

在深入理解《華嚴經》的過程中，我們可以借助章嘉大師（1891~1957）的智慧來更透徹地認識「統理大眾，一切無礙」的意義。章嘉大師是青海省藏族的第十九世章嘉呼圖克圖（Hotogtu），被尊稱為「呼圖克圖」，此乃蒙古語，意思是「明心見性」、「生死自在」。這個稱號現在已成為對活佛的俗稱。

章嘉大師強調「佛法重實質，不重形式」，要將佛法實踐在日常生活中，而不僅僅是口頭上的念誦或形式上的表達。**他提醒我們，真正重要的是將佛法放在心上，將〈三皈依〉放在心上，這是我們修行最高的指導原則。**

最後，談到〈三皈依〉中的「和南聖眾」，「和南」是梵語 vandana 的音譯（註：da 在漢音中未被譯出），簡單來說，它代表著「敬禮」的意義。這句結尾誦詞意味著我們對所皈依的聖眾表示敬意和尊重。當比丘唱誦「皈依僧」之後，由寺院中負責管理事物的「維那師」（karmadana）引領大家念誦最後一句「和南聖眾」，這表示我們對所皈依的聖眾致以敬禮。

藥師讚：誦經後更完整的總複習

藥師佛延壽王
光臨水月壇場　悲心救苦降吉祥　免難消災障
懺悔眾等三世罪　願祈福壽綿長
吉星高照沐恩光　如意保安康

在《藥師經》的後續儀軌中，除了〈解冤偈〉和〈藥師偈〉之外，還有一個特別的篇章，那就是〈藥師讚〉。「讚」與「偈」在形式上略有差異，「讚」是一種讚美佛德的詠頌，以表達對佛陀的敬仰與頌讚。讓我們再次回顧兩者的差異，並深入探究〈藥師讚〉的特點與價值。

再複習一次，「偈」是梵語 gatha 的音譯，它是外來語，意指頌詠，簡稱「頌」。它是類似於詩的有韻文辭，通常由四句組成，相當於佛經中的詩歌讚美。偈的篇幅較短，以簡潔的詞句表達對佛陀教義的讚頌。

「讚」的特點與偈不同，「讚」的梵語是 stotra，音譯為「戍怛羅」，意指對佛德的讚歎。與偈相比，讚的篇幅不受限制，可以隨意自由地表達讚美的內容。

〈藥師讚〉做為《藥師經》的整理與摘要，共有八句，不受四句的限制，字數和句數也不固定，彈性地整理出經文的八個重要焦點。

〈藥師讚〉透過八句詠頌，概括了《藥師經》的重點內容，使讀者在回顧時得到扎實的總結。**相較於〈解冤偈〉和〈藥師偈〉，本單元〈藥師讚〉提供了更全面、更具廣度的《藥師經》整理。**八句的重點如下：

1. **藥師佛延壽王**：說明《藥師經》的主要神聖意識體是藥師佛，以及祂的特質可以達到延續生命的功德。
2. **光臨水月壇場**：其中的「光」是琉璃光，水月有影無實，以喻諸法無有實體。關於藥師壇場儀軌中的設置描述，在經中占有相當的篇幅。此壇場擺設七尊藥師佛，每尊佛前供養七盞燈，共

四十九盞燈，而且法會過程中必須供養四十九天。以點燈的光明象徵生命的光明及延續，造長綵幡亦是此意，代表生命的綿長。映照在水面上的月有影無實，以水月提示藥師儀軌的實踐操作是超越實體的能量。

3. **悲心救苦降吉祥**：重點是菩薩行，此乃藥師法門三大重點之一。菩薩行的關鍵就是藥師十二大願，那是藥師如來尚未成佛，還是菩薩時的本願功德。

4. **免難消災障**：說明業力的影響，反應藥師法門三大重點之二「拔除一切業障」。

5. **懺悔眾等三世罪**：強調懺悔的重要，罪業的處理方式可以連結到藥師法門三大重點之三「十二神將饒益有情結願神咒」。

6. **願祈福壽綿長**：說明此經可以促成幸福的生活與壽命的延長，這當然是來自於藥師如來的藥，療癒了身體、心靈與靈魂深處。

7. **吉星高照沐恩光**：意思是善美的藥師琉璃光芒包圍著誦經者，可以透由誦經沐浴在藥師如來吉祥的能量。

8. **如意保安康**：指藥師琉璃的保護能量，能夠隨心如意、安穩健康。這就是《藥師經》著名的四求皆遂，壽命、財富、職場、子女都有圓滿的回應。

偈、讚的規則

	梵語	梵語意譯	字數	篇幅	結構組成	特點	用途
偈	gatha	頌	四句	較短	韻文辭	韻腳、節奏、押韻等。	讚美佛陀、教義傳達、激發信仰等。
讚	stotra	讚歎	不限	不限	自由組織	自由組織、詠歎佛德、讚美佛教思想等。	頌揚佛陀功德、表達敬仰、激勵修行者等。

迴向偈：連結與振動宇宙的生命體

願消三障諸煩惱
願得智慧真明了
普願罪障悉消除
世世常行菩薩道

在《華嚴經》裡的「一即一切，一切即一」，說明宇宙萬物彼此之間是生命共同體，一切意識互為夥伴，互相協助，包括佛陀、菩薩、智者、聖者與平凡的我們，其實都是連結在一起的。最後一個單元即是談論一切意識體相互連結的法門：迴向。

對於這個美好祥和的後續儀軌〈迴向偈〉，很少有書籍會仔細說明它的意義，筆者將藉由藥師法門，仔細說明這個概念與運作的模式，因為「迴向」是對宇宙智慧能量的虔誠呼喚，其重要程度不亞於誦讀本經。

「迴向」的精確定義是，回轉自己所修的功德，將其「趣向」於其他同樣需要保護的眾生。「同樣需要被保護」是關鍵性概念。迴向是後續儀軌中非常重要的單元，但修行者在誦經時常忽略。若能認真實踐迴向，在修行上會有極大的進步。

迴向與慈悲，轉化給相連結的「一切生命體」

後續儀軌的最後一個儀式是「迴向」，這是對宇宙智慧能量的虔誠呼喚，筆者再提醒一次，「迴」是指迴轉，「向」是指趣向。佛經中常出現的「趣」字，很多人都誤以為是樂趣。其實，佛經裡的「趣」的意思，等同於「趨」，也就是「趨近、接近」的意思。回轉自己所修的功德，以趣向於其他同樣也需要佛菩薩保護的眾生，叫做「迴向」。

「迴向」一詞與「慈悲」緊緊相連，是一個充滿能量的儀軌。慈悲穿越了分隔「我」和「你」的空間，將彼此連結在一起。其實，佛教與

其他宗教的傳統是相同的，都把慈悲心視為人類心智共有的情況。「慈悲」的英文是 compassion，com 是指共同的，passion 是指情感，這個英文單字除了有「慈悲」的意思，也可以翻譯成「同理心」，意味著感同身受他人的苦與痛。如前所述，「迴向」的精確定義是「回轉自己所修的功德到其他同樣需要保護的眾生」，因此，〈迴向偈〉等同於透由「慈悲」，以獲取佛經的甚深微妙法，也就是慈悲結合智慧，達到「願得智慧真明了」這句偈的境態。

此外，《華嚴經》中「一即一切，一切即一」的概念，也指出了人類與他人甚至一切萬物的連結。藉由迴向的連結，發揮自己的力量投入宇宙眾生的共同療癒，並透由這個機會，讓我們成為更和平、更慈悲的人，積極創造一個能夠反映出這些善美品質的世界，亦即一個更美好的世界。迴向是個有意義的有效方法，既能提供「自身」解決問題的能量，也能轉化給相連結的「一切生命體」。請讀者回想先前單元所說：宇宙萬物相互連結，像個無限網路，網網相連，就像《華嚴經》提到的「因陀羅網」。

迴向是「業力消除器」，可以返轉過往不當的業力所形成的障礙

本單元的〈迴向偈〉採四句偈的形式，內容如下：「願消三障諸煩惱，願得智慧真明了，普願罪障悉消除，世世常行菩薩道。」**其概念是，慈悲的偉大能量能消解負面的能量，而迴向是業力消除器。❶** 去除煩惱、**❷** 獲取智慧、**❸** 消解業障、**❹** 行菩薩道，這四件事都是終身學習佛教的核心課題，也明確地寫在這個〈迴向偈〉中。

「願消三障諸煩惱」的三障，是指煩惱障、業障、報障。先談煩惱障，影響最大的是貪、瞋、癡帶來的迷惑。業障，如五逆十惡等業障。報障，如地獄、餓鬼、畜生等的前世苦報。在迴向的過程中，由於慈悲的同理心具備強大的能量，有機會化解這個惡緣。向宇宙虛空中不認識的生命意識體送上祝福，而因為因陀羅網無限的連結，這份善美的能量能成功

地傳遞給前世業報。**過去你對其他生命體的傷害，此生的我們早已不記得了，而迴向的善美能量有機會彌補過往的遺憾，以和諧的模式來對待這些負面能量。**

迴向是「業力消除器」，可以返轉過往不當的業力所形成的障礙。若能懺悔過往、慈悲未來，幸運將會跟著你；迴向文不僅止於懺悔過往，還要真誠地幫助其他的宇宙生命體，也就是要著重在感恩與同理心。**迴向在一開始是為了解決自身生命困境而祈請，誦經完畢時，要至誠地向此咒的佛、菩薩祈請，讓所有與你「面臨相同困境」的意識體，都能獲得佛、菩薩的保護**，如此一來，此功德就有了多元的善美發展。所以，迴向文是發揮同理心，透過解決每個人的痛苦及實現每個人的祈願，來改善世界。

迴向是在真實世界中安穩自我實現之路的法門，也是實踐菩薩乘的方法

迴向時，真誠的心意最重要。每句字數相等的叫「迴向偈」，句子長短不一的是「迴向文」，偈與文的內容很相似，只是文體不一樣。本單元的〈迴向偈〉是每句七字的四句偈典型體式。當你為親人念誦《藥師琉璃光如來本願功德經》與〈藥師灌頂真言〉，結束時也要祈請藥師如來保護與協助「同樣」正處於病痛的所有生命體。

由祈請而產生的發願之力，在連結上的效應更讓人驚訝，在呼喚諸佛、菩薩的同時，既能提供「自身」解決問題的能量，也可將此能量轉化給相連結的一切生命體，這是學習菩薩的慈悲，也就是迴向偈的「世世常行菩薩道」。

此外，在誦經結束時「迴向」給宇宙生命體，也能讓「共鳴作用」顯現出能量與能量之間的呼應，讓特定形式的美善能量與其他類似形式的能量產生強化作用。

最後，請記得，**迴向時真誠的心意最重要。只要真情向佛、菩薩陳**

述，能夠表達清楚用意即可。迴向是在真實世界練習安穩自我實現之路，是實踐菩薩乘的法門之一。固定的宗教儀式都有嚴謹的迴向詞，這當然很好。但是，如果忘記了，也別擔心。只要誠心誠意，無論如何念、怎麼迴向，宇宙神聖意識體都會接收得到。迴向偈和迴向文有很多種，可任選適合自己的一個即可，筆者非常推薦本單元的迴向偈。

PART 3

啟動《藥師經》的
24 股智慧能量

從能量的角度來看待諸佛菩薩

在書中，我們不斷提醒讀者，要以能量的角度來看待諸佛菩薩，這樣更可以領略《藥師經》想要傳達的訊息。能量的意義、諸佛菩薩的梵語名號，與祂們轉換成的形象，是本部分的重點。《藥師經》中充滿許多神聖的智慧能量，以藥師如來為首，總共 24 股智慧能量。祂們是來自宇宙虛空中抽象的神聖智慧，菩薩層級的智慧總代表文殊菩薩貫穿全書，還會有八大菩薩同時降臨地球。此外，宇宙星體（日月光菩薩）、地球自然環境（十二神將）、生命之間的拯救能量（救脫菩薩）也引人注目。每一位菩薩或神將都充滿動能。

藥師 3 尊（東方三聖）＋ 8 大菩薩＋救脫菩薩＋ 12 神將
＝ 24 股智慧能量

權化、權現、權教，展現宇宙智慧的不同身形

無論是佛陀或菩薩都具有普遍的本質，亦即此本質超越形相和概念的界限，無所不在。在《藥師經》中，我們可以見證「權化」的重要性。權化（nirmita）是佛教中一個重要的概念，指的是佛或菩薩以特定的形象或形態出現，以因應眾生的需求。「權」有著「變通的理念」的意思，像是通權達變；也可以是「暫且」，例如權充。所以，佛菩薩以變通、暫且的身形，引領眾生去獲取智慧。

在《藥師經》中，所有的佛或菩薩以如此豐富的形象或形態出現，目的就是要適應不同眾生的需要和理解能力。權化強調「權巧教化」，透過這種形象或形態的出現／現身，被稱為權化身、化身、變化身或應化身，而且這樣的變化產生不同的字詞意義，由「權」一字的意思，權宜善巧地延伸出「權化」、「權現」與「權教」。

需要注意的是，權化（強調諸佛菩薩的變化身形）、權現（強調諸佛

菩薩顯現於眾生面前）、權教（強調諸佛菩薩教化眾生）是佛教教義中的一個概念，因為佛陀或菩薩具有能夠超越形相和概念的真實本質。**權化是為了適應眾生的需要而呈現的，但這些形象或形態並非佛陀或菩薩的真正本體**，而是一種教導和引導的手段，以傳達內在的智慧能量。

權化的目的，在於使佛法更加容易被理解和接受，這是因為不同的眾生擁有不同的智慧、信仰和傳統，對於佛教教義的理解和接受能力也有所差異；為了利益眾生，佛陀或菩薩可以用不同的形象、形態和教法方式顯現出來，像是具體的神像、菩薩像，或者是聖者內心的視覺化形象，以便更好地教導和引導眾生。如果以現代化的語彙來說，就如同「量身訂做」的客製化。舉例來說，觀世音菩薩是一位慈悲與智慧的菩薩，會幫助眾生度過苦難和困境，而祂可以以多種形象出現，如千手千眼觀世音、四臂觀世音、馬頭觀音等，這些形象代表著不同的慈悲和智慧特質，並且能夠觸動不同眾生的心靈。

在《藥師經》中，我們可以看到權化的重要性。宇宙東方佛陀的智

權化、權現、權教

在這三個詞彙中，「權」皆是「變通、暫且」的意思。

	強調的重點	特點
權化	諸佛菩薩的變化身形	變化
權現	諸佛菩薩顯現於眾生面前	顯現
權教	諸佛菩薩教化眾生	教化

慧能量，被權化成藥師琉璃光如來。此外，太陽和月亮的光芒，被權化成日光菩薩和月光菩薩，象徵著光明和淨化的力量。菩薩智慧層級的總代表，權化成文殊菩薩；拯救和解脫的能力，權化成救脫菩薩。最後是地球自然環境的力量權化成十二藥師神將，保護並滋養著眾生。

總結而言，權化是佛陀或菩薩根據眾生的需要和能力，以不同的形象或形態顯現出來的概念。這種權化的目的，在於教導和引導眾生走向覺悟和解脫。

延伸學習

如果更仔細分析，還有天龍八部、四大天王這十二位天神與精靈，合起來就多達三十六尊佛菩薩、護法、天神。筆者看過一些筆繪的藥師經佛像群或西藏唐卡中，就融入這十二尊。本書已說明了「天龍八部」和「四大天王」，詳見 Part2 第 2 章第 1、37 單元。但為了避免本書過於龐大，只專注於經文最關鍵的二十四尊。

 《藥師經》能量的變化

能量		身形
虛空智慧能量 宇宙東方佛陀層級的智慧能量	→（權化成）→	藥師琉璃光如來
虛空智慧能量 菩薩智慧層級的總代表	→（權化成）→	文殊菩薩
宇宙星體能量 太陽和月亮的光芒	→（權化成）→	日光菩薩和月光菩薩
拯救解脫能量 拯救和解脫的能力	→（權化成）→	救脫菩薩
地球自然能量 地球自然環境的力量	→（權化成）→	十二藥師神將

01 第1股能量：
藥師如來的神聖身形

真正藥師如來的形象：
形象的變化，抽象轉換成具象

真正藥師如來的形象究竟為何？其實很難三言兩語說清楚。藥師如來本是宇宙佛陀，祂是宇宙智慧能量，其實是無形無相的神聖意識體，如同清透淨水無形狀，卻可變化成一切形狀。藥師佛的化身也是一樣，能夠變化成各種不同的形相來幫助眾生。這種佛菩薩形象的變化，在《地藏菩薩本願經》裡描述得最詳細、最傳神。經文寫著：「或現男子身，或現女人身，或現天龍身。或現神鬼身，或現山林川原、河池、泉井，利及於人。」

於藥師信仰中，眾生生病時，只要好好祈求藥師佛的護佑，往往會很幸運地遇到醫術高明的醫師，或是服用了對症的藥物，讓疾病迅速痊癒。不僅如此，當遇到困難，在修持藥師法門之後，也會正巧碰上了熱心貴人前來解圍，這些都可能是藥師佛的化身變化所作。

不過，在寺廟的造像儀軌中，呈現的就是具備身體型態的藥師佛。這是透由「有形有相」來一窺更高層次的神聖意識體。面對佛像誠懇地念誦經文，會讓人覺得受到藥師佛的照顧與保護，讓生命充滿安穩的境態。即使是一座木刻或石雕的佛像，也讓人經常隱約感受到一道微妙的光芒，也就是溫柔慈悲的琉璃光。在《大藏經・藥師經》中與藥師相關儀軌裡，我們可以發現造像的儀軌規定。讓我們可以先接觸「有形有相」的藥師佛，然後開啟自己的智慧潛能，最後再與「無形無相」的藥師如來宇宙智慧的能量場連結。

訶梨勒果

葉

梗

與願印

訶梨勒果
（或稱吉祥藥）

藥缽
（或稱藥壺）

禪定印

經文首見藥師如來的身形描述

　　對於藥師如來身形描述的完整文字記載，最早是唐代不空大師翻譯的《藥師如來念誦儀軌》，共分兩卷，在《大藏經》的編號分別是 No. 924A 與 924B。不空大師的正式名號是「不空金剛」（Amoghavajra, 705~774），音譯為「阿目佉跋折羅」，他是佛教著名的譯經師，也是唐朝密教祖師之一。唐朝密教以開元三大士為開宗者，三大士中，以不空的弟子最多，影響力也最大。

　　《藥師如來念誦儀軌》的開始就寫著：「安中心一藥師如來像，如來左手令執藥器，亦名無價珠，右手令作結三界印，一著袈裟結跏趺坐，令安蓮華臺。臺下十二神將，八萬四千眷屬上首令。又令須蓮臺如來威光中令住日光、月光二菩薩。如是壇四方周匝五色，近前安置二閼伽器、商佉、瓦器，隨意受用奉獻承事尊像……」

這份儀軌描述了藥師如來的佛像，祂的左手持著藥器，也稱為無價珠，右手結成三界印，身著袈裟，盤腿坐在蓮花臺上。蓮花臺下有十二位神將和八萬四千名眷屬。另外，還有兩尊菩薩分別代表日光菩薩和月光菩薩於蓮臺上，如此彰顯其威光。壇的四個方位周圍，有五色的裝飾，前方擺放著兩個閼伽器、商佉和瓦器，供奉和獻禮給這尊尊貴的佛像。請注意，上述的經文是來自於不空大師翻譯的《藥師如來念誦儀軌》，但維基百科誤植為《藥師琉璃光王七佛本願功德念誦儀軌供養法》。

　　不空大師經文中的「閼伽」是梵語 ārgha 的音譯，意指功德水或香水，也指盛裝功德水的容器。最初是表示有價值的物品，後來轉指供奉神祇或貴人的物品，再演變為供養水的意義。閼伽也可指香水器或盛裝香水的杯器。一些文獻將「閼伽」解釋為供養器具的總稱，或指沐浴的器具，但這些可能是後來的誤解。此外，也有譯成圓滿、無濁，或引申為菩提道者。

　　藥師如來在各個時期和不同佛教傳統的形象有所差異。在唐代，除了上述《藥師如來念誦儀軌》中記載的坐姿身形之外，還流行一手持錫杖，一手拿藥缽的立姿形象。

　　大致上，漢傳佛教獨尊中，則是螺髮形，左手持藥壺，右手結「施無畏印」或「與願印」（詳見後文）。在漢傳佛教的寺院三尊佛（註：釋迦牟尼佛、藥師如來佛、阿彌陀佛），藥師如來一般採坐姿，手持缽、卒塔婆、不死甘露瓶或楊柳枝，象徵消災延壽之意。而近代漢傳佛教的形象，則有右手持摩尼寶珠，左手結與願印，象徵「所求願滿」之意。

　　藏傳佛教的造型比較統一（如左圖），刻意強調藥師如來的藍色身形，左手持缽盛滿甘露（或訶梨勒果），右手持訶梨勒（訶子藥）。

　　這些豐富的形象反映了各種時代和不同佛教傳承，對藥師如來的不同詮釋與重點。藥師如來作為擁有智慧與醫藥能力的佛陀，在佛教信仰中扮演著重要的角色，而不同形象的變化也呈現出藥師如來多樣而深厚的意義。

藥師如來給予願望、使人免於畏懼的兩個手印

　　「手印」是佛教特別的術語，以兩手擺成特定的姿勢，用來象徵佛菩薩特定的教義或理念。藥師如來身形中，兩個最重要的手印，分別是「施無畏印」與「與願印」，這是祂與「眾生」溝通的肢體語言，蘊藏著「施予不畏懼」與「給與實現願望」的兩種能量，同時也是《藥師經》的兩大元素。

　　請注意，「施」、「與」這兩個動詞都是給予、施與的意思。施無畏印（abhaya-mudra），顧名思義就是「施予無須畏懼的手印」，通常是右手半舉至胸口，掌心向外，手指朝上。人類面對貪欲、瞋恨、執著等負面的能量，感覺像是面臨惡魔邪靈的侵襲，這時佛陀施予眾生不畏懼的能量，就是施無畏印最根本的意義。

　　這不僅適用於人類，《藥師經》中顯示，神通廣大的十二神將身處於惡趣，因為有了藥師如來的庇護就不再畏懼了，經文是這樣描述的：「蒙佛威力，得聞世尊藥師琉璃光如來名號，不復更有惡趣之怖。我等相率，皆同一心，乃至盡形歸佛、法、僧，誓當荷負一切有情，為作義利，饒益安樂。」

　　此外，「施無畏印」會延伸成佛陀「不畏艱辛」普渡並保護眾生的決心，主體換成佛陀自己不畏艱辛，願意保護眾生。簡言之，施無畏印就是面臨宇宙負面能量時，佛陀施予眾生無所畏懼的手印，同時會保護祈請的眾生。弄清楚手印的含意，其實非常有助於經文的理解。

　　另一個手印是「與願印」（varada-mudra），給予願望的手印。掌心朝外，手指朝下，五指微微朝內彎曲。「施無畏印」和「與願印」是成對的手印，其實手勢相近，只是手指向上與向下的方向不同。

　　除了手印之外，救脫菩薩與文殊菩薩的智慧能量分別是「免除危難的恐懼」與「實現十二大願」，明確地對應「施無畏印」與「與願印」。

　　此外，還有一種是藥師如來「自身」達到佛陀境界的手印，不再是強調「可以免除危難的恐懼」（施無畏印）與「實現十二大願」（與願印），而是表達獲取無上正等正覺的智慧狀態。這時候藥師佛已經達到佛陀的

境界，獲取阿耨多羅三藐三菩提，就採用了「禪定印」（dhyana-mudra）作為象徵。

　　上述三種主要手印分別傳達了「給予願望」、「給予免於恐懼的情緒」，還有「證悟的覺者境態」，是抽象概念的具體象徵。再加上各種藥器如藥壺、藥缽或是內含藥草，突顯「藥」的意義。至於，藥師如來有無其他手印，有的。但此三手印最能與經文契合，其他筆者就不多說明。

藥師如來主要的三種手印

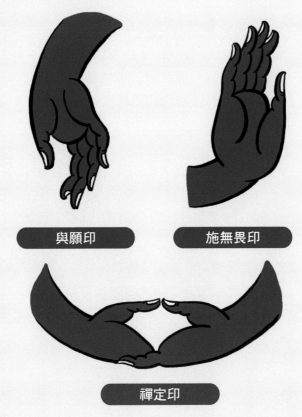

與願印

施無畏印

禪定印

藥師如來的形象

類別	形象出處	描述
唐代	《藥師如來念誦儀軌》	左手執持藥器（或無價珠），右手結三界印，著袈裟，結跏趺坐於蓮花臺，臺下有十二神將。
	唐代流行	一手執錫杖，一手拿藥缽。
漢傳佛教	獨尊	1. 左手結禪定印，托藥壺；右手結施無畏印。 2. 左手結禪定印，托藥壺；右手結與願印。 3. 左手結禪定印，托藥壺，藥壺狀似寶珠，稱為無價珠。右手結與願印，拇指與食指捏掐棗形藥丸。
	三尊式（民間寺廟）	藥師如來（右）採坐姿，手持 ❶ 缽、或 ❷ 卒塔婆、或 ❸ 不死甘露瓶、或 ❹ 楊柳枝等，代表消災延壽的意思。釋迦牟尼佛（中）結禪定印或捧摩尼寶珠，阿彌陀佛（左）手捧蓮花。
	近代三尊式	藥師如來（右）採坐姿，右手持摩尼寶珠，左手結與願印，象徵「所求願滿」之意。另兩尊是釋迦牟尼佛（中）與阿彌陀佛（左）。
藏傳佛教	藏傳佛教	左手結禪定印、托藥壺。藥壺長出吉祥花葉，稱為訶子藥。右手結與願印，拇指與食指捏掐吉祥藥草梗。（註：吉祥花葉，即是訶梨勒的花葉。吉祥藥草梗，也是指訶梨勒，含葉、梗、果實的組合。）
其他	石窟	特殊且少見的形式，存在於敦煌石窟第 146 窟北壁中央的「藥師經變」，是五代時期的作品，與第 61 窟「藥師經變」的構圖近似。主尊如來右手持錫杖，象徵藥師佛的慈悲。
	寺廟	藥師佛持摩尼寶珠的法相，如：佛光山寺大雄寶殿三寶佛中的藥師佛就是右手結正定印，持摩尼寶珠，左手結與願印，象徵「所求願滿」之意。
	西藏地區	《藥師經》形容藥師如來的智慧之光有如天青色寶石發出的淨光，於是造像上給予藍色的軀體，特別是平面繪畫，這是藏傳佛教獨特的形式，不同於漢傳佛教。簡單説，藍色身軀的藥師如來必屬藏傳佛教。
	日本	雖然藥師佛手印多樣，但底座擁有十二神將，與背光的七尊佛陀，成為辨識的兩個關鍵要項。

02 第 2、3 股能量：日夜守護地球的日光菩薩與月光菩薩

日月菩薩登場

亦如西方極樂世界，功德莊嚴，等無差別。於其國中，有二菩薩摩訶薩：一名日光遍照，二名月光遍照，是彼無量無數菩薩眾之上首，次補佛處，悉能持彼世尊、藥師琉璃光如來正法寶藏。

讓我們再回顧上面這段經文，次補佛處的「次」，意思是下一位；「處」代表位置。次補佛處的口語化意思是「即將成佛的下一位」，通常必須是大菩薩才能有這樣的境界。日光遍（徧）照菩薩與月光遍（徧）照菩薩的能量強度，已經到達這樣的狀態，而且是無量無數眾多菩薩的上首。在藥師如來的佛國裡，也就是東方琉璃世界，其功德能量類似西方極樂世界。東方琉璃世界有日月光兩位大菩薩，若要啟動祂們，最單純的方法就是「誦持真言咒語」與「進行圖像的觀想」。而經文中的「正法寶藏」就是《藥師經》所說的十二大願。

傳統漢音名號

南無　日光遍照菩薩

南無　月光遍照菩薩

更進階的梵音名號，更明確精準的密碼

羅馬拼音：namo surya（日）prabha（光）

　　　　　namo candra（月）prabha（光）

簡單斷字：namo sur-ya（日）pra-bha（光）

　　　　　namo can-dra（月）pra-bhab（光）

「日」與「月」的梵語分別是 surya 與 candra，prabhb 的意思是光芒。遍照菩薩的「遍」同「徧」，意思是全部、整個，形容到處都是。日光遍照菩薩的梵名是 suryaprabha，而月光遍照菩薩的梵名是 candraprabha。修行者能以中文名號誠懇呼喚，已經很不錯了，若是以梵語發音，更能有效啟動這股能量。

　　羅馬梵音不是非常難，只要學會簡單斷音法，即使不能達到精確的發音，也比傳統古代漢字拼音更接近原貌了。**許多梵字的發音會有一個字、兩個字或三個字的截斷法，最常見的是兩個字的斷音法。另外，prabha 的 h 暫時都先不發音，就唸成 pra-ba。**當然，我們也可以更精確的古梵語「氣音」來發聲，那就必須尋找優秀的梵語老師。

　　視覺化的觀想可以包含「抽象形式」的能量觀想，也可以「具象形式」的身形觀想。前者是專心虔誠地想像日光、月光充滿於虛空中，其光芒到處都是、整個都是，就如同「徧／遍」字，將光芒全部、整個地籠罩自己。而依據「像法轉時」的概念，則是要想像具體身形的日光遍照菩薩與月光遍照菩薩。祂們的具象式身形為何呢？請往下閱讀。

月光遍照菩薩　　　　　　　　日光遍照菩薩

除了神聖真言之外，也請啟動視覺觀想

在佛教世界有個「胎藏界曼荼羅」，其內安置了宇宙虛空中的各種智慧能量。能量的形式眾多，被細分成許許多多的佛、菩薩。胎藏界曼荼羅的概念認為，宇宙所有的神聖意識體都具備本有的德性，可以「維持、管理與含藏」一切如來的功德，高達兩百零六種，也就是兩百零六位佛菩薩。「界」一字延伸至世界，代表不同的空間。這個能量場域就如同母體孕育初始生命體的空間，所以稱為「胎藏界」。

這個神聖空間充滿能量，如同宇宙法則般地自然轉動，而其能量充足圓滿，這樣的空間在梵語中稱為「曼荼羅」（mandala），傳統譯為「輪轉圓滿具足」，概念上就如同佛教修法的實體壇場。

不同的壇場蘊藏不同的智慧能量。日光遍照菩薩位處胎藏界曼荼羅中的「除蓋障院」場域，其內共有十一種智慧能量，日光遍照菩薩居第九位。其形象是寂靜的菩薩身形，**膚色接近肉色，掌中握持日輪，或者是手持一朵蓮花，其上有日輪。所以，辨識該菩薩的關鍵是「肉膚」與「日輪」的象徵物。**

月光遍照菩薩也是存在於胎藏界曼荼羅的能量場域，但不是除蓋障院，而是「文殊院」，在此空間共有二十五種智慧能量。顧名思義，文殊菩薩是這個能量場的首位，充滿吉祥如意、莊嚴雅致的能量，也就是「文殊」一詞的梵語意思。藥師如來身旁的月光遍照菩薩，列居該場域的第七位。而其形象是菩薩形，**膚色接近白色，掌中握持月輪，或者是手持蓮花其上有月輪。**

在觀想日光遍照菩薩與月光遍照菩薩時，有人採用抽象式的日光與月光，想像光芒的籠罩，再搭配祂們的梵字名號，讓聽覺與視覺聯手啟動能量場的智慧。但你也可以更細膩地觀想祂們在胎藏界曼荼羅的描述，在腦海呈現擁有菩薩身形的具體形象。

這兩位菩薩的身形相似，只不過日光遍照菩薩的膚色較深，接近肉色，而月光遍照菩薩膚色較淡，通常為白膚。用膚色的深淺來辨識兩位，有時候很受用。另外，太陽與彎月的圖案也有助於辨識其身分。不過，

日光遍照菩薩與月光遍照菩薩成為藥師如來的脅侍時，儀軌上規定，如來的左邊是日光遍照菩薩，右邊是月光遍照菩薩。這樣的規定若是由參拜者的角度看過去，右邊是日光遍照菩薩，左邊是月光遍照菩薩。

印順導師對此有獨特的見解。他曾經講述「琉璃光佛」以及「日光遍（徧）照菩薩」、「月光遍（徧）照菩薩」的名稱和象徵意義。他說，宗教中的天界信仰，天的特性被描述為光明，常人因此聯想到天神。然而，**佛教中的聖者並非神，而是覺證法性清淨，表現出慧光，證實真理的存在。**

印順導師的〈東方淨土發微〉一文中提到的琉璃光佛，以須彌山的琉璃寶光為象徵，以蔚藍色的天空表現佛的德性，稱為「毘琉璃光」。接著他說，琉璃光佛有兩大菩薩弟子，分別是「日光遍照」和「月光遍照」。此文將二大菩薩與天空的太陽和月亮進行比喻，描述日光代表智慧，月光代表慈悲，兩者的光明對人類具有不同的意義。而月光遍照菩薩在熱帶地區尤其重要，它帶來清涼、舒暢的感覺，象徵慈悲安慰眾生。**但天神沒有智慧和慈悲這些菩薩所具有的特質，只有光明的感受。**印順導師透過比喻和象徵，說明了琉璃光佛和日月光遍照菩薩的特質及信仰意義，並強調在佛教中，聖者和天神之間有著不同的性質與地位。

🍃日月光菩薩比較表

	日光菩薩	月光菩薩
所處場域	胎藏界曼荼羅的「除蓋障院」	胎藏界曼荼羅的「文殊院」
智慧能量數量	「除蓋障院」擁有十一種智慧能量	「文殊院」擁有二十五種智慧能量
場域排名	第九位	第七位
形象	菩薩形，膚色接近肉色，掌中握持日輪，或手持蓮花其上有日輪。	菩薩形，膚色接近白色，掌中握持月輪，或手持蓮花其上有月輪。
能量特質	具備日光的智慧能量	具備月光的智慧能量

03 一行禪師：唐朝最卓越的天文、曆法學家，專研日月光菩薩

不少人類學家相信，古代宗教的神職人員可能就是專業天文學家，像是印度教的祭司婆羅門或是佛教的僧侶。這些神職人員對宇宙天地心存敬意，他們的內心了解抬頭所仰望的天空是神聖的。於是，古老的天文學和現在所謂的占星學，經常被連結在一起。

人類學家相信，古老的天文曆法或天文的校準，其學問同時符合「天文學」和「宗教」功能。在唐朝有位卓越的天文、曆法學家，他是赫赫有名的一行禪師（683~727），堪稱人類學家心目中「天文學」融合「宗教」的最佳典範。

在《新唐書》中，總共有三卷關於宇宙天文的記載，其中提到開元十一年（西元 723 年）一行禪師率領府兵曹參軍梁令瓚的團隊，以當時最先進的銅鐵製造出「黃道游儀」，這是那個時代的哈伯望遠鏡（當然哈伯望遠鏡是在太空中，而非地球）。這個天文儀器可以測量星宿運動和考察月球運行的規律。經過一連串的天文測量，結果證實了恆星的位置有移動。一行禪師既是天文學家也是僧侶，他畫成三十六張圖，深得當時中國皇帝唐玄宗的嘉許，還親自為黃道游儀制銘。這是唐代對月球的探索，沒想到一行禪師優越的科學成就，最後還連結到宗教上月光菩薩的研究。

接著，絕頂聰明的一行禪師根據許多資料，製作了驚人的《復炬圖》，這是一份天文學的度量衡科學報告。南自丹穴，北至幽都，每極高移動一度，就註明它的差數，可用來確定日蝕的偏全和晝夜的長短。先前**「黃道游儀」是月球的研究，這回《復炬圖》是太陽的探索，可以讓天文研究對應日光菩薩。**

唐昭宗時代（889~903），出現了另一位傑出天文學家「邊岡」，負責重訂曆法，他認為《復炬圖》非常精粹，是不可抹滅的作品。

科學性的分析日光與月光

　　優秀的智者一行禪師，除了精通梵文，熟悉印度的宗教文獻，同時也了解印度在數學與天文學方面的成就，他的研究充分利用了當時印度的三角學知識。

　　一行禪師在製造出銅鐵「黃道游儀」的四年後，完成了《藥師瑠璃光如來消災除難念誦儀軌》，前者是科學性的研究，後者是心靈的探索。這回他透由藥師儀軌，療癒眾生在身體與心靈兩種層面的痛苦。這部消災除難念誦儀軌屬於密教系統，高達十五個真言咒語。念誦儀軌除了能解除肉體的痛苦之外，在精神層面也可以在音韻的協助下，遠離貪心、瞋恨、執著所帶來的情緒上的苦痛。

　　此外，在藥師法門概念下，念誦儀軌不只是可以探訪藥師如來的淨土，藥師如來散放的智慧能量也能照顧娑婆世界的眾生，就如同天上的日月，光明照耀到大地一樣。

《藥師經》在藏傳佛教中的重要性與特點

　　臺灣目前藏傳佛教的信眾眾多，本篇將藉由一行禪師所撰寫的《藥師瑠璃光如來消災除難念誦儀軌》來淺探藏傳佛教的藥師法門。透過此唐代的密教系統，我們可以約略地了解藏傳佛教著重於觀想、咒語、曼荼羅、手印等法門，這些特點同樣也出現在唐代的密教典籍中，與漢傳佛教有相似之處。

　　然而，《藥師經》在不同佛教系統中的版本，卻呈現出略微不同的內容，例如玄奘版的《藥師琉璃光如來本願功德經》與義淨版的《藥師琉璃光七佛本願功德經》，兩者分別屬於漢傳佛教和密教兩個系統，目前在華人世界都有人持誦。

　　筆者整理了一行禪師的《藥師瑠璃光如來消災除難念誦儀軌》，其內容突顯了以下幾個重點：

- **觀想諸佛菩薩**：提到了觀世音菩薩、金剛手（菩薩或護法）和藥師如來，觀想這些佛菩薩能夠帶來加持和庇佑。
- **三密的運作**：三密包括身密、語密和意密，這些儀式結合了肉體、言語和意識的清淨及加持，是密教的核心修行法門之一。
- **供養儀式**：這部分的儀軌與玄奘版的《藥師琉璃光如來本願功德經》相似，涵蓋了多種供養，如五色神幡、續命燈、燒香花燈明、飲食塗香等。
- **強調手印**：加入了特殊咒語與對應手印的結合，手印在密教中具有特殊的象徵意義，能夠啟發內在的能量。
- **觀想壇城空間**：最特別的是提及「曼拏攞」的觀想，其常見的音譯是「曼荼羅」（mandala），意譯為「壇場」，這是諸佛菩薩宇宙空間的配置圖，觀想此空間能夠聯繫到佛菩薩的能量場。
- **灌頂儀式**：灌頂是一個密教重要的儀式，能夠給予修行者特殊的力量和加持，使他們能夠更好地修行。
- **持咒**：包含了豐富的真言，顯示出密教的特質。除了藥師長咒和呼喚十二神將名號之外，還有十三組真言咒語，這些咒語具有特殊的能量，能夠幫助修行者。

最後，筆者發現一行禪師的儀軌中，出現目前寺院中另一個常見的〈藥師讚〉（註：至今流傳的藥師讚頗多，並非唯一）：「歸命滿月界，淨妙瑠璃尊。法藥救人天，因中十二願，慈悲弘誓廣，願度諸含生，我今申讚揚，志心頭面禮。」這段讚文表達了對藥師如來的尊敬和感恩之情，同時強調藥師如來的慈悲願力。

透過一行禪師的儀軌，我們得以窺探藏傳佛教對《藥師經》的看法和修行方式，同時也體會到密教系統獨特的修行法門。以上這個儀軌的觀想、咒語、手印等元素相互交融，讓讀者對密教多少有個概念。

04 引領意識前往神聖淨土的 智慧護衛團：八大菩薩

若聞世尊藥師琉璃光如來名號，臨命終時，有八大菩薩，其名曰：文殊師利菩薩、觀世音菩薩、得大勢菩薩、無盡意菩薩、寶檀華菩薩、藥王菩薩、藥上菩薩、彌勒菩薩。是八大菩薩，乘空而來，示其道路，即於彼界種種雜色眾寶華中，自然化生。

認識八大菩薩的名號梵語原意，深入諸尊的真實意義

呼喚了《藥師經》最重要的兩尊菩薩之後，接下來就要開始進入八大菩薩的呼喚。八大菩薩是一群充滿活潑動力的智慧意識體！優秀的修行者能夠專注於一的念佛號，是讓人羨慕的境界。不過，一般人在學習過程中，並不容易專注於一。

如果只是「單純念誦佛號」而不了解其義，時間一久難保不會流於形式，變成只是重複念誦無意義的字句。所以，我們必須透由認識八大菩薩的名號梵語原意，深入諸尊的真實意義，才不會落入有口無心的狀態。過程中，也需要了解八大菩薩出場的次序，以虔誠的心意呼喚這八個宇宙不同的能量，如此誦經才會更有效！

修行的提醒：融入菩薩形象的觀想法

在佛教修行的道路上，奉請諸菩薩的加持與指導，被視為至關重要的一環。然而，我們常常會面對著無形的佛菩薩，該如何與之建立真切的聯繫呢？以下將介紹一些重要的叮嚀，讓我們更有針對性地修行。

首要的叮嚀是，修習時在腦海中清晰地浮現出佛菩薩的形象，能夠有效提升修習的效果。這一點特別關鍵，因為我們的心靈經常受到外在

干擾，清晰的形象能幫助我們保持專注與投入。當然，並非每一尊菩薩都有固定的身形，但重要的文殊師利菩薩、觀世音菩薩、大勢至（得大勢）菩薩、彌勒菩薩都有清晰可辨識的身形，接下來筆者會一一詳盡說明《藥師經》出現的佛菩薩和十二神將。

在前面的單元中，透由《藥師瑠璃光如來消災除難念誦儀軌》，我們了解到唐朝密教極重視觀想法，並有著嚴格的規範和造像製作的儀軌。一行禪師的儀軌中，不僅強調諸佛菩薩要觀想，連同宇宙空間曼荼羅也要觀想。這些儀軌的內容在不同時代和傳承中可能有些微的差異，取決於教派的不同。舉例來說，在現今藏傳佛教中，文殊師利菩薩的忿怒像在格魯派和薩迦派可能會呈現出不同的風格。

這些變化與差異或許讓人感到複雜，但也正是這種差異讓佛教修行更具多樣性，並在其中展現著豐富的知識與智慧。不同傳承的造像儀軌，可以幫助我們更好地理解佛菩薩的本質，並能夠更好地與其產生共鳴。最後，雖然這個過程複雜，卻極具趣味。將注意力集中在「專注於一」的方式上，每個人的學習經驗都有所不同。過程中鍛鍊不停，心智持續不斷；方法不同，但都是精進。而且這樣的差異性使得修行成為一個充滿探索和驚喜的過程。

探索八大菩薩的梵音名號，揭開咒語的深層能量

在佛教修行中，菩薩被視為具有崇高智慧和慈悲的存在，能夠助人克服困難，帶來平靜與智慧。然而，面對八大菩薩時，我們是否僅是無意識地念誦，而未能深入理解背後的梵音名號所蘊含的能量呢？往下的每一個單元，將探索如何透過梵音名號更精準地連結八大菩薩，以便在修行中獲得更深刻的體悟。

傳統的呼喚八大菩薩名號，如今可以進一步昇華至呼喚八大菩薩的梵音。這不僅是一種語言轉換，更是一種能量傳遞的方式。**我們可以超越傳統，將八大菩薩的名號轉化為宇宙能量的形象，以更深層次的意義**

重新詮釋這八位菩薩。每個菩薩的名號都是梵字，背後都蘊含著深遠的能量。將梵字解開，深入其原意，我們會發現每個名號就像是一個真言，具備咒語的效力。因此，奉請八大菩薩時，我們實際上是在呼喚著八種宇宙能量，這是一種極具意義的修行行為。

八大菩薩的適當斷音

奉請八大菩薩時，所涉及的梵音名號次序並不是隨意的。這八位菩薩可以分成三組，每組代表著特定的宇宙能量。當我們按照次序呼喚這些名號時，實際上是在啟動一個有系統的宇宙能量流動，這是一種偉大的修行方式。然而，精準的翻譯八大菩薩名號，也是相當重要的，這能使讀者更深入理解每位菩薩所代表的意義，從而更有效地念誦佛號。**此外，將梵字的念誦斷音化，有助於提高記憶力，使念誦更為輕鬆流暢。**八大菩薩的次序與斷音如下，可分成三組，在 PART 2 的第 1 章第 10 單元已經談過這三組，這邊主要是提醒讀者適當的斷音，可以協助記憶。

- **智慧、慈悲與力量**
1. 文殊師利菩薩（Manju-sri）：智慧
2. 觀世音菩薩（Ava-lokite-shvara）：慈悲
3. 大勢至（得大勢）菩薩（Mahas-tham-aprap-ta）：力量

- **偉大的願望與供養的能量**
1. 無盡意菩薩（Aksaya-mati）：大願
2. 寶檀華菩薩（Ratna-candana-puspa）：寶物、香、花

- **一股慈愛的能量與兩顆閃耀的星體**
1. 彌勒菩薩（Mai-treya）：慈愛能量
2. 藥王菩薩（Bhai-sajya-raja）：星宿光能量
3. 藥上菩薩（Bhai-sajya-samud-gata）：電光明能量

05 第4股能量：神奇的善美智慧，文殊師利菩薩

佛、菩薩都是智慧能量的意識體，在菩薩層面之中，文殊師利菩薩是所有菩薩「智慧的總代表」。在《藥師經》中，祂的位置極為重要，所以由祂恭請釋迦牟尼佛來說法。到底文殊師利菩薩有多重要？釋迦牟尼佛與文殊師利菩薩之間的對談內容，占了《藥師經》的前大半部分，總字數占了全經的七成左右。

請注意，在《藥師經》的譯文中，主要是譯為「曼殊室利」，僅有八大菩薩之處是「文殊師利」。這是因為經文主要是取自玄奘的譯文，至於八大菩薩每一尊名號是後人再加入的。我們無法確認是何時加入的，但可以知道是依循義淨版之後，因為在當時的時空背景中，**《藥師經》由「淨土思想」的層面轉入「密教思想」，於是佛菩薩的名號格外重要。在故宮博物院典藏的明代泥金寫本中，已經加入八大菩薩諸尊的個別名號**（參見本章第9單元）。

「文殊師利」源自於梵語 manjushri，可以拆解成 manju 與 shri。manju 的音譯為「文殊」或「曼殊」，意思是「美妙、雅致與可愛」；shri 的音譯為「師利」或「室利」，意指「吉祥、善美、莊嚴」。這幾個解釋都充滿美好的祥和能量，此外，shri 在梵語中還有智慧、太陽的意思。在現代物理研究的背書下，生命體意識的運作確實會影響物質世界，即使小小的 DNA 都是如此。如果在念經持咒時內心充滿善與美，我們的意識將會形成一股轉化物質世界的神奇力量，就如同「文殊師利」的原始意義那樣充滿善與美。

manjushri 的善與美是超越語言文字所能描述，是無法言喻的吉祥如意境界。在佛教語彙中，超越人類語言所能描述的字詞都會加個「妙」字，所以 manjushri 除了音譯為「文殊師利」，也被意譯成「妙吉祥」。

啟動視覺力量，認識文殊師利菩薩的身形

在本書中，我們將會持續提醒讀者如何有效地啟動佛菩薩的能量。在腦海中視覺化是關鍵，必須想像文殊師利菩薩的身形。這有兩種層面，第一種觀想是升起文殊師利梵音意義的抽象型態，也就是美妙雅致、吉祥莊嚴的感受。這股內在心靈與宇宙共通的善與美，有時是超越我們所能描述。那是無法言喻的吉祥如意境界，必須透由個人的禪定體驗，當我們認識了 manjushri 的意義，在修習過程就有機會擁有那樣的體會。

第二種視覺觀想的具體化，是依據佛教造像儀軌的規定，去感受先人將抽象意念轉換成具象的努力。這是擬人化的觀想，也是視覺化觀想的核心。我們可以想像文殊師利的菩薩身形。在造像儀軌中，祂握持一把利劍，這是充滿智慧能量的智慧劍（khadga），可以斬斷人類負面的能量。同時，祂騎乘一隻獅子，在古代印度，獅子象徵智慧能量的威猛。視覺化的觀想，非常有助於修行者下載文殊師利菩薩的奇妙能量。

佛教世界有很多菩薩，不同菩薩代表不同的宇宙能量，當我們念誦八大菩薩的名號，就是在下載宇宙八種不同的能量。**八大菩薩的第一股能量就是文殊師利菩薩，祂是所有菩薩智慧的總代表，象徵智慧。與之對應的是象徵慈悲的觀世音菩薩。當智慧能量結合慈悲能量，就是最圓滿的覺知狀態。**

依據不同的造像儀軌，文殊師利菩薩為主尊的形象變化頗多，有一面二臂或三頭六臂、四面八臂，但最常見的是一面二臂，而智慧劍、獅子是兩個關鍵識別物。接著，第三個重要象徵物是一本經書，通常出現在菩薩肩後方升起的一朵蓮華上。蓮華就是蓮花，這本經書是《般若波羅蜜多經》（prajnaparamita），是由此迷惘的此岸渡到彼岸的智慧之書。在此提醒讀者，prajna 的音譯為「般若」，意思是「智慧」。paramita 的音譯是「波羅蜜多」，意義是「渡彼岸」。所以，prajnaparamita 的完整意思就是由「迷惘的空間」前往「智慧空間」。我們也可以做個簡單的比喻，《般若波羅蜜多經》就好比是游泳指導手冊，協助泳者游到美好神聖的彼岸。

持物與騎乘物在造像儀軌的規定是非常關鍵的。其中，智慧劍與經

智慧劍

經書

書是文殊師利菩薩必備的持物，象徵其智慧出如利劍，可摧毀癡愚，而經書代表其智慧浩瀚如書卷。至於騎乘物是獅子，象徵智慧能量的威猛。**若看到智慧劍、騎乘物獅子與經書，幾乎就可確定是文殊師利菩薩，而且一定要記得是典雅寂靜的菩薩身形。**

持物與騎乘物之外，更重要的是必須配合「身形」

　　如果不認出菩薩寂靜優雅身形，就會產生辨識的困擾。例如，除了文殊師利菩薩騎乘獅子，**八大護法之一的財神護法毗沙門（Vaishravana）也有騎獅的造像，但差異在於文殊師利菩薩擁有典雅寂靜的菩薩身形，而財神護法是穿戴盔甲戰袍的武將身形。** 所以，不能只記住相關的辨識物，主尊的身形更是重要。

　　讓我們再舉一例，經書為完美智慧的象徵，是知識的寶藏庫。擁有

經書象徵物者，除了文殊師利菩薩，還有心經女神（Prajnaparamita）。她不是菩薩身形，而擁有豐滿的女性身軀，在造像上甚至會表現出女性圓滿的胸乳，簡單說心經女神是一本經書的擬人化。

剣為智慧的象徵，代表辨別真理的心，可斬斷眾生愚癡。劍雙邊開刃，極為鋒利，兩頭刃象徵「世俗諦」與「勝義諦」，劍緣纏繞的火焰象徵覺悟綻放的能量，而劍的尖端象徵完美的智慧，指引著我們走向正道。除了文殊師利菩薩之外，赫赫有名的不動明王（Acala）同樣擁有智慧劍。身形則是辨識差異的關鍵，不動明王是護法身形，充滿威猛的忿怒容顏，而文殊師利菩薩是祥和靜秀的菩薩身形。

文殊師利菩薩與相關護法、女神的比較表

	層級	相狀	騎乘	持物	特質
文殊師利菩薩	菩薩	寂靜面容	獅子	智慧劍	智慧
財神護法毗沙門天	護法	戰鬥屬性	獅子		財神
心經女神	女神	寂靜面容、女性			智慧
不動明王	護法	戰鬥屬性		智慧劍	智慧

‧說明：
1. 「持物」搭配「相狀」，有助於判別諸佛菩薩。寂靜容貌、持智慧劍者，是文殊師利菩薩；戰鬥屬性憤怒容顏、持智慧劍者，是不動明王。
2. 「騎乘物」搭配「相狀」，也是一個判別方式，寂靜容貌、騎獅者，是文殊師利菩薩；戰鬥屬性身穿盔甲、騎獅者，是財神護法毗沙門天。
3. 經書（實體物質）擬像化成為女神，強調明顯女性身軀的豐滿身形。

06 第 5 股能量：宇宙最慈悲的觀世音菩薩

　　對於八大菩薩的名號，我們必須透由梵語原意，認識諸尊真實意義，才能啟動比較優秀的呼喚效果。

　　同時，我們也必須了解每位出場的次序，第二位就是觀世音菩薩。雖說每位菩薩都具備慈悲（compassion）的能量，但宇宙慈悲能量的總代表非觀世音菩薩莫屬。

　　佛教的世界終極目標是追求宇宙的智慧，達到圓滿的覺醒。不過，在大乘佛教來說，慈悲是獲得智慧的加速器，於是慈悲的能量變得格外重要。

　　擁有慈悲卻沒有智慧，或是擁有智慧卻沒有慈悲，都是不圓滿的覺悟狀態，慈悲與智慧的融合（union）才是完美的境態，此稱「悲智合一」。

很難記憶的「阿縛盧枳低濕伐邏」

　　象徵智慧的文殊師利菩薩與代表慈悲的觀世音菩薩，是八大菩薩最初始的兩位，意義非凡。

　　觀世音的梵音名號為 Avalokiteshvara，字根 avalok 是「觀，看見，觀察」，shvara 在此被解釋成「聲音」，loka 在梵文中還含有「世界」的意思，因此形成「觀世音」（觀看世界的聲音）的名號。不過，因為梵語斷字的模式不同，還有「世自在」、「觀自在」的另一種意譯。這部分我們就先不細究，僅將重心放在梵字的發聲。

　　在漢傳佛教中，Avalokiteshvara 一般音譯成「阿婆盧吉低舍婆羅」或是「阿縛盧枳低濕伐邏」。說實在話，這中文音譯太難記了，如果改成羅馬拼字，而且先拆解成 ava-lokite-shvara，將長長的一個梵字，轉換成三個字來記憶，就容易多了。

時時刻刻聽聞眾生的痛苦呼喚，走在菩薩行路上

　　儘管每位菩薩都是慈悲的象徵，但觀世音菩薩是「慈悲的總代表」，這個神聖意識體強調的特性是：「時時刻刻觀察，當世人稱念祂的名號，或祂觀聽到世人痛苦的聲音，就會前去解救」。如果我們常懷慈悲心，便能藉由呼喚觀世音菩薩名號的偉大能量，對他人的痛苦感同身受。感同身受就是同理心的表現，所以「慈悲」一詞的英譯就是 compassion。

　　當我們跟著學習觀世音菩薩這股慈悲的力量，宇宙眾生的意識體也漸漸轉化，不只依靠宇宙意識與宇宙智慧相互振盪，同時我們也會被賦予了善美慈愛的能量，這即是大乘佛教的精髓、菩薩行的善美。

　　觀世音菩薩是大乘佛教西方極樂世界教主阿彌陀佛座下的上首菩薩，祂與大勢至菩薩成組並列，兩位是阿彌陀佛的左、右脅侍菩薩，並稱「西方三聖」。至此，我們已經記住兩位菩薩的梵音：Manju-shri 與 Ava-lokite-shvara，下個能量將由大勢至菩薩登場，我們稍後會好好學習。

啟動視覺能量，認識觀世音菩薩的身形

　　啟動聽覺能量的最佳方法，是呼喚觀世音菩薩的名號，可以用中文念誦「南無　觀世音菩薩」，也可以進階念誦梵語羅馬拼音「Namo Avalokiteshvara」，後者是更精確的發聲，更能啟動觀世音菩薩慈悲的能量。接著，我們還要啟動視覺化的能量，一步步走入更美好的修習，在腦海中創造觀世音菩薩的造像與蘊藏的慈悲身形。

　　追溯到宋朝以前，佛教觀世音菩薩的造像全部是男身，這是承襲印度造像的傳統。在這之後，道、佛二教互相滲透、互相吸收，共同信仰觀世音菩薩。所以，宋朝之後，佛教人士稱道教的「慈航真人」與觀世音菩薩乃同一神明，而後出現了按中國宋代仕女形象而塑造的「魚籃觀音」、「白衣觀音」等，女性身形逐漸成為主流。藏傳佛教或是密教體系的「四臂觀音」、「十一面觀音」、「千手千眼觀音」，也都是常見的身形，不同之處是，西藏地區保持印度觀世音菩薩造像中男性的身形。真要解

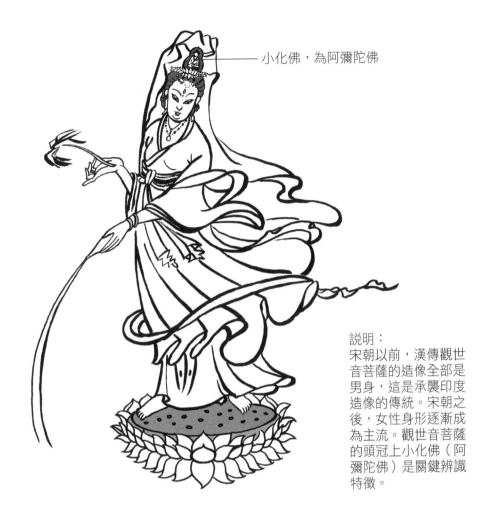

小化佛，為阿彌陀佛

說明：
宋朝以前，漢傳觀世音菩薩的造像全部是男身，這是承襲印度造像的傳統。宋朝之後，女性身形逐漸成為主流。觀世音菩薩的頭冠上小化佛（阿彌陀佛）是關鍵辨識特徵。

釋所有的觀世音菩薩造像，可能得寫成另一本書。

　　所幸，在八大菩薩的視覺化觀想中，觀世音菩薩反而變得很容易。首先，祂必須是典型的菩薩像，身邊總是有些蓮花飾物或是花蔓持物。但這不是關鍵，因為許多菩薩身旁也都有蓮花；蓮花代表純淨的特質，許多菩薩都有。**而最關鍵的就是頭冠上有個「小化佛」，那位化佛是阿彌**

陀佛。**化佛的意思就是佛菩薩透由神通力，依據眾生的心念，變化轉換的身形。**找出這個小化佛，再加上菩薩的身形，幾乎就可確認此尊菩薩是觀世音菩薩。

為何觀世音菩薩頭冠上的小化佛是阿彌陀佛呢？大乘經典《佛說觀無量壽佛經》有一段記載，釋迦牟尼佛告訴弟子阿難尊者，如何「觀想」觀世音菩薩，提到其頭冠中有一站立的化身佛，此佛就是西方極樂淨土的教主阿彌陀佛；嚮往極樂世界的人在臨終時，阿彌陀佛和觀世音、大勢至二菩薩都會持蓮花臺前來，將他迎接到極樂世界。

佛經的故事經常是宇宙智慧能量的擬人化

在一部北涼時期的《悲華經》中，詳述了阿彌陀佛、觀世音與大勢至三位神聖意識體的關係，這部大乘佛教經典雖然在漢傳系統並未盛行，但流傳了詳細完整的梵文版與藏文版。

經中描述了一個世界「刪提嵐」（Sandilya），有位國王名為無諍念，是阿彌陀佛的前身。他共有一千個兒子。長子名為「不眴」（同「眩」），次子名為「尼摩」。而後，無諍念王成佛為阿彌陀如來，兩位太子也跟著成為菩薩。其中，不眴太子成為了觀世音菩薩，而尼摩太子則成為大勢至菩薩。

這類大乘佛教經典所描述的國王、太子等人物，經常不曾存在於地球上，換句話說，他們不是娑婆世界真實的人類，通常是宇宙虛空的神意識體，或是宇宙能量的擬人化，也可能是另一個平行空間的人物。

在大乘的概念下，菩薩們跟隨佛陀學法修「菩薩行」，必須經過許多階段之後，才能達到佛陀的境界。由菩薩層級直到佛陀的智慧變化，其實就是神聖意識體的能量再進化。**《悲華經》裡的無諍念王、不眴太子、尼摩太子，轉變成阿彌陀如來、觀世音菩薩與大勢至菩薩，其實都可以視為意識能量的升級。**

位置也是辨識的重要關鍵

如前所述，《悲華經》這位無諍念王有一千個兒子，這是個隱喻，意味著無諍念這股智慧大能量可以引動一千個小能量，其中最重要的兩個小主能量就是不眴與尼摩。在佛教世界裡，描述菩薩中經歷所有階段達到最高位的菩薩，就是「一生補處菩薩」，意思是只要祂結束菩薩生涯，在下一階段的生涯中必定可成佛的境界。凡是以三尊形式表現佛陀時，必有一生補處菩薩隨侍左右，而且組合是固定的。所以，觀世音菩薩和大勢至菩薩都是一生補處菩薩。

阿彌陀佛的左右脅侍的就是觀世音菩薩和大勢至菩薩，三位合稱「西方三聖」或「阿彌陀三尊」。由於觀世音菩薩是左脅侍（阿彌陀佛的左邊），在觀者（參拜者）的角度看過去是在右邊，而左邊則是大勢至菩薩。這時，位置成為重要的辨識關鍵，請記住經文寫著左脅侍，是我們看過去的右邊，右脅侍是在我們的左邊。

漢傳佛教菩薩頭冠的關鍵辨識

	觀世音菩薩	彌勒菩薩	大勢至菩薩
頭冠	小化佛	舍利塔	長型寶瓶
意涵	阿彌陀佛	佛陀的精神典範	儲存光明能量

·說明：

觀世音菩薩頭上的寶冠是以小化佛（阿彌陀佛）為標誌，大勢至菩薩頭上的寶冠有寶瓶為標誌，兩者皆是根據《佛說觀無量壽佛經》所述。至於，舍利塔一直是釋迦牟尼佛的象徵。彌勒菩薩未來將繼任釋迦牟尼，於是以寶冠上的舍利塔代表傳續佛陀的精神，例如《佛說彌勒來時經》描述了彌勒菩薩對佛陀的敬重，舍利塔是關鍵聖物。

西方三聖位置圖

大勢至菩薩　　　阿彌陀佛　　　觀世音菩薩

07 第 6 股能量：大地的磅礴動能，認識大勢至菩薩

智慧光普照一切，令眾生離三途，得無上力。
——《佛說觀無量壽佛經》

八大菩薩的第三位宇宙智慧體是大勢至菩薩（梵音名號為 Mahasthamaprapta，又譯得大勢），「大」、「勢」、「至」這三個字，說明了這股智慧能量的「強大、勢態與到來」。強大勢能的到來，是對大勢至菩薩非常精準的描述。

經文中如何描述這股能量呢？在《佛說觀無量壽佛經》裡，大勢至菩薩被形容成一股強烈的智慧光芒，其能量達到「智慧光普照一切，令眾生離三途，得無上力」的境態。這些文字的意思簡單明潔，白話的意思是：大勢至菩薩「含藏」的智慧能量，將以光芒方式照耀宇宙，讓有知覺、有感情的眾生遠離三個負面空間（三途是指刀途、血途、火途），同時可以「獲得」無上的力量，蘊含威猛的氣勢。

因為大勢至菩薩是光芒智慧的神聖意識體，在《佛說觀無量壽佛經》中還有另一個稱謂「無邊光」，顧名思義是綻放無邊無界的智慧光芒。

又彼行時，
十方世界一切地皆振動。
——《佛說觀無量壽佛經》

還有一段經文活潑生動地寫著「又彼行時，十方世界一切地皆振動」，意思是說，大勢至菩薩充滿動能，當祂的能量啟動運行時，宇宙各個方位的空間大地將產生巨大振動，所以更能感受「大勢至」這三個字的意義。要如何啟動這股能量呢？念誦「南無　大勢至菩薩」就是啟動這股

能量最基本的方式，而我們還可採用更好的進階學習，念誦羅馬拼音的名號「Namo Mahasthamaprapta」的效果更好。但 Mahasthamaprapta 不好記憶，可以再拆解成 mahas（大）、thama（勢）、prapta（至），就好記多了。

大勢至菩薩的「無邊光」，連結阿彌陀佛的「無量光」

大勢至菩薩與阿彌陀佛關係密切，也意味著大勢至的能量與無限量光芒緊密連結。

根據淨土三經之一的《佛說觀無量壽佛經》的一段文字，白話的意思是：「大勢至恆念阿彌陀佛，以智慧之光普照一切，使人得到無上力量、威勢自在，能接引眾生往生淨土。」也就是說，大勢至菩薩的宇宙動能不斷連結著阿彌陀佛的無限量光芒，將呼應並啟動更具威勢的動能去照耀宇宙一切，而此能量可以協助眾生的意識在一個階段的生命結束時，前往美好的智慧場域，也就是接引眾生往生淨土。

大勢至菩薩的別名是「無邊光」，阿彌陀佛的另一個名稱是「無量光」，於此「無邊光」連結「無量光」，產生更強大的宇宙光能。

啟動視覺能量，認識大勢至菩薩的身形

頂上肉髻，如缽頭摩華。
於肉髻上，有一寶瓶，盛諸光明，普現佛事。
餘諸身相，如觀世音，等無有異。
——《佛說觀無量壽佛經》

大勢至菩薩的別名是無邊光，抽象的「無邊光」在經典中如何擬像化呢？《佛說觀無量壽佛經》寫著：「頂上肉髻，如缽頭摩華。於肉髻上，有一寶瓶，盛諸光明，普現佛事。餘諸身相，如觀世音，等無有異。」充滿鮮明的圖像，很有意思。大勢至菩薩的頭有個肉髻，比正常人類的頭部多了這個結構，圖像上的意義是比凡常人更有智慧，這個肉髻宛若

多出一顆更進化的大腦。

　　凡常人的大腦代表這個世俗世界的智慧，也就是所謂的聰明才智。大勢至菩薩或其他佛、菩薩隆起的肉髻，則是宇宙虛空的智慧，祂們的智慧無法透由人類的語彙來描述。前者乃正常大腦，可對應「世俗諦」，後者隆起的肉髻是象徵「勝義諦」。

紅蓮肉髻與能量寶瓶

　　大勢至菩薩被描述成「頂上肉髻，如缽頭摩華」，「缽頭摩」是梵語 padma 的音譯，意思是「紅蓮」，「華」即是「花」的古字。這個突出的肉髻就如同缽頭摩華，也就是紅色的蓮花。蓮花有多種顏色，梵語的用字並不相同。在圖像上白色盛開的蓮花，梵語稱為 pundarika，音譯成「芬陀利」。

　　大勢至菩薩的肉髻充滿能量，而且經書繼續寫著：「於肉髻上，有一寶瓶，盛諸光明，普現佛事。」肉髻上有個寶瓶的意義非比尋常，其內盛滿光明能量，可以「普現佛事」，因此，寶瓶是特殊能量的容器或是盛載器。顯然，這個宇宙光明不是普通的光明，此光明中能夠普遍地現出很多佛事。何謂佛事？佛是「佛陀」一詞之梵語 Buddha 的簡譯，意指證悟宇宙真理、解脫煩惱的人或那種美好的狀態，所謂佛事就是那個美好狀態的事理。所以，第三股智慧能量大勢至菩薩的關鍵識別物就在「寶瓶」，通常在造像上於髮冠上安置盛載光明能量的寶瓶。

關鍵判別：
觀世音的肉髻為化佛、大勢至的肉髻為寶瓶

　　「餘諸身相，如觀世音，等無有異」，大勢至菩薩其餘的各種身相「如觀世音，等無有異」，都跟前面觀世音菩薩的身相一樣的，沒有不同。差異關鍵是什麼呢？就是那個寶瓶。如此，就很清楚了。髮冠上有小化佛的，即是觀世音菩薩；安置一個寶瓶的，即是大勢至菩薩。阿彌陀佛的

左右脅侍是觀世音菩薩和大勢至菩薩，不過相較而言，觀世音菩薩的信仰比較興旺，擁有各種單尊造像的身形，而大勢至菩薩幾乎沒有單獨供奉的。

　　呼喚第一組菩薩的名號時，請在心中升起善美的智慧（文殊師利）、溫柔的慈悲（觀世音）與威勢的力量（大勢至）的意識概念，讓虔誠的心識透由呼喚祂們的名號而下載宇宙的智慧能量。

寶瓶（細長型）
是漢傳大勢至菩
薩的象徵物

08 第 7 股能量：無盡的智慧能量，無盡意菩薩

　　無盡意菩薩對許多佛教徒來說並不陌生，在經中之王《妙法蓮華經》裡，充滿「心願」的無盡意菩薩與懷藏「慈悲」的觀世音菩薩對話交流，祂們之間的互動與對話形成了著名且善美的《觀世音菩薩普門品》，也構成了「慈悲能量」與「偉大誓願」的綿密互動。「誓願」是無盡意菩薩的核心能量，這時讀者應該會馬上想到《藥師經》十二大願，因此，念誦此經時要連結上宇宙的無盡意菩薩，讓代表大願的祂來協助念誦者實踐十二大願，透由無盡意菩薩的充沛能量來啟動十二大願。

　　在密宗，無盡意菩薩的密號為「無盡金剛」，位居金剛界曼荼羅北方四尊之首。金剛界曼荼羅是宇宙智慧意識體聚集的神聖空間，被分隔成九個區域。無盡意菩薩不僅是賢劫十六尊之一，而且是《藥師經》八大菩薩的第四位，地位非常重要。

　　經書裡描述無盡意菩薩發心無盡，祈願將五濁惡世等無量世界，轉化為佛國淨土，也就是讓「混濁擾動」的空間轉變成「清淨祥和」的空間。祂充滿愛意，還要調伏無限剛強眾生，使他們成就佛果，故稱為「無盡意菩薩」。

宇宙一切事的因緣果報皆為無盡

　　無盡意菩薩的梵音名號是 Aksaya-mati，漢字佛典音譯為「阿差末底」。其中，aksaya 的意思是取之不盡、用之不竭。mati 的意思大多都與「意」有關，包含智慧、聰明才智、意念、回憶、記憶等等。這股神聖意識體來自宇宙東方的一個淨土，此空間稱為「不眴國」（眴，音同「眩」，意思是目眩）。無盡意菩薩發心無盡，願力無盡，所以祂在佛教代表偉大願望。經典描述著，無盡意菩薩因觀看宇宙一切事的因緣果報皆為無盡，

於是發心向上追尋無盡諸佛的功德，而且下度無盡苦海的眾生。於此，產生兩種不同方向的宇宙動能，「向上」是無盡的智慧能量，「往下」是無盡的慈悲能量，故稱無盡意菩薩，英語譯成 Endless meaning bodhisattva，非常優美。

要如何呼喚無盡意菩薩呢？就是「南無　無盡意菩薩」，或是「Namo Aksaya-mati」。別忘了，Namo 是個威力強大的咒字，涵藏的意義至少包含「禮敬、歸敬與皈依」三個層面，白話的意思是虔誠「信賴」無盡意菩薩，虔誠地祈請無盡意菩薩的「保護」！

無盡意能量象徵美好的意境，
無盡意菩薩可以連結藥師十二大願

人們描述這股無盡意能量時，總是充滿美好的意境。無盡意的「無盡」，更白話的意涵是什麼呢？其中總共涵藏三種層面的無盡。第一是「世界無邊塵繞繞」，是空間的無限。第二是「眾生無盡業茫茫」，眾生的無限，業力茫茫，「茫茫」的意思是廣大無邊，所以無盡眾生的業力廣大無邊，他都要來化解。第三是「愛河無底浪滔滔」，眾生的愛欲無限。

於是，空間、眾生，以及眾生愛的業力與欲愛都是無限的，所以無盡意菩薩想把這無量世界，變成喜樂善美的空間；想將無盡的眾生都教化成佛，還要將這無底的愛河通通填滿。因為《藥師經》裡有著名的十二大願，當然在念誦此經時一定要連結上宇宙的無盡意菩薩。

尋找無盡意菩薩的造像！

密教最重要的經典之一是《金剛頂經》，密教宇宙空間的描述記錄於其內的一個章節〈金剛界曼荼羅〉。《金剛頂經》描述宇宙擁有許多空間，每個空間有著不同的智慧能量，性質和諧的智慧能量會聚集在一起，不同能量的群聚成為「會」，共有九會。無盡意菩薩安置於「三昧耶會」的外壇，位處北方五尊的其中一尊。

三昧耶會曼荼羅究竟是什麼呢？

曼荼羅有多種形式，最常見是以佛菩薩的身形安置排列於曼荼羅。還有一種三昧耶（samaya）的形式，則是以「象徵的圖案」來代表這些智慧能量，梵語 samaya 在英文的解釋非常清楚：A shape or object that serves as a symbol, or emblem。曼荼羅又稱為壇城，壇城的三昧耶（形式象徵物），包含了法器金剛杵、金剛劍，或是寶物如寶幢、寶珠等等。

以阿彌陀佛為例，在「橫置」的五股金剛杵上面，再加上一個「豎立」的五股金剛杵，其中隱含著佛菩薩內證的根本誓願。這些象徵物稱為諸佛菩薩的三昧耶形。

無盡意菩薩的三昧耶，是蓮花上安置一個梵篋，也就是一本神聖的經文。蓮花代表智慧，該圖像的意思是在智慧中展開一本神聖的經典。

此外，人們也賦予無盡意菩薩具備軀體的形象，共有兩種形式。第一種是由上述的三昧耶形發展出來的，與梵篋的意義相關。梵篋是以印度多羅葉（Pattra）製成的經卷，以厚厚的貝葉層層相疊，再以板木挾其兩端以繩結之，其狀恰如經卷置入箱盒之內。無盡意菩薩具備菩薩優美的身形，右手握持一蓮花，其上盛載就是這個關鍵的梵篋。

無盡意菩薩合掌遙禮彼佛，
飄灑微妙華（奇妙的花）來供養宇宙能量

此外還有第二個無盡意菩薩的身形，描述於《大方等大集經》卷27。「大方等」是大乘經典的通稱。其中一段經名為《無盡意菩薩品》，內容是有關能量的運轉故事。故事描述無盡意菩薩協助地球空間的「舍利弗」，去接觸宇宙不眴世界的普賢如來的求智過程。舍利弗是佛陀弟子中的智慧第一，他是地球上的真實人類，凡常人要接觸到宇宙虛空的智慧體其實是不容易的，足見舍利弗的修行境界極高，當然最重要是有宇宙能量無盡意菩薩的協助。

《無盡意菩薩品》描述無盡意菩薩先三昧（專注於一）進入佛土世界，祂合掌遙禮彼佛，接著飄灑微妙華（奇妙的花）來供養宇宙。「華」

梵篋

就是「花」，這是充滿玄妙意念的神聖花蔓。終於，無盡意菩薩透由虔誠禮拜與散花的過程，來到了普賢如來的神奇空間「不眴世界」。此空間的菩薩都看到了無盡意菩薩的努力，感受那美好無盡的意念，於是所有的神聖意識體深深感動，也都很樂於見到娑婆世界的釋迦牟尼與舍利弗等眾生。於是，更精彩的事情發生了。普賢菩薩放大光明！照射了整個娑婆世界，像是個巨大的探照燈，讓神聖空間的諸菩薩都能「遙見」地球的眾生。

因為散微妙華的虔誠過程，於是無盡意菩薩的第二個身形是左手握拳置腰間，右手持花雲，什麼是花雲？就是花朵上一朵雲。象徵充滿玄妙意念的神聖花蔓如雲朵般，也反應出無盡意菩薩透由「虔誠禮拜」與「散花」的過程，來到了普賢如來的神奇空間「不眴世界」。

09 第 8 股能量：啟動供養的香氣能量，寶檀華菩薩

　　寶檀華菩薩的梵音名號是 Ratna-candana-puspa，在《藥師經》八大菩薩的出場次序中，祂緊緊跟著代表大願的無盡意菩薩。從梵音名號來看這個神聖意識體，其核心能量有三，分別是寶物（ratna）、檀香（candana）與華（puspa，花），它們都是虔誠的供養物。宇宙降臨的寶物與地球空氣中的香氣，連結在一起並引動人們的感官意識。

　　ratna 是個重要的梵字，除了寶檀華菩薩之外，赫赫有名的南方佛寶生如來（Ratnasambhava）的梵音名號也有這個關鍵字詞。ratna 在梵語的意思是珠寶（jewel）、珍貴寶石（precious stone）與寶藏（treasure），多屬於實體物質，但也可引申為心靈寶物，像是印度智者大班智達（pandita）就被視為人間心靈上的至寶。有時，寶物也會採用另一個梵字 mani，兩者的差異是很小的。

　　至於，candana 是檀木的印度梵語，puspa 是指綻開的花，兩者都會散發香氣，所以寶檀華菩薩引動的是人類感官意識中的嗅覺。

罕見的菩薩，引動人類感官意識

　　寶檀華菩薩是個罕見的菩薩，因為《藥師經》才廣為人知。在《大藏經》不容易找到有關祂的描述，除了《藥師經》之外，僅見於《大通方廣懺悔滅罪莊嚴成佛經》。「方廣」的意思就是方正廣大。此處提醒一下，只要經名出現「方廣」一詞，即是「一切大乘經」的通稱。該經寫著：「是大方廣經典。十方諸佛之所修行。之所護持。諸佛之母。諸經之王。妙義之藏。菩薩之道。」所以，我們透由上述經文的「妙義之藏」、「菩薩之道」，即可稍些領略寶檀華菩薩與諸菩薩的妙義。

　　而寶檀華菩薩的妙義，意味著寶物與檀香引動了宇宙虛空寶物與感官嗅覺的「奧祕意義」（妙義）。

一束白色綻開的檀華

圖像上的寶檀華菩薩形貌，就如同其他諸位菩薩，祂與觀世音菩薩、文殊師利菩薩和大勢至菩薩，其實沒有差異，僅有關鍵象徵物不同。跟隨著祂的梵音名號意義，會握持一束白色綻開的檀華（花），該花蔓帶有長型綠色葉瓣，也表現在圖像上。此外，宋代一位居士羅濬，整理了《菩薩名經》，其中也提到了寶檀華菩薩，但在其他經典並不容易找到祂的描述。

雖說寶、檀香與花是實體的物質，但可以啟動我們的視覺、嗅覺，有效地開啟我們的感官意識去連結宇宙神聖意識體。於佛經儀軌中，最重要的感官意識是視覺（觀想）、聽覺（念經持咒）與嗅覺（點香、塗香、抹香），多重感官的能量效應非常有助於誦經持咒的開展。

明代寫本《藥師琉璃光如來本願功德經》

佛教經典是寺廟、修行者及信眾心靈滋養的重要來源，而國立故宮博物院所珍藏的《藥師經》更是一份尊貴的經典。這本《藥師琉璃光如來本願功德經》的複刻版可以在國立故宮博物院購得，不僅其內容珍貴，

製作亦精緻細膩。經書的封面與封底採用木製硬殼，更有錦盒可儲存經本，確保能保存完好。

　　此版本的經書乃由唐代玄奘所譯，呈現明代手寫本風格，以藍底金字書寫，賦予經書極高的歷史價值。其裝訂方式為經摺裝，每半葉含五行，每行則有十五字，呈現莊嚴而有秩序的排列。這本經典更是蘊含著豐富的印記與題記。從卷首的經牌贊「皇帝萬歲萬萬歲」，到收藏印記如「乾隆御覽之寶」、「嘉慶御覽之寶」等，這些印記見證了這本經典的重要地位與特殊價值。其中，印記的形狀（橢、圓、方、長）與印泥的顏色（朱或白）更是為這本經典增色不少。

　　題記更是本經書的一大特色。附於圖畫之中，一方面呈現了經文的重要部分，同時也在圖像上描繪出莊嚴的諸佛菩薩身形，如「二名月光徧照」。**此外，經書內附圖中更有包含八大菩薩的完整名號，其中四位菩薩的圖像相對較罕見，包括「無盡意菩薩」、「寶檀華菩薩」、「藥王菩薩」、「藥上菩薩」，為該版本經書的獨特之處。**至於保存情況，這本珍貴的經書分別以紙本和光碟形式，保存在國立故宮博物院北部（臺北）院區的庫房及出版組資訊中心。

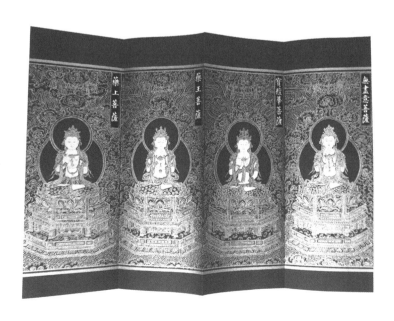

10 第9股能量：開啟慈愛的能量，呼喚彌勒菩薩

接著由彌勒菩薩（梵文為 Mai-treya，斷音只是為了方便念誦）登場，該字的意思是慈愛，所以古代經典意譯為「慈氏」，或是音譯為「梅呾利耶」，簡音為「彌勒」。在佛教各派別的經典中，均描述彌勒菩薩是釋迦牟尼佛的繼任者，將在未來的娑婆世界（地球）降生成佛，成為下一位達到圓滿覺知狀態的神聖智者。

從前來自西域的彌勒家族，現在在兜率天宮

知名的大譯家鳩摩羅什（344~413）翻譯了一本著名的《法華經》，該經提及彌勒「求名」的過程。彌勒經過佛陀指導教化之後，即將達到佛陀的境界；而且他是釋迦牟尼佛的弟子，認真修行菩薩道，目前居住在神聖空間兜率天宮（Tushita Heaven）的內院修行與說法，等待成佛。

八大菩薩中，以彌勒菩薩的型態最特殊了，其他七位都是單純宇宙的意識體，唯獨彌勒菩薩不同，他很可能是真實的人類。學者推測，彌勒可能過去存在於地球的亞洲地區，而且是釋迦牟尼的一位弟子。有人認為他其實是古代印度人。「彌勒」是其姓氏，名字是「阿逸多」，梵語為 ajita，指無能勝過的，無能克服的；沒有人能勝過或克服他的意思。請讀者注意，彌勒菩薩在佛教典籍會出現不同稱謂，包含梅呾利耶（姓的音譯）、慈氏（姓的意譯）、阿逸多菩薩（名的音譯）。

在玄奘之前，後漢及三國時期的早期譯經家，所見到的佛經是由西域輾轉得到。現代語言學研究認為，當時是依據吐火羅文的 Metrak 一字譯為「彌勒」。當代中國語言學家季羨林（著名的國學大師、佛學家、翻譯家）與徒弟錢文忠，進一步表示：基督教的救世主彌賽亞（Messiah）與佛家的彌勒（Maitreya），應該是同一個人。季羨林表示，「彌勒的幾種

精神內涵：一是慈悲，所以彌勒也叫慈氏，是慈氏菩薩，這個取的是意譯；二是光明；三是希望。」他繼續說：「所以彌勒信仰從一開始就是人類整個文明世界的一個優秀文化凝聚體，在佛教當中找不到除此之外的第二個菩薩或者佛，具有如此廣闊而深厚的國際文化背景。」

具備肉體的人類，轉換成宇宙的神聖意識體

如果真是如季羨林教授所言，那麼彌勒菩薩和釋迦牟尼佛都曾經是具備肉體的人類，已經超越肉身的羈絆，遠離生老病死的痛苦，由肉體之身轉換成為超越生死的宇宙神聖意識體。印度王子悉達多成了釋迦牟尼佛，而這位來自南印度婆羅門的阿逸多則變成了彌勒菩薩。

季教授是以人類歷史的考古角度，去探討彌勒菩薩可能在歷史真有其人（真實的歷史人物），這與佛經中的菩薩多為擬像化人物並不相同。此外，佛教經典中提到，彌勒菩薩目前在他自己的淨土兜率天，等他正式成佛之後，才會降生娑婆世界，正式成為下一位教化地球的佛陀。

佛陀與菩薩的智慧層級是不同的。Bodhi 的音譯為「菩提」，意思是「圓滿的智慧，宇宙最究竟的智慧」。而衍生字「菩薩」則是「菩提薩埵」（bodhisattva）的簡寫，祂們是追求智慧的「進行式」，而佛陀（buddha）是智慧追尋的「完成式」。

八大菩薩是八種神聖意識體，在不同的經典中略有不同，但永遠有這位彌勒菩薩，因為祂是下一位誕生於地球的佛陀，這也意味著祂會如同釋迦牟尼那樣以人身型態顯現，將由宇宙虛空的神聖智慧體降臨成地球真實的人類，所代表的核心能量是慈愛（kindness）。

關鍵辨識要項

彌勒菩薩的手印多屬轉法輪印（dharmachakra mudra），重要的象徵物是雙肩花瓣上的寶瓶（kalasha）或法輪（dharmachakra）。寶瓶的意義特殊，是指彌勒菩薩降臨於人間之前，被釋迦牟尼佛指定為佛法中的寶

法輪

寶瓶

轉法輪印

垂足坐姿

藏傳佛教典型
的彌勒菩薩的
基本三要項：
法輪、寶瓶、
垂足坐姿。

冠王子。另一個象徵物是，髮髻安置一個舍利塔。

　　祂的身形以垂足坐（bhadrasana）最常見，象徵彌勒菩薩即將升天成佛。偶見跏趺坐與半跏趺坐，少見立姿。很有意思的是，**八大菩薩的最後三位菩薩都是即將成佛的菩薩，我們稱祂們為「未來佛」**。換句話說，雖然祂們還是進行式的菩薩，但已經「非常接近」完成式的佛陀，這就是這三位未來佛的狀態。

　　大勢至菩薩的肉髻含藏「寶瓶」，彌勒菩薩的頭冠含藏「舍利塔」。但是，有時彌勒菩薩肩旁的蓮花也載盛寶瓶。在這種狀態下，兩者都有寶瓶，的確容易弄混。不過，記住寶瓶的位置就清楚可辨了。

判別彌勒菩薩的關鍵要項

1. 看頭冠上的象徵物

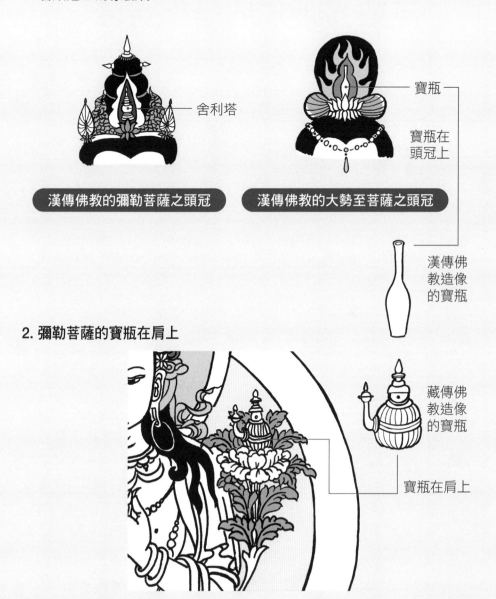

舍利塔

漢傳佛教的彌勒菩薩之頭冠

寶瓶

寶瓶在
頭冠上

漢傳佛教的大勢至菩薩之頭冠

漢傳佛
教造像
的寶瓶

2. 彌勒菩薩的寶瓶在肩上

藏傳佛
教造像
的寶瓶

寶瓶在肩上

11 第 10 股能量：
星體群列的光芒能量，星宿光轉化成藥王菩薩

　　第七位藥王菩薩與第八位藥上菩薩，出現在許多佛教典籍中，例如《法華經》、《華嚴經》、《大涅槃經》、《楞嚴經》，足見祂們兩位極受歡迎。佛教經典總是以隱喻的方式來描述宇宙所存在的神聖智慧能量，而且將祂們擬像化成具備人類身軀的佛陀、菩薩、智者或是長老。藥王與藥上菩薩在《觀藥王藥上二菩薩經》就有類似模式的描述。

　　在該經中有個很重要的過程稱為「授記」，這是釋迦牟尼佛對發大心的眾生公開講說的一個內容。其核心概念是預先記名，預告哪位菩薩將來可以達到佛陀的境界，通常會描述過了多少年代，在某處某國之中成什麼佛。**釋迦牟尼佛預告成佛的「人選、名號、空間與時間」這四件事，即是「授記」的意思。**

正安穩的時代，懸勝幡的神聖空間

　　《觀藥王藥上二菩薩經》一開始先描述過往的一段時代，那是非常久以前的一段時間，有位達到圓滿智慧狀態的佛陀名號是「琉璃光照如來」。那個時期（劫名）稱為「正安穩」，是個清正安穩的時代。琉璃光照如來（註：此尊不是藥師琉璃光如來）所守護的國度叫「懸勝幡」，很有意思的是，「懸掛勝利的旗幡」也可以變成淨土國名。

　　然後進入釋迦牟尼佛授記的描述，預言誰在未來即將成佛。經典描述著琉璃光照如來在涅槃之後，一位名號「日藏」的比丘，雲遊四海為人們講說平等智慧，此智慧的全名是「無上清淨平等大慧」，意思是這智慧能量是平等的，是無法超越的清淨狀態。在聽眾弟子中，有位長老名叫「星宿光」，總是持訶黎勒果（Haritaki，即藥師果）與各式各樣的藥，

包括了神奇的甘露妙藥，一種可不老不死的藥。長老星宿光以諸藥供養講課的日藏比丘與上課的聽眾。這位長老就是八大菩薩中藥王菩薩。（註：雖然佛經上是將「星宿光」和下個單元的「電光明」描述為弟子，但其實他們也是抽象思想的擬像化，並非歷史上真實存在的人類。至於，「宇宙能量」的用語則是筆者解經的詮釋。）

藥王菩薩的身形，充滿不確定性

藥王菩薩的梵語是 Bhai-sajya-raja。bhai-sajya 的意思是藥，raja 是王、國王、王者。藥王菩薩是佛教中崇尚醫藥的菩薩，但關於祂的身形，唐代實際雕像的蹤跡甚少可見。在現代民間的藥王圖像中，我們經常見到祂身穿菩薩裝，手持藥樹的形象，但這並不完全符合正式的修行儀軌。

前述的明代珍貴手抄本《藥師琉璃光如來本願功德經》，收藏於國立故宮博物院，以藍底泥金的形式呈現，提供了更具參考價值的知識。然而，即便是這份珍本上的圖像，藥王菩薩依然呈現華麗的菩薩裝，完全沒有任何持物，並未提供精確的辨識物。這份珍貴的皇帝典藏經典中，在圖像上唯一能辨識出藥王菩薩身分的線索，便是其圖像旁的名號「藥王菩薩」四個字。由此可見，在明代，藥王菩薩在圖像上並不占據重要的位置，似乎僅透過名號與文字來進行區別。

也許，藥王菩薩的身形對於修行者而言並不是最首要的，更重要的是祂所代表的醫藥智慧與慈悲精神。祂的存在，提醒著慈悲的力量，以及幫助眾生解除疾苦的使命。或許藥王菩薩隱身於名號和圖像之間，但祂存在於信仰者的心中，卻猶如醫治心靈的藥物，帶來平安與安慰。

12 第 11 股能量：電能與光能 的轉化，電光明與藥上菩薩

　　延續藥王菩薩，來到了另一股宇宙能量藥上菩薩。長老星宿光的弟弟名叫「電光明」，也跟著持諸良藥供養比丘日藏及諸眾。哥哥星宿光提供的是「甘露妙藥」，而弟弟電光明提供的是「醍醐良藥」，醍醐是印度古代的乳酪，也隱喻著佛性。

　　因為「星宿光」、「電光明」這對兄弟的慈悲善行，深深受到當時人們的敬重，於是尊稱兄弟為藥王與藥上，這即是藥王菩薩與藥上菩薩在佛經上的緣由。藥上菩薩的梵語是 Bhai-sajya-samud-gata。bhai-sajya 的意思是藥，samud-gata 代表顯現、生起，兩字的意思是讓藥顯現而出、讓藥顯現生起。「生起」就是由「抽象」的宇宙能量轉換成「實體」物質的顯現，含有誕生、生起的意思。

　　讀到這裡，讀者應該可以發覺，「琉璃光照如來」、「星宿光」與「電光明」三位的名稱都與光芒能量有關，顯然佛經是將無相的智慧能量（抽象）轉換成具備身形（具象）的人物。最後，星宿光與電光明兄弟的能量也晉升為藥王菩薩與藥上菩薩。這些形象是人類賦予的，透由觀想的意象，將無形無相的能量轉化成有形有相的菩薩身形。

佛性與醍醐良藥

　　如果我們深入《觀藥王藥上二菩薩經》的隱含意義，而非字面上的故事陳述，會有另一種讀經的樂趣或是更深層的領悟。星宿光代表群星寄宿的能量光芒，像是天體物理學的專有名詞。這個宇宙能量提供了人們甘露妙藥（amrita），即是佛教裡生命永恆的不死藥，意味著這個良藥能協助修習者達到無限量生命的狀態，也就是脫離了肉體的羈絆。

　　而電光明像是電子力學的科學名詞，由電與光提供的能量。這個宇

宙能量供應的是醍醐良藥（manda），在《涅槃經》中把醍醐比喻佛性。成語「醍醐灌頂」比喻灌輸智慧，讓人徹底覺悟，也意味著這個良藥可以啟動人人都有的佛性。

彌勒、藥王與藥上三位菩薩的能量

《觀藥王藥上二菩薩經》繼續寫著：「佛告彌勒：是藥王菩薩久修梵行，諸願已滿，於未來世成佛，號淨眼如來。藥上菩薩亦次藥王作佛，號淨藏如來。」這段文字就已經完成「授記」的全部動作，如同釋迦牟尼佛也曾經預告彌勒菩薩將成佛的一個預言。這回，釋迦牟尼佛再度預言，藥王菩薩與藥上菩薩也在未來的某一個時空將達到佛陀的修行境界，成佛之後的名字分別是淨眼如來與淨藏如來。於是，八大菩薩最後的彌勒菩薩、藥王菩薩與藥上菩薩都是未來佛，其關鍵智慧特質分別是慈愛、星宿光能量與電光明能量。

最後，讓我們重新以能量概念來解釋《觀藥王藥上二菩薩經》的上述經文，內容是這樣的：

宇宙曾經有一段時期進入能量平穩安定的狀態（正安穩），那時最龐大的宇宙能量是琉璃光照。此乃如來層級所散發的能量，後來這股能量進入了寂靜的狀態，也就是涅槃境界。

這時，地球出現一位日藏比丘，他是經文中的真實人類，開始為大眾講說平等智慧。此智慧是平等的，是無法超越的清淨狀態。他的演說先後吸引了兩股宇宙能量來到地球，第一股能量是「星宿光」，第二股能量是「電光明」，而這兩股能量在佛經中被擬像化為兄弟兩人。這兩股虛空能量開始守護著娑婆世界的日藏比丘與其信眾身心健康，於是人們感恩敬稱這兩種神聖能量為藥王與藥上，祂們都是菩薩層級的能量。

而後，這兩股能量持續發展增強，於是佛陀預言，有那麼一天兩位菩薩會發展成更龐大的能量，稱為淨眼如來與淨藏如來，達到如來層級的宇宙能量。所以藥上、藥王、彌勒這三位菩薩都是未來佛。

藥上菩薩的身形，如同藥王菩薩，都令人困惑

　　藥上菩薩是佛教中的一位重要菩薩，但在歷史上，其身形實際的雕像蹤跡甚少可考。然而，在近代民間的藥上菩薩圖像中，我們卻常見到他身穿菩薩裝，手持藥樹的形象，這種形象與正式的修行儀軌並不完全相符。

　　如同藥王菩薩，我們參考國立故宮博物院典藏的明代手抄本《藥師琉璃光如來本願功德經》。但即使是這份皇帝典藏珍本上的圖像，藥上菩薩只呈現華麗的菩薩裝，而他的左手掌清楚地捧持著一支豎直的金剛杵。

　　然而，讓人困惑的是藥上菩薩與持物金剛杵，似乎與其身分毫無關係。如此畫面在佛教中從未出現，於是引發了眾多疑問。在圖像上，明代寫本唯一能辨識藥上菩薩身分的線索，仍然是圖像旁的名號「藥上菩薩」四個泥金手抄字。由此可見，明代藥上菩薩在圖像上並未占據重要位置，似乎僅透過名號和文字進行辨識。

　　或許，藥上菩薩的真正意義並不在於其外在形象，而是祂所代表的教義和精神。祂身為琉璃光照如來的弟子，有著強大的療癒能力和慈悲心靈。即便祂的身形仍然是個謎，我們卻能透過祂的名號「藥上菩薩」，聯想到祂所代表的「藥」與慈悲，這才是真正重要的。

13 第 12 股能量：《藥師經》的靈魂角色，救脫菩薩

除了東方三聖，救脫菩薩是《藥師經》第二重要的菩薩，這股宇宙智能將在眾生危難時前來，至於第一重要的則是文殊師利菩薩，眾菩薩的智慧總代表。顧名思義，救脫菩薩就是「拯救解脫」，拯救眾生的菩薩，可以協助眾生從苦難中解脫。救脫菩薩的梵語是 Moksha Bodhisattva，而英譯版以 The Bodhisattva Seeker of Salvation 稱呼他，意義非常明確。

救脫包含了「救助」與「解脫」兩個關鍵詞，代表救脫菩薩的功德。救助的意思很容易理解，而解脫是佛教用語，意思是修行者的心已完全息滅貪、瞋、癡等一切煩惱的境界。在《藥師經》中，祂除了息滅貪、瞋、癡的煩惱之外，還包含了生命在危難中的解脫。

如果更深入地學習，從什麼解脫呢？從受苦、俗世、疼痛、輪迴、假象及因果業報下解脫。大乘佛教提供了許多彌足珍貴的目標。雖然「解脫」被視為一個切實的目標，而且是每個人都應該追求的，但令人沮喪的真相是真實的生命充滿危難，此時《藥師經》格外地珍貴。

在生命危難的時候，救脫菩薩的法門神奇有效。經文告訴我們，只要一念《藥師經》的神祕咒語，即可啟動這個來自宇宙東方的原始能量，綻放極致的琉璃光芒，立刻化解如夢似幻的臨終危難，能快速且有效地抵抗惡業危難的侵襲。只要念誦者純淨虔誠，藥師如來隨時會散放完美的救助能量，修護重病者的身體，純淨的智慧滲透入命危者的心靈與靈魂深處。

在經文中，救脫菩薩最重要的是三件指導。第一，親人病重臨危時，如何幫助親人？第二，王者面臨危難，乃至於更龐大國家層級災難的化解方式。第三，如何化解「九橫」？這是要對治「違反業力規則」的不尋常死亡。對於這三者，救脫菩薩的指導都是採用藥師如來的名號憶念、五色神幡與續命燈。

　　在《藥師經》裡並未詳述救脫菩薩的身形，而是在儀軌中找到了蛛絲馬跡。注重儀軌的藏傳佛教，賦予了救脫菩薩具體的身形。其身形極可能是金剛上師觀想中的形象記憶；這通常是在優秀僧侶於專注於一之禪定過程，無形無相的救脫能量所轉換而來的相狀。

　　在一部密教系統的儀軌中，記載了救脫菩薩的身形，這份典籍的全名是《藥師琉璃光王七佛本願功德經念誦儀軌供養法》，內容重點是「念誦儀軌」與「供養法」。由元朝皇帝世祖指示一位藏傳佛教的大師沙羅巴（1259~1314）翻譯完成的。

　　沙羅巴這位僧侶的上師大有來頭，即是元世祖忽必烈的帝師八思巴。

由於當年沙羅巴翻譯時辭旨明晰，元代皇帝特賜他「大辯廣智」之號。

其中儀軌的內容寫著救脫菩薩的身形：

救拔一切眾生苦　　度脫三有諸結縛
引導最上解脫道　　救脫菩薩我讚禮
救脫菩薩摩訶薩　　其身紅色蓮花座
右手執持妙法藏　　供養左拳而按胯
所有種種天妙水等至回向眾生及佛道

所以，我們可以知道救脫菩薩的身形是紅色身軀，安坐在蓮花坐上，右手握持著妙法藏，此處「妙法藏」意思是貯放妙法的庫藏，而妙法必然是《藥師經》與拯救解脫相關的儀軌和咒語。

14 第 13 至 24 股能量：自然界的神祕能量，守護地球的十二神將

　　我們所處的地球，是娑婆世界的一部分，地表上有岩石、海洋、森林，而動物與人們在這個空間裡活動。這些存在於地球山與海的生物體，我們都可以透由肉眼觀察到，但地球是否隱藏著人類無法輕易瞧見的意識體呢？《藥師琉璃光如來本願功德經》的十二藥叉神將，就是地球存在的十二股神祕能量，由十二大將掌控協調所有山川精靈的意識能量，據說有八萬四千個意識體。

　　「藥叉」即是「夜叉」的另一個音譯，梵名是 yaksha，原本是印度古代自然界山林地谷的精靈，他們神祕敏捷，而且具備強壯猛勁的力量，凡常的人類對他們感到極為敬畏。 來到佛教的世界，藥叉被賦予了新的生命力，成為人類在十二個時辰的十二位守護神。佛教的「唯識論」認為，意識創造了世界，主張宇宙沒有客觀的外境和對象，一切的現象只是人類心識的變現。所有事物在具有物質形式之前，都是從一個意識開始。可見的物質世界是顯現於外的秩序，有形有相；肉眼看不見的世界充滿各種形式能量，無形無相。十二藥叉神將就是存在於地球，但肉眼看不見的十二股能量。

　　大乘經典中很特別的《維摩經》提到了三種藥叉，形象鮮明活潑，胡適認為，《維摩經》是部「半小說，半戲劇的作品」。經裡提到其中一種藥叉可以飛行於宇宙虛空中，神通廣大，被視為佛、菩薩的轉化身形，稱為「空行藥叉」。這類藥叉能量最強大，在佛、菩薩的慈悲心驅動下，以正定智慧的能量化現所謂的「金剛夜叉恐怖相」，幫助修習佛法的人解除煩惱障，得以精進修行。

　　此外，還有一種能在地球的天空中飛行，稱為「天行藥叉」，與地球表面晝伏夜出的「地行藥叉」兩相對應。藥叉有男（yaksha 或 yakṣa）、

女（yakshi 或 yakṣī）之別，男相勇猛剛強、敏捷勇健，代表健康、強大的生命力；女相藥叉華麗漂亮，身形豐滿健美，象徵豐收、繁榮與生殖力。

「空行」與「天行」在字面上很接近，但能量層次上有所差異。「空行藥叉」是佛菩薩的變換身形，智慧層級很高，活動於宇宙虛空，而「天行藥叉」則存在地球的天空，是山林精怪。有的經典認為，十二神將是藥師如來變化而出的，這樣說來，他們就屬於空行藥叉。

充滿生命力的神聖軍團：
富貴、敏捷、勇健、遮惡持善

十二大藥叉神將擁有四大能量特質：❶ 富貴、❷ 敏捷、❸ 勇健、❹ 遮惡持善。

第一個是貴人能量，藥叉不僅自己富貴，也能讓人富貴，在民間信仰上，人們為求顯達，普遍信仰藥叉神祇。這部分是物質的需求。第二個能量特質是敏捷如疾風，藥叉個個身手矯捷，於天地山林之間往來迅速如風，能快速擔負佛事與回應眾生祈求。第三個能量特質是強壯勇建、剛猛有力，不被外力摧伏，而能降伏一切負面能量。最後是遮惡持善的能量，可遮蔽惡業，調持善法，改變業力的影響。

以下是十二神將的稱謂：

> 宮毗羅大將，伐折羅大將，
> 迷企羅大將，安底羅大將，
> 頞你羅大將，珊底羅大將，
> 因達羅大將，波夷羅大將，
> 摩虎羅大將，真達羅大將，
> 招杜羅大將，毗羯羅大將。

所有的藥叉神都可以活動於人類居住的地球，他們充滿生命力，擁有鮮明活潑的身形，宛若掌中戲的重要角色。每一位各統領七千位藥叉，

總共八萬四千位。十二藥叉在《藥師琉璃光如來本願功德經》裡的地位很重要，所以此經又被稱《十二神將饒益有情結願神咒》。

什麼是結願？佛教的法會儀式通常會進行數日，最後一天稱為「結願日」。藥師法會的最後一天也是結願日，這一天要念誦十二神將的結願神咒，而此咒可以饒益有情。

全部的八萬四千名藥叉護法宛若神聖的意識軍團，透由他們的神咒，能協助人類對抗魔界的貪、瞋、癡的負面能量，在《藥師經》中特別敬重這股能量，所以佛陀告訴阿難，《藥師琉璃光如來本願功德經》又名《十二神將饒益有情結願神咒》，結願神咒的「結願」就是上述的意思。其他解釋請見 PART2 第 2 章第 53 單元。

十二藥叉神將在四季不間斷地輪值，配合天體運作，日夜不同的時辰釋放生命的能量。只要認真「呼喚他們的名號」，他們將前來協助，阻斷惡業，讓闇黑困惑世界的眾生獲得解脫，轉換成無瑕透淨的善業。藥師如來時時刻刻守護念誦該經的人們，祂可以聽到眾生脆弱的呼喚，在娑婆世界的十二神將宛若祂的十二個分身，承載十二大願的純淨能量。

只要念誦十二神將的名號，修行者可以立刻下載防護般的能量，在嚴厲困頓中引動全新的逆轉契機。**十二神將的神咒可以密集且有效掃除黑暗厄難，是《藥師經》最重要的智慧能量之一。那麼，十二神將的咒語是什麼呢？很簡單，就是十二神將的名號。**

至於十二神將名號的意思為何？在唐代流傳的經典中，都沒有詳細或確切的說明。後來，清代的《藥師七佛供養儀軌》呈現了其名號的「意譯」，以下根據《佛光大辭典》的記載整理成表格。

有關十二神將身形的來源並不確定。由於《藥師經》並未提及十二神將與十二支相對應的說法，在《一行阿闍梨詮集》、《妙見菩薩神咒經》等經典，也沒有相關的記載。因此，這一說法的起源不明確。

有些學者推測，這種說法可能源於地支（或稱十二支）的相對應，或者是《大方等大集經》卷 23 中提及了十二獸的說法。很可能後世的人將這些概念結合，產生了各種不同的說法和解釋。

總結來說，**十二神將的具體來源和意義仍然是個謎，應該是後世在不同經典和文獻中產生的附會及結合。不過，這種說法在佛教信仰和文化中仍然被廣泛引用和傳承。**

十二神將的名號意譯與特色

名號	別名	意譯	時辰	護法本地佛	膚色	持物
宮毗羅	金毗羅	極畏	子時	彌勒菩薩	黃色	寶杵
伐折羅	跋折羅、和耆羅	金剛	丑時	大勢至菩薩	白色	寶劍
迷企羅	彌佉羅	執嚴	寅時	阿彌陀佛	黃色	寶棒或獨鈷
安底羅	安捺羅、安陀羅	執星	卯時	觀音菩薩	綠色	寶錘或寶珠
頞爾羅	末爾羅、摩尼羅	執風	辰時	摩利支菩薩	紅色	寶叉或矢
珊底羅	娑你羅、素藍羅	居處	巳時	虛空藏菩薩	煙色	寶劍或螺貝
因達羅	因陀羅	執力	午時	地藏菩薩	紅色	寶棍或鉾
波夷羅	婆耶羅	執飲	未時	文殊菩薩	紅色	寶錘或弓矢
摩虎羅	薄呼羅、摩休羅	執言	申時	藥師佛	白色	寶斧
真達羅	真持羅	執想	酉時	普賢菩薩	黃色	罥索或寶棒
招度羅	朱杜羅、照頭羅	執動	戌時	金剛手菩薩	青色	寶錘
毗羯羅	毗伽羅	圓作	亥時	釋迦牟尼佛	紅色	寶輪或三鈷

· 備註
1. 本表格整理自《佛光大辭典》。
2. 十二神將的意譯來自於清代《藥師七佛供養儀軌》。
3. 時辰的概念源於地支（或稱十二支）的相對應，此表中的代表時辰，與下一單元不同，請讀者特別注意。
4.「護法本地佛」一欄是日本藥師法門的說法，至今各寺廟普遍承襲沿用。詳細說明請見下一個單元。
5.「頞爾羅」一名，在《藥師經》中是稱「頞你羅」。
6. 有些經典將「安底羅」誤稱為「頞你羅」。

15 現存十二神將造像實跡的
基本共通點

如前所述，藥叉擁有森林精靈神祕超能力的氣息，也具備武將勇猛戰鬥的威猛像。十二藥叉神將是八萬四千藥叉的統帥，其身形醒目，**特質有三：飛揚怒髮、忿怒容顏，充滿能量的強大氣息。**最典型的穿著是中國式戰將的皮鎧盔甲，偶見印度式神祇裝扮，還有漢式道教長袍。很明顯是人類將無形無相的地球大自然力量，賦予了威猛善戰的形象，意味著人類對於自然界天地能量的畏懼與尊敬。

諸佛菩薩總是典雅寧靜的法相，十二藥叉則明顯不同，基本上只要記住「飛揚怒髮、忿怒容顏與中國戰將」呈現的氣息，即可容易認出十二藥叉神將，這樣的擬像化代表了古代人類對自然天地的敬畏，無法完全理解其神祕。古代的人類是如此，近代的科學也是如此。偉大的科學家愛因斯坦曾說，他最大的動力是在大自然之前心存敬畏。這是一種心靈層次，他說，了解宇宙的奧祕就好比在聆聽上帝的心聲。這是對宇宙天地自然能量的尊敬，而非不科學的研究態度。

聯合國指定的世界文化遺產

十二藥叉神將代表不同時辰的守護神，於是造像儀軌中對「頭冠特徵」做了適當的區分。同時，這十二位藥叉神將會對應宇宙智慧能量的傳承，分別是三佛、八菩薩與一天部，這代表宇宙能量與地球能量的相互呼應。其中的天部（deva，六道中最高果報）是「摩利支天」，摩利支的梵語意思是「陽炎、威光、陽光」，代表充沛的熱烈能量，具備消災、除障、增福、滿願的功德。

這十二藥叉神將的現存實跡，可在京都的東寺，或是奈良的東大寺、興福寺找到，這些寺廟都是聯合國指定的世界文化遺產。**十二藥叉神將**

的持物變化太多，身形顏色也有許多變動，不同傳承都有自己的規定。
這是傳承採用了不同的藥師儀軌，依循不同身形來進行觀想。就好比不同教科書在解釋時，可能會採用不相同的圖解範例。雖其形象**特徵有所差異，但核心的「戰將精神」特質是不變的。**

　　以下是十二藥叉神將共通的造像儀軌，包含象徵時辰、能量運轉、生肖與智慧傳承。至於各儀軌的顏色、持物就不予記載，因為版本與說法太多，完全無法統一。筆者選用的十二神將版本，大多是參考楊白衣居士的著作：《佛菩薩的戶籍》，由大乘印經會出版。選取的原因是現存可比對的雕像實跡比較多，詳細內容見於後。另外，印順導師針對十二神將與十二生肖，有獨特的分析，請參閱印順導師的〈東方淨土發微〉，在網路上能查到全文。

1. **毗（毘）羯羅大將：**梵語羅馬拼音是 Vikarala（或 Vikarā）。頭戴鼠冠，每一天子時之守護神，也是生肖屬鼠的守護神。「毗」（或毘）字的發音同「皮」，「羯」的發音同「傑」。十二個時辰各有地球天地能量的含意，子時是「茲」，滋生、滋養，完整的意思是「萬物茲萌於剛啟動的陽氣之下」。此刻大地的宇宙能量正開始啟動，時間是晚上十一點至子夜一點之間，這位大將的智慧能量的傳承是來自於釋迦牟尼佛。首位大將毗羯羅的能量由娑婆世界的教主釋迦牟尼佛開啟，意味著由這位人類聖者的智慧能量來與宇宙天地的神聖意識體相互接軌。

2. **招杜羅大將：**梵語羅馬拼音是 Catura（或 Caundhula），該字有聰明、謹慎的意思。頭戴牛冠，是丑時之守護神。丑是「紐」之意，即樞紐，指控制事物的關鍵或機鍵。丑時是深夜一點至上午三點之間，地球的能量狀態處於「陽氣在上未降」。這位大將的智慧能量傳承是金剛手菩薩（Vajrapani）或是原型金剛薩埵（Vajrasattva）。

3. **真達羅大將：**梵語羅馬拼音是 Sindura（或 Cindāla）。頭戴虎冠，是寅時之守護神，也是生肖中老虎的守護神。寅是「移」之意，指引動、移動，也就是「萬物始生於寅」，此刻宇宙天地的氣引動萬物的生長發展，時間是上午三點至五點，很接近清晨的時刻。其智慧能量的傳承來自於普賢菩薩（Samantabhadra），samanta 翻譯成「普」，完整的意思是「遍及一切，擴及至所有的一切」。bhadra 的意思是賢與善，代表美好的境態。所以，普賢菩薩是遍及一切善美的能量，讓所有的空間充滿賢善。

4. **摩虎羅大將：**梵語羅馬拼音是 Makura（或 Mahoraga）。頭戴兔冠，除了是每日卯時的守護神，時間是上午五點至七點，也是生肖屬兔的守護神。卯是「茂」之意，即「萬物茂盛」。這位大將的智慧能量傳承是藥師如來，也就是本經最重要的智慧能量，守護地球眾生的身體、心識與靈魂深處。

5. **波夷羅大將：**梵語羅馬拼音是 Pajra。此位藥叉大將頭戴龍冠，是每天辰時之守護神，也是生肖屬龍的守護神。辰時是上午七點至

九點時。辰是「震」之意，指「萬物經震動而滋長」。這位大將的智慧能量傳承是文殊師利菩薩，所有菩薩的智慧之首。

6. **因達羅大將**：梵語羅馬拼音是 Indra。頭戴蛇冠，是每天巳時之守護神，時間是上午九點至十一點，也是生肖屬蛇的守護神。巳是「起」之意，指「陽氣旺盛」。這位大將的智慧能量傳承是地藏菩薩（Ksitigarbha），大地含藏的能量。

7. **珊底羅大將**：梵語羅馬拼音是 Shandira（或 Śāṇḍilya）。頭戴馬冠，是每天午時之守護神，時間是上午十一點至下午一點，珊底羅大將也是生肖屬馬的守護神。午是「忤」之意，即相等、相同，意指天地萬物都同樣「盛大枝柯（樹枝）」密布。這位大將的智慧能量傳承是虛空藏菩薩（Akasagarbha），來自宇宙虛空中孕藏的智能。

8. **頞你羅大將**：梵語羅馬拼音是 Anila（或 Majira）。頭戴羊冠，是每天未時之守護神，時間是下午一點至三點。此外，頞你羅大將也是屬羊的守護神。未是「味、滋味」之意，指萬物「皆成有滋味」。其智慧能量傳承是摩利支天（Marichi）。藥師十二神將的傳承來自於三位佛陀、八菩薩與摩利支天。摩利支天是唯一的天部（deva，六道中最高果報），梵語的意思是「陽炎、威光、陽光」，代表充沛的熱烈能量，具備消災、除障、增福、滿願的功德。

9. **安底羅大將**：梵語羅馬拼音是 Andira（或 Āṇḍīra），頭戴猴冠，是每天申時之守護神，時間是下午三點至五點。安底羅大將也是生肖屬猴的守護神。申是「身」之意，指萬物的「身體都已成就」。其智慧能量的傳承是觀世音菩薩，充滿慈悲溫柔的意識能量。

10. **迷企羅大將**：梵語羅馬拼音是 Mihira（或 Mekhila），頭戴雞冠，是每天酉時之守護神，時間是下午五點至七點。酉是「老」之意，指萬物「進入老化」的狀態。迷企羅是生肖雞的守護神，其智慧能量傳承是阿彌陀如來；這位如來所統領的淨土是娑婆世界，眾生生命結束後可以前往的神聖空間，能量美好且充滿無限光明。

11. **伐折羅大將**：梵語羅馬拼音是 Vajra，意思是金剛杵。頭戴犬冠，

是戌時之守護神，時間是晚上七點至九點。戌是「滅」之意，指「萬物盡滅」，宇宙天地進入寂靜安穩的狀態。他是生肖屬狗的守護神，智慧能量傳承來自於大勢至菩薩。

12. **宮毗羅大將**：梵語羅馬拼音是 Kumbhira（或 Kuṁbhīra），是亥時之守護神，時間是晚上九點至十一點。頭戴豬冠，是屬豬的守護神。亥是「核、核心」之意，比喻事物的中心部分，代表「萬物收藏」，收存保藏天地萬物，宮毗羅大將的智慧能量傳承來自於彌勒菩薩。

十二神將的代表時辰、能量運轉、生肖、智慧能量傳承

	梵語羅馬拼音	時辰	能量運轉	生肖	智慧能量傳承
毘（毗）羯羅大將	Vikarala 或 Vikar	子時	萬物茲萌於剛啟動的陽氣之下	鼠	釋迦牟尼佛
招杜羅大將	Catura 或 Caundhula	丑時	陽氣在上未降	牛	金剛手菩薩，或是原型金剛薩埵。
真達羅大將	Sindura 或 Cindāla	寅時	萬物始生於寅	虎	普賢菩薩
摩虎羅大將	Makura 或 Mahoraga	卯時	萬物茂盛	兔	藥師如來
波夷羅大將	Pajra	辰時	萬物經震動而滋長	龍	文殊師利菩薩
因達羅大將	Indra	巳時	陽氣旺盛	蛇	地藏菩薩
珊底羅大將	Shandira 或 Śāṇḍilya	午時	天地萬物都同樣「盛大枝柯（樹枝）」密布	馬	虛空藏菩薩
頞你羅大將	Anila 或 Majira	未時	萬物「皆成有滋味」	羊	摩利支天
安底羅大將	Andira 或 Āṇḍīra	申時	萬物的「身體都已成就」	猴	觀世音菩薩

	梵語羅馬拼音	時辰	能量運轉	生肖	智慧能量傳承
迷企羅大將	Mihira 或 Mekhila	酉時	萬物「進入老化」的狀態	雞	阿彌陀如來
伐折羅大將	Vajra	戌時	萬物盡滅	犬	大勢至菩薩
宮毗羅大將	Kumbhira 或 Kumbhīra	亥時	萬物收藏	豬	彌勒菩薩

　　十二藥叉的能量調節掌控著岩石、海洋、森林甚至動物，雖然我們平日看不到十二藥叉，他們或許是宇宙內在隱含的秩序。那是隱藏的狀態，以及優秀的流動性和擴散性。

　　密教的修行過程中，提醒了注重形象觀想，透過清晰的內在形象，我們能更好地與十二神將建立聯繫。同時，我們也應該稍微領略不同傳承中十二神將的造像儀軌，了解其差異，這將幫助我們更深入地理解佛教教義。雖然這一切可能看似複雜，但這正是佛教修行的魅力所在，每個人都可以透過自己的方式去體驗與探索。

　　表格中圖像的描述來自於楊白衣居士著作《佛菩薩的戶籍》，由大乘印經會出版，更詳細的解說請見 Part 4 第 11 單元。此外，附錄中還有《法界圓覺學》、《百丈清規證義記》、《淨琉璃土摽》記錄不同時代、不同區域的十二神像身形，筆者製作成表格，方便不同傳承的藥師信眾查詢，或是專研藥師法門的學者參考。

藥師專論

印度穆克紀博士錄製的「藥師長咒恭誦」

　　Part 4 將帶領學習者進入藥師法門的更深層次，提供了一系列有價值的學習內容，包含日本《藥師經》的盛行、藏傳佛教傳承與近代重要華人大師的指導。這些主題將幫助學習者深化對藥師法門的理解，並提供實用的工具和知識，以便在日常生活中實際應用這些教義及修行方法。無論你是初學者還是有一定經驗的修行者，這些內容都將豐富你的靈修旅程。

　　首先，我們極力推薦的實用課程是由印度穆克紀博士錄製的「藥師長咒恭誦」。這是透由網路的獨特學習，讓讀者親身體驗藥師法門的核心修行，也就是透過咒語的力量，深入理解和實踐。接下來，我們將探討四個關鍵主題，仔細地分析藥師法門。

探究四個關鍵主題

　　〈《藥師經》談慈悲的力量〉：關注《藥師經》中所強調的慈悲觀念。我們將了解經文如何透過慈悲心修行，實現內在和外在的平和，並理解慈悲在藥師法門中的重要性。

　　〈三次八分齋戒的分析〉：八分齋戒是藥師法門的核心修持之一。我們將仔細解釋全經三次八分齋戒的內容，思考如何在生活中實際應用這些戒律，以實現身心的純淨和靈性的提升。

　　〈菩薩相關名詞的深入解析〉：一生所繫菩薩、一生補處菩薩、未登地菩薩與十地菩薩，這四個概念在藥師法門相當密切，但也有各自的獨特含義。許多人感到混淆，我們將研究這些名詞的來源和意義，以幫助學習者更好地理解這幾個重要概念。

　　〈兩位東方佛陀：藥師如來和阿閦如來〉：藥師如來和阿閦如來是大乘法門中的兩位重要佛陀，筆者在講課時常被問到這個問題。我們將比較這兩位佛陀的特點和教義，以便學習者了解祂們的角色和影響。

透過密教的視角了解藥師法門

接下來的進階學習將透過密教的視角，以及吳潤江上師的專文，探索藏傳佛教的全新視野，尤其是密教的修行儀軌。在此階段，我們將學習唐代另一位極為重要的藥師法門傳承者——義淨大師的版本《藥師琉璃光七佛本願功德經》，進行藥師法門中關於「藥師一佛」與「藥師七佛」在文獻上的比較，以探討佛身同異的不同見解。以下是三個關鍵單元：

首先專注於探索義淨大師版本的上卷，深入研究這一經典的內容，理解其中的教義，如東方七位如來的佛號、該佛淨土名號以及佛土的殊勝莊嚴，並由經典的宣說內容領略七位佛陀在行菩薩道時發何願力來利益眾生。

接著，專注於義淨大師的下卷內容，了解這一經典如何引導修行者實踐藥師法門的教義，包括了釋迦牟尼佛向曼殊室利說明藥師琉璃光如來的淨琉璃世界的殊勝莊嚴，以及得聞藥師琉璃光如來名號的殊勝功德，可以讓諸眾生（包含種種造惡眾生）獲得殊勝佛力加持，令眾生消除業障，乃至成就菩提。

第三個有關密教的關鍵單元是《龍藏經》裡的藥師七佛與十二神將的剖析，這部經典充滿許多的不可思議，於清朝宮內大殿長期供養近三百年。此部康熙《龍藏經》經板上的圖像，可說是現存傳世最早的大型佛經經板彩繪巨作。

最後的關鍵單元是〈一佛或是七佛，佛身同異的不同見解〉，來認識藥師法門中有關藥師佛是一佛還是七佛的爭論，並分析不同見解的根據和影響，有助於我們更好地理解藥師法門的多樣性，以及佛教典籍解釋的複雜性。

研究日本藥師如來的虔誠巡禮以及十二神將的身形

接著深入日本對藥師如來的虔誠巡禮，以及十二神將的身形。〈從京都十二藥師寺到西國四十九藥師靈場〉將帶領讀者追溯藥師法門在日本

的擴展歷程，從京都的十二藥師寺開始，探索如何演變為遍布整個西國四十九藥師靈場的虔誠巡禮傳統。〈尋訪佛菩薩的戶籍〉中，我們將接受楊白衣居士的探索，看他如何尋找佛菩薩的戶籍並解析十二神將的神聖身分。這將使我們更認識藥師如來及其眾多信仰的層面。接下來，我們將進一步學習三位近代佛學大師的系列單元。

三位近代佛學大師的心靈領略

太虛大師是人間佛教的創始者與深入藥師法門的大師，這一部分將說明太虛大師的生平與佛法貢獻，特別是他對人間佛教的創始作用，以及他在藥師法門傳播中的角色。第二位弘一大師是一位多才多藝的僧侶與《藥師經》的傳播者。在這個單元中，我們將探討弘一大師在《藥師經》傳播中的貢獻。最後是認識印順導師的思想，有關他在東方淨土和聖者特性的獨到見解，並說明他在佛教界的重要影響。

藥師法門的精華：藥師寶懺

最後，我們將學習藥師寶懺，它是藥師法門的精華。內容是將《藥師經》與懺法相結合，為修行者提供一種深入懺悔和修行的方式。這是藥師法門的核心修行法門，將幫助讀者更好地理解和實踐這一法門，它讓恭誦者能夠依懺文的懺悔、禮拜三寶、持咒、讚佛等流程修持。

01 印度穆克紀博士恭誦藥師長咒

　　穆克紀博士是一位印度梵語教授，他恭誦的〈藥師如來灌頂真言〉是筆者強烈推薦學習藥師長咒的極佳範例。想要學習這個咒語的讀者，可以在 YouTube 上找到穆克紀博士的念誦影片，並依據念誦次數選擇適合自己的版本，目前網路上有 4 分鐘 6 次、9 分鐘 21 次、50 分鐘 108 次等版本可供選擇。筆者認為，4 分鐘版本的念誦最為實用，可以輕鬆融入日常生活作息中，只要在家裡一個小角落，或是搭捷運時也可以隨時進行。每次念誦 6 次，平均一次約 40 秒，對於繁忙的現代生活而言，是一個相對容易駕馭的時間長度。

　　網址：https://www.youtube.com/watch?v=oRqxWLR4390

　　穆克紀博士因對中華文化深感熱愛，毅然辭去印度的教職，於 1992 年 10 月應聘到中華佛學研究所任教，歷經十年之久。在這段期間，他貢獻了精華歲月給該所，致力於培育梵語和巴利語基礎人才，並深受研究生的愛戴。穆克紀教授自 1993 年到 2000 年訪臺期間發表的論文共有 9 篇，所有著作目錄中呈現了他在臺灣學術界的貢獻和成就。

　　〈藥師如來灌頂真言〉是佛教中重要的咒語之一，透過穆克紀博士的教授和念誦影片，讀者得以輕鬆學習和了解這個咒語的重要意義。藉由念誦藥師長咒，信眾可以尋求身心靈的平和，同時減輕憂苦。在現代繁忙的生活中，念誦 4 分鐘版本的咒語，不僅容易實踐，更能積累福德和智慧，成就正面的人生轉化。藥師長咒總共 17 個梵字，請讀者利用幾天時間，跟隨著穆克紀博士的影片，仔細學習他的發音，將會受用無窮。**短咒是長咒的截取，由編號 12 到 17，總共六個咒字。**有些版本將編號 11 的 tadyata（即說咒曰）列入藥師短咒。

藥師長咒的羅馬拼音與意譯

編號	羅馬音譯	意譯	
1	namo	皈依、歸命	
2	bagavate	世尊	
3	baisajya	藥	
4	guru	師	
5	vaidurya	琉璃	
6	prabha	光	
7	rajaya	王	
8	tathagataya	如來	
9	arhate	應供	
10	samyaksambudaya	正等正覺	
11	tadyata	即說咒曰	
12	om	宇宙的聲音	短咒
13	baisajye	藥	
14	baisajye	藥	
15	baisajya	藥	
16	samudgate	產生、生起	
17	svaha	吉祥、成就	

註：藥師心咒＝藥師咒心＝藥師短咒

穆克紀博士念誦的〈藥師咒〉版本

梵　文	ᚠᚴ	ᚱᛁᚴᚾ	ᚱᛈᛉ	ᚷᛁᚱ	ᛈᛇᛉ
羅馬拼音	namo	bhagavata	bhaṣajya-	guru-	vaiḍūrya
漢文音譯	南謨	薄伽伐帝	鞞殺社	寠嚕	薜琉璃
漢文意譯	禮敬	世尊	藥	師	琉璃

梵　文	ᚠᚾ	ᚴᛈᛉ	ᚱᛈᛃᛉᛉ	ᛈᚴᚾ
羅馬拼音	prabhā-	rājāya	tathāgatāya	arhate
漢文音譯	鉢喇婆	喝囉闍也	怛他揭多也	阿囉喝帝
漢文意譯	光	王	如來	應供

梵　文	ᛈᛒᚱᚾᚴᛉ	ᛉᚿᛉ
羅馬拼音	samyksaṃbuddhāya	tadythā
漢文音譯	三藐三勃陀耶	怛姪他
漢文意譯	正等覺	即說咒曰

梵　文	ᛟ	ᚱᛈᛉ	ᚱᛈᛉ
羅馬拼音	oṃ	bhaiṣajye	bhaiṣajye
漢文音譯	唵	鞞殺逝	鞞殺逝
漢文意譯	唵！	藥！	藥！

梵　文	ᚱᛈᛉ	ᛈᛒᚾᚴᚾ	ᛋᛈᚿ
羅馬拼音	bhaiṣajya	samudgate	svāha
漢文音譯	鞞殺社	三沒揭帝	莎訶
漢文意譯	藥	生起來！	刷哈（成就）！

註：梵語羅馬拼音的念法：ṣ 的發音為 si，ḍ 的發音為 di；ṃ 的發音接近 m；
　　ā 與 ū 的發音，為 a 與 u 的長音。

419

02 《藥師經》談慈悲的力量

在《藥師經》中，有三次提到慈悲的內容，每一次都強調了慈悲心的重要性和對眾生的利益。讓我們來整理這三次談慈悲的經典內容，深刻了解慈悲的力量。

第一個核心內容是藥師如來的名號帶來了慈悲的影響。聆聽此名號，邪惡行為將無法做出傷害。經文寫著「**一切展轉皆起慈心**」，人們的心中產生慈悲，以利益他人，帶來安樂，不執著於煩惱和嫌恨，彼此和諧共處。

第二次則說明慈悲也是克服惡行的力量。聆聽藥師如來的名號後，不再受邪惡行為所傷害，這時經文是說「**起利益安樂、慈悲喜捨、平等之心**」。慈悲的重要性得到強調，以利益他人和自己，帶來安樂，克服煩惱和嫌恨，彼此和諧共處，也就是經文的這句「**應生無垢濁心，無怒害心**」。

最後談慈悲是在災難時，領導者應發起慈悲之心，對所有有情眾生表現慈悲和寬恕，大赦獄囚，展現慈悲的行為，然後依照供養法，向藥師琉璃光如來供養，尋求智慧和力量。

慈悲的力量能夠改變人們的心靈，使他們追求利益眾生、平等和融洽的道路，以下詳述此三段精彩的經文。

第一次談慈悲：一切展轉皆起慈心

是諸有情，若得聞此藥師琉璃光如來名號，彼諸惡事，悉不能害。一切展轉皆起慈心，利益安樂，無損惱意及嫌恨心；各各歡悅，於自所受，生於喜足，不相侵陵，互為饒益。（PART 2 第 2 章第 28 單元）

這段經文描述了當人們聽聞藥師琉璃光如來的名號時，會發生的變化和影響。「若得聞此藥師琉璃光如來名號，彼諸惡事，悉不能害。」意思是當人們聽到藥師如來的名號時，所有的邪惡行為都無法對他們造成傷害。這暗示著聆聽和誦念藥師如來名號的力量及保護作用。「**一切展轉**

皆起慈心，利益安樂，無損惱意及嫌恨心；各各歡悅，於自所受，生於喜足，不相侵陵，互為饒益。」當人們接觸到藥師如來名號後，他們的心中會產生慈悲之心，以此心去利益他人，帶來安樂，不再執著於煩惱和嫌恨。每個人都感到歡悅，享受著自己所得到的喜悅和滿足。彼此之間不相侵犯，反而互相饒益。

重點是，經文傳達了當人們聽聞藥師琉璃光如來名號時，心中產生慈悲、喜悅與和諧的影響。這種慈悲心帶來的效果是利益他人和自己，消除煩惱，建立互相饒益的關係。

這強調了慈悲在佛教修行中的重要性，它是一種能夠轉化人心、締造和諧與幸福的修行品質。

第二次談慈悲：起利益安樂、慈悲喜捨、平等之心

應生無垢濁心，無怒害心。於一切有情，起利益安樂、慈悲喜捨、平等之心。鼓樂歌贊，右繞佛像。復應念彼如來本願功德，讀誦此經，思惟其義，演說開示。隨所樂求，一切皆遂。求長壽得長壽，求富饒得富饒，求官位得官位，求男女得男女。（PART 2 第 2 章第 39 單元）

這段經文的重點是各種善美的心，❶ 無垢濁心、❷ 無怒害心、❸ 起利益安樂、❹ 慈悲喜捨、❺ 平等之心。其中，慈悲喜捨是四無量心，為佛教修行中的重要指導原則和方法。透過修持及涵養這些心境，能夠培養善心、智慧與開悟的境地。

這些心境的修持不僅使我們自身受益，也能對他人和社會產生積極的影響。祈願人們能夠在日常生活中實踐慈悲喜捨的四無量心，使其成為修行的指南。

此刻傳達了當人們在藥師法門的指導之下，心中產生慈悲、喜悅與和諧的影響。**慈悲心所帶來的效果是利益他人和自己，消除煩惱，建立互相饒益的關係。**

第三次談慈悲：
爾時應於一切有情，起慈悲心，赦諸系閉

復次，阿難！若剎帝利、灌頂王等，災難起時，所謂人眾疾疫難，他國侵逼難，自界叛逆難，星宿變怪難，日月薄蝕難，非時風雨難，過時不雨難。彼剎帝利、灌頂王等，爾時應於一切有情，起慈悲心，赦諸系閉。依前所說供養之法，供養彼世尊藥師琉璃光如來。（PART 2 第 2 章第 49 單元）

「彼剎帝利、灌頂王等，爾時應於一切有情，起慈悲心，赦諸系閉。」大意是，當剎帝利、灌頂王等領導者面臨國家災難時，他們應該對所有有情眾生發起慈悲之心，表現出慈悲和寬恕的態度，大赦獄囚，放寬對囚犯的處罰。

「依前所說供養之法，供養彼世尊藥師琉璃光如來。」意思是說，領導者在發起慈悲心之後，應依據之前所教導的供養法。這可以被理解為領導者透過供養佛陀，來表達對佛法的敬意和尋求加持，以獲得智慧與力量來應對國家的困難。

在國家面臨災難和困難時，**領導者應該具備慈悲心並採取相應的行動。他們應該放下對大自然的怨懟，不怨天不尤人而展現人類的寬容和慈悲。**

03 三次八分齋戒的分析

　　八分齋戒是選定適當的時日進行身心靈的清淨，是一不殺生，二不偷盜，三不行淫，四不妄語，五不飲酒，六不著花鬘不以香塗身，七不歌舞唱伎及過往觀聽，八不坐高廣大床。其實這八個守則是可以融入生活的，但不要誤會「不著花鬘、不以香塗身、不歌舞唱伎」的意義。

　　八分齋戒是佛教修行的基礎，它們不會真的限制了我們的行為，重要的是幫助我們了解內心的渴望和執著，從而解脫自我束縛，實現真正的自由和內在的平靜。這些戒律的目的，在於培養內心的平靜和專注，讓我們能夠超越對物質享受和虛榮的追求，專注於內在的修行與精神的提升。以下是三次八分齋戒的原始經文：

第一次，佛陀指導曼殊室利

　　復次，曼殊室利！若有四眾：苾芻、苾芻尼、鄔波索迦、鄔波斯迦，及餘淨信善男子、善女人等，有能受持八分齋戒，或經一年，或復三月，受持學處。以此善根，願生西方極樂世界無量壽佛所，聽聞正法，而未定者。（PART 2 第 2 章第 29 單元）

第二次，佛陀指導曼殊室利

　　佛告曼殊室利：「如是！如是！如汝所說。曼殊室利！若有淨信善男子、善女人等，欲供養彼世尊藥師琉璃光如來者，應先造立彼佛形像，敷清淨座而安處之。散種種華，燒種種香，以種種幢幡，莊嚴其處。七日七夜，受八分齋戒，食清淨食，澡浴香潔，著清淨衣。（PART 2 第 2 章第 38 單元）

第三次，救脫菩薩的指導

　　救脫菩薩言：「大德！若有病人，欲脫病苦，當為其人，七日七夜，受持八分齋戒。應以飲食，及餘資具，隨力所辦，供養苾芻僧。晝夜六時，

禮拜行道，供養彼世尊藥師琉璃光如來，讀誦此經四十九遍。」（PART 2 第 2 章第 48 單元）

第一次，佛陀指導曼殊室利前往西方淨土的過程。淨信善男子、善女人等，如果受持八分齋戒，則可前往西方極樂世界無量壽佛所。

透由上面原始經文，可以看出第二次和第三次的內容比較接近，讓

三次八分齋戒的比較

	境態	要點
第一次	佛陀指導曼殊室利，前往西方淨土。	淨信善男子、善女人等，受持八分齋戒可前往西方極樂世界無量壽佛所。
第二次	佛陀指導曼殊室利造立佛像，敷清淨座，意、語、身的清淨。	供養藥師如來的法門： ❶ 立彼佛形像，敷清淨座而安處之。 ❷ 散花、燒香、幢幡莊嚴處所。 ❸ 七日七夜，受八分齋戒。 ❹ 食清淨食，澡浴香潔，著清淨衣。
第三次	救脫菩薩指導阿難藥師脫離病苦儀軌。	脫離病苦的藥師儀軌： ❶ 七日七夜，受持八分齋戒。 ❷ 飲食、資具，供養苾芻僧。 ❸ 晝夜六時，禮拜行道，供養藥師如來。 ❹ 讀誦此經四十九遍。

註：傳統上，藥師佛的「八分齋戒」戒始終被視為「八關齋戒」，不過有人仔細分辨兩者的差異，認為藥師如來的「七日七夜八分齋戒」的內容與「一日一夜的八關戒齋」混為一談了。

簡單的分別如下：「八關齋戒」是世尊教行者成佛的基礎齋戒，是釋迦牟尼佛的法門。「八分齋戒」則是藥師佛用來守護眾生不致橫死的齋戒法門，是藥師佛的法門。內容有相同之處，但也有差異。

我們進行比較分析。在第二次的段落中，佛陀指導曼殊室利如何供養藥師琉璃光如來。其中提到，供養者應先建立佛像，並敷設清淨的座位。在七天七夜的期間，供養者受持八分齋戒，食用清淨的食物，澡浴香潔，穿著清淨的衣物。釋迦牟尼佛的指導重點是造立佛像的供養，與信眾的自我清淨。

而在第三次的段落中，救脫菩薩指導如何幫助病人脫離病苦。經文建議在七天七夜內受持八分齋戒。同時，應該提供飲食和其他必要物品，並隨自己的能力供養苾芻僧團。此外，應該在白晝和黑夜的六個時辰裡，行禮並供養藥師琉璃光如來，以及讀誦《藥師經》四十九遍。

從後兩段的比較中，我們可以看出八分齋戒在供養藥師琉璃光如來和幫助病人脫離病苦的情境下的應用。在這些情境中，受持八分齋戒，食用清淨食物，保持身心的潔淨，是修行的基礎。**同時，段落中也提到了供養佛像、禮拜和讀誦經典等相關的修行行為，這些都與八分齋戒結合在一起，形成一個完整的修行體系。**透過受持八分齋戒，培養出純淨、謙虛和專注的心態，同時在供養與救濟的行動中增添了一份誠摯及虔誠的力量。

總結來說，第二次和第三次的段落都強調了八分齋戒在特定情境下的應用。**無論是供養藥師琉璃光如來，還是幫助病人脫離病苦，八分齋戒都被視為一種清淨和虔誠的修行方式。**

04 菩薩相關名詞的深入解析

　　佛學中有一些人們不太了解的常見名詞，其中包括一生所繫菩薩、一生補處菩薩、未登地菩薩和十地菩薩。這些名詞彼此之間有著密切的概念關係，讓我們仔細分析這些名詞的含義。

一生所繫菩薩

　　首先，一生所繫菩薩指的是那些「最後一次輪迴生命」仍然牽繫在欲界眾生的菩薩。祂們已經大徹大悟，即將成佛，其境界等同於一生補處菩薩。一生所繫菩薩最關鍵就是「繫」字，菩薩慈悲的心念念不忘眾生的苦難，牽繫眾生的祈請，不過這是最後一次的牽繫。

一生補處菩薩

　　一生補處菩薩代表著在這一生中就能遞補到佛位的菩薩。祂們填補了佛位的空缺職位（註：由於釋迦牟尼佛已經涅槃，目前娑婆世界還在等待下一位佛陀），以完成對佛陀的繼承。例如，現居於兜率天的彌勒菩薩就是一生補處菩薩的別號。

　　「補」字特別重要，意思是補位，是佛陀候選名單的首列，一生補處菩薩在這一生結束之後，即將成為佛陀了。

未登地菩薩

　　未登地菩薩則是指那些尚未達到十地菩薩境界的修行者。這些菩薩仍在修行的過程中，尚未達到最高的境態。佛教的「地」呈現出萬物棲息生長的場所，既然是萬物，當然包含不同境態的菩薩。「地」也可以解釋成菩薩修行的境界，不同成果的菩薩會處於不同的空間。登地菩薩是

登上十大排行（即十地）的修行菩薩，已經非常優秀了。至於，未登地的菩薩還須加油。

十地菩薩

最後，十地菩薩是指菩薩修行的十個境界，依據證悟層次而分成的十種階段，共有十地。這些地分別是極喜地、離垢地、發光地、焰慧地、難勝地、現前地、遠行地、不動地、善慧地和法雲地。隨著修行的深入，菩薩逐漸從低地的證悟境界，提升至高地的智慧境界。十地菩薩全都是登地菩薩，與上述的未登地菩薩行成對比。這邊我們要特別強調的是法雲地菩薩，他擁有十地菩薩中的最高地位。

法雲地菩薩

法雲地菩薩具有無比的智慧和深層的慈悲心，祂們能以智慧的甘露滋潤群生，以慈悲的心解除眾生的痛苦和煩惱。法雲地菩薩是距離佛果最為接近的存在，是以智慧和慈悲為基礎，將佛法傳授給眾生，引導他們走向解脫與覺悟的菩薩。

菩薩十地的最後是「法雲地」，聖嚴法師的解釋非常清楚，他說，「法」是「智慧」，「雲」是慈悲、愛護之意。我們每個人的慧命、心地的種子都是「因」，需要的是「緣」。「法雲」就是緣，能夠成就一切。「法」有如智慧的甘露，能滋潤群生。「雲」象徵慈悲、愛護，能解除眾生的熱惱，這就是慈悲的神聖功德。

綜上所述，一生所繫菩薩和一生補處菩薩的修行境界非常接近或相同。然而，十地則是菩薩修行的十個境界，最高地位為法雲地菩薩。法雲地菩薩以無比的智慧和深深慈悲心滋潤群生，解除眾生的痛苦與煩惱。修行者可以以十地菩薩為目標，追求智慧和慈悲，並努力成為法雲地菩薩，體現對眾生的無限關懷及幫助。深入理解這些名詞，對於佛教修行

者來說至關重要，並激勵著他們踏上通向菩提之路。**總結來說，一生所繫菩薩，強調繩索。一生補處菩薩，強調補位。未登地菩薩與十地菩薩強調地，著重於修行境界。**

菩薩名詞比較表

名詞	關鍵字	說明
一生所繫菩薩	繫	繫，聯綴、連接、牽繫。一生，最後一次的輪迴生命。一生所繫菩薩只剩下這一生還牽繫在欲界眾生的世界裡。其境界等同於一生補處菩薩。
一生補處菩薩	補	補，填入空缺的職位、候補、遞補。盡此一生就能遞補到佛位的意思，是「最後身菩薩」的別號。
未登地菩薩	地	地，菩薩的修行境界。未登地菩薩是指未達到十地菩薩的境態；連最初階的地都未達到。
十地菩薩	地	菩薩修行的十個境界，最高是法雲地菩薩，僅次於佛果。

一生所繫菩薩 ＝ 一生補處菩薩 ＝ 法雲地菩薩

05 兩位東方佛陀：
藥師如來和阿閦如來

　　除了藥師如來之外，還有一位佛陀阿閦如來也是來自宇宙東方。三寶佛中的藥師如來與五方佛的阿閦如來，連結各自的佛國和佛土，也有不同的修行方法與證悟的道路。本單元將說明兩者的差異。

五方佛系統與三寶佛系統

　　五方佛，又稱五方如來、五智如來，源自密宗金剛界思想，該系統認為宇宙的中央、東、南、西、北等五個方位，各有一佛。祂們分別是中央的毗盧遮那佛、東方阿閦佛、西方阿彌陀佛、南方寶生佛、北方不空成就佛。而藥師如來則屬於佛教中的三寶佛系統。

　　儘管兩者都是來自宇宙的東方，但智慧屬性完全不同。在漢傳佛教中，娑婆世界的釋迦牟尼佛、東方淨琉璃世界的藥師如來和西方極樂世界的阿彌陀佛，被合稱為「橫三世佛」或「三寶佛」，這些佛陀擁有不同的修行法門和智慧能量。以下是文字與圖解表格的對照說明。

阿閦佛與藥師佛的異同之處

　　佛教信仰中，阿閦佛（Akṣobhya）與藥師佛（Bhaiṣajyaguru）皆為重要的佛陀，各自代表著不同的教義和特點。這兩位佛陀在佛教傳統中具有深遠的影響，以下將進行阿閦佛與藥師佛的比較，以突顯其相似性和差異性。

　　首先，阿閦佛位於宇宙的東方，而藥師佛亦出現在宇宙的東方。如前所述，阿閦佛主要存在於五方佛系統中，而藥師佛則屬於三寶佛體系。其次，**阿閦佛的身體顏色為不透明的藍色，象徵著穩定和不動的智慧。**

而藥師佛則是藍色透明，代表其具有智慧的光明和清淨。

關於佛國，阿閦佛的佛國名稱為「妙喜世界」（Sukhavati），這是一個淨土，以其清淨平和的環境吸引修行者。而藥師佛的佛國名稱則為「淨琉璃世界」（Vaidūryanirbhāsā），這個佛國以其純淨的琉璃之光照亮一切煩惱，具有療癒身心靈的功德。

核心要義方面，阿閦佛擁有大圓鏡智，強調剋除瞋恨心，修行者藉此能夠化解瞋恨和憂慮的心境。而藥師佛的核心要義，包括本願功德、拔除業障，並以饒益有情結願神咒為特點，具有醫治身心疾病的能力。

在修行方法上，阿閦佛的信仰者念誦〈阿閦佛心咒〉和特有觀想儀軌，強調曼荼羅的空間概念。藥師佛的修持方法，包括念誦〈藥師咒〉、持誦藥師佛名號，以及修持藥師佛相關供養法門，特別是救命儀軌。

阿閦佛和藥師佛在佛教傳承方面也有所不同。阿閦佛比較接近大乘佛教的密教系統，尤其在金剛乘中具有重要地位，目前以藏傳佛教為主。藥師佛則在大乘佛教中廣受崇拜，其信仰普及於中國、西藏等地區，日本則是屬於淨土宗和真言宗。

總而言之，阿閦佛與藥師佛都是佛教中的重要佛陀，分別代表著大圓鏡智和十二大願。祂們的教義和特點在修行者心中扮演著不同的角色，引導人們走向內心的寧靜和心靈的療癒。無論是追求智慧的安寧，還是尋求身心的康復，阿閦佛與藥師佛的教導都能給予我們指引和希望。

阿閦佛、藥師佛比較表

佛名	阿閦佛	藥師佛
梵　　名	Akṣobhya	Bhaiṣajyaguru
宇宙方位	宇宙的東方	宇宙的東方
主要系統	五方佛	三寶佛
身體顏色	不透明的藍色	透明藍色
佛國名稱	妙喜世界	淨琉璃世界
核心要義	擁有大圓鏡智，可以剋除瞋恨心。	本願功德、拔除業障、饒益有情結願神咒。
修行特點	強調無動，能夠化解瞋恨和憂患的心境。	強調本願功德，具有醫治身心疾病和拔除業障的能力。
淨土特色	妙喜世界是淨土，擁有清淨平和的環境，讓修行者追求菩提境地。	淨琉璃世界是藥師佛的佛國，以純淨的琉璃之光照亮一切煩惱。
修持方法	念誦〈阿閦佛心咒〉，與特有觀想儀軌、曼荼羅空間概念。	念誦〈藥師咒〉、持誦藥師佛的名號，和修持藥師佛供養法門與救命儀軌。
佛教傳承	阿閦佛屬於大乘佛教，尤其在金剛乘中具有重要地位。	藥師佛在大乘佛教中有著廣泛的崇拜，在中國、日本、西藏地區盛行。
日本宗教	阿閦佛的信仰在日本受到真言宗等佛教派別的推崇和追尋。	藥師佛在日本受到真言宗和淨土宗的廣泛崇拜和信仰。

佛教淨土的信仰

　　這些淨土都是佛教中重要的修行目標，信徒透過修持特定的法門和修行方法，希望在死後能往生到這些淨土中，獲得超脫和解脫的境界。修持者相信這些淨土是純淨、善巧和有利於靈修的境域，使他們能夠獲得更高的智慧境界和佛果。

藥師佛的淨土

依據藥師佛的信仰，修持藥師佛法門可以往生到祂所主管的「淨琉璃世界」，這是一個純淨的淨土。在淨琉璃世界中，藥師佛的光明智慧消除了疾病和痛苦，並帶來身心的平安和快樂。

阿閦佛的淨土

阿閦佛主持的淨土稱為「妙喜世界」。在這個淨土中，阿閦佛化身為不動如來，其身體顏色也是藍色。這個淨土被視為一個幸福、和平且無痛苦的境界，修持者可以在這裡追求智慧和靈性的成長。

阿彌陀佛的淨土

阿彌陀佛主持的淨土稱為「西方極樂世界」，也被稱為「淨土極樂國」。在這個淨土中，阿彌陀佛及諸菩薩和善信共同居住，並享受無比的喜樂和幸福。進入極樂世界需要依靠阿彌陀佛的慈悲力量與淨土的願力。

彌勒菩薩的淨土

彌勒菩薩是未來世尊，他的淨土稱為「彌勒淨土」或「兜率淨土」。這個淨土被描述為一個和諧、平等且無痛苦的境界，彌勒菩薩將在那裡成佛並度眾生。彌勒菩薩的信仰提倡修持慈悲與智慧，並期盼未來生在彌勒淨土中。

06 吳潤江上師：
藏傳佛教的新視野

《藥師經》作為佛教經典，歷經多次版本變動，其中最初始的版本與最後的義淨版均屬於密教體系。這種變遷不僅反映了經典內容的深度，也突顯了佛教思想的多樣性。

接下來，我們將進一步探討藥師法門與密宗的相關資料，深入了解這些版本的背後意義。

兩個與密教關係緊密的《藥師經》版本如下：❶ 東晉 307 年，由帛尸梨密多羅譯出的《灌頂拔除過罪生死得度經》屬於密部經典，而且融入藥師心咒。這是第一個《藥師經》版本。❷ 唐代 707 年，由義淨大師譯出的《藥師琉璃光七佛本願功德經》也屬於密部經典，其中含有藥師長咒。這一版本進一步豐富了藥師法門的內容，突顯了密宗對該法門的深入探究。

諾那精舍與吳潤江上師

隨著時間的推移，《藥師經》的演變不僅在藥師法門中有所體現，也在不同佛教傳承中有所展示。尤其在臺灣，藏傳佛教以及日本的台密（屬於天台宗）和東密（屬於真言宗）等傳承，皆占有重要位置，這些傳承均屬於密宗體系。

在進一步的學習中，我們將探討這些傳承的重要概念，首先介紹與臺灣諾那精舍相關的吳潤江上師。他是寧瑪派的漢人居士，在大陸解放後來到臺灣，並於 1958 年開始多次在香港傳法。

1975 年在臺北以及 1976 年在臺中，分別建立了諾那精舍。三年後，吳潤江上師圓寂了，不過他的弟子繼續傳承著諾那精舍的弘法事業，使佛法持續薪火相傳。

吳潤江上師強調了「實教與權教」在藥師法門的意義

　　吳潤江上師的教導中，強調了「實教與權教」在藥師法門的意義。這個概念與「權化、權現和權教」等主題相呼應（參見 PART 3 的引言），更深化了我們對密宗的理解。現今諾那精舍持續推廣藏傳佛教，特別重視往生的助念，尊重生命。該中心提供陀羅尼經被（或稱往生被）、金剛沙、咒輪貼紙、念佛機，以及助念相關書籍，完全不收費用。

　　回顧 1961 年春天，吳潤江上師於美國舊金山「正善佛道研究會」的講堂展開了弘法演講，主題為「佛依眾生的藥師佛法門」，內容節錄自他的著作〈《藥師經》講義〉。他說明了**實教與權教這兩種教法，代表著佛陀對於修行者的不同教導方式。阿彌陀佛、金剛薩埵等多數佛菩薩的教法被歸類為「實教」，而藥師佛則被歸類為「權教」。**實教強調修行者必須如實修行、證悟，注重修證境界；要求修行者直接面對自己的本性，以直接證悟法性為目標，阿彌陀佛即是實教。而權教則是佛陀依據眾生的需要而給予的教法，用於救度眾生。藥師佛是權教的代表，應機現世，能滿足眾生的各種願望，並為其帶來幫助。

　　吳潤江上師強調藥師法門對於佛教修行者的重要性。當眾生無法放下對現世欲望的執著時，藥師法門為他們提供了一個有效的修行方法。藥師佛的願力超凡，能幫助眾生解除種種障礙，並逐漸達到超脫和覺悟的境界。

　　在修行的過程中，重要的是理解個人的情況，根據自身的修證程度和根機，選擇適合的修行法門，將有助於實現修行目標並帶來智慧與慈悲的成就。有些人適合修往生法門，專注往生淨土，放下萬緣，厭惡三界，直心修行，念佛至一心不亂。而有些人則適合修行權法，以利益他人為先，通過自利的修行進而利益他人，實踐佛陀的慈悲智慧。

　　吳潤江上師認為，藥師如來法對眾生有著重要的意義，特別是現今許多眾生難以放下對富貴功名、妻財子祿及各種欲望的執著。這些執著使他們對往生法門缺乏信心，即使有信心，也難以在修行淨土時心無牽掛地脫離現世的束縛。吳潤江上師解釋，**在這樣的情況下，想要在不捨**

棄欲望的狀態下修行，藥師如來的願海是最優秀的方法。藥師如來是應機現世、隨順眾生的佛陀，祂的誓願如大海深廣無邊，能滿足眾生的各種願望，使人所求如願。如果眾人能相信並堅持修行藥師如來的願海，不僅可以實現富貴功名、財富和子嗣等世俗的願望，而且在各個方面都能取得成功。這是因為藥師如來的願力超凡，能為眾生帶來福報和智慧。

實教與權教的定義

實教強調修行者必須如實修行、證悟，藉此達到解脫和覺悟的目標。修行者必須努力開發內在的智慧和覺醒，摧毀煩惱，超越世俗的束縛，透過個人的努力達到證悟的境界。阿彌陀佛和金剛薩埵等大多數佛陀，都被歸類為實教，因為他們強調修行者的自力修證。

權教則是佛陀依據眾生的需要給予教法，目的在於幫助修行者從苦難中解救出來，以方便眾生修行和解脫。在權教中，方法更加靈活多變，佛陀可能是用比喻、譬喻和方便之法，以幫助修行者理解佛法的深義，使其更易於修行。藥師佛是一位具有權教性質的佛陀，祂的法門適合不同根機（人類的根本資質）的眾生，提供眾生更便利的修行方法。

實教與權教的比較

	實教	權教
定　義	強調修行者自己必須如實修行、證悟，達到解脫和覺悟的目標。	佛陀依據眾生的需要給予教法，以方便眾生修行和解脫。
佛　陀	阿彌陀佛、金剛薩埵	藥師佛
目　的	強調修行者必須實際修行，達到解脫的目標。	佛陀幫助修行者，度化有情眾生，將他們從苦難中解救出來。
重要性	強調修行者個人的努力和自力修證，使其更專注、堅定和懇切。	根據修行者的根基給予教法，使修行者更容易接受和理解佛法。

07 《藥師琉璃光七佛本願功德經》上卷解析

　　《藥師經》是佛教重要的經典，目前在漢譯本中主要有兩個版本，即大本《藥師經》和小本《藥師經》。小本《藥師經》是由著名的唐代大師玄奘所譯，又稱為《藥師琉璃光如來本願功德經》，也就是本書使用的版本。至於大本《藥師經》則是由義淨大師所譯，名為《藥師琉璃光七佛本願功德經》（簡稱《藥師七佛經》），以下會簡略說明。回顧歷史上的《藥師經》總共有五個版本，現今寺院法會常見的即是玄奘版本，屬於淨土思想範疇。第二常見是義淨大師的譯版，被歸類成密教系統。

　　我們先來了解義淨大師的背景資料，歷史記載著沙門義淨於和帝（唐中宗）神龍三年（西元 707 年），於唐代極重要的道場「佛光寺」譯出所謂大本的《藥師琉璃光七佛本願功德經》，共上下二卷。此經上卷詳述東方藥師七佛淨土，下卷特說明藥師琉璃光佛淨土及其本願功德。下卷的內容與玄奘的小本譯本約略相同。其實，在漢語相關的藥師佛典中，小本《藥師經》還有其他幾個同本異譯的版本，這些版本可能在內容和翻譯上有一些不同，但大致相近。而大本《藥師經》目前僅有義淨大師所譯的版本，該版本相對而言較為完整，涵蓋了藥師七佛的內容。

　　藥師七佛是指藥師琉璃光如來所化現的七位佛陀，這一特殊的描述僅見於大本《藥師經》。而在小本《藥師經》中，只介紹了藥師佛一尊佛的故事與功德。因此，「藥師七佛」這一概念僅在大本《藥師經》中才得以呈現。除了藥師七佛的介紹外，還涵蓋了藥師七佛各自的真言，這些真言是特殊的口訣，被認為具有神聖力量。此外，經典中還闡述了十二藥叉大將法門，此修行法門著重於藥師七佛的信仰和供養，被認為能夠帶來種種福報和利益。

　　依據唐代義淨法師所譯的《藥師琉璃光七佛本願功德經》，在宇宙的東方不僅有淨琉璃世界藥師佛，還有另外六佛亦各自發下大願，為眾生說無病延壽之法，擁護藥師佛，故稱之為藥師七佛。此六佛與藥師琉璃

光如來共稱藥師七佛。（註：在藏密看來，若再加上釋迦牟尼佛，則稱為藥師八佛。）

　　《藥師琉璃光七佛本願功德經》收錄於《大正藏經集部》第 14 冊、《乾隆藏大乘五大部外重譯經》第 36 冊第 168 部。此經主要是在描述，❶ 藥師七佛名號、❷ 七位佛陀所在佛國世界的殊勝莊嚴，以及 ❸ 各自所發的大願，並說明❹ 恭敬受持七佛名號、❺ 如法供養、❻ 流布此經典的殊勝功德。

《藥師琉璃光七佛本願功德經》相關資訊

項目	詳細資訊
經名梵文	Saptatathāgatapūrvapraṇidhānaviśeṣavistara(sūtra)
譯者	唐代高僧義淨
主要收錄位置	《大正藏經集部》第 14 冊，《乾隆藏大乘五大部外重譯經》第 36 冊第 168 部
其他收錄於	《嘉興藏》、《永樂北藏》、《開寶藏》、《中華藏》、《高麗藏》、《房山石經》
內容概述	描述藥師七佛名號、七位佛陀所在佛國世界的莊嚴特色和發願，並闡述恭敬受持七佛名號、供養、傳播此經典的殊勝功德。

《藥師琉璃光七佛本願功德經·上卷》的奧祕與莊嚴

　　《藥師琉璃光七佛本願功德經》作為佛教經典，展現了其深刻的教義內涵。其中上卷詳細講述了：❶ 經文的說法對象及聽眾，❷ 經文的發起人曼殊師利法王子，❸ 釋迦牟尼佛為未來世眾生的利益而講說此經的背景。隨後，經文深入闡述了藥師七佛的名號、佛世界名號、莊嚴特色以及各自的發願，形成了一幅光彩奪目的佛教畫卷。

　　在後面的表格中，呈現了七佛的特點及重要內容。在這七位佛陀中，每位都擁有獨特的佛名、佛世界名號和特有的莊嚴屬性。例如，首位的「善名稱吉祥王如來」的佛世界名號是「無勝」，意味著祂所在的佛國世

界是無人可戰勝的。接著，每位佛陀都分別以不同的佛世界名號呈現，如「妙寶」、「圓滿香積」、「無憂」、「法幢」、「善住寶海」以及「淨琉璃」，每個名號都代表著對應佛世界的特有屬性。

此外，每位佛陀的發願也是經文的重要內容之一。祂們的發願次數、所願內容及對修行之誓言，均在經文中詳盡呈現。藥師七佛的發願內容龐大細膩，其中「法海雷音如來」發願於法幢法器世界，而「藥師琉璃光如來」則發願於淨琉璃純淨世界。

關於七位佛陀所在的「佛世界距離」的「殑沙」，其意思是恆河沙或恆河砂（梵語為 Gangā-Nadī-Vālukā）。佛教經典中，經常以恆河（玄奘譯為「殑伽河」）裡的砂石細碎且數量之多，比喻數之極多。殑沙或恆河沙可視為數量用詞、距離的單位。

表格的最下方以「藥師琉璃光如來」作為七佛中的最後一位，祂是藥師如來的「主體」，由他組合成七佛藥師或藥師七佛，其佛世界名號為「淨琉璃」，象徵著其所在的佛國世界的純淨狀態。這份表格的整理，可以一目了然呈現藥師琉璃光七佛的莊嚴特色、發願次數及所在的佛世界，這些豐富多彩的元素構成了《藥師琉璃光七佛本願功德經・上卷》的重要內容。這部經典不僅提供了修行者深入思索的教義，也揭示了藥師七佛對眾生的大願與慈悲。

洪啟嵩老師分析《藥師七佛經》的來源

根據洪啟嵩老師的推斷，《藥師琉璃光七佛本願功德經》（簡稱《藥師七佛經》）的來源相對較晚，他認為這部經典是在玄奘版《藥師經》修持法的基礎上，結合其他經典而形成的。

根據他的分析，這部經典在印度的流行時間約在玄奘回國之後，義淨回國之前，即唐太宗貞觀十九年（645 年）至武后證聖元年（695 年）之間，約五十年的時間。而後義淨於西元 707 年將之正式譯成中文，也就是《藥師琉璃光七佛本願功德經》。

洪啟嵩老師的推斷建立在對《藥師七佛經》的深入研究，以及對當

藥師七佛

	佛名	佛世界名號	佛世界屬性	發願次數	佛世界距離
1	善名稱吉祥王如來	無勝	勝利	八大願	東方去此四殑沙佛土
2	寶月智嚴光音自在王如來	妙寶	寶物	八大願	東方去此五殑沙佛土
3	金色寶光妙行成就如來	圓滿香積	香	四大願	東方去此六殑沙佛土
4	無憂最勝吉祥如來	無憂	情緒	四大願	東方去此七殑沙佛土
5	法海雷音如來	法幢	法器	四大願	東方去此八殑沙佛土
6	法海勝慧遊戲神通如來	善住寶海	寶物	四大願	東方去此九殑沙佛土
7	藥師琉璃光如來	淨琉璃	純淨狀態	十二大願	東方去此十殑沙佛土

時歷史背景的理解上。他認為，那段時間可能是《藥師七佛經》廣泛流傳的時期。由於玄奘版《藥師經》已經是一部相對成熟且廣為流行的經典，藥師佛法修持在佛教界已經有了一定的基礎。因此，後來可能有人將藥師法門與其他經典相結合，形成了《藥師七佛經》這部新的經典。

現今《藥師七佛經》的持誦者

　　義淨法師譯的《藥師琉璃光七佛本願功德經》是一部二卷的經典，在漢地廣為流傳後，特別受到西藏密教信眾的重視，成為他們修持的重要經典。**在民國 23 年，吳潤江上師和王家齊上師根據西康寧瑪派祖師諾那活佛所傳的標準咒音，將這部經典用藏文、漢文、英文三種文字對譯咒文。**這樣做的目的是為了保持梵音的正確調式，並將對譯咒文編入原經，進行校印和流通。如此修訂使得這部經典能夠更好地造福修行者，功德無量。有關吳潤江上師的資料，見於本章第 6 單元，因為他在臺灣有著深遠的影響，筆者特別說明了他的演講內容。

08 《藥師琉璃光七佛本願功德經》下卷解析

　　我們延續上個單元繼續討論。義淨版《藥師經》（亦簡稱《藥師七佛經》）和玄奘版《藥師經》有許多相同之處，包括淨琉璃世界的淨土功德、藥師如來真言、琰魔法王、四十九燈、救脫菩薩、十二藥叉大將、如來定力琉璃光大神咒、八戒齋等。然而，兩者之間也存在一些差異。此外，義淨版《藥師經》還介紹了藥師七佛各自的供養法和甚深功德，而玄奘版《藥師經》僅只有一位藥師琉璃光如來，這部分明顯不同。

七個經名與三個經名

　　比較大的差異是經名，義淨版《藥師經》寫著：「此經名為『七佛如來應正等覺本願功德殊勝莊嚴』，亦名『曼殊室利所問』，亦名『藥師瑠璃光如來本願功德』，亦名『執金剛菩薩發願要期』，亦名『淨除一切業障』，亦名『所有願求皆得圓滿』，亦名『十二大將發願護持』，如是名字，汝當奉持。」

　　再看玄奘版寫著：阿難白佛言：「世尊！當何名此法門？我等云何奉持？」佛告阿難：「此法門名說『藥師琉璃光如來本願功德』，亦名說『十二神將饒益有情結願神咒』，亦名『拔除一切業障』，應如是持。」

　　顯然義淨版本的經名有以下七個，而玄奘版只有三個經名，而且與3、5、12相近。

1.「七佛如來應正等覺本願功德殊勝莊嚴」
2.「曼殊室利所問」
3.「藥師瑠璃光如來本願功德」（與玄奘版完全相同）
4.「執金剛菩薩發願要期」

5.「淨除一切業障「（玄奘版是「拔除一切業障」，兩經名幾乎相同。）

6.「所有願求皆得圓滿」

7.「十二大將發願護持」（玄奘版是「十二神將饒益有情結願神咒」，頗為接近。）

引人注目的是執金剛菩薩

義淨的《藥師琉璃光七佛本願功德經》的下卷，與玄奘譯版有著一些顯著的差異，其中最引人注目的是執金剛菩薩的出現。這位執金剛菩薩成為經文中的重要角色，並且多次出現。他被描述為手執金剛杵的夜叉神，負責保護帝釋天，同時亦是釋迦牟尼佛誕生後下降到閻浮提世界的守護神，守護佛陀的道場。

義淨的版本中，執金剛菩薩的重要性得到突顯，他在經文中多次與佛陀和其他菩薩、天人互動，表現出對佛法的極大尊敬與奉獻。其中有一段描述：「爾時，執金剛菩薩、釋梵四天王從座而起，合掌恭敬，禮釋迦牟尼佛足，白言：『世尊！我等大眾，皆已得聞諸佛本願殊勝功德，及見諸佛慈悲至此⋯⋯世尊！我等親於佛前，自立要誓：若有淨信男子、女人，憶念我者，應誦此呪。』」

除了執金剛菩薩的加入，義淨版本中還提及了在佛像中安放佛舍利的情節，而這在玄奘譯版中並未出現。這些改動使得義淨的版本在內容上呈現了更豐富的面向，也為修行者呈現了不同的視角。總的來說，義淨的《藥師琉璃光七佛本願功德經》下卷與玄奘版最主要的差異可以總結為以下幾點：❶ 執金剛菩薩、❷ 於佛像身安佛舍利、❸ 此經之各種名稱。至於上卷的差異（見前一單元）就是多出七位佛陀的名號、發願、佛國淨土的詳細稱謂。

以下表格的比較顯示出義淨版本的獨特之處，其對執金剛菩薩的強調和對佛像中佛舍利的描述，都使得經文內容更加多元豐富。這些差異也突顯了佛教經典傳承中不同版本的演變和發展。

義淨版與玄奘版的比較

比較項目	義淨版	玄奘版	明顯差異
1. 淨琉璃世界之淨土功德及日光、月光菩薩	相同	相同	
2. 無量壽佛與藥師如來	相同	相同	
3. 藥師如來真言	相同	相同	
4. 七佛供養法	七佛	僅一佛	※
5. 七佛如來甚深功德	七佛	僅一佛	※
6. 琰魔法王	相同	相同	
7. 四十九燈	相同	相同	
8. 救脫菩薩	相同	相同	
9. 十二藥叉大將	相同	相同	
10. 如來定力琉璃光大神咒（呪）	相同	相同	
11. 八戒齋	相同	相同	
12. 執金剛菩薩	有	無	※
13. 於佛像身安佛舍利	有	無	※
14. 未來世後五百歲，法滅時護持是經	近似	近似	
15. 此經之各種名稱	七種經名	三種經名	※

・備註：

第 10 項中，玄奘版釋尊入定放光講咒語的經文，在義淨版寫著「此大神呪名曰如來定力琉璃光」。（採用呪字，而非咒字。）

第 11 項中，義淨版的是「八戒齋」，而玄奘版是「八分齋戒」。筆者認為，義淨版本的「八戒齋」是指「八分齋戒」（藥師法門），而非「八關齋戒」（釋迦牟尼佛的法門）。

第 14 項中，玄奘版的內容參見 PART 2 第二章第 53 單元，義淨版本中則描述正確時間。內容是：「七佛告諸菩薩、釋梵四天王曰：『我今以此神呪，付屬汝等，并此經卷，於未來世，後五百歲，法欲滅時，汝等皆應護持是經，此經威力、利益甚多，能除眾罪，善願皆遂。勿於薄福眾生，誹謗正法、毀賢聖者，授與斯經，令法速滅。』」

09 《龍藏經》裡的藥師七佛 與十二神將

不可思議的三百年，宮內大殿長期供養的 一部神聖經典

　　《龍藏經》是一部藏傳佛教的經典巨著，也是國立故宮博物院典藏品中極為珍貴的國寶文物。除了特展之外，很少對外曝光。為了保存，每次也僅能取 108 函的其中一函來展示。《藥師琉璃光如來本願功德經》中描述的佛經功德，包括了：❶ 禮佛、❷ 誦經持咒、❸ 布施和 ❹ 供養這四種行為，而且多次出現在經文中。而《龍藏經》可說是上述佛經功德供養的極致表現，**它被長期安置在清朝內廷的大佛堂內，由德行優秀的宮中大喇嘛仁波切隨時於前奉誦禮讚，而且這個過程竟然長達三百年。這些僧侶凝聚的加持力，經年累月具備的能量不可思議，也難怪傳說親眼看到此經的人，能夠得到七世福報。**藥師七佛的圖像分布在《龍藏經》108 函的其中四函。本單元將分析藥師七佛，讓研究藥師經圖像的讀者多一份有用的參考資料。

認識龍藏經：康熙時期的佛教巨作 總共 108 函，收錄 1057 部寫本佛經

　　在我們進入藥師七佛的分析前，先來認識這部國立故宮博物院典藏的《龍藏經》。此乃康熙皇帝的祖母發心修造的藏文「甘珠爾」，那時她是蒙古族的孝莊文皇后。**什麼是甘珠爾？「甘珠爾」是藏文音譯，意思是教敕譯典，也就是指佛陀所說教法的總集，此外《龍藏經》也可以理解為藏文大藏經。**

　　《龍藏經》完成的時間是康熙八年（1669 年），是一部相當龐大的佛教經典總集，總共 108 函，收錄了 1057 部寫本佛經，經文都是以藏文完

成的。如同漢文大藏經，這部藏文大藏經也有不同版本。**根據故宮劉國威老師的版本分析，這部《龍藏經》屬於西藏蔡巴「甘珠爾」系統，而內容的編排方式與明永樂八年（1410）刻印的藏文《甘珠爾》相同。**

《龍藏經》的內容主要分為「祕密部」、「般若部」、「寶積部」、「華嚴部」、「諸經部」與「戒律部」，總共六部。藥師七佛的第七佛「藥師琉璃光如來」圖像安置於「祕密部」（第 11 函的上經板），其他六佛的圖像安置於「諸經部」（第 84、85、86 函的上經板），詳細資料請參看本單元的圖表。

 ## 《龍藏經》與《藥師七佛經》結構分析表

《龍藏經》與《藥師七佛經》結構分析表

「祕密部」
- 第 11 函上經板：第七佛圖像
- 第 11 函經葉：共有三個不同版本
  《藥師經》的經文

「般若部」
- 第 35 函下經板：四位藥叉神將圖像
- 第 36 函下經板：四位藥叉神將圖像
- 第 37 函下經板：四位藥叉神將圖像

「寶積部」

「華嚴部」

「諸經部」
- 第 84 函的上經板：第一佛、第二佛圖像
- 第 85 函的上經板：第三佛、第四佛圖像
- 第 86 函的上經板：第五佛、第六佛圖像

「戒律部」

《龍藏經》主要的兩個結構：經板與經葉

如前所述，《龍藏經》總共 108 函，每一函是對治眾生 108 種煩惱的智慧法門。每函經葉含三百葉至五百葉不等，經葉為正反兩面，並採用上好泥金以藏文楷書抄寫經文。**請注意，泥金與藏文楷書這兩點，讓經葉呈現出精緻、莊嚴的神聖感。**經葉的四周邊圍，再以泥金彩繪右旋白螺、法輪、寶傘、勝利幢、蓮花、寶瓶、金魚、吉祥結等八種吉祥圖案。經葉上下各有兩層經板護夾，再捆以經繩，最後用數層經衣包裹而成。

《龍藏經》主要的兩個結構是：經板與經葉。經板呈現諸佛菩薩的「圖像」，經葉則是以泥金記錄的「經文文字」。本單元的重點是在兩層經板的圖像。經板的功能是用來保護經葉，其任務重要包含了：❶ 硬質實體保護與 ❷ 心靈智慧守護等兩個層面。上經板通常擁有兩位佛或是菩薩的圖像，代表兩股宇宙的神聖智慧來「啟動」內部的經葉，這即是心靈智慧的守護層面。藥師七佛都位處於上經板。至於下經板則繪有五位護法，在背後「守護」這些神聖經葉，祂們通常具備戰鬥屬性，可以對治貪、瞋、癡的負面能量，所有的十二藥叉神將都在下經板。至於上下經板之內的經文在次序上與經板圖像並無明確關聯。康熙《龍藏經》的泥金寫本共有三部藥師經，均收錄於六大部的「祕密部」的第 11 函，經文內容雖提及藥師佛相關諸尊名號，但沒有任何圖像特徵的敘述。

故宮博物院也將經板上圖像編輯成冊出版，書名是《龍藏經：圖像之部》

故宮博物院也將這些圖像編輯成冊出版，書名是《龍藏經：圖像之部》，共二冊，完整呈現 756 尊佛菩薩護法，每一尊像均含藏文題記。這是研究藏傳佛教圖像極佳的參考典籍，由胡進杉老師完成文字撰述。他呈現出梵文、漢文、藏文、滿文的比對，提供不同民族經典的翻譯。**康熙《龍藏經》經板上的圖像，可說是現存傳世最早的大型佛經經板彩繪巨作。**此外，整個《龍藏經》的製作工程浩大，包含 ❶ 造紙、❷ 抄經、❸ 繪圖、❹ 織繡經簾、❺ 珠寶鑲嵌、❻ 裁製經板等等，彙集當時宮廷

滿、藏、漢各族紙工、金匠、木工、織工等僧俗人員通力完成，是清初書籍製作的技術巔峰。《龍藏經》的諸佛菩薩護法數量龐大，真的有756尊嗎？這個數字又是如何來的？

由於上經板有兩位寂靜祥和的佛菩薩，再加上下經板的五位戰鬥屬性的護法，因此每函繪有七尊守護著每一函經葉。所以，整個龍藏經的108函，共計756尊。然而，根據胡進杉老師的仔細比對，他發現有230尊重複出現，所以整部經板的不同圖像剩下526尊佛菩薩。

《龍藏經》的藥師七佛

自古以來，對於藥師如來一佛、七佛的論述甚多，更多分析請見本章第10單元。其中一種說法是，七佛是不同的佛陀，**但由於祂們本願（根本願望）相同或近似，於是原本各自獨立的七位佛陀被「結集」在一起，歸類成一組佛陀**。還有一種說法是，第七位的藥師琉璃光如來所發的十二願，內容已涵蓋前六位佛陀的誓願，因此前六佛可視為藥師琉璃光如來的「分身」。甚至，藏傳佛教把宣講本經的釋迦牟尼佛也納入藥師佛的行列，而成為藥師八佛。**無論是各自獨立的佛陀或是分身的說法，都必須從第七位藥師琉璃光如來開始介紹，因為祂的願望最完整**。在《龍藏經：圖像之部》中，祂的編號是011-1，也就是出自於第十一函的左尊，此函屬於「祕密部」。此尊在《龍藏經》的簡約命名是「藥師佛」，在義淨版本可以對應出為「藥師琉璃光如來」。祂身著佛裝，禪定坐姿，藍膚。關鍵的手印是右手為與願印，給予眾生願望。左手為禪定印，捧持藥師缽，缽內含帶葉訶梨勒果。顯然，這是典型藏傳佛教的藥師琉璃光如來。

接著我們看第一佛，是第84函的上經板左尊，編號084-1。《龍藏經》中的命名是「妙相佛」，對應於義淨的《藥師七佛經》是「善名稱吉祥王如來」。如同第七佛，祂也是身著佛裝，整體身形大致相同。比較明顯的差異是肉膚（或黃膚）。身形也是禪定坐姿，但手印不同，右手為觸地印，左手為禪定印。再看第二佛，編號084-2，同樣是上經板，不過是右尊。在《龍藏經》的漢字命名是「妙音威嚴佛」，義淨版本是「寶月智嚴光音

自在王如來」。祂身著佛裝、藍膚，身形是禪定坐姿，右手為與願印，左手為禪定印。

龍藏經的藥師七佛

次序	《龍藏經》的經函	《龍藏經》的命名	義淨版本《藥師七佛經》的稱謂
第一佛	第 84 函上經板左尊	妙相佛	善名稱吉祥王如來
第二佛	第 84 函上經板右尊	妙音威嚴佛	寶月智嚴光音自在王如來
第三佛	第 85 函上經板左尊	妙金無垢佛	金色寶光妙行成就如來
第四佛	第 85 函上經板右尊	無憂勝佛	無憂最勝吉祥如來
第五佛	第 86 函上經板左尊	法讚佛	法海雷音如來
第六佛	第 86 函上經板右尊	神通佛	法海勝慧遊戲神通如來
第七佛	第 11 函上經板左尊	藥師佛	藥師琉璃光如來

次序	顏色	手印、持物		佛世界名號
第一佛	肉	右手：觸地印	左手：禪定印	光勝世界或（無勝世界）
第二佛	藍	右手：與願印	左手：禪定印	妙寶世界
第三佛	金	右手：安慰印	左手：禪定印	圓滿香積世界
第四佛	肉	右手：與願印	左手：禪定印	無憂世界
第五佛	肉	雙手為轉法輪印		法幢世界
第六佛	藍	雙手為禪定印		善住寶海世界
第七佛	藍	右手為與願印，左手為禪定印，捧持藥師缽，缽內含帶葉訶梨勒果。		淨琉璃世界

- **備註：**
1. 《龍藏經：圖像之部》的執筆者是胡進杉老師，他一一比對藏文、梵文、蒙古文，找出義淨版的藥師七佛的對應稱謂。
2. 《龍藏經》每一函共七尊圖像，上經板兩尊，下經板五尊。藥師七佛全都在上經板。
3. 「《龍藏經》的命名」一欄，是依據故宮博物院出版的《龍藏經：圖像之部》。其中圖像上肉膚（第 1、4、5 佛），或許是因為已經歷經三百多年，顏色多少有變化，筆者覺得也頗接近黃膚。

筆者發現，經板圖像的第一佛到第六佛，**每一尊佛陀都是身穿佛裝與禪定坐姿，而且都沒有任何持物，明顯的差異只在膚色與手印。**膚色有三種，藍膚、肉膚與金膚。圖像上的肉膚（第 1、4、5 佛）也頗接近黃膚，這是人類的膚色。藍膚（第 2、6、7 佛）肯定不屬於人類的膚色。七佛中獨一無二的金膚（第 3 佛）是「金色寶光妙行成就如來」，恰好符合祂的名號。

至於，擁有持物的只有第七佛，也就是藥師琉璃光如來捧持藥師缽，缽內含帶葉訶梨勒果。其實，藥師七佛的造像自唐代以來並未統一，然而，《龍藏經》的藥師七佛可以提供藏傳佛教的信眾或是研究學者極佳的參考範例，畢竟這是康熙宮廷佛畫的極致。前頁表格整理出第一佛到第七佛的膚色與手印。讀者無須記憶，查詢表格即可獲得基礎資訊。

《龍藏經》的十二神將由傳統的戰將轉化成財神

《龍藏經》中的十二神將發展出極為特殊的身形，是獨一無二的藏密式造像，不同於漢傳或日本的十二神將。祂們原本是天地山林的精怪，常見的身形是身穿鎧甲的「威猛戰將」，然而來到藏傳佛教就轉變成「財寶天神」。身形是腹大體胖、左手抱吐寶鼠，寶鼠是關鍵象徵物。而且身上的盔甲戰袍轉變成天衣（穿戴瓔珞珠寶、飛揚飄帶）。這種形象宛若西藏著名黃財神的標準身形。十二神將分成三組，出現於 35、36、37 等三函的下經板。

我們先看十二神將的第一尊宮毗羅大將，此尊位處於第 35 函的下經板（《龍藏經：圖像之部》編號 35-4），名號是「普宅怖畏財神」，此尊在其他經典中又稱「極畏」。圖像中，祂的身形是上身赤裸，黃膚；遊戲坐姿，右手持金剛杵，左手握持寶鼠。遊戲坐姿（lalitasana）是印度古代帝王的舒適坐姿，特徵是雙腳禪定坐姿的其中一腳舒適地垂放，又稱大王遊戲姿或帝王遊戲姿。這個坐姿並非戰鬥屬性，顯然脫離了十二神將的勇猛戰鬥身形，由保護眾生免於危難困厄，轉向於豐衣足食的施予。

再看第二尊跋折羅（《龍藏經：圖像之部》編號 35-3），同樣位於

三十五函的下經板，在《龍藏經》的名號是「紫紅金剛財神」。其他經典的名號還有「伐折羅」。其身形是上身赤裸，肉膚；遊戲坐姿，右手持寶劍，左手握持寶鼠。

往後的每一尊神將的名號，都擁有「財神」一詞，身形也具備財神的特質。最關鍵的三個特徵是：❶ 腹大體胖、上身赤裸（富足與能量）、❷ 遊戲坐姿（王者姿態）、❸ 左手握持口吐珠寶的寶鼠（象徵財富）。《龍藏經》經板上的十二藥叉大將，在圖像工筆上極為細膩精緻。有關《龍藏經》十二神將的身形描述，請見下表。

《龍藏經》的十二神將

順序	經函	經板位置	編號	龍藏經命名	顏色	右手持物
1		下經板第四尊	35-4	普宅怖畏財神	黃	金剛杵
2	35函	下經板第三尊	35-3	紫紅金剛財神	肉	寶劍
3		下經板第六尊	35-6	持嚴財神	紅	法輪
4		下經板第七尊	35-7	持曜財神	藍	綠寶珠長鎚
5		下經板第三尊	36-3	持風財神	藍	藍寶珠長鎚
6	36函	下經板第四尊	36-4	安居財神	黃	藍寶珠長鎚
7		下經板第六尊	36-6	持力財神	黃	金剛羂索
8		下經板第七尊	36-7	持飲財神	黃	金剛長斧
9		下經板第三尊	37-3	持語財神	煙	寶劍
10	37函	下經板第四尊	37-4	持意財神	紅	綠寶珠長鎚
11		下經板第六尊	37-6	止動財神	黃	藍寶珠長鎚
12		下經板第七尊	37-7	能滿財神	紅	無

・備註：
1. 本表依據《龍藏經》的圖像順序，先 35-4，而後是 35-3，並非表格排列錯誤。十二神將分成三組，出現於 35、36、37 等三函的下經板，均屬於般若部。
2. 十二神將的名號與漢傳佛教及日本佛教明顯不同。
3. 不同色澤的寶珠長鎚，握柄也可能是木製長槌，但是金屬製的可能性較高。
4. 十二神將的右手持物不同，但第十二位的右手沒有持物。左手持物均是象徵財富的寶鼠。

延伸學習

康熙《龍藏經》中藥師佛文本與圖像

　　故宮的劉國威老師提供給筆者一份龍藏經十二神將圖像分析，這是他指導的學生噶瑪施無畏的論文。題目是〈《康熙《龍藏經》中藥師佛文本與圖像〉，刊載於 2021 年《故宮文物月刊》第 459 期，這算是近幾年對十二神將最深入的學術報告。在文章中，作者比對了三本經本中描述的十二神將，全都是密教典籍，分別是❶《大正藏》經號 926《藥師琉璃光王七佛本願功德經念誦儀軌供養法》、 ❷《本尊海成就法寶源》、❸《如饒益泉源之七如來壇城灌頂修誦儀軌》。在論文中討論了此三部具代表性的圖像文本內容，以文本的角度提供了康熙《龍藏經》藥師佛圖像的另一種解讀。請注意，「圖像文本內容」的意思是經典中對於十二神將造型的文字說明。

　　這三部經典來自於元、明、清三個朝代的大師，分別是元朝的沙囉巴（shes-rab dpal, 1259-1314），明朝時期的西藏大學者多羅那他（Tāranātha, 1575-1634）與清初的西藏夏仲噶波活佛（Zhabdrung Karpo, 1660-1728）。這篇論文指出，《龍藏經》經板的圖像應該有其脈絡，由於藏傳佛教中的《藥師經》以義淨版為重，所以《龍藏經》經板上的藥師佛圖像呼應了這個主流與淵源。然而，透過多個文本的解讀，噶瑪施無畏還原了康熙《龍藏經》藥師八如來（納入釋迦牟尼佛）和十二神將圖像在泥金寫本中的完整名稱。**此外，作者比對了藥師佛圖像文本內容，並請教資深的藏籍畫師，認為《龍藏經》十二神將圖像部分藏文題記可能有誤植。**噶瑪施無畏將其差異內容製成比對表格，想深入研究的讀者請參閱《故宮文物月刊》第 459 期。

本單元相關資料

筆者建議，研究西藏佛像的讀者不宜錯過以下參考資料。

1. 《龍藏經：圖像之部》，整理自清康熙八年內府泥金藏文寫本，胡進杉著，2007。

2. 〈藥師佛與千手觀音的願望〉，胡進杉著，《故宮文物月刊》313 期，2009。

3. 〈康熙《龍藏經》中藥師佛文本與圖像〉，噶瑪施無畏著，《故宮文物月刊》459 期，2021。

10 一佛或是七佛，
佛身同異的不同見解

　　藥師佛與藥師七佛是藥師法門中一個值得深入探討的問題，相當多的學者依此發表文章。但筆者覺得洪啟嵩老師所寫的《藥師經集導論》（或《藥師經提要》）最為精闢，豐富的資料呈現了多元的解釋和推論。另外一提，洪啟嵩老師於 2023 年推出《藥師佛：消災延壽》等多本有關藥師如來的最新著作。本單元討論洪啟嵩老師的文章分析，並介紹他引用的兩部密教經典：《阿娑縛抄》與《覺禪鈔》，它們都是日本古籍。

　　《阿娑縛抄》是日本鎌倉中期台密（天台宗密教）的一部圖像集，由比叡山（現在京都區域）僧人小川承澄撰寫，大致成書於建治元年（1275 年）。書名《阿娑縛抄》中的「阿」、「娑」、「縛」三字出自《大日經疏》卷 14，分別代表胎藏界的佛部、蓮華部、金剛部的種子字。該書後來經過補訂，也被收錄於《大正藏》。

　　《阿娑縛抄》整理了當時「台密」諸多流派的學說、儀軌、口傳，是台密教學與儀軌的集大成。無論是「台密」與「東密」都著重於密教的發展，內容也有相互重疊。「台密」是由天台宗發展出的密教，而「東密」的東字是指東寺，是由東寺發展出來的密教。另外，東密是個簡稱，完整名稱是「真言宗東寺派」。這部《阿娑縛抄》雖然屬於「台密」僧侶的著作，但也成為研究「東密」的重要文獻。其中提到，《藥師經》和《藥師七佛經》對於藥師佛的名號和本願存在差異。

　　洪啟嵩老師分析《阿娑縛抄》的五個段落，其中之一是「又傳教大師鎮西造立給七如來。中如來其名藥師見傳，若依此意，彼七佛猶是藥師如來一佛異名歟！」其中的傳教大師即是著名的最澄大師。洪啟嵩老師認為，《阿娑縛抄》的這個說法有極濃的「調和」味道，欲解決兩經之相異點，以為七佛即一佛。我們將洪啟嵩老師提及的五個段落內容整理成表格，方便讀者閱讀。

洪啟嵩老師對《阿娑縛抄》的分析

經文段落	《阿娑縛抄》	洪啟嵩老師的分析
1	《本願經》云：『造彼如來形像七軀』，二經不同也，本願經只見藥師像七體，《七佛經》明七佛各別名並淨土本願。智泉云：『二經心各別也，隨依一意可修之。』	二經在根本上有所不同，其依據之心要與七佛之體、淨土、本願亦有所不同。
2	依二卷經（《藥師七佛經》）修之者，善名稱等七佛為本尊；依一卷本（《藥師經》）者，藥師七體。	二經在根本上有所不同，與段落1看法接近。
3	又傳教大師鎮西造立給七如來。中如來其名藥師見傳，若依此意，彼七佛猶是藥師如來一佛異名歟！	七佛皆為藥師一佛的異名。
4	玄奘七佛開一佛故，專譯第七藥師功德。義淨一佛又七佛故，委譯七佛各別功德；而藥師琉璃光如來七佛本願經題，終藥師琉璃光如來本願功德結名。……本願經又請問詞云：『唯願演說如是相類諸佛名號。』世尊答云：『勸請我說諸佛名號。』依師說推，此詞指善名稱等云諸佛歟！……然者二經附合，七佛一揆……是則一佛改名號，七佛成正覺者。	這個說法有極濃的調和味道，欲解決二經之相異點，以為七佛即一佛。
5	江師云：七佛名號各別也，必皆非藥師歟！但七佛藥師者雖各別，藥師始故，為名謂藥師等七佛云也。	藥師七佛是相異的七佛，而非同體。

我們再看另一部重要經典《覺禪鈔》，這是日本真言宗僧侶「覺禪」所著的重要著作，也稱作「百卷鈔」、「小野百卷鈔」或「淨土院鈔」。《覺禪鈔》彙整了當時真言宗不同流派的教義、儀軌、口傳等豐富內容。其實，日本真言宗的流派非常多，著名的東密即是其中之一。東密的《覺禪鈔》的重要性不亞於前述台密的《阿娑縛抄》，兩者同為研究「真言宗」教義的重要參考資料。雖然《覺禪鈔》是「真言宗」的重要著作，但也被譽為「天台宗」教學、儀軌的集大成。覺禪法師撰寫這部宏大的著作花費了四十多年的時間，可見其中所包含內容的綜合性與豐富度。

　　《覺禪鈔》直接指出：「《本願經》中的七軀像，即《藥師七佛經》的七佛……《本願經》一佛，《七佛經》各別尊，一體分身也。……又兩經見始終更無差異也。《本願經》形像七軀者，二卷經《七佛經》所說七佛也。或《七佛抄》云：『七佛同是一體分身，隨機緣取七佛淨土，成佛利生。』」文章中的《本願經》是玄奘譯版，而《七佛經》是指義淨譯版。

　　讀者也許會有點混亂，讓我們先複習本書採用的玄奘版之內容：「然四十九燈，造彼如來形像七軀，一一像前，各置七燈，一一燈量，大如車輪，乃至四十九日，光明不絕。」這裡的「然」即是燃，燃燒。經文提到七尊佛像，並未提到七尊個別的名號。（PART 2 第 2 章第 48 單元）

　　《覺禪鈔》中的意思是說，玄奘版僅一佛，義淨版擁有各自別尊，是一體的分身。兩經始終更無差異。玄奘版的形像七軀者，即是分成上下卷之義淨版所說的七佛。此外，引用另一部著作《七佛抄》的內容：「七佛同是一體分身，隨機緣取七佛淨土，成佛利生。」

　　洪啟嵩老師針對《覺禪鈔》的分解提出看法。他說：「《藥師經》與《七佛經》同本者，有認為一佛與七佛同體的看法。但從上卷的論證，我以為此經並非只有節略的差異而已。我認為，《藥師經》與《藥師七佛經》的來源，或由不同的傳承，或由《藥師經》在傳承中，經由藥師行者依據藥師法，而輾轉擴大附麗而成。在佛教的修持中，本有許多不可思議的境界，而密宗之經軌，經由如此而增加其內容，亦非不可理解。」

　　洪啟嵩老師認為，不同的解釋可能來自不同的傳承，或是經由傳承中的輾轉發展而形成。佛教中常有許多不可思議的境界，而密宗的經軌

在修持中可能會增加其內容，這是可以理解的。筆者認為，洪啟嵩老師的這段結論非常中肯。

　　綜合上述文章，我們體認到修行者可以根據自身的心要和因緣來取修。不論是認為「藥師七佛是藥師佛的不同名號」，還是「藥師七佛是藥師佛的分身」，都可以在修行中向著藥師佛的真實法界邁進，實現圓滿的修持目標。這個差異也顯示了佛教經典中不同的解釋和理解，而修行者在深入研究及實踐中，自能獲得對這個問題更深刻的理解與體悟。

🎵 日本最重要的兩個密宗

	意思	主要人物	派別
台密	天台宗的密教	最澄大師，通稱「傳教大師」	天台宗
東密	東寺的密教	空海大師，通稱「弘法大師」	真言宗

備註：台密與東密是漢傳佛教對日本密教的稱呼，兩者即是日本的天台宗與真言宗。

🎵 《阿娑縛抄》和《覺禪鈔》比較表

	撰寫者	派別
《阿娑縛抄》	比叡山僧人小川承澄（13 世紀）	台密
《覺禪鈔》	真言宗僧侶覺禪（年代不詳）	東密

11 從京都十二藥師寺到 西國四十九藥師靈場

　　藥師如來在日本的影響甚深，在台密（天台宗密教）、東密（東寺密教）扮演著重要的角色，有些信仰和傳統是在日本獨立發展出來，並未出現於漢傳佛教。這兩個宗派對於日本的藥師法門和信仰體系有著深遠的影響，甚至藥師信仰也擴及日本本土的神道教；神道教是日本自古以來的民間信仰與對自然天地的崇拜，屬於泛靈多神信仰。

　　在日本的台密中，藥師如來扮演了重要的角色。七佛藥師法門是台密的一個重要法門，主尊為藥師如來。修持此法門可以消除疾病等災難，並具有特定的法儀和軌範。至於東密，以東寺為發展基礎，主尊同樣是藥師如來。空海大師的真言宗在盛行之下，更是延伸出京都、奈良區域，甚至全日本。

　　如前所述，藥師如來在日本的神道教中也有一席之地。根據「神佛習合」觀念，一位牛頭天王被視為藥師如來的化身或權現，他在神道教的正確稱號是「素盞鳴尊」。這種習合觀念在日本的宗教信仰和傳統中經常出現。所謂「習合」一詞，是日本本土的信仰和佛教折衷，再融合形成一個新的信仰系統。

　　由於藥師如來的信仰在日本非常盛行，於是許多寺廟供奉藥師如來作為主尊。以下是一些重要藥師如來信仰的相關寺院。首先是京都的東寺（位於京都車站附近）和醍醐寺（京都市伏見區），都將藥師如安置於寺院最重要的「金堂」。**日本寺院的金堂大多供奉的是該寺的主尊，東寺、醍醐寺兩座寺廟的金堂均屬日本國寶，也都是聯合國世界文化遺產。**奈良地區也保存著藥師傳承，其中的藥師寺金堂的主尊是藥師如來，而興福寺金堂供奉的主尊雖然是釋迦牟尼，但同樣有相當規模的藥師信仰。奈良的興福寺和藥師寺均被列入聯合國世界文化遺產，這是相當難得的文化榮譽。

京都還有著名的十二藥師寺，這些寺廟的歷史可以追溯到平安時期左右，超過千年歷史，但十二藥師寺的組合並非始終統一，而是持續變動。在江戶時代的天明年間，新的十二寺的組成得到確立，形成了現在的京都藥師十二寺，已經有兩百年的歷史。（參見 Part1 的第 12~13 單元）

　　藥師如來在日本被親切地稱為「藥師さま」，正式稱呼還是「藥師瑠璃光如来」，還有個「醫王佛」的別名，是被崇拜為能治癒眾生的疾病和苦難之佛，還能延壽，因此受到廣泛的信仰，也是在日本高齡化時代中非常重要的神佛。

　　日本藥師如來的雕像通常右手做出施無畏印（意味著無需畏懼）的手印，左手持有藥壺（缽），但也有沒有藥壺的雕像。其真言為「オンコロコロ　センダリマトウギ　ソワカ」，意思是能迅速實現人們的願望，不僅治療疾病，還能賜予現世的巨大恩惠。

　　日本有個「靈場」（れいじょう）用詞，指的是具有神靈「靈驗之地」的意義，其中包括神社、寺廟等宗教設施，以及與宗教相關的特定地點。（「靈場」一詞多半屬於性質相同的群組寺院。）所以，十二藥師寺被延伸稱為藥師十二靈場，並且擁有神聖的巡禮活動。此外，日本還有規模更龐大的藥師靈場，讓京都的藥師十二靈場信仰延伸到西國四十九靈場。西國位處日本的哪些區域？其實，西國具體指代的地區範圍，隨時代的不同而有所變化，最初是特指九州地方，後來的範圍擴大到日本的中國地方和近畿地方，使西國可用於指近畿地方以西的日本。

　　如同京都藥師十二寺靈場巡禮，西國四十九藥師靈場巡禮同樣是一種信仰著佛像和寺廟的「巡禮」活動。**在古代日本，巡禮活動早已經開始形成，並在平安末期至鎌倉時代達到高峰。**當時，觀音靈場的巡禮深受平安貴族歡迎。近世以來，隨著城下町（以領主居住的城堡為核心來建立的城市）和宿場（相當於古代的驛站或現代的公路休息站、服務區）的建設，武士和庶民的移動受到限制，但「神仏祈願」仍然被允許。因此，「伊勢參り」（到伊勢神宮朝聖）逐漸流行起來，並引發了庶民間的朝聖和旅行熱潮，各種巡禮活動開始興盛起來。

西國四十九藥師靈場巡禮也是在這樣的文化氛圍中形成，由京都、大阪、兵庫、滋賀、奈良、和歌山、三重等七個府縣的四十九座寺廟組成，供奉著藥師如來。這些寺廟成為信眾朝聖的聖地，人們帶著希望和願望前往這些地方，祈求健康和長壽，尋求心靈寄託。

12 楊白衣：尋訪佛菩薩的戶籍，解析十二神將的神聖身分

想要深入研究藥師法門的學者，通常不會錯過《佛菩薩的戶籍》這部著作。作者楊白衣居士在這個領域中是一位傑出的代表，其著作《佛菩薩的戶籍》由大乘印經會出版，其中詳細記載了藥師如來十二神將的身形與特點，資料來源應該來自日本。

在日本佛教的信仰體系中，藥師如來的十二神將占據著重要的地位，被普遍認為是藥師如來的分身，或者是其眷屬。 他們的存在如同圍繞於本尊的守護者，又被稱為十二藥叉大將，或簡稱為十二神明。楊白衣居士的著作《佛菩薩的戶籍》將有助於我們深入理解這十二神將的本質。本單元將揭示十二神將的身形特點，使我們能夠更清楚地想像和理解這些神祇的存在，不過，我們先來認識楊白衣居士的背景。

楊白衣居士（1924~1986）是臺灣佛學界的重要學者，早年赴日本留學，就讀東京芝浦工業大學土木工程專業。然而，他對佛學的熱愛與追求，最終促使他投入佛學領域，並於民國四十二年（1953年）決定轉往日本佛教大學專攻佛學。

在日本研究佛學期間，楊白衣居士悉心學習佛教經典、論著以及佛學思想。畢業後，他返回臺灣，曾在東方工業專科學校、臺北工業專科學校、文化大學以及東海大學等校任教，將在日本所學的佛學知識和新成果，傳遞給臺灣學子。

楊白衣居士的研究興趣廣泛，但在佛學研究上的表現尤為卓越。他在藥師十二神將的研究中，以著作《佛菩薩的戶籍》展現了對這些神將的細緻描繪，詳細記載了十二神將的守護時辰、本地佛的對應、頭冠、持物、身形等重要資訊，這使得這些神將的形象和功德得到更加具體且清晰的呈現。最特別是本地佛的對應，這是屬於日本佛教界的用法。

藥師十二神將分析

　　在楊白衣居士所撰寫的《佛菩薩的戶籍》中提及的藥師十二神將，其出處為《藥師觀行儀軌》。然而，筆者遍尋《大藏經》，卻無法找到《藥師觀行儀軌》相關的記載，因此推測這些資料可能來自日本佛教界的文獻，這也與楊白衣居士曾兩次留日的事實相符。

　　考慮到這一假設，我們可以推斷楊白衣居士從日本取得了《藥師觀行儀軌》的相關資料，並將其納入《佛菩薩的戶籍》之中。為了讓讀者更方便查詢，我們將楊白衣居士對藥師十二神將的描述整理成表格（詳見後頁），適用於多數日本藥師十二神將的實際情況，提供了對每位神將的名稱、本地佛菩薩、時辰、頭冠、形象、膚色及持物的整理。這些描述可能在日本佛教文獻中有所記載，並透過楊白衣居士的整理，成為《佛菩薩的戶籍》的一部分。

　　另外，再次說明表格中的「本地佛菩薩」一詞，**本地佛是日本佛教特有的用詞，其概念來自鳩摩羅什門下著名弟子僧肇的「本地垂跡說」。值得一提的是，鳩摩羅什的佛教譯經大多由身為中國人的僧肇潤文。**早期的佛教沒有懷疑神的存在，但認為神僅是六道之一的天道，他們的智慧狀態當然不及佛、菩薩，仍必須輪迴，這稱為「天人五衰」，意思是天界的天人在壽命將盡時，所出現的種種現象。

　　然而，佛教在推廣過程中，在不同地方都受到本地宗教抵抗，佛教僧侶僧肇為了解決此問題，提出本地垂跡說，刻意把當地神明改稱為佛、菩薩的化身，給予兩者平等的地位。例如，毗羯羅大將是自然山林的精靈，日本佛教將他轉換成釋迦如來的變化身形，給予崇高的地位。不僅如此，日本佛教興盛時期，都將日本神道教的八百萬神視為佛菩薩的化身，稱為權現（參見 Part3 的引言）。理論上，他們與佛菩薩具有同等地位，在日本，這樣的權現概念發展最完備，達到渾然一體的狀態。不過，十二神將也被視為藥師如來的化身，同時各自對應不同的本地佛菩薩，兩種概念並存。

《佛菩薩的戶籍》中的十二神將

神將名稱	本地佛菩薩	時辰	頭冠	膚色	持物
毗羯羅大將	釋迦如來	子時	鼠冠	青色	三鈷
招杜羅大將	金剛手菩薩	丑時	牛冠	赤色	橫劍
真達羅大將	普賢菩薩	寅時	虎冠	未知	寶珠、寶棒
摩虎羅大將	藥師如來	卯時	兔冠	青色	斧
波夷羅大將	文殊菩薩	辰時	龍冠	白肉	弓、矢
因達羅大將	地藏菩薩	巳時	蛇冠	赤色	三股戟
瑚底羅大將	虛空藏菩薩	午時	馬冠	赤色	三股戟、螺具
頞你羅大將	摩利支天	未時	羊冠	白色	弓、箭
安底羅大將	觀世音菩薩	申時	猴冠	赤色	寶珠
迷企羅大將	阿彌陀如來	酉時	雞冠	赤色	獨鈷
伐折羅大將	大勢至菩薩	戌時	狗冠	青色	劍
宮毗羅大將	彌勒菩薩	亥時	豬冠	赤色	大刀

神將名稱	形象
毗羯羅大將	忿怒形，右手持三鈷，左手作拉右袖之形態。
招杜羅大將	忿怒形，右手把橫劍，左手開掌執劍尖。
真達羅大將	笑怒容貌，右手捧寶珠，左手把寶棒。
摩虎羅大將	忿怒相，頭髮赤色上聳，右手作拳當腰，左手持斧。
波夷羅大將	身呈白肉色，容貌忿怒，右手屈臂，作拳攜矢，左手持弓。
因達羅大將	忿怒形，右手屈肘開掌，置於胸邊，左手執三股戟。
瑚底羅大將	忿怒形，右手把三股戟，左手持螺具。
頞你羅大將	忿怒形，頭髮上聳，右手執箭羽，左手持矢根，彎成弓形。
安底羅大將	大忿怒形，右手屈肘於右胸前開掌向前，屈左手，開掌，掌上放寶珠。
迷企羅大將	忿怒形，右手持獨鈷，左手作拳押下腹部。
伐折羅大將	忿怒形，頭髮茂盛聳上，右手持劍，左手作拳當腰。
宮毗羅大將	忿怒形，右手執大刀橫於頭上，左手開掌當腰。

註：筆者推測，「瑚底羅」很可能是「珊底羅」的誤寫。

13 太虛大師：人間佛教的創始者與藥師法門

　　近代的華人世界中，有幾位佛教大師對於佛教的影響深遠，在不同時期展現了卓越的成就，其中有幾位佛教大師在相近的時代內成就卓越，包括了太虛大師（1890~1947）與下一個單元的弘一大師（1880~1942）。接著，臺灣佛教界出現印順大師（1906~2005）、東初老人（1908~1977）和聖嚴法師（1931~2009）這三位大師，他們一脈相傳。太虛大師被認為是「人間佛教」的創始人（或稱人生佛教），在佛教後學間享有極高的崇敬。

　　太虛大師的佛教傳承影響深遠，農禪寺的東初老人以太虛大師的理念作為追隨的方向，致力於佛教文化的推廣。**隨後，聖嚴法師以東初老人為師，成為他的弟子，並承繼曹洞宗法脈，擔任住持，延續了農禪寺的這一傳承。**

　　然而，人們都知道最關鍵的角色是太虛大師，他是印順法師和東初老人的入門師父，並開啟了人間佛教的思想。太虛大師提出的「人生佛教」，是現代中國佛教思想家依據佛法基本原理，對轉型社會與現代生活提出的一系列問題的創造性思考的結晶。

　　他的著作《怎樣來建設人間佛教》首次提出了「人生佛教」這個名詞，也奠定了現代佛教理論「人間佛教」的一個主要基石，這一理論思想體系於二十世紀逐漸形成。而《藥師經》與太虛大師提出的「人生佛教」有著相當緊密的連結，他也在民國 23 年完成內容豐富的著作《藥師本願經講記》。

　　太虛大師創立的「人生佛教」思想（後來稱為人間佛教），不僅是他自身的創造，也為印順法師、星雲法師、聖嚴法師、證嚴法師等人所繼承並廣泛推廣。這種思想的影響力相當深遠，佛光山的星雲法師、法鼓山的聖嚴法師、慈濟的證嚴法師等三位大師，都將人間佛教的理念深入臺灣，使其在華人世界中綻放出燦爛的光芒。

以下是太虛大師的「人生佛教」的要點說明，讀者可以比對《藥師經》，會發現許多深切的對應。

太虛大師的「人生佛教」

1925 年（民國 14 年），太虛大師認為當時的佛教重鬼與死、不重人與生，所以提出這一主張。在這樣的概念下，最適合的經典肯定是《藥師經》，因為十二大願是為活著的人而祈請。太虛大師的「人生佛教」思想，主要體現在四個方面：一是人生改善，二是後世增勝，三是生死解脫，四是法界圓明。

其中人生改善、後世增勝、生死解脫，這三個方面呈現於整個《藥師經》，由釋迦牟尼佛與文殊師利菩薩的對談清楚可見。至於，救脫菩薩對阿難的指導，特別著重於生死解脫。最後的法界圓明，則屬於十二大願的範疇，祈請眾生都能達到無上正等正覺的境態。以下是太虛大師「人生佛教」的思想體系，要點歸納整理如下：

1. **人生改善**：一般佛經皆說到此義，即人民五戒之行，輪王十善之化。改善人間，即是目的；人生改善成功，即是效果。

2. **後世增勝**：依業果流轉而修行者，每希望後世增勝，即希望將來比現在之人作得好。

3. **生死解脫**：此因看到後世增勝仍不免於三界輪迴，若不修到生死徹底之解脫，終必流轉；依於此種目的所獲得之效果，即為羅漢。

4. **法界圓明**：此為大乘特有者，二乘聖者雖了生死，然有所知障，不知一切法實相；縱略知法空，亦不究竟，故於一切法不能圓滿通達而仍有障礙。

《藥師本願經講記》的分量不算少，由太虛大師講述，竺摩法師記錄。時間地點是民國 23 年 6 月寧波阿育王寺。有興趣的讀者參考以下網站：

https://www.6laws.net/99life/lawbook/ 藥師本願經講記 .htm。

　　或是上網搜尋「太虛大師」與「藥師本願經講記」這兩個關鍵字也可以找到。至於，太虛大師的《藥師經》科判非常精彩，但不容易呈現於網頁。在佛陀教育基金會 2016 年出版的《藥師法門彙編》中，除了《藥師本願經講記》，也包含完整科判。習慣閱讀實體印刷品的讀者，不妨聯絡該基金會，可以免費取得。

14 弘一大師：一位多才多藝的 僧侶與《藥師經》的傳播者

　　弘一大師，原名李叔同，是民國初年一位傳奇性的僧侶，年幼時就接受了傳統的啟蒙教育，對於中國古典文學有深入的了解，培養了他對詩歌創作的興趣。他創作了許多詩句，其中「人生猶似西山日，富貴終如草上霜」至今仍然流傳。但令人驚訝的是，他在出家前的身分非常多樣，是天津的畫家、音樂家、劇作家、書法家、篆刻家、詩人、藝術教育家，這種多才多藝的特質，為他後來的佛教生涯奠定了獨特基礎。

　　然而，他的多樣才華並未阻止他在佛教領域取得重要地位。他跟隨王孝廉和常雲莊學習，閱讀了許多佛經經典，其中包括《大悲咒》、《往生咒》、《孝經》、《毛詩》等，也包括了《藥師經》的論述。他特別注重藥師法門，不僅關注「出世間」的佛法道理，更專注於「世間」的生活需求。他認為，藥師法門能夠提供消災除難、福壽康寧、所求如意等種種利益，這些有助於家庭、社會和國家的安寧，呼應了現實生活的需求。

弘一大師積極地為《藥師經》弘法

　　弘一大師的貢獻不僅限於思想，他也積極傳播《藥師經》的內容。1938 年，他在泉州的清塵堂宣講了「藥師如來法門略錄」；隨後，於 1939年在泉州的光明寺，進行了「藥師法門修持課儀略錄」的講演；同年又在泉州的永春普濟寺，進行了名為「藥師如來法門一班」的講演。這些講演不僅增進了《藥師經》的傳播，也彰顯了他對於佛教事業的熱誠與貢獻。弘一大師以多才多藝的背景，將傳統與現實結合，積極將佛法的智慧融入現代生活，並藉著《藥師經》的傳播，將佛教的利益傳遞給社會。他的影響不僅體現於他的時代，更在當今仍然發揮著深遠的作用。

　　民國 28 年（1939），弘一大師在福建永春普濟寺的開示中，讚歎了

藥師法門的深契時機教化，內容摘要如下。

　　首先，弘一大師強調，藥師法門不僅涵蓋了出世間的佛法，更特別注重現代實際生活中的應用，這讓常人能更容易理解佛法的意義和深奧之處。另外，他也提到，藥師法門對於戒律的輔助作用十分重要。受戒容易，持戒不犯卻非常困難。但若在犯戒時，能以誠懇心念藥師佛號，並禮敬供養，即可消除犯戒的罪孽，獲得清淨，避免再次墮入三惡道中。此外，依據《藥師經》，若能守持八關齋戒並聽聞藥師佛名，臨命終時會有八大菩薩引領前往西方極樂世界，即極樂淨土（註：前述的八關齋戒，似是指八分齋戒）。最後，藥師法門是一乘速得成佛的方法。要成佛，關鍵在於培養「悲智」兩種願心。《藥師經》中提到應發起悲心，對一切有情眾生懷有利益和安樂的心願，並展現慈悲、喜捨、平等的心態。以下條列式整理弘一大師的四個提示。

弘一大師談藥師法門：現代佛法的實踐與成佛之道

1. **維持世法**：佛法本以出世間為歸趣，其意義高深，常人每難了解。若藥師法門，不但對於出世間、往生成佛的道理屢屢言及，就是最淺近的現代實際人類生活，亦特別注重。

2. **輔助戒律**：依照藥師法門修持，即使有違反戒律的行為，只要誠心持念藥師佛號並供養，就能消除犯戒的罪孽，保持清淨，避免墮入三惡道。

3. **決定生西**：藥師法門修持者，即使修持淨土宗，也能資助往生西方極樂世界的利益。根據《藥師經》，持戒並聽聞藥師佛名的眾生，在臨終時將受到八位大菩薩的引領，往生極樂世界。（參見 PART 2 第 2 章第 30 單元。）

4. **速得成佛**：藥師法門是一乘速得成佛的法門。修持者需要具備悲智兩種願心，即悲心和智慧心。悲智為因，菩提為果，是佛法之通途。如果修持者能專注於發起悲智的弘願，則能在世間修行並成佛。

15 印順導師：
東方淨土和聖者的特性

近代許多著名的僧侶對《藥師經》的思想與經文提出各自獨特的看法，也讓人們發現不曾注意之角度的思索。本書提及幾位近代僧侶對唐代《藥師經》的經文再詮釋，有些大師的想法可能引起讀者的共鳴，但也有一些可能不會，不過都有機會喚醒讀者內心的慈悲與智慧，再去認識不同佛法的見解。

其中，印順導師對《藥師經》的幾個見解最為特別，因為他完全針對人們真實的需要，而非依循過去傳統的見解。 筆者認為，能認識佛教經典是很幸運的事，但能實踐於日常生活更美好。有些前輩的學養、精進都優於常人，令人敬佩，但每個人的狀況不同，所產生的領略自然也不一樣。在學習過程發現對自己有益的，就加以利用融入生活，印順導師的見解即是如此。至於其他無法理解的，就放手，無須拘泥於與時代脫節的教法。每一個領略的時刻，都是佛陀的一次邀請。如果可以更進一步探究，更深入觀察，焦距拉遠，或者推進，就能打開所有通往新存在方式的可能性。

印順導師曾經對《藥師經》有個不同面向的分析，在〈東方淨土和聖者的特性〉一文中，他提出五個觀點，分別是：一，東方淨土與天界信仰的關聯；二，佛教聖者與神明崇拜的區別；三，聖者的特質是覺悟與智慧；四，東方淨土的象徵是琉璃光佛；五，東方淨土的深遠意義與修持目標。

印順導師的原始文章非常豐富，充滿邏輯思考的反思， 在佛陀教育金會整理的《殊勝的藥師如來法門》一書，封面標示「太虛大師等述」。該書就包括印順導師的〈東方淨土發微〉一文，內容不算短，無法完全在本書進行解析。東方淨土即是藥師如來的淨琉璃世界，本單元即是該篇文章的整理歸納。讀者若有興趣想深入了解，可以聯絡佛陀教育基金

會取得此書。以下筆者再整理與精選文章中的概念。

東方淨土與天界信仰的關聯

印順導師認為，東方淨土是以天界為藍圖的境界，它反映了眾生對天界的信仰，並展現了佛菩薩的聖德。白天和夜晚的光明是從天空照耀而來的。一般人將天空的光明聯想為神。**佛教中的聖者並不是神，而是佛、菩薩和聲聞等。**無論白天晚上，太陽、月亮、星星等光明都來自天空的照耀。仰望天空，我們會看到光明的存在。人們因此聯想到光明即是神的象徵，如同印度的天與神的概念相近，提婆（deva，天）代表光明與喜樂，而相對應的地下或地獄則象徵黑暗與苦痛。

佛教聖者與神明崇拜的區別

印順導師說：「在佛教中，崇敬的聖者，不是神教徒所想像的神，而是佛、菩薩、聲聞等。聖者有無量的清淨功德，而特性是覺、慧。斷煩惱，證真理，是由般若（慧）的現證，而般若也稱為明。與般若相對的，就是無明（黑闇）。如佛陀，意義是覺者。菩薩，是有菩提（覺）分的眾生。緣覺與聲聞聖者，也是得三菩提（正覺）的。」印順導師點出，在佛教中，對聖者的崇敬與神明的崇拜有所不同。佛教的聖者包括佛、菩薩、聲聞等，他們具備無量的清淨功德，而其特點在於覺悟與智慧。聖者能夠斷除煩惱，證得真理。

聖者特質：覺悟與智慧

他又說明，透過般若智慧的現證斷除煩惱，證悟真理，如此聖者所覺證的是法性（真如、空性、法界）。印順導師的文章是這樣的：「三乘聖者，都是覺者，明者。所覺證的，是法性（也叫真如、空性、法界）。法性是本性清淨，由慧光而覺證；也由於清淨法性，而顯現般若的慧光。⋯⋯

天的特性是光明，常人就從光明而想像天神。聖者，覺證法性清淨（或稱心清淨性、心光明性）而顯現慧光，佛就依世俗天界的現象，掃除神教的擬想，而表徵慧證真理的聖者。」

上文的意思是說，三乘聖者，包括佛、菩薩和聲聞，都是覺悟者，具有明智的特質。他們證悟的是法性，亦稱真如、空性、法界。法性是本性清淨，由智慧之光所顯現而得以覺證；同時也因著清淨的法性而展現般若智慧的光明。**接著，印順法師提出，天的特性是光明，普通人透過光明聯想天神（註：不具備智慧和慈悲等特質）。而聖者則透過覺悟法性的清淨（或心清淨性、心光明性）而展現智慧光明。**佛教採用世俗天界的現象，來說明聖者的智慧和對真理的覺證，同時也排除了神教對虛妄的想像，突顯聖者的智慧與真理的性質。

東方淨土的象徵：琉璃光佛

印順導師再以特別的觀點來看待《藥師經》的淨琉璃世界，認為是藉由蔚藍色的天空表現佛的德性。

他說：「東方淨土的佛，名琉璃光佛。琉璃——毘琉璃，譯為遠山寶，是青色寶。在小世界中間，有最高的須彌山，四面是四寶所成的。南面是毘琉璃寶所成，所以我們——南閻浮提的眾生，仰望虛空，見有青色。青天，就是須彌山的琉璃寶光，反射於虛空所致。東方淨土，以此世俗共知蔚藍色的天空，表現佛的德性，而名為毘琉璃光。」小世界中央有一座最高的須彌山，四面由四種寶石構成。南面由毘琉璃寶所成，因此南閻浮提的眾生（我們）抬頭仰望虛空時，會看到青藍色的天空。這種青天即是須彌山上琉璃寶光反射在虛空中的結果。東方淨土以這種世俗共知的青天現象，來展現佛的德性，並且以琉璃光佛來命名。

東方淨土的深遠意義與修持目標

最後印順大師的總結是：東方淨土是佛教中具有深遠意義的境界之

一，它透過天界信仰來呈現佛菩薩的聖德。聖者的特質在於覺悟和智慧，他們透過般若的現證來證得真理。東方淨土以天界的光明特性來象徵佛的德性，並透過「琉璃光佛」這一名稱來描述佛的形象。這種描述不僅突顯了佛菩薩的特點，也突顯了東方淨土作為一個遠離煩惱苦難，具備智慧光明的純淨境界。**此一淨土，象徵著我們修持的目標，即透過覺悟智慧來實現自我解脫並利益眾生。**

16 藥師寶懺：
《藥師經》結合懺法

　　《藥師寶懺》，通稱《藥師懺》，全名《慈悲藥師寶懺》，是根據《藥師琉璃光如來本願功德經》所編制的禮懺文本，用以懺悔罪業的修行法門之一。各大寺院每年數次舉行「藥師寶懺法會」，尤其在藥師如來的誕生日，即農曆9月30日（偶見9月29日）。如果想參與的話需有心理準備，因為法會時間至少需要半天，甚至一天時間。藥師寶懺法會的目的，在於祈求神佛加持，祈福消災，並依據《藥師寶懺》的概念，誠心禮懺則可望消災延壽、願望成真。

　　本書在結尾處介紹《藥師寶懺》，希望協助讀者了解其程序。通常寺院的法師不會解釋懺文的結構、諸佛菩薩的次序和名號的意義。此單元的目的則是讓讀者能夠在看似複雜的《藥師寶懺》中，理清結構。至於參與寺院的神聖藥師寶懺法會，是一場精彩的體驗，將讓一般讀者窺見其中的神聖與奧祕。

　　該懺文分為上、中、下三卷，其中融入藥師佛十二大願和《藥師琉璃光如來本願功德經》的經文。**修行者按照文本順序，依次進行禮佛、懺悔、持咒、讚、遶壇念佛和迴向。《藥師經》的前行儀軌、正式經文、後續儀軌三部分的結構，與《藥師寶懺》相似，如同其縮小版。**

嚴淨壇場：兩組智慧能量，
❶ 清涼地菩薩摩訶薩、❷ 聖觀自在菩薩

　　《藥師寶懺》儀軌由「嚴淨壇場」開始，最後是結束在「結壇」。顧名思義，嚴淨壇場是莊嚴潔淨壇場，結壇是結束壇場。「嚴淨壇場」中呼喚清涼地菩薩摩訶薩與聖觀自在菩薩，再搭配相關咒語。清涼地菩薩摩訶薩的智慧狀態是涅槃的境界，「清涼地」的意思是「涅槃的境界，毫無

熱惱」，然而，這個狀態只是一段時間煩惱不起。修行者必須證得究竟智慧，否則會隨境隨緣而再生煩惱。不過，至少在清涼地菩薩的協助之下，整個壇場進入沒有煩惱的境態。完成「嚴淨壇場」之後，接著進入「香讚」與「證明禮懺」的儀式。

香讚：三位智慧能量，❶ 香雲蓋菩薩摩訶薩、❷ 普賢王菩薩摩訶薩、❸ 寶曇華菩薩摩訶薩

　　「香讚」屬於真正進入藥師懺的前置作業，總共是三位重要菩薩的能量下載，分別是：❶ 香雲蓋菩薩摩訶薩、❷ 普賢王菩薩摩訶薩、❸ 寶曇華菩薩摩訶薩。香雲蓋菩薩摩訶薩啟動香的能量場，從名號來看，其功德非常清楚，香雲蓋是香與雲蓋的供養能量，意思是香的雲氣聚集成傘蓋。

　　再來是重要的「普賢王菩薩」也參與香讚的經文內，而且比重相當大。我們截出一段經文是這樣的：

　　普賢王菩薩　象駕光臨　有一菩薩　結跏趺坐　名曰普賢
　身白玉色　五十種光　光五十種色　以為項光　身諸毛孔　流出金光
　其金光端　無量化佛　諸化菩薩　以為眷屬　安庠徐步　雨大寶華
　至行者前　其象開口　於象牙上　諸池玉女　鼓樂絃歌　其聲微妙

　　普賢菩薩騎象、文殊師利菩薩騎獅的身形描述，早已經深植人心。在這段經文，其實是呈現出普賢王菩薩豐富充沛的光能量場，祂騎乘大象象徵氣勢磅礴，結跏趺坐則呈現穩定能量的坐姿。接著描述宇宙不可思議的光能。普賢王菩薩的身體散發白玉般的光芒，炫目的光芒達五十種色彩，各種色彩都散發著獨特的光輝。項上環繞著五十種色彩的光芒，毛孔中湧出金色的光芒。這金色的光芒裡，變化出無數化身的佛陀和菩薩，稱為「化佛」與「化菩薩」，祂們就如同侍從圍繞著普賢王菩薩。普賢王菩薩步履徐緩，此刻天上散落大量的寶花，就像雨點般飄落。當祂

走近行者，座下的大象開口。而在象牙上，諸天池玉女奏樂、拉琴、歌詠。聲音優美而微妙，這種聽覺意識的體會超越了人類能理解的微妙。讀到這邊，即可理解整段經文擬像化地描述普賢王菩薩的能量場。

香讚中持續生靈活現地描述香、花、雲，文字優美，占了不少篇幅。最後出現寶曇華菩薩摩訶薩。寶曇華菩薩的名號顯示出祂負責寶物、曇（雲氣）與華（花），三個供養能量。這裡衍生出一個問題，究竟是「寶曇華」還是「寶檀華」呢？在《藥師經》的八大菩薩之一是寶檀華，而《藥師寶懺》寫的都是寶曇華。「檀」的意思是檀香，「曇」的意思是分布於天空的雲氣。筆者認為，雖然有些差異，但概念是很接近的。有關寶檀華菩薩請參見 PART 3 第 9 單元，香雲蓋則是 PART 2 第 1 章第 1 單元。

香讚中的菩薩

	關鍵字			說明
香雲蓋菩薩	香	雲蓋		香、雲氣聚集成傘蓋
寶曇華菩薩	寶	曇	華	寶物、雲氣、花
寶檀華菩薩	寶	檀	華	寶物、檀香、花

證明禮懺：以藥師琉璃光如來為主，總共 10 組智慧能量

　　完成香讚之後是證明禮懺的儀式，以喜捨慈悲皆具足的狀態下，啟運藥師道場懺法。經文寫著，「今當歸命三世諸佛」，第一位到第七位是「過去七佛」，是離我們的時間最接近的七尊佛陀。在《長阿含經・大本經》中，記錄了過去七佛出現的因緣和故事。釋迦牟尼佛是第七位，之前出世的六位佛是毗婆尸佛（Vipaśyin）、尸棄佛（Śikhin）、毗舍浮佛（Viśvabhu）、拘留孫佛（Krakucchanda）、拘那含牟尼佛（Kanakamuni）、迦葉佛（Kāśyapa）。

　　第八位是彌勒尊佛，第九位是藥師懺的主角藥師琉璃光如來，第十位（組）則是參與這場盛會的所有佛菩薩，稱為藥師海會佛菩薩。

參與證明禮懺的佛菩薩

1. 南無　過去毗婆尸佛 2. 南無　尸棄佛 3. 南無　毗舍浮佛 4. 南無　拘留孫佛 5. 南無　拘那含牟尼佛 6. 南無　迦葉佛 7. 南無　本師釋迦牟尼佛	過去七佛
8. 南無　當來彌勒尊佛	未來佛
9. 南無　藥師琉璃光如來	本經最重要的佛陀
10. 南無　藥師海會佛菩薩	參與這場盛會的所有佛菩薩

開經偈：準備正式進入《藥師寶懺》

　　無上甚深微妙法　　百千萬劫難遭遇
　　我今見聞得受持　　願解如來懺法義

禮佛：呼喚 23 位佛菩薩的名號非常重要

呼喚諸佛菩薩的名號等同於下載宇宙的智慧能量，這個過程在《藥師寶懺》中給了重要的稱謂：「禮佛」。

禮佛的格式就是「南無」諸佛菩薩的名號，例如第 15 位是「南無寶曇華菩薩」。禮佛總共有 23 個智慧能量場，其中比較特殊的是「南無藥師琉璃光如來本願功德經」，次序在第 8。這是經文名稱，而非佛菩薩的名號。這非常合理，因為經本也是宇宙的智慧能量，只不過祂是實體經本。

禮佛中諸佛菩薩出場的次序

1. 南無　毗盧遮那佛	法身佛
2. 南無　本師釋迦牟尼佛	應身佛
3. 南無　藥師琉璃光如來	東方佛
4. 南無　無量壽佛	西方佛
5. 南無　盡十方遍法界過去一切諸佛 6. 南無　盡十方遍法界現在一切諸佛 7. 南無　盡十方遍法界未來一切諸佛	超越時間與空間的佛陀
8. 南無　藥師琉璃光如來本願功德經	經本
9. 南無　日光遍照菩薩 10. 南無　月光遍照菩薩	東方三聖
11. 南無　文殊師利菩薩 12. 南無　觀世音菩薩 13. 南無　得大勢（大勢至）菩薩 14. 南無　無盡意菩薩 15. 南無　寶曇華菩薩（寶檀華菩薩） 16. 南無　藥王菩薩 17. 南無　藥上菩薩 18. 南無　彌勒菩薩	八大菩薩
19. 南無　消災障菩薩 20. 南無　增福壽菩薩	功德二菩薩

21. 南無　樂音樹下三萬六千菩薩 22. 南無　阿難尊者八千比丘諸大聖僧	其他與會的菩薩和人類
23. 南無　救脫菩薩	藥師儀軌的核心人物

　　《藥師寶懺》中的「禮佛」與「懺悔」是儀式中特別重要的兩個過程。卷上（共二次）、卷中（共三次）、卷下（共三次）的禮佛內容，都是呼喚相同的 23 位（組）佛菩薩的名號。「禮佛」等同於下載宇宙的智慧能量，只需在佛菩薩名號之前加上「南無」兩個字即可。「南無」這個梵字同樣是真言咒語，代表著我們將自己的身、心、靈皈依給佛菩薩，表達出對佛菩薩的信任和敬意。所以「禮佛」即是祈請佛菩薩的庇佑。以下依序說明 23 位智慧能量。

　　整個禮佛過程的次序，可分為不同層級的佛、菩薩。首先是法身佛毗盧遮那佛、應身佛釋迦牟尼佛、藥師琉璃光如來和無量壽佛。其次是所有空間於過去、現在、未來的諸佛，代表整個宇宙神聖意識。接著進入菩薩層級，顯現的是日光遍照菩薩、月光遍照菩薩與八大菩薩。隨之出現的消災障菩薩、增福壽菩薩，這兩位是人們實現祈願的代表。最後是參加這場盛宴的菩薩、聖者、僧侶，包含核心要角救脫菩薩，這些屬於菩薩與人類兩種層級，形成《藥師寶懺》承載智慧的神聖串聯，其結構如下。

法身佛與化身佛，東方佛與西方佛（佛陀層級）

　　首先是四位佛陀，禮佛內容分別是：❶ 毗盧遮那佛、❷ 本師釋迦牟尼佛、❸ 藥師琉璃光如來、❹ 無量壽佛。毗盧遮那佛即是五方佛中的大日如來，「毗盧遮那」是梵語 Vairocana 的音譯，大日、大太陽是該梵字的意譯。毗盧遮那通常當成「法身佛」，是「法」（dharma）的擬像化，與之對應的釋迦牟尼佛是「應身佛」，或稱化身佛。「法身佛」毗盧遮那佛與「應身佛」釋迦牟尼佛，這兩位佛陀的地位與智慧能量相同，不同之處是前者是宇宙的神聖意識體，而後者是地球真實存在過的人物。

接著是藥師琉璃光如來，祂是《藥師寶懺》的最主要角色，與之呼應對等的是無量壽佛。「無量壽佛」與「阿彌陀佛」同尊異名。《藥師經》中提及，眾生離開這個世界之後，可以前往無量壽佛的淨土西方極樂世界，而跟隨藥師如來則可前往東方淨琉璃世界。藥師琉璃光如來與無量壽佛是安排好在一起的。

超越時間與空間概念的神聖意識體（佛陀層級）

接下來是過去、現在、未來的一切諸佛，依序為：❺ 盡十方遍法界過去一切諸佛、❻ 盡十方遍法界現在一切諸佛、❼ 盡十方遍法界未來一切諸佛。「十方」是佛教術語，將梵語的原意消化後的漢語翻譯名詞，意思是遍及各處的所有方向與位置，指「整個法界，整片宇宙」。所以，這三組神聖意識體是橫跨「時間」概念，代表過去、現在、未來；再加上盡十方遍法界的「空間」概念，祂們是宇宙所有空間、時間達到佛陀境界的神聖意識體。

實體經本轉換成神聖意識體（具體實物）

《藥師寶懺》的智慧能量場中，最特殊的是「藥師琉璃光如來本願功德經」，排在第八位。這是經文名稱，而非佛菩薩的名號。其實非常合理，因為經本也是宇宙的智慧能量，只不過它是可以翻閱的實體經本。

日月光菩薩與八大菩薩（菩薩層級）

接下來的諸佛菩薩，分別是日月光菩薩與八大菩薩，在前面的單元已經多次討論了。依序是：❾ 日光遍照菩薩、❿ 月光遍照菩薩、⓫ 文殊師利菩薩、⓬ 觀世音菩薩、⓭ 得大勢（大勢至）菩薩、⓮ 無盡意菩薩、⓯ 寶曇華菩薩、⓰ 藥王菩薩、⓱ 藥上菩薩、⓲ 彌勒菩薩。

消災障與增福壽（菩薩層級）

來到 ⓳ 消災障菩薩、⓴ 增福壽菩薩，代表《藥師經》的功德，分別

是「消災障」與「增福壽」。再一次，我們見識到佛教將抽象的意識祈願「擬像化」成具備名號的佛菩薩。

參加藥師盛會的菩薩、人類聖者、僧侶與靈魂人物救脫菩薩（菩薩與人類）

最後，《藥師寶懺》接近結尾是一群參加藥師盛會的菩薩，連同人類聖者、僧侶也成為祈請的對象，分別是 ㉑ 樂音樹下三萬六千菩薩、㉒ 阿難尊者八千比丘諸大聖僧。終場靈魂人物是 ㉓ 救脫菩薩，祂是《藥師經》之解救儀軌的總負責者，同樣是《藥師寶懺》有關儀軌的核心角色。

懺悔：懺悔內容是融入藥師佛十二大願及《藥師經》經文意義

每一次的禮佛之後，就是進行懺悔儀式，懺悔的內容是將藥師佛十二大願及《藥師琉璃光如來本願功德經》經文意義，依序融入於該「懺法」文本中。因為整個藥師懺法會有八次「禮佛」，所以跟隨著八次懺悔。比較特別的是卷下三次懺悔的兩次，內容著重在觀心實相而非傳統典型的懺悔。

《慈悲藥師寶懺》的完整結構

前行儀軌	嚴淨壇場	主要呼喚菩薩：清涼地菩薩摩訶薩、聖觀自在菩薩
	香讚	主要呼喚菩薩：香雲蓋菩薩摩訶薩、普賢王菩薩摩訶薩、寶曇華菩薩摩訶薩。
	證明禮懺	恭敬奉請法會主角藥師如來。 主要呼喚佛名號：三世諸佛，總共十位。
	開經偈	念誦完，正式進入《慈悲藥師寶懺》。
慈悲藥師寶懺	卷上	・前言（由來概述） ・禮佛懺悔：第一、二次。 ・藥師長咒 ・讚 ・遶壇念佛，迴向
	卷中	・前言 ・禮佛懺悔：第三、四、五次。 ・藥師長咒 ・讚 ・遶壇念佛，迴向
	卷下	・前言 ・禮佛懺悔：第六、七、八次。 ・藥師長咒 ・讚 ・遶壇念佛，迴向
	三皈依	

・備註：
1. 卷上的前言內容較長，是「由來概述」，類似法會因緣說明。經文寫著：「一切諸佛。愍念眾生。為說藥師道場懺法。良以眾生垢重。無明暗覆。不諳因果。不勤懺悔。」
2. 懺悔的內容是將《藥師琉璃光如來本願功德經》經文融入於該「懺法」文本中，只有第一次懺悔明顯可見第一、五、六、七、八、九（共六個）大願，第二次有第二、三（共兩個）大願。之後，十二大願會分散且多次重複地結合懺法。此外，卷下的第六、七次懺悔內容，稍微變動，著重「觀心實相」，而非《藥師經》的經文與懺本的結合。

附錄：典籍中的藥師
十二神將分析

1 《法界圓覺學》

· 出處：《法界圓覺學》第七編卷 18
· 作者：釋太虛著（作品時間：1912~1947）

原始文章

　　而今東方藥師欲令十二大願具體表現，化此十二神將，故約跡而論，為十二神將；約本而論，即佛等流身也。宮毗羅、義為蛟龍，即金龍身首。伐折羅、義為金剛，手執金剛杵故。迷企羅、義為金帶，腰束金帶故。安底羅、義為破空山。頞你羅、義為沉香。珊底羅、義為螺女形，首冠華髮如螺故。因達羅、義為能天主，亦云地持。波夷羅、義為鯨魚，長大如鯨故。摩虎羅、義為蟒龍。真達羅、義為一角，頭有一角故。招杜羅、義為嚴幟，又云殺者。毗羯羅、義為善藝。

　　此十二名字不必作何等解釋，若依印度原音呼召，即與神咒有同等功效；故下文定經名云：『亦名說十二神將饒益有情結願神咒』。故十二名字，亦可當咒持誦；呼其上首名號，部眾皆服，此十二神將，各有七千藥叉以為眷屬；既為首領，必有部眾，首領既來，部眾必俱。如藥師有七佛，而以藥師為主，餘六佛為伴，七佛合作，成其曼答囉之團體；舉念一佛功德，七佛齊彰焉。

編號	神將名稱	義為	形象描述
1	宮毗羅	蛟龍	金龍身首
2	伐折羅	金剛	手執金剛杵
3	迷企羅	金帶	腰束金帶
4	安底羅	破空山	（無）
5	頞你羅	沉香	（無）
6	珊底羅	螺女形	首冠華髮如螺
7	因達羅	能天主	亦云地持
8	波夷羅	鯨魚	長大如鯨
9	摩虎羅	蟒龍	（無）
10	真達羅	一角	頭有一角
11	招杜羅	嚴幟	亦云殺者
12	毗羯羅	善藝	（無）

· **備註：**
1. 這個表格呈現了十二神將的名稱、義為以及相關的形象描述。然而，其中有幾個神將的形象描述沒有提供詳細的資訊，僅有「義為」的名稱，例如 4、5、9、12。
2. 筆者認為「義為」的內容是來自《百丈清規證義記》卷 5，見附錄 2。
3. 曼答囉即是曼荼羅（mandala），意譯為「壇場」，是諸佛菩薩於宇宙空間的配置圖。

2 《百丈清規證義記》

· 出處：《百丈清規證義記》卷 5
· 作者：清代儀潤證義（作品時間：1644 ～ 1911）
　　唐洪州百丈山沙門　　懷海　集編
　　清杭州真寂寺苾芻　　儀潤　證義
　　越城戒珠寺住持　　　妙永　校閱

原始文章

　　藥乂十二神旛者。（一）金龍身首威光同王。宮毗羅大將。（二）執金剛杵。長壽童顏。伐折羅大將。（三）腰束金帶。多種福善。迷企羅大將。（四）住持十山。有大名聞。安底羅大將。（五）身如淨珠。戒香光嚴。頞你羅大將。（六）首冠花鬘。現石女形。珊底羅大將。（七）能為天主。護持田地。因達羅大將。（八）名號鯨魚。具諸幻術。波夷羅大將。（九）行同龍蟒。執日戲樂。摩虎羅大將。（十）頭有一角。人見起疑。真達羅大將。（十一）威嚴若殺。身光如月。招杜羅大將。（十二）廣尋善藝。教諸字本。毗羯羅大將。

白話解譯

· **宮毗羅**：金龍身首威光同王。宮毗羅是十二神將中的首領，形象為金龍，展現威光與權威。

· **伐折羅**：執金剛杵，長壽童顏。手持金剛杵，顯示其威力，外表卻保持著長壽童顏的形象。

· **迷企羅**：腰束金帶，多種福善。迷企羅腰間繫著金帶，象徵其擁有多種福德和善緣。

· **安底羅**：住持十山，有大名聞。安底羅是掌管十座山的神將，有著崇高的聲望和名譽。

- **頞你羅**：身如淨珠，戒香光嚴。頞你羅的身體如淨珠，戒香比喻持戒之得，散發嚴肅光明。
- **珊底羅**：首冠花鬘，現石女形。珊底羅頭戴花冠，顯現出石女的形象。
- **因達羅**：能為天主，護持田地。因達羅是天界統領，能夠保護田地和農作物的神將。
- **波夷羅**：名號鯨魚，具諸幻術。波夷羅的象徵為鯨魚，擁有神奇的幻術能力。
- **摩虎羅**：行同龍蟒，執日戲樂。摩虎羅像龍蟒一樣行動，手持太陽，展現歡樂的氣氛。
- **真達羅**：頭有一角，人見起疑。真達羅頭上有一角，讓人感到好奇猜疑。
- **招杜羅**：威嚴若殺，身光如月。招杜羅威嚴如殺，身體散發如明月一般的光明。
- **毗羯羅**：廣尋善藝，教諸字本。毗羯羅是善於廣尋藝術和教授各種文字的神將。

編號	神將名稱	義為	特點
1	宮毗羅	金龍身首威光同王	金龍身首
2	伐折羅	執金剛杵，長壽童顏	持金剛杵
3	迷企羅	腰束金帶，多種福善	腰束金帶
4	安底羅	住持十山，有大名聞	十山
5	頞你羅	身如淨珠，戒香光嚴	淨珠戒香
6	珊底羅	首冠花鬘，現石女形	女形
7	因達羅	能為天主，護持田地	天界首領
8	波夷羅	名號鯨魚，具諸幻術	鯨魚
9	摩虎羅	行同龍蟒，執日戲樂	龍蟒
10	真達羅	頭有一角，人見起疑	獨角
11	招杜羅	威嚴若殺，身光如月	月亮
12	毗羯羅	廣尋善藝，教諸字本	知識才藝

3《淨瑠璃淨土摽》（日本典籍）

· 出處：《淨瑠璃淨土摽》
· 年代：可由關鍵題字可推測，原始端題寫著年代「長治二秊六月
　　　　二十五日奉寫畢」，經查詢是日本堀河天皇的年號，對應是西元
　　　　1105 年。
· 作者：原始端題「下云　元睿山本（云云）　二校了」，所以作者是元
　　　　睿山本。

原始文章

　　佛前左右外院作無量天眾妓樂形，所謂：堅達婆女琴天樂奉獻貌、
緊那羅自心金鼓樂貌、伽樓羅女笛天樂貌、地天女皆鼓樂貌、阿修羅女
奉天鼓樂貌、摩睺羅女奉笙樂貌、大魔侶天眾奉獻舞天樂貌也。外院上
下八方作十二神將眾，無數金剛童子眾以為眷屬也。所謂十二神將形：

　　第一宮毘羅，伊舍那方，可畏大將！其色黃摽，駕虎，執戰茶劍，
右手拳押左腰，或云作東北方。

　　第二伐折羅，因達方，金剛大將！其色青，眼赤，駕瓮，執三股伐折
羅，左手屈風仰左，或云作東方。

　　第三迷企羅，阿揭拏方，護法大將！其色帶炎上青煙，駕龍，執鋒
上炎旗二手調之，或云作東南方。

　　第四安儞羅，阿揭多方，護比大將！其色帶炎上黃煙，駕蛇，執戰
茶鍼，左手拳申風指火珠也，或云作南方。

　　第五安底羅，閻魔羅方，正法大將！其色赤放炎，雷眼火髮，駕兩
翼馬，左執代月盧，右執鏡上炎也，或云作西南方。

　　第六珊底羅，涅哩堅底方，羅剎大將！其色黃赤，作羅剎像，駕羊，
左執鏡，右執戰茶劍，或執代只哩也，或云作西方。

　　第七因達羅，涅哩底方，帝使大將！其色黃色，駕㹶，左執白拂，右

執鈴令瞻也，或云作西方北方。

　　第八跋伊羅，傳嘗荼方，狼龍大將！其色白錯，駕金翅鳥，左執如意珠，右執金剛鐸，或云作北方。

　　第九摩睺羅嚩，庚方，大將！或云折風大將！駕狗，狗形可畏，所謂天狗。左拳申風指輪，右屈風，其色如黑風，或云作上方。

　　第十真達羅，縛庚方，折水大將！駕豬，右執鈎，左屈地水，其色如黑水，或云作下方。

　　第十一招杜羅，毘沙門方，護世大將！又摩尼大將！駕鼠，右執如意珠，左執羂索，其色夏日黑雲色也，或云作西方。

　　第十二毘羯羅，伊舍那方，懃愗大將！駕牛，即水牛也，手執寶弓箭，其色黑青但稍減前色，或云关方。

　　佛前內護作迦陵頻伽、白鵠，此鳥諸上首五之所說法音悉同音惕說，故號共命鳥也。淨瑠璃土可作消息已也。

編號	名號	方向	顏色	駕乘	手持物	方位	大將
1	宮毘羅	伊舍那方	黃摽	虎	戰荼劍	東北方	可畏大將
2	伐折羅	因達方	青色	兔	三股伐折羅	東方	金剛大將
3	迷企羅	阿揭挐方	帶炎上青煙	龍	鉾上炎旗	東南方	護法大將
4	安儞羅	阿揭多方	帶炎上黃煙	蛇	戰荼鉞	南方	護比大將
5	安底羅	閻魔羅方	赤放炎	兩翼馬	代月盧、鏡上炎	西南方	正法大將
6	珊底羅	涅哩堅底方	黃赤	羊	鏡、戰荼劍	西方	羅剎大將
7	因達羅	涅哩底方	黃色	薙	白拂、鈴令瞻	西方北方	帝使大將

編號	名號	方向	顏色	駕乘	手持物	方位	大將
8	**跋伊羅**	傳瞢荼方	白錯	金翅鳥	如意珠、金剛鐸	北方	狼龍大將
9	**摩睺羅**	庚方	黑風	狗	申風指輪	上方	折風大將
10	**真達羅**	縛庚方	黑水	豬	鈎、屈地水	下方	折水大將
11	**招杜羅**	毘沙門方	黑雲色	鼠	如意珠、羂索	西方	護世大將
12	**毘羯羅**	伊舍那方	黑青	牛	寶弓箭	闕方	懃恣大將

· 備註：
1. 本書的第 4 安儞羅和第 5 安底羅的次序有誤，兩者應對調。
2. 第二欄是印度古代神靈的不同方位，例如第七位神將因達羅的方位主神是涅哩底方，梵名是 Nirṛti。但不同儀軌的方位不同，例如在《大日經疏》涅哩底是掌管西南。此欄中諸神統領的方位，最常見的說法是由古印度敘事史詩《摩訶波羅多》（*Mahābhārata*）延伸出的十二天，一一對應十二個方位。

4 十二神將比較一覽表

説明：《淨瑠璃淨土摽》的第 4 安儞羅和第 5 安底羅的次序有誤，兩者應對調。
此系列一覽表是依神將名稱來對照整理相關項目。

神將	梵音	別名	名號
（出處）			《淨瑠璃淨土摽》
宮毗羅	Kumbhira 或 Kuṁbhīra	金毗羅	宮毘羅
伐折羅	Vajra	跋折羅、和耆羅	伐折羅
迷企羅	Mihira 或 Mekhila	彌佉羅	迷企羅
安底羅	Andira 或 Āṇdīra	安捺羅、安陀羅	安底羅（原書中的順序為第5。）
頞儞羅	Anila 或 Majira	末爾羅、摩尼羅	安儞羅（原書中的順序為第4。）
珊底羅	Shandira 或 Śāṇḍilya	娑你羅、素藍羅	珊底羅
因達羅	Indra	因陀羅	因達羅
波夷羅	Pajra	婆耶羅	跋伊羅
摩虎羅	Makura 或 Mahoraga	薄呼羅、摩休羅	摩睺羅
真達羅	Sindura 或 Cindāla	真持羅	真達羅
招杜羅	Catura 或 Caundhula	朱杜羅、照頭羅	招杜羅
毗羯羅	Vikarala 或 Vikarā	毗伽羅	毘羯羅

十二神將比較一覽表（續）

神將	義為		意譯	大將
（出處）	《百丈清規證義記》	《法界圓覺學》	《藥師七佛供養儀軌》	《淨瑠璃淨土摽》
宮毗羅	金龍身首威光同王	蛟龍	極畏	可畏大將
伐折羅	執金剛杵，長壽童顏	金剛	金剛	金剛大將
迷企羅	腰束金帶，多種福善	金帶	執嚴	護法大將
安底羅	住持十山，有大名聞	破空山	執星	正法大將
頞你羅	身如淨珠，戒香光嚴	沉香	執風	護比大將
珊底羅	首冠花鬘，現石女形	螺女形	居處	羅剎大將
因達羅	能為天主，護持田地	能天主	執力	帝使大將
波夷羅	名號鯨魚，具諸幻術	鯨魚	執飲	狼龍大將
摩虎羅	行同龍蟒，執日戲樂	蟒龍	執言	折風大將
真達羅	頭有一角，人見起疑	一角	執想	折水大將
招杜羅	威嚴若殺，身光如月	嚴幟	執動	護世大將
毗羯羅	廣尋善藝，教諸字本	善藝	圓作	勳忿大將

神將	膚色		顏色
（出處）	《佛光大辭典》	《佛菩薩的戶籍》	《淨瑠璃淨土摽》
宮毗羅	黃色	赤色	黃摽
伐折羅	白色	青色	青色
迷企羅	黃色	赤色	帶炎上青煙
安底羅	綠色	赤色	赤放炎
頞你羅	紅色	白色	帶炎上黃煙
珊底羅	煙色	赤色	黃赤
因達羅	紅色	赤色	黃色
波夷羅	紅色	白肉	白錯
摩虎羅	白色	青色	黑風
真達羅	黃色	未知	黑水
招杜羅	青色	赤色	黑雲色
毗羯羅	紅色	青色	黑青

十二神將比較一覽表（續）

神將	特點	形象描述	
（出處）	《百丈清規證義記》	《法界圓覺學》	《佛菩薩的戶籍》
宮毗羅	金龍身首	金龍身首	忿怒形，右手執大刀橫於頭上，左手開掌當腰。
伐折羅	持金剛杵	手執金剛杵	忿怒形，頭髮茂盛聳上，右手持劍，左手作拳當腰。
迷企羅	腰束金帶	腰束金帶	忿怒形，右手持獨鈷，左手作拳押下腹部。
安底羅	十山	（無）	大忿怒形，右手屈肘於右胸前開掌向前，屈左手，開掌，掌上放寶珠。
頞你羅	淨珠戒香	（無）	忿怒形，頭髮上聳，右手執箭羽，左手持矢根，彎成弓形。
珊底羅	女形	首冠華髮如螺	忿怒形，右手把三股戟，左手持螺具。
因達羅	天界首領	亦云地持	忿怒形，右手屈肘開掌，置於胸邊，左手執三股戟。
波夷羅	鯨魚	長大如鯨	身呈白肉色，容貌忿怒，右手屈臂，作拳攜矢，左手持弓。
摩虎羅	龍蟒	（無）	忿怒相，頭髮赤色上聳，右手作拳當腰，左手持斧。
真達羅	獨角	頭有一角	笑怒容貌，右手捧寶珠，左手把寶棒。
招杜羅	月亮	亦云殺者	忿怒形，右手把橫劍，左手開掌執劍尖。
毗羯羅	知識才藝	（無）	忿怒形，右手持三鈷，左手作拉右袖之形態。

神將	持物		
（出處）	《佛光大辭典》	《佛菩薩的戶籍》	《淨瑠璃淨土摽》
宮毗羅	寶杵	大刀	戰茶劍
伐折羅	寶劍	劍	三股伐折羅
迷企羅	寶棒或獨鈷	獨鈷	鉾上炎旗
安底羅	寶錘或寶珠	寶珠	代月盧、鏡上炎
頞你羅	寶叉或矢	弓、箭	戰茶鉞
珊底羅	寶劍或螺貝	三股戟、螺具	鏡、戰茶劍
因達羅	寶棍或鉾	三股戟	白拂、鈴令瞻
波夷羅	寶錘或弓矢	弓、矢	如意珠、金剛鐸
摩虎羅	寶斧	斧	申風指輪
真達羅	罥索或寶棒	寶珠、寶棒	鈎、屈地水
招杜羅	寶錘	橫劍	如意珠、羂索
毗羯羅	寶輪或三鈷	三鈷	寶弓箭

十二神將比較一覽表（續）

神將	方向／方位	
（出處）	《淨瑠璃淨土標》	《淨瑠璃淨土標》
宮毗羅	伊舍那方	東北方
伐折羅	因達方	東方
迷企羅	阿揭拏方	東南方
安底羅	閻魔羅方	西南方
頞你羅	阿揭多方	南方
珊底羅	涅哩堅底方	西方
因達羅	涅哩底方	西方北方
波夷羅	傳嘗荼方	北方
摩虎羅	庚方	上方
真達羅	縛庚方	下方
招杜羅	毘沙門方	西方
毗羯羅	伊舍那方	關方

神將	駕乘	生肖	時辰	
（出處）	《淨瑠璃淨土摽》	《佛菩薩的戶籍》	《佛光大辭典》	《佛菩薩的戶籍》
宮毗羅	虎	豬	子時	亥時
伐折羅	兔	狗	丑時	戌時
迷企羅	龍	雞	寅時	酉時
安底羅	兩翼馬	猴	卯時	申時
頞你羅	蛇	羊	辰時	未時
珊底羅	羊	馬	巳時	午時
因達羅	獚	蛇	午時	巳時
波夷羅	金翅鳥	龍	未時	辰時
摩虎羅	狗	兔	申時	卯時
真達羅	豬	虎	酉時	寅時
招杜羅	鼠	牛	戌時	丑時
毗羯羅	牛	鼠	亥時	子時

十二神將比較一覽表（續）

神將	護法本地佛	本地佛菩薩
（出處）	《佛光大辭典》	《佛菩薩的戶籍》
宮毗羅	彌勒菩薩	彌勒菩薩
伐折羅	大勢至菩薩	大勢至菩薩
迷企羅	阿彌陀佛	阿彌陀如來
安底羅	觀音菩薩	觀世音菩薩
頞你羅	摩利支菩薩	摩利支天
珊底羅	虛空藏菩薩	虛空藏菩薩
因達羅	地藏菩薩	地藏菩薩
波夷羅	文殊菩薩	文殊菩薩
摩虎羅	藥師佛	藥師如來
真達羅	普賢菩薩	普賢菩薩
招杜羅	金剛手菩薩	金剛手菩薩，或是原型金剛薩埵。
毗羯羅	釋迦牟尼佛	釋迦牟尼

BB1008

圖解藥師經
以慈悲的十二大願，助眾生消災延壽、隨心滿願

作　　者｜張宏實
責任編輯｜于芝峰
協力編輯｜洪禎璐
內頁排版｜劉好音
封面設計｜小　草

發 行 人｜蘇拾平
總 編 輯｜于芝峰
副總編輯｜田哲榮
業務發行｜王綬晨、邱紹溢、劉文雅
行銷企劃｜陳詩婷

出　　版｜橡實文化 ACORN Publishing
新北市 231030 新店區北新路三段 207-3 號 5 樓
電話：（02）8913-1005　傳真：（02）8913-1056
E-mail 信箱：acorn@andbooks.com.tw
網址：www.acornbooks.com.tw

發　　行｜大雁出版基地
新北市 231030 新店區北新路三段 207-3 號 5 樓
電話：（02）8913-1005　傳真：（02）8913-1056
讀者服務信箱：andbooks@andbooks.com.tw
劃撥帳號：19983379　戶名：大雁文化事業股份有限公司

印　　刷｜中原造像股份有限公司
初版一刷｜2024 年 03 月
定　　價｜750 元
I S B N｜978-626-7441-10-7

國家圖書館出版品預行編目（CIP）資料

圖解藥師經／張宏實著．－初版．－新北市：
大雁文化事業股份有限公司橡實文化出版：
大雁出版基地發行，2024.03
496 面；22*17 公分
ISBN 978-626-7441-10-7（平裝）

1.CST: 經集部

221.712　　　　　　　　　　　　113001796